第一套日记体式会计职场考试励志小说系列之

小艾上班记8 速战速决

Xiaoai shangbanji Ⅷ

陈艳红 ◉ 著

——备考日记3·中级经济法

真正的学霸是要学会找到一个高效的学习方法去**提升**自己做某件事的**杠杆率**；所以**比尔·盖茨**说：我总是会选择一个懒人去完成一份困难的工作，因为他会找到**捷径**

东北财经大学出版社
Dongbei University of Finance & Economics Press
大连

《小艾上班记》荣登当当网和卓越亚马逊网会计类图书畅销榜第1名

图书在版编目(CIP)数据

小艾上班记8：备考日记3·中级经济法/陈艳红著.
—大连：东北财经大学出版社，2015.11
ISBN 978-7-5654-2038-2

Ⅰ.小…　Ⅱ.陈…　Ⅲ.经济法-中国　Ⅳ.F23

中国版本图书馆CIP数据核字(2015)第186105号

东北财经大学出版社出版
(大连市黑石礁尖山街217号　邮政编码　116025)
教学支持：(0411)84710309
营 销 部：(0411)84710711
总 编 室：(0411)84710523
网　　址：http://www.dufep.cn
读者信箱：dufep@dufe.edu.cn

大连图腾彩色印刷有限公司印刷　　　东北财经大学出版社发行

幅面尺寸：170mm×240mm　字数：411千字　印张：20　插页：14
2015年11月第1版　　　2015年11月第1次印刷

责任编辑：章北蓓　刘晓彤　韩敌非　　　责任校对：贺　欣
封面设计：冀贵收　　　版式设计：钟福建

定价：39.00元

小艾系列导读

《小艾上班记》系列书籍以小说的形式诠释会计，在故事中学习，在学习中寻找乐趣；既有手工账，又有电子账；既有会计实践，又有考试经验，还有创业经历；职场哲学、生活 / 爱情哲学穿插其中。《小艾上班记》系列书籍在手把手教会读者做账、看账的同时，还让你在职场和生活中更加游刃有余。

目前《小艾上班记》系列已经上市 7 本，内容涉及真账实操、中级会计实务、工厂会计、中级财务管理、税务会计、财务软件等。

微信扫一扫下面的二维码，进入小艾微信公众号（xiaoaicoco），输入 0，点击小艾上班记在线阅读，可以立即手机试读整个系列书籍。

《小艾上班记——真账实操教你学会计》(《小艾 1》)

此书是“小艾”写的第一本书。该书主要记录了企业从工商注册到建账再到全盘账务处理的全过程，同时也记载了一个会计人员成长的全过程。全书分为四个部分：

（1）通俗会计原理；

（2）一套服装批发企业的全盘账；

（3）一套简单的咨询公司的账 ；

（4）一套 EXCEL 账。

此书一面市，深得广大艾迷的喜欢与追捧。

《小艾上班记2——奋斗如歌——备考日记——中级会计实务》(《小艾2》)

此书是应广大读者的要求写的一部有关会计考试学习方法的书。作为一名会计，实践与理论缺一不可。那么我们在上班的同时，如何能顺利地通过各种会计考试呢？本书以“中级会计实务”为例，给读者介绍了各种学习方法与思维技巧，你可以从中选择一个最适合自己的。

《小艾上班记3——小艾习题精选——中级会计实务》(《小艾3》)

《小艾2》记录了很多策略和方法，有小艾的，有杜老师的，还有其他人的，每一种策略和方法都阐述得很详细，不同的人根据里面的方法，结合自己的实际情况都可以创新地形成一套属于自己的方法体系，然后再去实施。这就是所谓的在模仿中成长，在成长中创新，甚至超越。在《小艾3》中，小艾学习了杜老师的理念后，形成了一个实战方法体系，那么你学习杜老师的理念后，形成的方法体系又是什么呢？你在模仿当中，是否也有所创新呢？

《小艾上班记4——工厂会计真账实操》(《小艾4》)

《小艾1》一经出版，得到了广大艾迷的喜爱，但由于篇幅所限，里面未涉及生产成本核算等方面的内容。《小艾4》是《小艾1》的完美补充及升华。该书主要是以工厂为背景，重点讲述了生产成本的核算方法与流程以及成本控制的思维方式。“利润＝收入－成本费用”这个会计恒等式是所有管理学的最高境界，试问哪一位管理者所做的管理工作不是为了开源节流呢？因此，“利润＝收入－成本费用”这个会计恒等式也是我们会计人员迈入管理之门的一个最佳途径，因为我们从第一天接触它开始，就具有了先天优势。

《小艾上班记5——备考日记2——中级财务管理》(《小艾5》)

此书是一部有关中级财务管理考试学习的书。书中总结归纳了相关的知识点及解题思维模式，还有相对应的练习题。小艾不是老师，小艾是你的朋友；老师是让你明白，小艾是让你醒来；老师是不断地往你的脑袋里装些什么，小艾则更希望你心里能“生长”些什么。在《小艾5》中，你能找到触动你的地方吗？

《小艾上班记6——企业纳税真账实操》(《小艾6》)

此书讲述了小艾是如何从记账到纳税申报一气呵成的，同时探讨了怎样才能成为一名优秀的税务会计人员。

……

《小艾上班记7——生命需要努力——做账高手训练营》(《小艾7》)

小艾上班记7主要写的是该如何学习财务软件，同时通过手工账、EXCEL账与财务软件账的比较，让读者对做账有个系统清晰的了解。书中比较侧重实操训练，有真实单据、真实账本，还有演示视频，同时对职场生存及会计人生进行了探讨。

《小艾上班记8——备考日记3——中级经济法》(《小艾8》)

本书是一本有关中级经济法考试学习的书。书中小艾老师向读者传授了科学用脑的方法，包括如何快速阅读，如何简单记忆，以及如何让大脑保持旺盛的学习热情等。通过《小艾8》的学习，那些难背的法条都变得轻松可爱起来，快来尝试一下吧！

后续我们将推出小艾上班记9、10……内容包括：会计岗位就业面试指导、报表分析、EXCEl应用、ERP等，力争为广大会计人员提供一套完整的会计职业宝典。小艾上班记微信公众订阅号 xiaoaicoco 将第一时间发布相关消息，敬请关注。

小艾系列书籍找茬有奖活动

一本书籍的出版一般需要经过专业编辑的三审三校及质检部门的质量严格检查，但是还会有大大小小的错误，小艾系列书籍自然也不例外。由于小艾系列书籍通俗易懂，深得大家喜爱，有的读者就会不只读一遍，这样，相对其他书籍，就更容易发现错误。针对此情况，小艾系列书籍特设以下奖励，来鼓舞大家给小艾找茬挑刺。

如果你在学习的过程中，发现下述错误，请发邮件至小艾邮箱(16878977@qq.com)。

1 错别字

2 准则制度陈旧

3 观点或逻辑错误

4 其他

邮件格式分为5部分：书名、页码、行数、问题、建议及你想要获奖的书籍和你的真实姓名、邮寄地址和电话。

例：

1 书名：《小艾上班记6》

2 页码：第11页

3 行数：顺数第7行

4 问题："何总"联系上文应该是"王总"（手机拍照附图更佳）

5 建议："何总"二字应该改成"王总"二字

6 你希望获奖的书籍：

7 真实姓名、邮寄地址及电话：

提出的修正方案被采纳者将获得小艾书籍一本（目前已上市的书籍中任挑），原则是，同一错误，谁先提出谁获得，以邮件时间为准。

前 言

忆考试时光的青葱岁月

作为一名会计，从会计从业资格证，到初级职称，到中级职称，再到注册会计师（CPA），一路走来，真可谓是活到老，学到老，考到老。

我也是这么一路走过来的。在这些考试中，记忆最深的是 CPA 考试的最后一年；因为那年我怀孕了，而我还剩最后一门没过，考试期限只剩两年时间（CPA 考试是有年限的，超过 5 年则成绩作废），家人劝我今年就算了，明年再说，可是我不甘心就这么放弃，所以还是坚持一边上班，一边怀孕，一边准备注会考试的最后冲刺。

那年注会考试的时间是 9 月 20 日，而我已怀孕足月，随时准备待产。在进考场之前，爱人跟我说："你不甘心，就进去走下过场吧，别拼命，要是中途不想考了，就直接出来，我在外面等你。"当我挺着将近 10 个月的大肚子走进教室时，确实吸引了很多目光。在众人的注视下，我特别不好意思，赶紧低着头轻轻地找到自己的座位坐下。这时，监考老师走了过来，对我说："如果你等会要去洗手间，就举手，我陪你去。"（孕妇尿频，此女老师有经验。）

刚开始的时候，可能我有点紧张，宝宝在肚子里踢来踢去，有点儿躁动不安。我轻声地说："别怕，加油！"等试卷发下来，我慢慢地投入答题后，宝宝就平静下来了。考试从下午两点一直考到五点半，整整考了三个半小时；中间还在监考老师的陪同下，去了一趟洗手间，这期间宝宝都没有动过。直到下课铃声响起，我起立交卷，宝宝才开始动弹，感觉好像睡了一觉刚醒来似的。

爱人一直在考场外等候，他说他非常紧张，怕万一我考到一半突然要生孩子怎么办。我笑着说："我运气没那么背。"考试最后结果，我顺利飘过。

注会考完后，我想我这辈子应该不用考试了吧。可是有一次，我听朋友说有一个心理咨询师的考试，心里又蠢蠢欲动了，因为我一直喜欢心理学，很多年了，但都只是业余时间看看相关书籍，很零散地学习。既然有这么一个认证考试，那就干脆去考一下，算是做一个系统化的学习提升吧。

报名的时候，因为我不是心理学专业毕业的，不能直接考二级，而是要先考三级（那时心理咨询师最高考试级别是二级，一级主要是评的，未开放考试）。

而我想直接考二级，因此，只能到资格审核相对宽松的外省报了一个名。

不知道是不幸还是万幸，期间我怀了二宝，好不容易报了个名，自然不想放弃，所以，还是坚持备考。考试的时间是11月份，那时我已有7个月的身孕，穿着一件大棉袄，裹得像个粽子，和考友们一起坐着高铁去武汉考试。

到了武汉，却发现，他们都在一个考场，我却在另一个考场，而我们订的是同一个酒店，我的考场离我住的地方还很远。换酒店，人生地不熟的，感觉太麻烦，于是，干脆决定还是第二天早点起来吧。

快吃晚饭的时候，同行的姐妹们建议出去走走，说武汉有个户部巷，是一条长150米的百年老巷，被誉为“汉味小吃第一巷”，好不容易来一趟，不去吃一下，太遗憾了。

我本来不想去了，可是禁不住她们的怂恿，再加上自己又嘴馋，于是，又和她们一起跑到户部巷，从街头一直吃到街尾。

逛到天黑了，她们竟然还说，黄鹤楼就在附近，我们去看看吧！明天考完试就要回去了，今天不看，就没有机会了。我说我不行了，走不动了，你们上去吧，我在下面等你们。

最后，由于天太黑，黄鹤楼看不清，她们很快就回来了。回到酒店，已经八九点了，太累了，洗漱一下躺在床上就睡着了，包包里带的课本、资料和试卷瞅都没瞅一眼。

第二天不到六点，我就起床了，因为她们说这个地方不好打车，而且，还很堵，我有点儿紧张，怕万一误了考试。有时候人就是这样，越是早起，就越顺利。没想到一出来就打到车了，而且一路通畅；到了考场，时间还早，悠闲地吃了个早餐，进入考试。考试整整考了一天，考完当晚又坐高铁赶回家。考试结果，再一次顺利飘过。

家人都笑我说:“你一个人肯定过不了,肯定是宝宝帮你考过的。”我笑着说:“这是我和宝宝共同努力的结果。”

每当我看到某些考生因为怀孕而纠结要不要放弃考试而忧心忡忡的时候，我就会对她们说：“你为什么不换一种想法呢？你想别人，都是一个人在考试，孤军奋战，而你是两个人考试，同心协力，怕什么，摸摸肚子，对宝宝说一声‘宝贝，加油’！要知道，**坚持是正确的，放弃也是明智的，只有纠结才是错误的**。”

为什么有的人考注会（CPA）可以一年过，有的人考个会计证考几年都考不过？除了基础、智力，还有其他影响因素吗？我觉得心理因素占很大一部分，因为基础不扎实，可以多复习几遍；智力，其实大部分人都差不多，天才和蠢材都是极少数，而且大部分人也没有经过什么特别的大脑潜能开发；而心理因素真的就是因人而异，比如：有的人对学习很有兴趣，并且善于运用科学的思维方法，积极备考，而有的人一看到书脑袋就大，一听到考试头就痛，内心充满极大的抗拒。

为什么我们会抗拒考试？这个问题一直困扰我。后来我慢慢地找到了答案。人脑最为原始的部分叫脑干，负责指挥人体的四肢和其他器官履行最基本的功能。许多低级脊椎类动物（乌龟与蜥蜴等）、爬虫类及鱼类也有脑干，所以这个分区又被称为“爬虫类脑”。脑干这个原始的脑部分区是完全没有学习功能的，它主要辅助人类本能地作出反应。我们一旦察觉到有异物向自己飞来，就会本能地抬起双手保护头部，这就是脑干发出命令的结果。此外，在日常生活中也随处可见脑干的指挥作用，例如有些人在图书馆总习惯性地坐在同一位置，我们在办公室或是自己的车上总会有意无意地留下一件私人物品，就好像动物划分领地一样。如果我们在学习时压力过大，或是感觉到竞争威胁，我们的脑干就会本能地活跃起来。我们的大脑一旦切换到这种应激状态，血液就会从大脑外部的其他分区流出，逐渐向内部聚集，最终集中于脑干部分。这时，这个毫无学习功能的脑部分区就会成为主导，我们会感到自己无法思考，也学不进新的东西，轻则学习效率下降，重则根本无法进入工作或学习状态。因此，我们要放松心情，轻松备考，轻松上阵。

接下来就是缘脑，从进化的角度来看，比脑干稍先进一级的脑部分区是缘脑。猴子、奶牛及海豚等哺乳类动物也有缘脑。这一脑部分区主要支配人的感觉和情绪，负责保持人体内环境的动态平衡。说得通俗易懂一些，就是让我们始终处于身心健康的状态。而且，缘脑也与长期记忆息息相关。

每当人脑接收到一条新信息时，缘脑就会首先被激活。因为它主要负责人体的生理及心理平衡，而人脑所有分区从本质上来说只有一个功能，那就是确保生命安全。因此，缘脑必须充当信息过滤器，将新的信息与既有经验进行分析比较。如果得出的结论是正面的，也就是说同类的信息曾经给我们带来积极的影响，那么缘脑就会开绿灯，允许这条信息传递到大脑皮层，等待进一步深度处理，我们也会从主观上感到愉悦，产生处理这条信息的动力。比如，你曾经成功地完成过一次产品展示，那么你在今后的工作中也自然会更加乐意接受此类任务。但如果你曾经有过一次失败的经历，那么缘脑在下次接收到同类信息时，或许就会亮起红灯，试图拦截这一信息，从而保护心理不再受到同样的负面影响。毕竟，心理上的稳定对于生存的意义也是不可小觑的。最后一种情况是，如果人脑接收到的信息没有太大的倾向性，既不是特别积极的，亦非完全消极的，那么它仍然能够通过缘脑的过滤与监控，顺利进入大脑皮层，但在这种情况下，大脑皮层无法得到强烈的刺激。这就意味着，这条信息不会给我们留下很深的印象，自然也无法进入长期记忆区域。

缘脑是严格依照既定的模式来完成工作的。只要成功过一次，就相当于获得了长期的通行证，因为心理上的积极反应对人类生存来说无疑是不可或缺的。

但从另一个角度来说，如果我们一直墨守成规，始终遵循既定的工作与学习模式，那么我们就永远学不到新知识，无法取得进步。我相信，每个人都曾经体验过改变有多么难。因此，**每个人其实都在时刻与自己的习惯作斗争，试图挣脱惯性的束缚**。回到学习的话题上来，缘脑的这种工作原理会使得我们越来越抗拒学习。小时候在学校里的种种不愉快经历已经让许多人在潜意识中把学习和消极情绪联系在一起了，这使得我们的缘脑在接收到新信息时，自动屏蔽了许多至关重要的内容，加大了我们工作与学习的难度。

缘脑固执有它固执的道理，在面临生命危险的时候，比如遇到老虎，这种过滤机制确实是非常有益的，它能够让我们停止无谓的思考，直接作出本能的反应，要不就冲上去制伏眼前这只老虎，要不就撒腿逃跑。如果没有这种过滤机制，我们的大脑就会不由自主地胡思乱想："我是跑，还是不跑，我应该从哪个方向跑？有没有可能跟老虎谈谈，让它不吃我，或者，我把我篮子里刚刚采的果子给它吃，以后不要吃荤了，改吃素吧……"

因此，**要多学习，并调整好心态，轻松愉快地学习，把学习与积极情绪联系起来，并且运用科学的思维方法，让自己顺利通过，然后不断地重复，刺激自己的缘脑，让缘脑明白，学习是一件多么有趣的事情，从此以后，缘脑就会给你开绿灯，获得长期通行证，让你一路通畅，你就会发现自己越来越喜欢学习了**。

在学习的过程中，还有很多科学的方法，比如，图片就比文字容易记住，那是因为图片能积极地调动你的右脑。

人生是一种体验，生命是一个过程。

昨天的痛苦，今天回忆起来是一种美好，昨天的奋斗，今天想起来是一种自豪。那今天的痛苦，明天回忆起来同样是一种美好，今天的奋斗，明天想起来也同样是一种自豪。

青葱岁月，美好年华，飘香的玉兰树下，我们拿着书，低着头，在进考场之前，拼命翻看，恨不得一口气把它直接吞到肚子里。

那粉红的笔记本，威严的监考老师，零碎的小纸条，还有那熟悉的上课铃声，紧张的考试氛围。

光阴荏苒，岁月如梭，推开记忆的大门，那些年，那些人，那些事，那些一起走过的青葱翠绿、花开馨香的岁月，在似水的流年里沉浮。

不要怕，跟准小艾，奋战中级，然后一起走过校园，走过考场，走过青春。

陈艳红

2015 年 9 月

目录

第一章

总论

（一）像电脑一样处理信息

考中级会计职称的同学都知道，《财务管理》的理解性最强，《经济法》的记忆性最强，《中级会计实务》介于二者之间。对于我这种学理科出身的人来说，《财务管理》很好应付，只要我理解了，一般就会了。《中级会计实务》也是先理解，然后再适当地记忆。而《经济法》就悲催了，看着那些文字我好像都认识，但是，要我记住却真的很难。今天记住了，明天我就忘了；明天记住了，后天又忘了。最后是记了忘，忘了记，进入了死胡同。而且这些法律条条框框真的很枯燥，虐人兼虐心！

但是，不管怎么样都得坚持下去，所谓耐心之树，结黄金之果，蜗牛虽走得慢，但终能走到目的地。毕竟，世界上只有两种动物能到达金字塔顶：一种是老鹰，还有一种就是蜗牛。我不是老鹰，做不到矫健、敏捷、锐利，更没有一对能飞翔的翅膀，那我就只能像蜗牛一样，背着一个厚重的壳，匍匐前进，就像小时候唱的歌儿：

阿门阿前一棵葡萄树
阿嫩阿嫩绿它刚发芽
蜗牛背着那重重的壳呀
一步一步地往上爬
……

直到下班时，杜老师走到我面前敲我的桌子，我才发现我又走神了，这破《经济法》真的是没法看了。

“小艾，你帮忙去档案室去找一家叫做蓝宇科技的公司的工作底稿，里面应该有联系方式，我现在要补寄一份资料给他们。”

“蓝宇科技？”

“是的，几个月前咱俩一起去审计的。”

“我知道，我这儿有。”

我拿出一个笔记本，翻出一张便签纸。

我有个习惯，喜欢用便签纸，尤其是漂亮的便签纸，那什么样的便签纸漂亮呢？枫叶。那一片片枯竭待落的枫叶，是最美好的便签纸。

而且我用过的便签纸一般不喜欢丢掉，而是把它粘贴在笔记本中。有时无聊的时候，甚至把它们用绳子串联起来，然后挂在墙壁上。

婉晴每次看到那些墙壁上的枫叶都会说，见过无聊的人，没见过像你这么无聊的人。不过无聊之人也有可爱之处啊。

上班期间不允许做些与工作无关的事情，这是很多公司的规定，我们公司自然也不例外。当然，这也不是什么坏事情，提高工作积极性和工作效率是企业的一惯作风，值得推进，也值得推广。

但是，作为会计，尤其是在备考期间，上班期间不看点儿书也做不到，特别是有点儿空闲的时候；人坐在那里，心却记挂着：马上要考试了，书还一点儿都没有看，本身就是一种煎熬。

于是我只好偷偷地看点儿书，不管看不看得进去，带一本书放在身边多少会有一点儿心理安慰。

但是当把书拿出来时，又发现不妥，感觉有点儿不好意思，怕被人发现——像只惴惴不安的小兔子一样，随时等待着大老虎的到来。

最后，思来想去，还是把那些要背诵的要点写在便签纸上吧。

杜老师捏着我的那些便签纸，若有所思地微笑着。

我抿着嘴，不看他，佯装低头干活。

被人发现秘密多少有点儿难为情。

“你什么时候考试？”他突然问道。

“9月中旬。”

“还早，还有两个多月。”

“两个月还早？”

“当然，你复习第几遍了？”

“一遍都还没看完。”

“第一遍，就把那些东西写在便签纸上。你是不是准备携带作弊啊？”

“不要这么侮辱人啊，试可废，人不可辱。”

“考前对于那些实在记不住的，写在纸条上，还无可厚非。现在就这样，早了点吧？”

“没办法，记不住。”

“这样，你就记住了？”

“记一点，算一点吧。”

“那考你一下哈，看你记住没？经济法的渊源是什么？”

我想了一下答道：“宪法、法律、法规、规章、自治条例和单行条例、司法解释、国际条约协定。”

终于背出来了。

“中国证券监督管理委员会制定的《上市公司信息披露管理办法》属于(　　)。”

A. 法律　　　　B. 行政法规

C. 部门规章　　　　D. 司法解释

“啊？还要背哪个文件属于哪种渊源？”我连忙打开课本，书上每个渊源都有很多文件。

“我再给你出个题，下列各项中，效力低于地方性法规的是(　　)。”

A. 宪法　　　　B. 同级地方政府规章

C. 法律　　　　D. 行政法规

我傻眼了。

“这是第一章的第一个问题，你不要告诉我，你还没看吧。”

“看是看了，但是看完就忘了。”

“那你翻书能回答出来吗？”

我连忙打开课本，去找那个什么《上市公司信息披露管理办法》，结果我找了半天竟然没有找到。

真的没有找到，我以为是我眼睛有问题，又找了一遍，可是还是没有找到。

“书上怎么没有提这个文件啊？”

“这有什么奇怪的，书上不可能把所有的文件都举例出来啊。”

“那我百度。”

《上市公司信息披露管理办法》是证监会以主席令形式发布的部门规章，是对上市公司及其他信息披露义务人的所有信息披露行为的总括性规范，涵盖公司发行、上市后持续信息披露的各项要求。

“噢，它是部门规章。”

“考试的时候，你可以百度吗？”

“不可以。”

“那怎么办？”

“那就平时尽量多记几个吧。”

“你先不想问题，你发现一个规律没有？”

“什么规律？”

“你先把书上的这些文件这样列举出来，然后仔细观察一下。”（如图 1–1 所示）

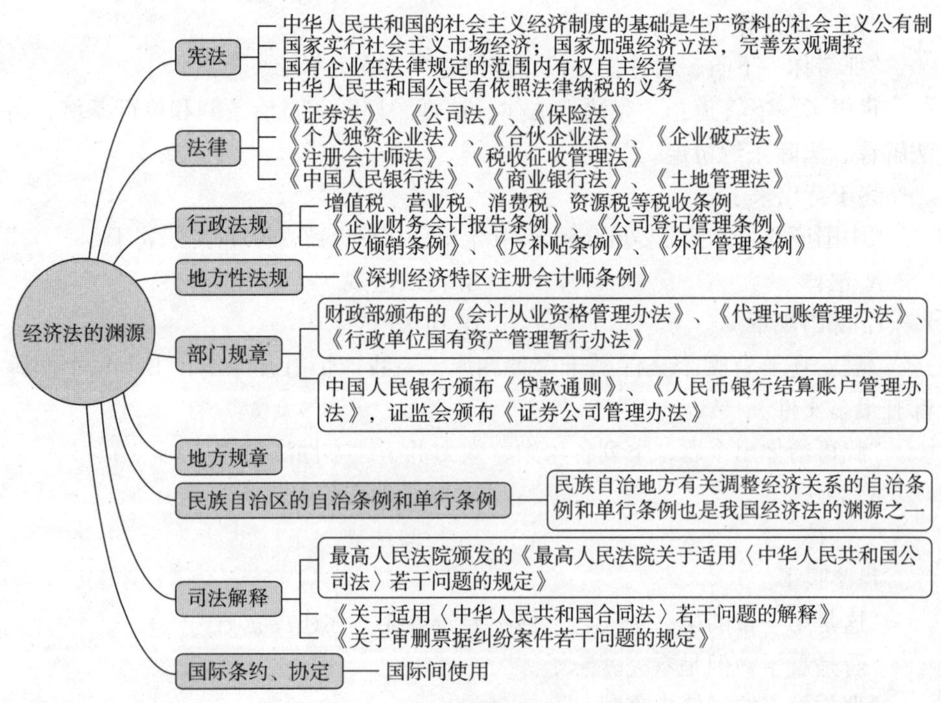

图 1–1　经济法的渊源列示图

我把所有的文件列举出来，然后看了半天，还真发现了规律。在这些文件中，书名号里面的文件名字带法的属于法律，带条例的属于法规，地方性法规通常会带地名，带办法与通则的属于规章，有若干问题这几个字的，属于司法解释。（如图 1–2 所示）

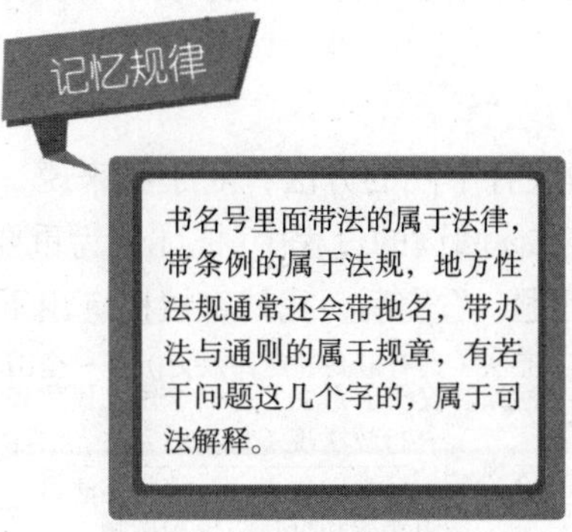

图 1–2　记忆规律提示图

明白了这个记忆规律，杜老师出的那个题就非常简单了，《上市公司信息披露管理办法》，最后是“办法”两个字，肯定就是部门规章啊。

这才叫复习！

“你说你总是记不住，你知道问题出在哪儿吗？”

“记忆力差！”

“错。”

“你没有思考，换句话说，你没有处理信息。”

“处理信息？”

“你看你电脑里的财务软件，首先是录入凭证，录入完后，电脑帮你处理并且存储，等到要用的时候，直接调取，比如我现在需要资产负债表，就可以调出资产负债表，需要利润表，就可以调出利润表。人脑也一样，首先是读取信息，然后要处理，处理后再存储，等到要用的时候，比如考试，直接调用就可以了。”人脑处理信息的过程如图 1–3 所示。

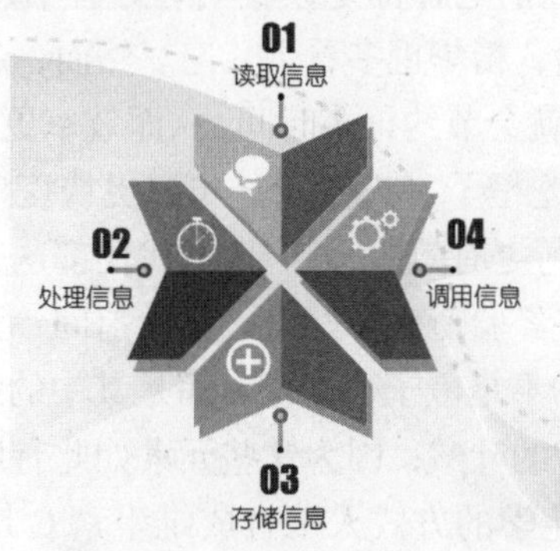

图 1–3　人脑处理信息过程图

"而大部分人都直接跳过处理信息，直接进入第三步，存储信息。拼命地存，拼命地记，可就是记不住。为什么呢？你不处理，你的大脑就不知道该如何存储，按照什么样的规则去存储，那肯定就会混乱。人脑是一台非常复杂的运算机器，必须按照一定的程序来存储信息。而且人脑对同一条信息处理得越充分，学习效果就越好。"

"那我怎么处理信息？"

"处理信息，不同的人有不同的方法，对于我来说，一般尽量用图表，这是个思考提取的过程。就是在你阅读的过程中，把你认为重要的东西提炼出来。比如，我看经济法的渊源这个问题，看完后，我就直接提炼出下图。"（如图 1–4 所示）

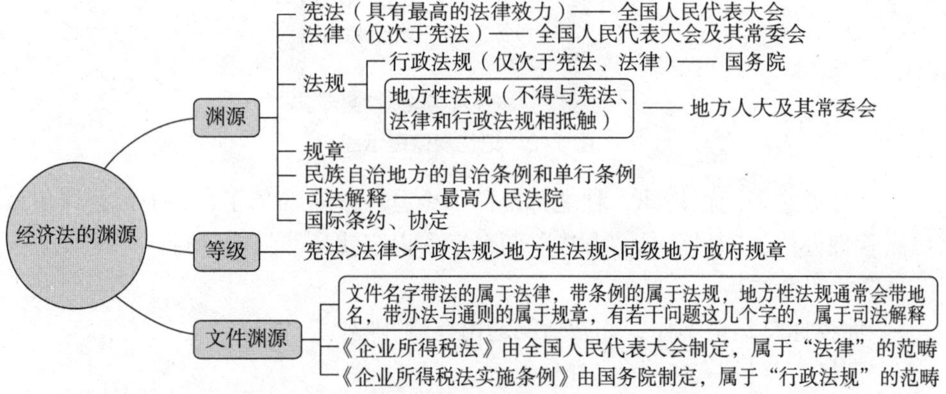

图 1–4　经济法的渊源重新梳理后的列示图

听了杜老师的一番话，我幡然醒悟，于是决定重新来过。

我打开第一章，从头开始看教材。

"看书用得着一个字一个字从头到尾看吗？"

对噢，杜老师一直强调看书绝对不能一个字一个字地看，可是习惯的力量巨大，我总是改不了。拿起书，就开始从第一行字开始看。

"看书，绝对不能一个字一个字看，书上有太多太多的废话，很浪费时间，我们要吸取的是精华。以前老师都是让我们好好看书，多看几遍，多看几遍当然有用，废话多看了几遍，精华也多看了几遍。然而，起效果的是精华部分。如果直接看精华部分的话，就会节约很多时间，从而效率更高，效果更好，成本更低。就像我们知道感冒了，多吃橙子、柠檬，身体可以更快痊愈；怀孕后多吃绿叶蔬菜，宝宝就会更健康。这都是行之有效的，人们世世代代都这么做，但无人深究其缘由。直到有一天科学家对这些经验产生了好奇，开始追问：为什么有效呢？他们研究后发现：帮助治愈感冒的不是橙子、柠檬，而是其中的维生素 C；帮助胎儿成长的不是绿叶蔬菜而是其中的叶酸；因为这些元素如此有用，科学家就将其分离出来深入研究，最终通过化学的方式人工合成维生素 C 片和叶酸片。于是，现在人们感冒了仍然可以吃橙子、柠檬，也可以吃两片维生素 C，怀孕了要多吃绿叶蔬菜，但最好额外补充叶酸片，成本更低，效果更好，选择更多。”

“可我还是不知道哪些是精华。”

“这才是学习的过程，同时也是一种能力，需要慢慢培养。看一本书，首先——”

“首先看的是目录。”我接话道。

“是的，但是更重要的是思考。”

（二）总论精华提炼

在杜老师的启发帮助下，我开始思考研究，提炼精华。

经济法有八章（如图 1–5 所示），第一章是总论，最后一章是其他相关法律，中间是公司法、金融法、合同法，这些章节应该是并列关系。第三章其他主体法律制度，跟公司法性质类似，打开一看，发现是个人独资、合伙企业、外商投资企业等法律。

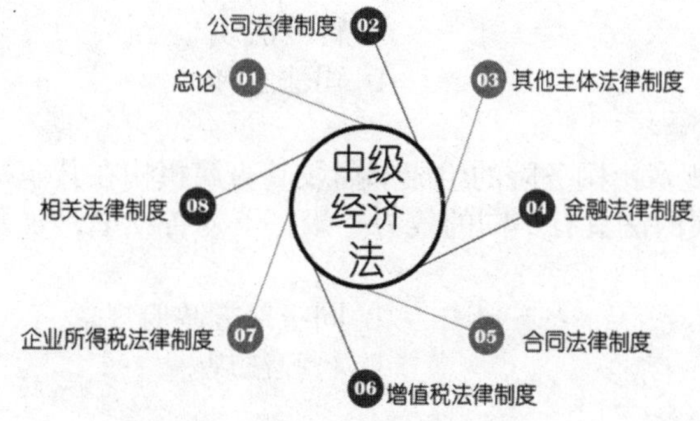

图 1–5　中级经济法八章概览图

第一章总论分为四个部分，如图 1–6 所示：

图 1–6　第一章内容结构图

知识点一：经济法的渊源（如图 1–7 所示）

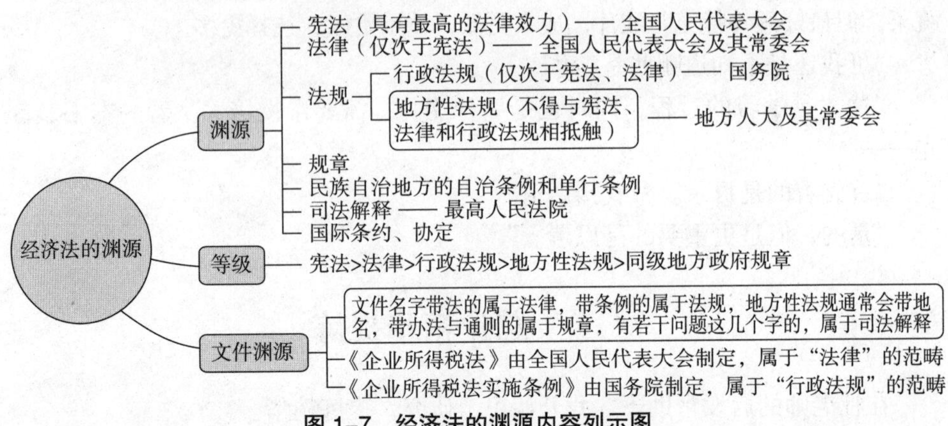

图 1–7　经济法的渊源内容列示图

（1）民族自治地方有关调整经济关系的自治条例和单行条例也是我国经济法的渊源之一。(　　)

【答案】√

（2）中国证券监督管理委员会制定的《上市公司信息披露管理办法》属于(　　)。

A. 法律　　　　B. 行政法规

C. 部门规章　　D. 司法解释

【答案】C

【解析】部门规章由国务院的组成部门及其直属机构在其职权范围内制定。

（3）不同形式的法具有不同的效力等级，下列各项中，效力低于地方性法规的是(　　)。

A. 宪法　　　　B. 同级地方政府规章

C. 法律　　　　D. 行政法规

【答案】B

【解析】宪法 > 法律 > 行政法规 > 地方性法规 > 同级地方政府规章。

知识点二：经济法的主体（如图 1–8 所示）

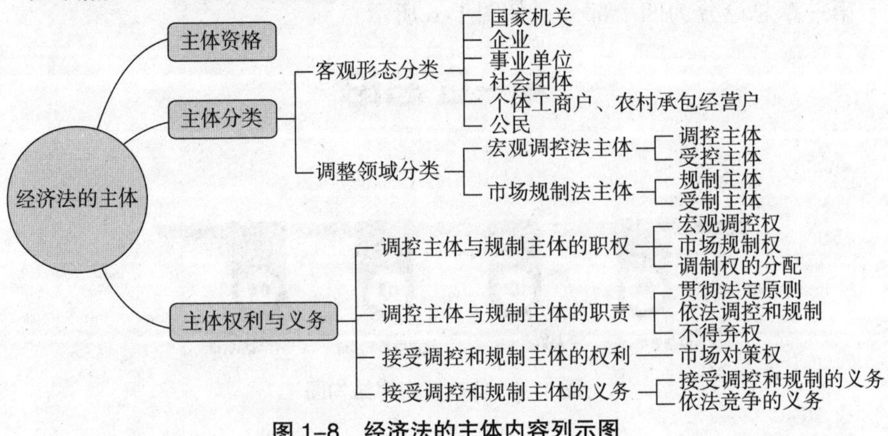

图 1–8　经济法的主体内容列示图

（1）根据经济法调整领域的不同，可以将经济法主体分为宏观调控法主体和市场规制法主体两类。(　　)

【答案】√

（2）下列各项中，可以成为经济法主体的有(　　)。

A. 某市财政局　　B. 某研究院

C. 某公司的子公司　　D. 公民陈某

【答案】ABCD

【解析】经济法主体包括国家机关、企业、事业单位、社会团体、个体工商户、农村承包经营户和公民等。

知识点三：无效合同和可变更可撤销合同（如图 1–9 所示）

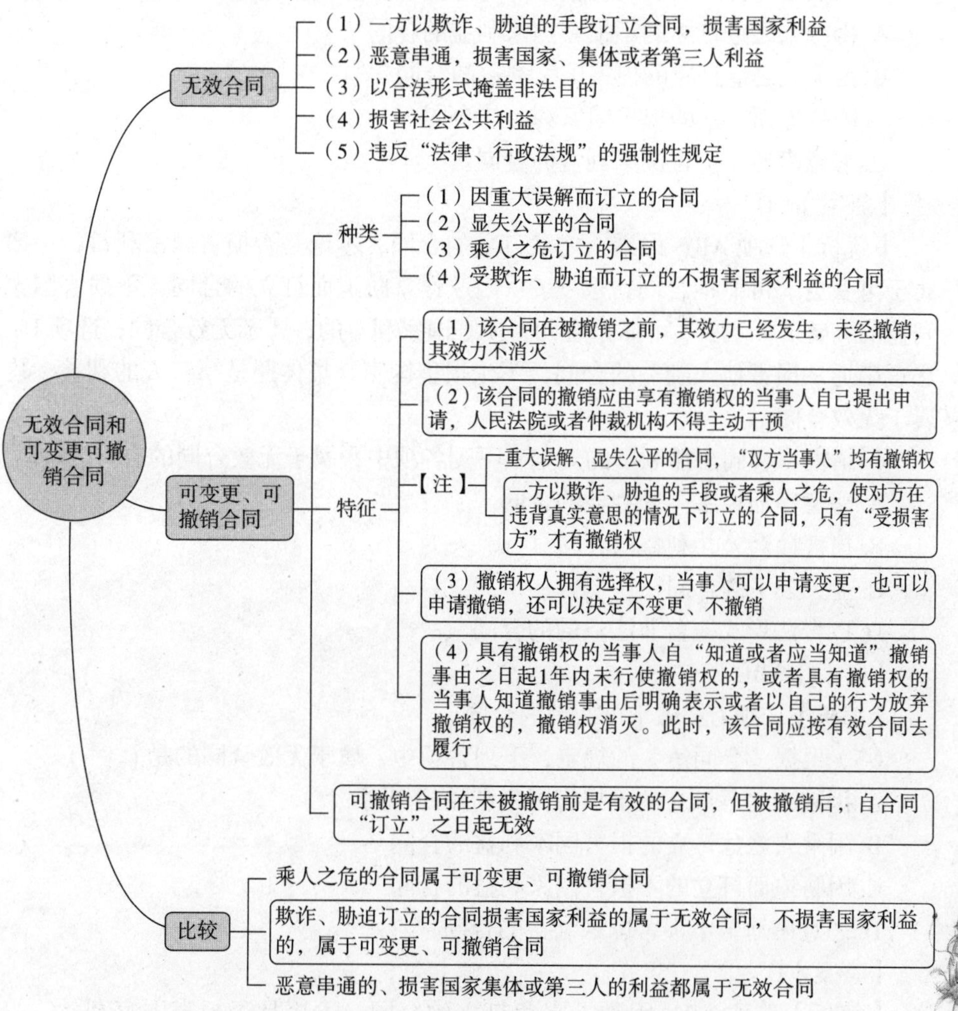

图 1–9　无效合同和可变更可撤销合同内容列示图

（1）可撤销的民事行为一经撤销，自撤销之日起开始无效。（ ）

【答案】×

【解析】可撤销的民事行为一经撤销，自行为开始时无效。

（2）根据《合同法》的规定，下列各项中，属于无效合同的有（ ）。

A. 因欺诈而订立的不损害国家利益的合同

B. 因欺诈而订立的损害国家利益的合同

C. 因胁迫而订立的不损害国家利益的合同

D. 因胁迫而订立的损害国家利益的合同

【答案】BD

【解析】选项 AC：属于可变更、可撤销合同。

（3）根据《合同法》的规定，下列各项中，属于无效合同的有（ ）。

A. 因乘人之危订立的不损害国家利益的合同

B. 因乘人之危订立的损害国家利益的合同

C. 因胁迫而订立的损害国家利益的合同

D. 恶意串通，损害国家利益的合同

【答案】CD

【解析】选项 AB：因乘人之危订立的合同，不论是否损害国家利益，一律属于可变更、可撤销合同；选项 C：因欺诈、胁迫而订立的合同，不损害国家利益的，属于可变更、可撤销合同，损害国家利益的，属于无效合同；选项 D：恶意串通，损害他人利益的合同，不论损害国家、集体还是第三人的利益，均属于无效合同。

（4）根据合同法律制度的规定，下列各项中，属于无效合同的有（ ）。

A. 恶意串通损害国家利益的合同

B. 损害社会公共利益的合同

C. 显失公平的合同

D. 以合法形式掩盖非法目的的合同

【答案】ABD

【解析】选项 C：属于可撤销的合同。

（5）根据《合同法》的规定，下列各项中，属于无效合同的是（ ）。

A. 因乘人之危订立的不损害国家利益的合同

B. 因乘人之危订立的损害国家利益的合同

C. 因胁迫而订立的不损害国家利益的合同

D. 恶意串通，不损害国家利益的合同

【答案】D

【解析】选项 AB：因乘人之危订立的合同，不论是否损害国家利益，一律属于可变更、可撤销合同；选项C：因欺诈、胁迫而订立的合同，不损害国家利益的，属于可撤销合同，损害国家利益的，属于无效合同；选项D：恶意串通，损害他人利益的合同，不论损害国家、集体还是第三人的利益，均属于无效合同。

（6）根据合同法律制度的规定，下列各合同中，属于可撤销合同的是（　　）。

A. 一方以欺诈的手段订立合同，损害国家利益

B. 限制民事行为能力人与他人订立的纯获利益的合同

C. 违反法律强制性规定的合同

D. 因重大误解订立的合同

【答案】D

【解析】选项AC：属于“无效合同”；选项B：属于“有效合同”；选项D：属于“可撤销合同”。

（7）甲欲低价购买乙收藏的一幅古画，乙不允。甲声称：若乙不售画，就公布其不雅视频，乙被迫与甲订立买卖合同。根据合同法律制度的规定，该合同的效力为（　　）。

A. 无效　　B. 效力待定

C. 有效　　D. 可变更、可撤销

【答案】D

【解析】因胁迫而订立的合同，不损害国家利益的，属于可变更、可撤销合同；损害国家利益的，属于无效合同。

（8）某校长甲欲将一套住房以50万元出售。某报记者乙找到甲，出价40万元，甲拒绝。乙对甲说：“我有你贪污的材料，不答应我就举报你。”甲信以为真，以40万元将该房卖与乙。乙实际并无甲贪污的材料。关于该房屋买卖合同的效力，下列说法正确的是（　　）。

A. 存在欺诈行为，属可撤销合同

B. 存在胁迫行为，属可撤销合同

C. 存在乘人之危的行为，属可撤销合同

D. 存在重大误解，属可撤销合同

【答案】B

【解析】乙的行为属于胁迫行为；因胁迫而订立的合同，不损害国家利益的，属于可变更、可撤销合同。

（9）甲与乙订立合同后，乙以甲有欺诈行为为由向人民法院提出撤销合同申请，人民法院依法撤销了该合同。下列有关被撤销合同的法律效力的表述中，正确的是（　　）。

A. 自合同订立时无效

B. 自乙提出撤销请求时无效

C. 自人民法院受理撤销请求时无效

D. 自合同被人民法院撤销后无效

【答案】A

【解析】可撤销合同在未被撤销前是有效的合同，但被撤销后，自合同“订立”之日起无效。

知识点四：法律行为有效要件（如图 1–10 所示）

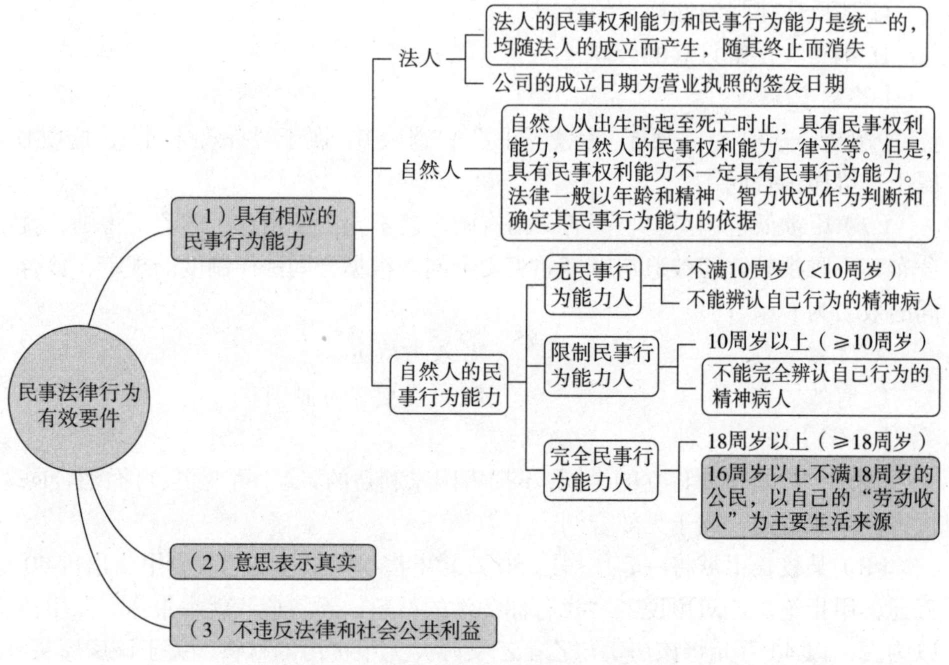

图 1–10　法律行为有效要件一览图

（1）甲、乙均为 1989 年 6 月 30 日出生。甲于 2007 年年初参加工作，并已独立生活；乙在高中读书，靠父母生活。2007 年 5 月 31 日，甲、乙在某饭店滋事，将邻桌的丙打伤。下列表述中，正确的有（　　）。

A. 甲为限制民事行为能力人

B. 甲应视为完全民事行为能力人

C. 乙为限制民事行为能力人

D. 乙应视为完全民事行为能力人

【答案】BC

【解释】16 周岁以上不满 18 周岁的公民，以自己的劳动收入为主要生活来源的，视为完全民事行为能力人。

（2）下列情形中，属于有效法律行为的是（　　）。

A. 限制民事行为能力人甲临终立下遗嘱："我死后，我的全部财产归大姐"

B. 甲、乙双方约定，若乙将与甲有宿怨的丙殴伤，甲愿付乙酬金 5 000 元

C. 甲因妻子病重，急需医药费，遂向乙筹款。乙提出，可按市场价买下甲的祖传清代青花瓷瓶，甲应允

D. 甲要求乙为其债务提供担保，乙拒绝。甲向乙出示了自己掌握的乙虚开增值税专用发票的证据，并以检举相要挟，乙被迫为甲出具了担保函

【答案】C

【解析】选项 A：限制民事行为能力人不能独立实施的合同以外的单方民事行为（如限制民事行为能力人所订立的遗嘱），属于无效的民事行为；选项 B：一切与法律的强制性或者禁止性规定相抵触的、违反公序良俗和社会公共利益的行为，均属无效；选项 C：乙以"市场价"买下该青花瓷瓶，并未损害甲的利益，不构成乘人之危的民事行为；选项 D：因胁迫而实施的单方民事行为（出具担保函），属于无效民事行为。

知识点五：代理的概念特征范围（如图 1–11 所示）

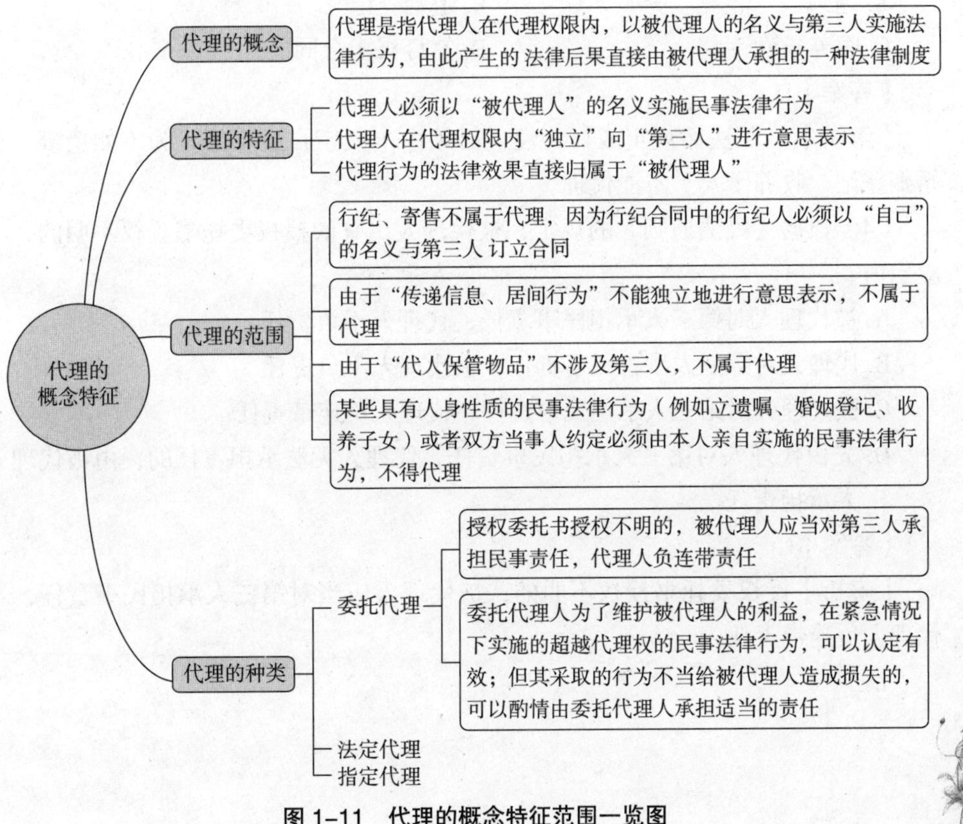

图 1–11　代理的概念特征范围一览图

（1）授权委托书授权不明的，被代理人应当对第三人承担民事责任，代理人不承担责任。(　　)

【答案】×

【解析】授权委托书授权不明的，被代理人应当对第三人承担民事责任，代理人负连带责任。

（2）下列行为中，不属于代理的有(　　)。

A. 行纪行为　　B. 居间行为

C. 代人保管物品　　D. 寄售

【答案】ABCD

【解析】选项 AD：由于“行纪”、“寄售”并非以“被代理人”的名义实施法律行为，不属于代理；选项 B：由于“居间行为”不能独立地进行意思表示，不属于代理；选项 C：由于“代人保管物品”不涉及第三人，因此不属于代理。

（3）根据《民法通则》的规定，下列行为中，可以进行代理的是(　　)。

A. 遗嘱　　B. 婚姻登记

C. 收养子女　　D. 签订买卖合同

【答案】D

【解析】依照法律规定或行为性质必须由本人亲自进行的行为（如遗嘱、婚姻登记、收养子女）不能代理。

（4）根据《民法通则》的规定，被代理人出具的授权委托书授权不明的，应当由(　　)。

A. 被代理人对第三人承担民事责任，代理人不负责任

B. 代理人对第三人承担民事责任，被代理人不负责任

C. 被代理人对第三人承担民事责任，代理人负连带责任

D. 先由代理人对第三人承担民事责任，代理人无法承担责任的，由被代理人承担责任

【答案】C

【解析】授权委托书授权不明的，被代理人应当对第三人承担民事责任，代理人负连带责任。

知识点六：代理权的滥用和无权代理（如图 1-12 所示）

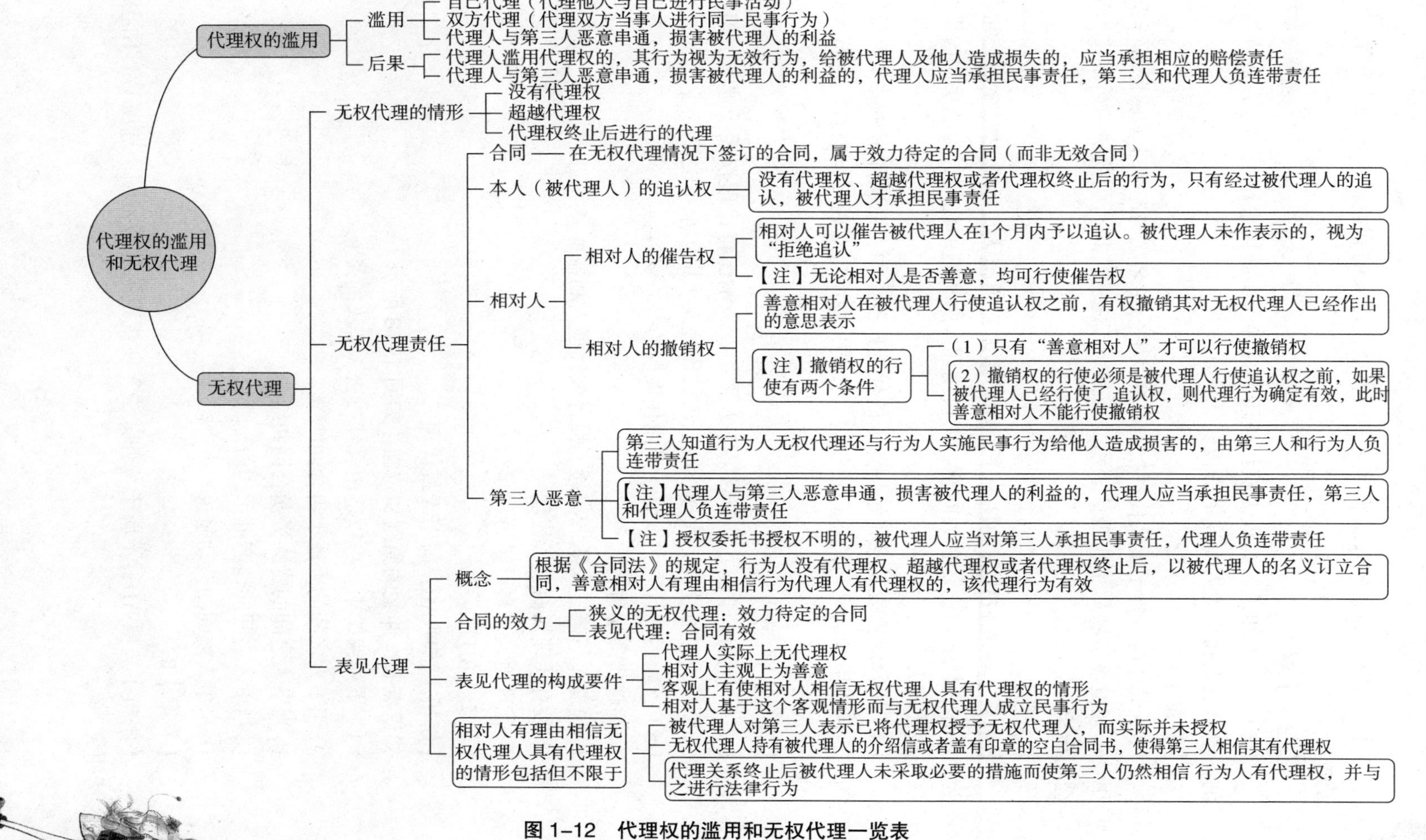

图 1-12　代理权的滥用和无权代理一览表

（1）代理人和第三人恶意串通，损害被代理人的利益，由代理人和第三人负连带责任。(　　)

【答案】√

（2）第三人知道行为人无权代理还与行为人实施民事行为给他人造成损害的，由第三人和行为人负连带责任。(　　)

【答案】√

（3）甲公司未授予王某代理权，王某以甲公司名义与乙企业实施民事行为，甲公司知道该事项后不作否认表示，王某所实施的代理行为的法律后果应由甲公司承担。(　　)

【答案】√

【解析】在无权代理的情况下，如果本人知道他人以本人名义实施民事行为而不作否认表示的，视为同意，无权代理人所实施的代理行为的法律后果归属于被代理人。

（4）甲曾对乙表示已将销售业务的代理权授予丙，而实际上甲并未授权给丙。后丙以甲的名义与乙签订货物买卖合同，则甲应对丙签订该合同的行为承担法律责任。(　　)

【答案】√

【解析】被代理人（甲）对第三人（乙）表示已将代理权授予他人，但实际并未授权的，构成表见代理，应当由被代理人（甲）承担法律责任。

（5）下列代理行为中，属于滥用代理权的有(　　)。

A. 超越代理权进行代理

B. 代理人与第三人恶意串通，损害被代理人利益

C. 没有代理权而进行代理

D. 代理他人与自己进行民事行为

【答案】BD

【解析】选项 AC：属于无权代理。

知识点七：仲裁的原则和范围（如图 1–13 所示）

（1）下列纠纷中，可以适用《仲裁法》解决的是(　　)。

A. 当事人之间的土地承包合同纠纷

B. 当事人之间的货物买卖合同纠纷

C. 当事人之间的遗产继承纠纷

D. 当事人之间的劳动争议

【答案】B

【解析】选项 AD：不属于《仲裁法》所规定的仲裁范围；选项 C：不能提请仲裁。

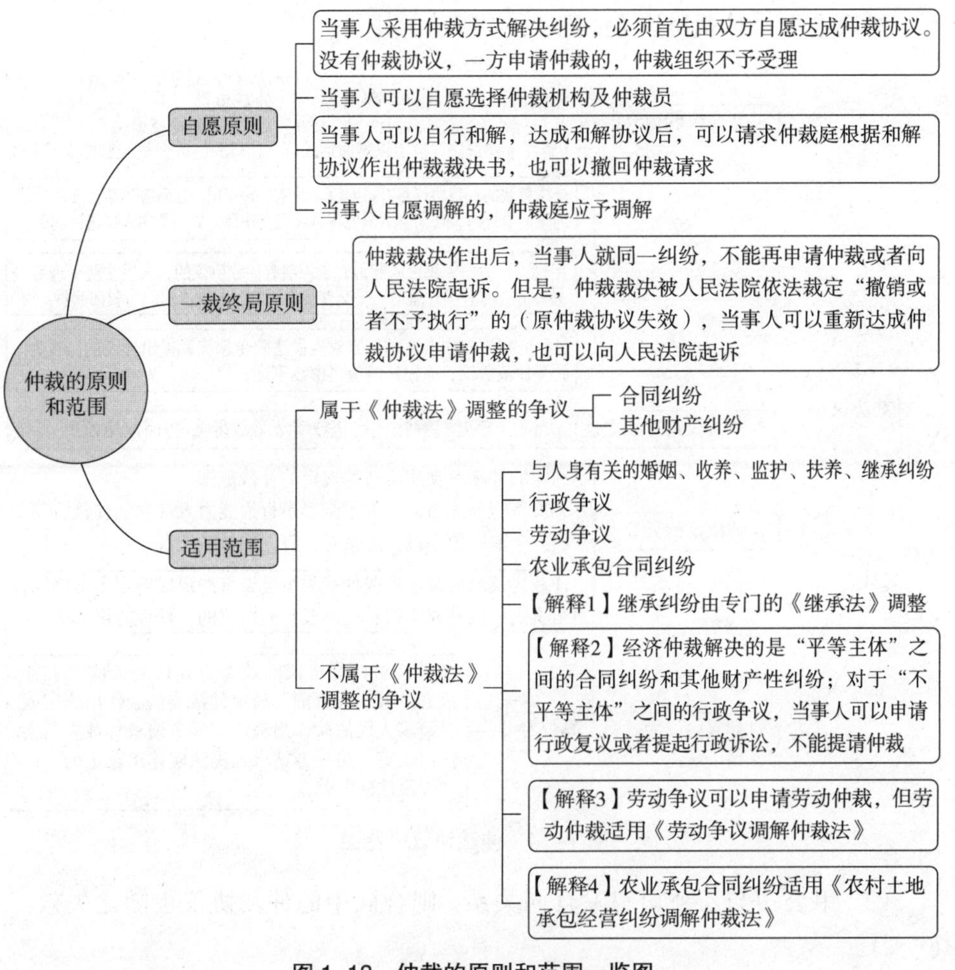

图 1–13　仲裁的原则和范围一览图

（2）下列表述中，符合《仲裁法》规定的有（　　）。

A. 仲裁庭作出的仲裁裁决为终局裁决

B. 当事人不服仲裁裁决可以向人民法院起诉

C. 当事人协议不开庭的，仲裁可以不开庭进行

D. 仲裁的进行以双方当事人自愿达成的书面仲裁协议为条件

【答案】ACD

【解析】选项 AB：仲裁实行一裁终局制度，仲裁裁决作出后，当事人就同一纠纷再申请仲裁或向人民法院起诉的，仲裁委员会或者人民法院不予受理；选项 C：仲裁应当开庭进行，当事人协议不开庭的，仲裁庭可以根据仲裁申请书、答辩书及其他材料作出裁决；选项 D: 当事人采用仲裁方式解决纠纷，应当由双方当事人自愿达成仲裁协议，没有仲裁协议，一方申请仲裁的，仲裁委员会不予受理。

知识点八：仲裁协议（如图 1–14 所示）

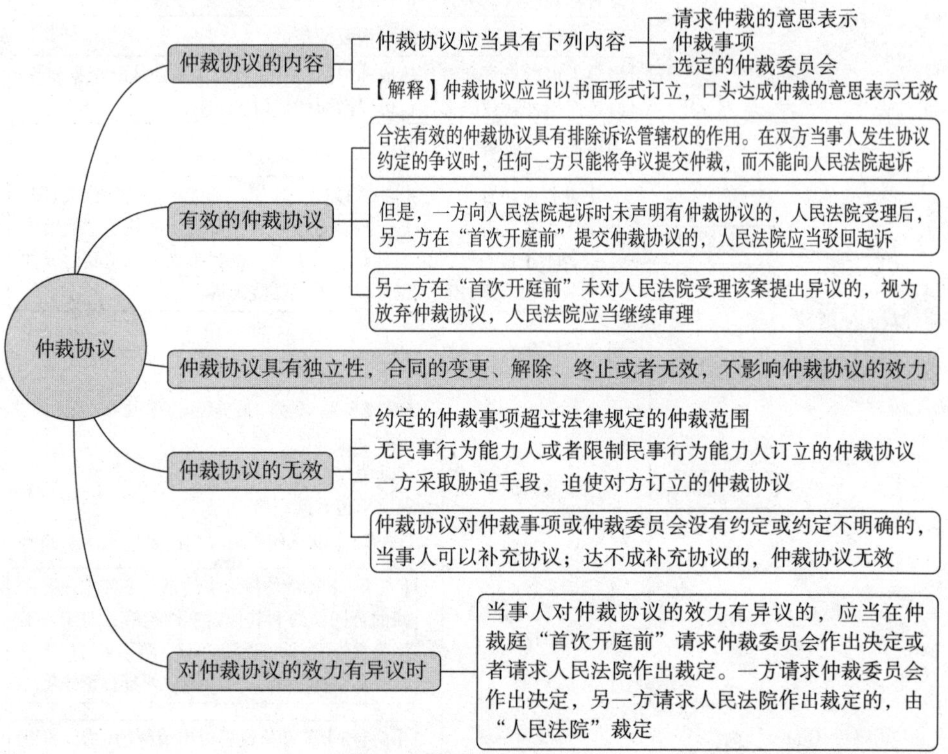

图 1–14　仲裁协议一览图

（1）甲公司与乙公司解除合同关系，则合同中的仲裁协议也随之失效。(　　)

【答案】×

【解析】仲裁协议具有独立性，合同的变更、解除、终止或者无效，不影响仲裁协议的效力。

（2）仲裁协议对仲裁事项没有约定或约定不明确的，当事人可以补充协议；达不成补充协议的，仲裁协议无效。(　　)

【答案】√

（3）当事人对仲裁协议的效力有异议的，应当在仲裁庭作出裁决之前提出。(　　)

【答案】×

【解析】当事人对仲裁协议的效力有异议，应当在仲裁庭“首次开庭前”提出。

（4）一方当事人向人民法院起诉时未声明有仲裁协议的，人民法院受理后，另一方在人民法院作出判决之前提交仲裁协议的，人民法院应当驳回起诉，但

仲裁协议无效的除外。(　　)

【答案】×

【解析】一方向人民法院起诉时未声明有仲裁协议的，人民法院受理后，另一方在人民法院“首次开庭前”（而非作出判决之前）提交仲裁协议的，人民法院应当驳回起诉，但仲裁协议无效的除外。

（5）当事人对仲裁协议的效力有异议，一方请求仲裁委员会作出决定，另一方请求人民法院作出裁定的，由仲裁委员会决定。(　　)

【答案】×

【解析】当事人对仲裁协议的效力有异议，一方请求仲裁委员会作出决定，另一方请求人民法院作出裁定的，由“人民法院”裁定。

（6）甲、乙发生合同纠纷，继而对双方事先签订的仲裁协议的效力发生争议。甲提请丙仲裁委员会确认仲裁协议有效，乙提请丁人民法院确认仲裁协议无效。根据《仲裁法》的规定，下列表述中，正确的是(　　)。

A. 应由丙仲裁委员会对仲裁协议的效力作出决定

B. 应由丁人民法院对仲裁协议的效力作出裁定

C. 应根据甲、乙提请确认仲裁协议效力的时间先后来确定由丙仲裁委员会决定或丁人民法院裁定

D. 该仲裁协议自然失效

【答案】B

【解析】当事人对仲裁协议的效力有异议的，可以请求仲裁委员会作出决定或者请求人民法院作出裁定；一方请求仲裁委员会作出决定，另一方请求人民法院作出裁定的，由“人民法院”裁定。

知识点九：仲裁程序（如图 1–15 所示）

（1）根据《仲裁法》的规定，下列表述中，正确的有(　　)。

A. 申请仲裁后，当事人达成和解协议的，可以请求仲裁庭根据和解协议作出裁决书，也可以撤回仲裁申请

B. 当事人达成和解协议，撤回仲裁申请后又反悔的，原仲裁协议失效，当事人不能根据原仲裁协议申请仲裁

C. 仲裁庭在作出裁决前，可以先行调解，调解达成协议的，仲裁庭应当制作调解书或者根据协议的结果制作裁决书，调解书与裁决书具有同等的法律效力

D. 调解书经双方当事人签收后，即发生法律效力

【答案】ACD

【解析】选项 B：当事人达成和解协议，撤回仲裁申请后又反悔的，可以根据仲裁协议申请仲裁。

- 仲裁程序
  - 仲裁庭由1名或者3名仲裁员组成，由3名仲裁员组成的，设首席仲裁员
  - 申请仲裁的当事人必须有书面仲裁协议
  - 回避制度
    - 仲裁员有下列情况之一的，必须回避，当事人也有权提出回避申请
      - 是本案当事人，或者当事人、代理人的近亲属
      - 与本案有利害关系
      - 与本案当事人、代理人有其他关系，可能影响公正仲裁的
      - 私自会见当事人、代理人，或者接受当事人、代理人的请客送礼的
    - 【解释】当事人提出回避申请应当说明理由，并在“首次开庭前”提出。回避事由在首次开庭后知道的，可以在“最后一次开庭终结前”提出。仲裁员是否回避，由仲裁委员会主任决定；仲裁委员会主任担任仲裁员时，由仲裁委员会集体决定
    - 【相关链接1】当事人对仲裁协议的效力有异议的，应当在仲裁庭“首次开庭前”请求仲裁委员会作出决定或者请求人民法院作出裁定
    - 【相关链接2】一方向人民法院起诉时未声明有仲裁协议的，人民法院受理后，另一方在“首次开庭前”提交仲裁协议的，人民法院应当驳回起诉；另一方在“首次开庭前”未对人民法院受理该案提出异议的，视为放弃仲裁协议，人民法院应当继续审理
  - 是否开庭？
    - 仲裁应当开庭进行；当事人协议不开庭的，仲裁庭可以根据仲裁申请书、答辩书及其他材料作出裁决
  - 是否公开进行？
    - 仲裁一般不公开进行；当事人协议公开的，可以公开进行；但涉及国家秘密的除外
  - 当事人的和解
    - 申请仲裁后，当事人可以自行和解。达成和解协议的，可以请求仲裁庭根据和解协议作出裁决书，也可以撤回仲裁申请。当事人达成和解协议（原仲裁协议并未失效），撤回仲裁申请后又反悔的，可以根据仲裁协议申请仲裁
  - 仲裁庭的调解
    - 仲裁庭在作出裁决前，可以（而非必须）先行调解。当事人自愿调解的，仲裁庭应当调解。调解不成的，仲裁庭应当及时作出裁决。调解达成协议的，仲裁庭应当制作调解书或者根据协议的结果制作裁决书，调解书经双方当事人“签收”后，即与裁决书具有同等的法律效力。当事人在调解书“签收前”反悔的，仲裁庭应当及时作出裁决

图 1–15　仲裁程序一览图

（2）根据《仲裁法》的规定，下列情形中，仲裁员应当回避的有（　　）。

A. 仲裁员与本案有利害关系

B. 仲裁员私自会见当事人

C. 仲裁员是本案代理人的近亲属

D. 仲裁员接受当事人的请客送礼

【答案】ABCD

【解析】仲裁员有下列情况之一的，必须回避，当事人也有权提出回避申请：（1）是本案当事人，或者当事人、代理人的近亲属；（2）与本案有利害关系；（3）与本案当事人、代理人有其他关系，可能影响公正仲裁的；（4）私自会见当事人、代理人，或者接受当事人、代理人的请客送礼的。

（3）根据《仲裁法》的规定，下列各项中，不正确的是（　　）。

A. 申请仲裁的当事人必须有书面仲裁协议

B. 仲裁庭由 1 名或 3 名仲裁员组成

C. 调解书与裁决书具有同等法律效力

D. 仲裁均公开进行

【答案】D

【解析】仲裁不公开进行，当事人协议公开的，可以公开进行。

（4）根据《仲裁法》的规定，下列表述中，正确的有（　）。

A. 除当事人协议外，仲裁应当开庭进行

B. 仲裁不实行回避制度

C. 当事人可以自行和解

D. 仲裁庭可以进行调解

【答案】ACD

【解析】选项 A: 仲裁应当开庭进行，当事人协议不开庭的，仲裁庭可以根据仲裁申请书、答辩书及其他材料作出裁决；选项 B: 仲裁程序与诉讼程序中均规定了回避制度；选项 C：申请仲裁后，当事人可以自行和解；选项 D：仲裁庭在作出裁决前，可以先行调解；当事人自愿调解的，仲裁庭应当调解。

知识点十：仲裁裁决（如图 1–16 所示）

（1）当事人提出证据证明裁决有依法应撤销情形的，可以在裁决书作出之日起 6 个月内，向仲裁委员会所在地的中级人民法院申请撤销裁决。（　　）

【答案】×

【解析】当事人提出证据证明裁决有依法应撤销情形的，可以在"收到"裁决书之日起 6 个月内，向仲裁委员会所在地的中级人民法院申请撤销裁决。

（2）甲、乙因合同纠纷申请仲裁，仲裁庭对案件裁决未能形成一致意见。根据《仲裁法》的规定，下列表述中，正确的有（　　）。

A. 应当按照多数仲裁员的意见作出裁决

B. 应当由仲裁庭达成一致意见作出裁决

C. 仲裁庭不能形成多数意见时，按照首席仲裁员的意见作出裁决

D. 仲裁庭不能形成一致意见时，提请仲裁委员会作出裁决

【答案】AC

【解析】仲裁裁决应当按照多数仲裁员的意见作出；仲裁庭不能形成多数意见时，裁决应当按照首席仲裁员的意见作出。

仲裁裁决
- 仲裁裁决的作出：仲裁裁决应当按照多数仲裁员的意见作出；仲裁庭不能形成多数意见时，裁决应当按照首席仲裁员的意见作出
- 仲裁裁决书的生效
  - 裁决书自“作出”之日起发生法律效力
  - 【相关链接】调解书经双方当事人“签收”后，即发生法律效力
- 仲裁裁决的强制执行：如果一方当事人不履行仲裁裁决，另一方当事人可以按照《民事诉讼法》的有关规定向人民法院申请执行
- 仲裁裁决的撤销
  - 当事人提出证据证明裁决有依法应撤销情形的，可以在“收到”裁决书之日起6个月内，向“仲裁委员会所在地的中级人民法院”申请撤销裁决
  - 【解释】人民法院在仲裁程序中的地位
    - 如果仲裁协议有效，在双方当事人发生协议约定的争议时，任何一方只能将争议提交仲裁，而不能向人民法院起诉。但是，一方向人民法院起诉时未声明有仲裁协议的，人民法院受理后，另一方在首次开庭前提交仲裁协议的，人民法院应当驳回起诉；另一方在首次开庭前未对人民法院受理该案提出异议的，视为放弃仲裁协议，人民法院应当继续审理
    - 当事人对仲裁协议的效力有异议的，应当在仲裁庭首次开庭前请求仲裁委员会作出决定或者请求人民法院作出裁定。一方请求仲裁委员会作出决定，另一方请求人民法院作出裁定的，由“人民法院”裁定。如果人民法院裁定仲裁协议有效，只能将争议提交仲裁；如果人民法院裁定仲裁协议无效，当事人可以向人民法院提起民事诉讼（或者重新订立仲裁协议去申请仲裁）
    - 仲裁裁决作出后，当事人提出证据证明裁决有依法应撤销情形的，可以在收到裁决书之日起6个月内，向仲裁委员会所在地的中级人民法院申请撤销裁决，仲裁裁决被人民法院依法裁定“撤销或者不予执行”的，当事人可以重新达成仲裁协议申请仲裁，也可以向人民法院起诉
    - 对于已经生效的仲裁裁决（又不能申请撤销），当事人对仲裁裁决“不服”时，不得就同一纠纷再申请仲裁或向人民法院起诉
    - 对于已经生效的仲裁裁决（又不能申请撤销），一方“不履行”的，另一方当事人可以按照《民事诉讼法》的有关规定向人民法院申请强制执行

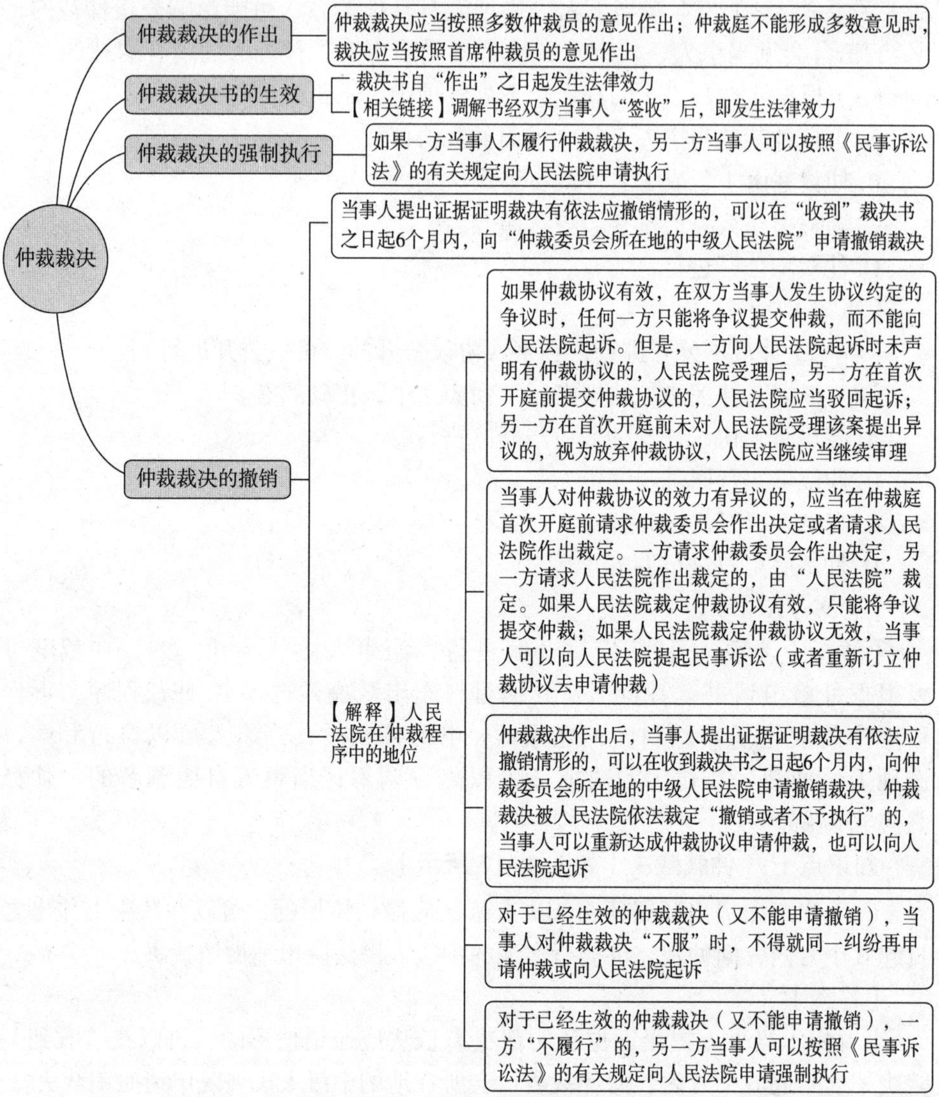

图 1-16　仲裁裁决一览图

（3）根据《仲裁法》的规定，下列表述中，不正确的是（　　）。

A. 当事人不履行仲裁裁决的，另一方当事人可以依照《民事诉讼法》的规定向人民法院申请执行

B. 当事人不服仲裁裁决的，可以向人民法院提起诉讼

C. 当事人提出证据证明裁决有依法应撤销情形的，可以在收到裁决书之日起 6 个月内，向仲裁委员会所在地的中级人民法院申请撤销裁决

D. 仲裁裁决被人民法院依法裁定撤销或者不予执行的，当事人可以重新达成仲裁协议申请仲裁，也可以向人民法院起诉

【答案】B

【解析】选项 B：仲裁裁决作出后，当事人就同一纠纷再申请仲裁或向人民法院起诉的，仲裁委员会或者人民法院不予受理。

（4）根据《仲裁法》的规定，当事人有证据证明仲裁裁决依法应当撤销的，可向仲裁委员会所在地的中级人民法院申请撤销裁决的期限是（　　）。

A. 裁决书作出之日起 6 个月内

B. 裁决书作出之日起 1 年内

C. 收到裁决书之日起 6 个月内

D. 收到裁决书之日起 1 年内

【答案】C

【解析】当事人提出证据证明裁决有依法应撤销情况的，可以在“收到”裁决书之日起 6 个月内，向仲裁委员会所在地的中级人民法院申请撤销裁决。

知识点十一：诉讼地域管辖（如图 1-17 所示）

（1）原告同时向两个以上有管辖权的人民法院提起民事诉讼的，由这些法院的共同上级法院指定管辖。（　　）

【答案】×

【解析】原告向两个以上有管辖权的人民法院起诉的，由“最先立案”的人民法院管辖。

（2）甲公司与乙保险公司发生保险合同纠纷，根据《民事诉讼法》的规定，甲公司在起诉乙公司时，可以选择的人民法院有（　　）。

A. 合同履行地人民法院

B. 合同标的物所在地人民法院

C. 被告住所地人民法院

D. 合同签订地人民法院

【答案】BC

【解析】因保险合同纠纷提起的诉讼，由被告住所地或者保险标的物所在地的人民法院管辖。

（3）甲公司因与乙银行发生票据支付纠纷而提起诉讼，根据《民事诉讼法》的规定，甲公司在起诉乙银行时可以选择的人民法院有（　　）。

A. 原告住所地人民法院　　B. 票据支付地人民法院

C. 被告住所地人民法院　　D. 票据出票地人民法院

【答案】BC

【解析】因票据纠纷提起的诉讼，由票据支付地或者被告住所地的人民法院管辖。

- 诉讼地域管辖
  - （1）一般地域管辖：原告就被告原则
    - 对公民提起的民事诉讼，由被告住所地人民法院管辖；被告住所地与经常居住地不一致的，由经常居住地人民法院管辖
    - 对法人或者其他组织提起的民事诉讼，由被告住所地人民法院管辖
    - 对没有办事机构的个人合伙、合伙型联营体提起的诉讼，由被告注册登记地人民法院管辖。没有注册登记，几个被告又不在同一辖区的，被告住所地的人民法院都有管辖权
    - 双方当事人都被监禁或者被采取强制性教育措施的，由被告原住所地人民法院管辖
  - （2）特殊地域管辖
    - 因合同纠纷提起的诉讼，由被告住所地或者合同履行地的人民法院管辖
    - 因保险合同纠纷提起的诉讼，由被告住所地或者保险标的物所在地的人民法院管辖。根据《民事诉讼法》司法解释，因财产保险合同纠纷提起的诉讼，如果保险标的物是运输工具或者运输中的货物，可以由运输工具登记注册地、运输目的地、保险事故发生地人民法院管辖。因人身保险合同纠纷提起的诉讼，可以由被保险人住所地人民法院管辖
    - 因票据纠纷提起的诉讼，由票据支付地或者被告住所地的人民法院管辖
    - 因铁路、公路、水上和航空事故请求损害赔偿提起的诉讼，由事故发生地或者车辆、船舶最先到达地、航空器最先降落地或者被告住所地人民法院管辖
    - 专利纠纷案件由知识产权法院、最高人民法院确定的中级人民法院和基层人民法院管辖
    - 海事、海商案件由海事法院管辖
    - 【解释】两个以上人民法院都有管辖权的诉讼，原告可以向其中一个人民法院起诉；原告向两个以上有管辖权的人民法院起诉的，由“最先立案”的人民法院管辖。先立案的人民法院不得将案件移送给另一个有管辖权的人民法院。人民法院在立案前发现其他有管辖权的人民法院已先立案的，不得重复立案；立案后发现其他有管辖权的人民法院已先立案的，裁定将案件移送给先立案的人民法院
  - （3）协议管辖（约定管辖）
    - 双方当事人在合同纠纷发生之前或者发生之后，可以以协议的方式选择解决他们之间纠纷的管辖法院（如被告住所地、原告住所地、合同履行地、合同签订地、标的物所在地等与争议有实际联系的地点的法院）。2012年，《民事诉讼法》修改了关于协议管辖的适用范围，在原有的“合同纠纷”的基础上，增加了“其他财产权益纠纷”（包括因物权、知识产权中的财产权而产生的民事纠纷）
    - 根据管辖协议，起诉时能够确定管辖法院的，从其约定；不能确定的，依照民事诉讼法的有关规定确定管辖。管辖协议约定两个以上与争议有实际联系的地点的人民法院管辖，原告可以向其中一个人民法院起诉

图 1-17　诉讼地域管辖一览图

知识点十二：民事诉讼二审程序（如图 1–18 所示）

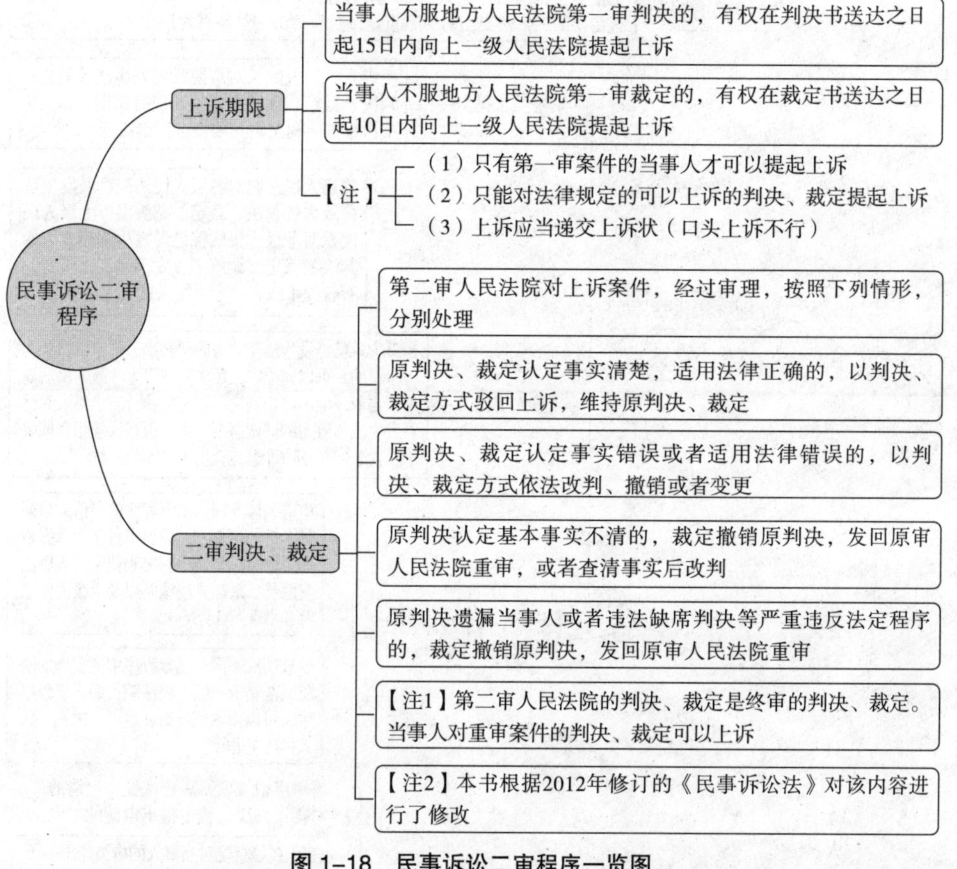

图 1–18　民事诉讼二审程序一览图

（1）根据《民事诉讼法》的规定，当事人不服人民法院第一审判决的，有权在法定期限内向上一级人民法院提起上诉，该法定期限是指（　　）。

A. 判决书作出之日起 10 日内

B. 判决书作出之日起 15 日内

C. 判决书送达之日起 10 日内

D. 判决书送达之日起 15 日内

【答案】D

【解析】当事人不服人民法院第一审判决的，有权在判决书“送达”（而非作出）之日起 15 日内向上一级人民法院提起上诉。

知识点十三：审判监督程序（如图 1–19 所示）

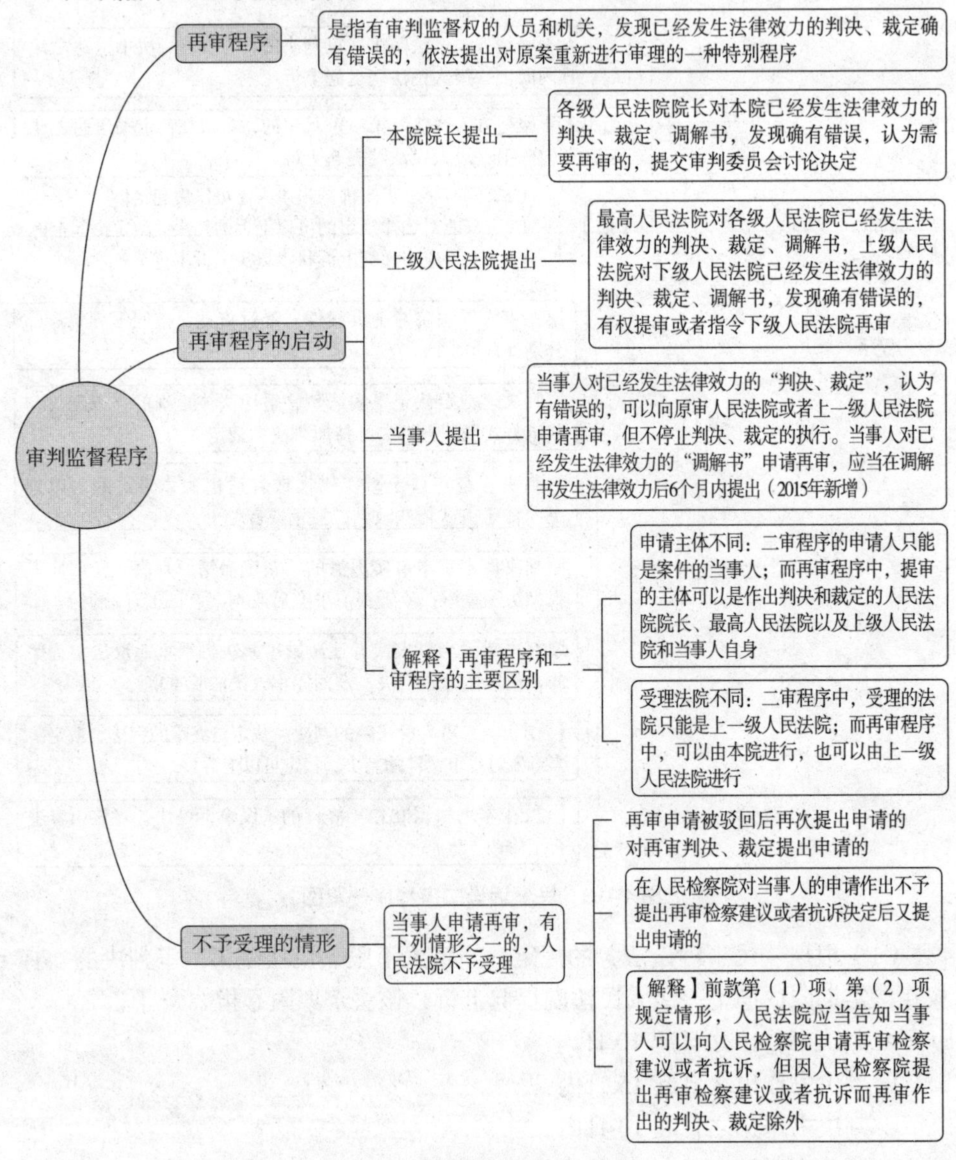

图 1–19　审判监督程序一览图

（1）当事人对已经发生法律效力的判决，认为有错误的，可以向原审人民法院或者上一级人民法院申请再审，但不停止判决的执行。（　　）

【答案】√

（2）当事人对第二审人民法院作出的民事判决认为有错误的，拟选择的下列做法中，符合法律规定的有（　　）。

A. 执行判决，同时向原审人民法院申请再审

B. 执行判决，同时向上一级人民法院申请再审

C. 不执行判决，并向上一级人民法院申请上诉

D. 不执行判决，并向最高人民法院提起申诉

【答案】AB

【解析】当事人对已经发生法律效力的判决、裁定，认为有错误的，可以向原审法院或上一级法院申请再审，但是不停止判决、裁定的执行。

知识点十四：诉讼时效的概念及对象（如图 1-20 所示）

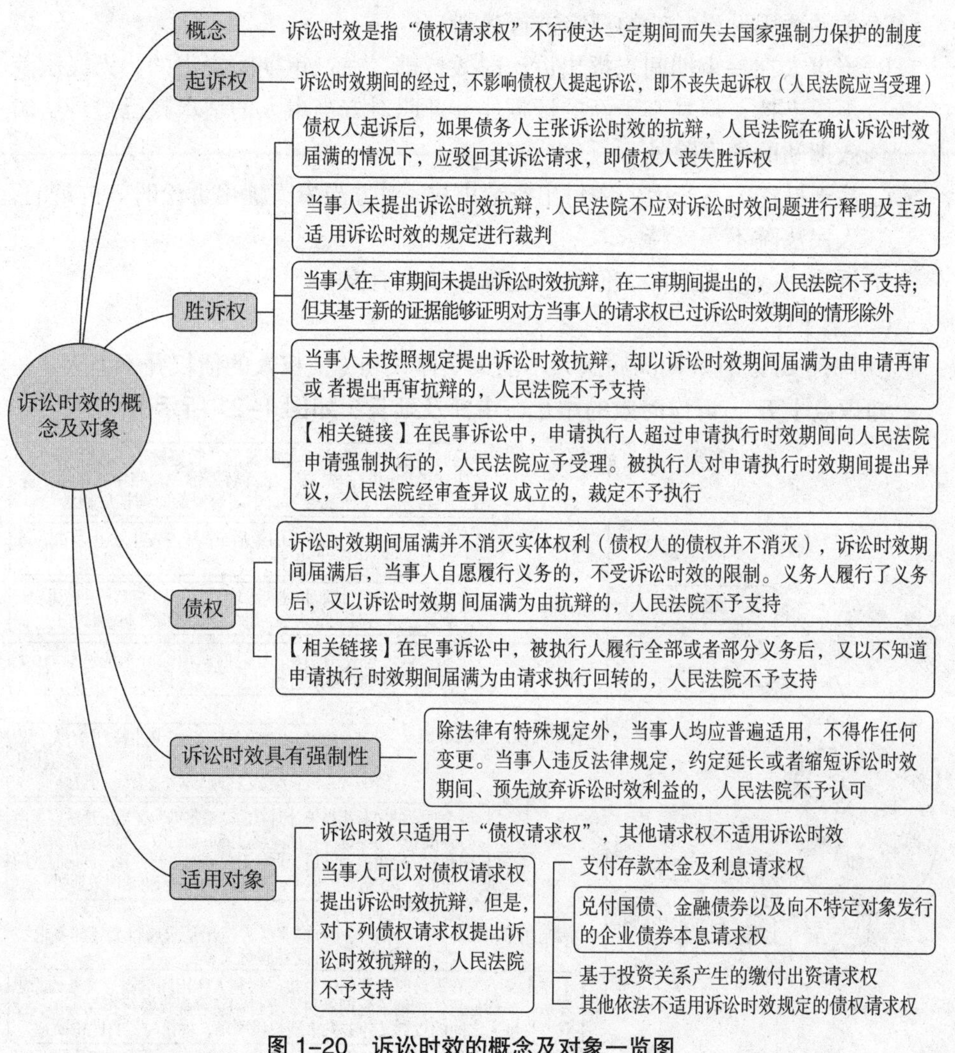

图 1-20　诉讼时效的概念及对象一览图

（1）甲对乙享有货款债权，但诉讼时效已届满。乙向甲支付了货款，其后以不知诉讼时效届满为由请求甲返还。人民法院应支持乙的请求。（　）

【答案】×

【解析】诉讼时效届满后，当事人自愿履行义务的，不受诉讼时效的限制。义务人履行了义务后，又以超过诉讼时效为由反悔的，法律不予支持。

（2）诉讼时效期间届满消灭的是胜诉权，并不消灭实体权利。诉讼时效期间届满后，当事人自愿履行义务的，不受诉讼时效的限制。（　）

【答案】√

（3）下列关于诉讼时效的表述中，不正确的是（　）。

A. 当事人未提出诉讼时效抗辩，人民法院不应对诉讼时效问题进行释明及主动适用诉讼时效的规定进行裁判

B. 当事人在一审期间未提出诉讼时效抗辩，在二审期间提出的，人民法院不予支持；但其基于新的证据能够证明对方当事人的请求权已过诉讼时效期间的情形除外

C. 基于投资关系产生的缴付出资请求权，对方当事人提出诉讼时效抗辩的，人民法院不予支持

D. 诉讼时效期间届满，债权人的债权随之消灭

【答案】D

【解析】诉讼时效期间届满并不消灭实体权利（债权人的债权并不消灭）。

知识点十五：诉讼时效的中止、中断及延长（如图 1-21 所示）

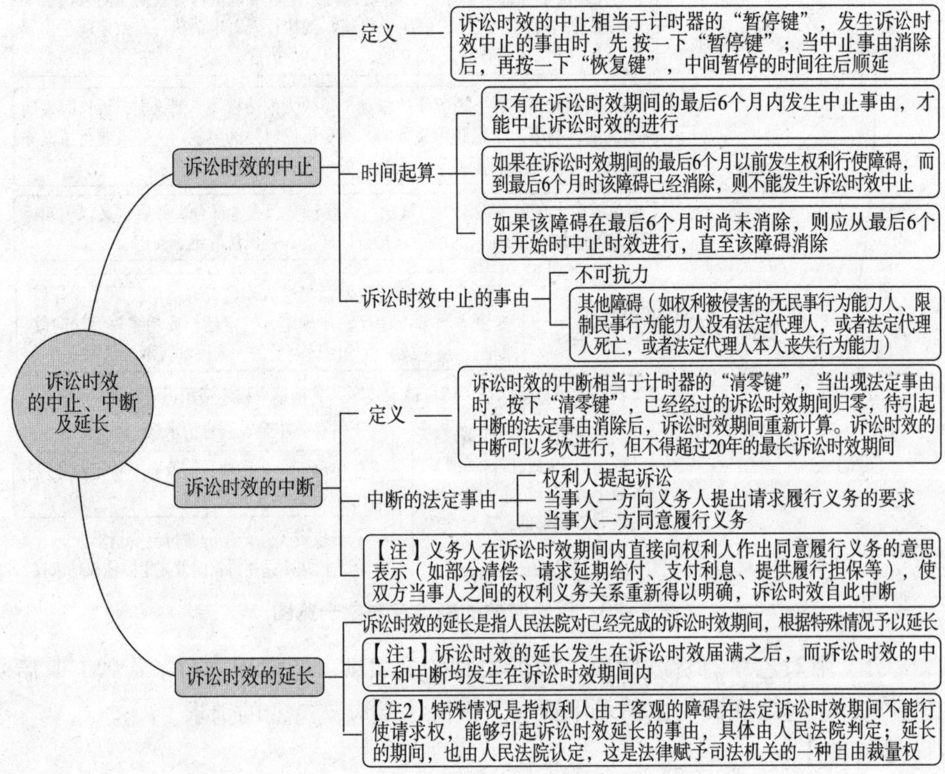

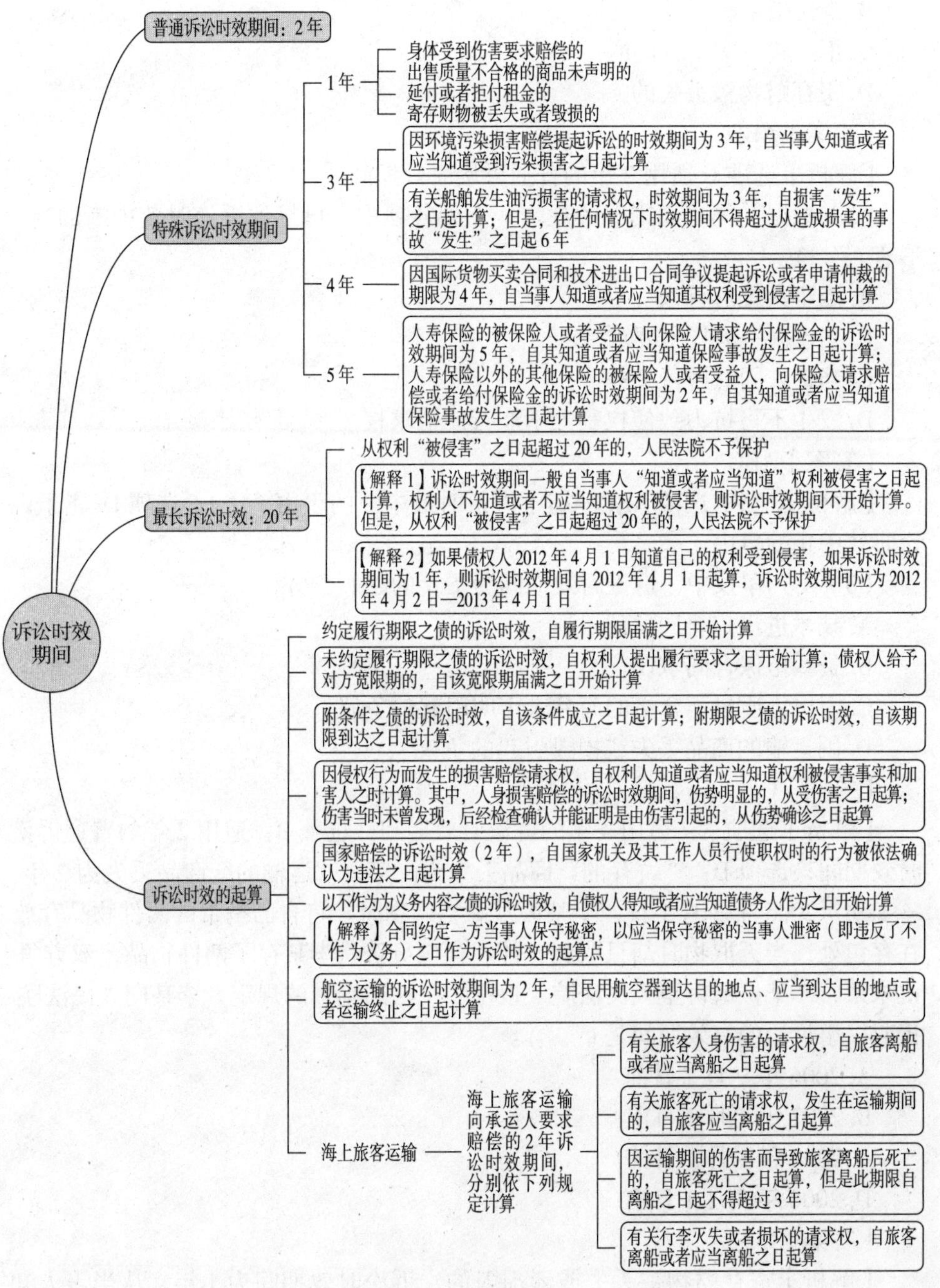

图 1–21　诉讼时效期间及中断延长一览图

（1）根据《民法通则》的规定，下列选项中，适用于诉讼时效期间为1年的情形有(　　)。

A. 身体受到伤害要求赔偿的

B. 拒付租金的

C. 拒不履行买卖合同的

D. 寄存财物被丢失的

【答案】ABD

【解析】选项 C 适用 2 年的普通诉讼时效期间。

（2）根据《民法通则》的规定，下列各项中，可导致诉讼时效中断的情形有（　　）。

A. 当事人提起诉讼

B. 当事人一方提出要求

C. 当事人同意履行义务

D. 发生不可抗力致使权利人不能行使请求权

【答案】ABC

【解析】（1）选项 ABC：属于诉讼时效中断的事由；（2）选项 D: 属于诉讼时效中止的事由。

（3）下列争议中，诉讼时效期间为 1 年的是（　　）。

A. 技术进出口合同争议

B. 贷款担保合同争议

C. 因出售质量不合格的商品未声明引起的争议

D. 因运输的商品丢失或损毁引起的争议

【答案】C

【解析】选项 A：适用 4 年的诉讼时效期间；选项 B：适用 2 年的普通诉讼时效期间；选项 D：“寄存的”商品丢失为 1 年，“运输的”商品丢失为 2 年。

（4）2006 年 3 月 1 日，李某去某商场购物时，将自己携带的两件物品存放在存包处，当天取物时却只取到一件。存包员否认李某存了两件物品，双方争议未果，李某拟起诉至人民法院。根据《民法通则》的规定，李某向人民法院提起民事诉讼的有效期间是（　　）。

A. 2006 年 9 月 1 日前

B. 2007 年 3 月 1 日前

C. 2008 年 3 月 1 日前

D. 2006 年 3 月 1 日前

【答案】B

【解析】寄存财物被丢失或者损毁的，诉讼时效期间为 1 年，从当事人知道或者应当知道权利被侵害之日起计算。在本题中，诉讼时效期间为 2006 年 3 月 1 日—2007 年 3 月 1 日。

（5）甲于 2007 年 3 月 20 日将小件包裹寄存乙处保管。3 月 22 日，该包裹被盗。3 月 27 日，甲取包裹时得知包裹被盗。根据《民法通则》的规定，甲要求乙赔偿损失的诉讼时效期间届满日是（　　）。

A. 2009 年 3 月 27 日

B. 2009 年 3 月 22 日

C. 2008 年 3 月 27 日

D. 2008 年 3 月 22 日

【答案】C

【解析】寄存财物被丢失或者损毁的，诉讼时效期间为 1 年，从当事人知道或者应当知道权利被侵害之日起计算。在本题中，诉讼时效自 2007 年 3 月 27 日起算，诉讼时效期间为 2007 年 3 月 27 日至 2008 年 3 月 27 日。

（6）王某租赁张某一套住房，租赁期间为 2009 年 1 月 1 日至 12 月 31 日，约定 2009 年 6 月 30 日之前支付房租，但王某一直未付房租，张某也未催要。根据《民法通则》的规定，张某可以向法院提起诉讼、主张其民事权利的法定期间是（　　）。

A. 2010 年 6 月 30 日之前

B. 2010 年 12 月 31 日之前

C. 2011 年 6 月 30 日之前

D. 2011 年 12 月 31 日之前

【答案】A

【解析】延付或者拒付租金适用 1 年的诉讼时效期间，自知道或者应当知道权利被侵害时起计算。在本题中，租金到期日为 2009 年 6 月 30 日，王某一直未付房租，张某也未催要（无中断事由），诉讼时效期间为 2009 年 6 月 30 日至 2010 年 6 月 30 日。

（7）2013 年 5 月 5 日，甲拒绝向乙支付到期租金，乙忙于事务一直未向甲主张权利。2013 年 8 月，乙因出差遇险无法行使请求权的时间为 20 天。根据《民法通则》的规定，乙请求人民法院保护其权利的诉讼时效期间是（　　）。

A. 自 2013 年 5 月 5 日至 2014 年 5 月 5 日

B. 自 2013 年 5 月 5 日至 2014 年 5 月 25 日

C. 自 2013 年 5 月 5 日至 2015 年 5 月 5 日

D. 自 2013 年 5 月 5 日至 2015 年 5 月 25 日

【答案】A

【解析】（1）拒付租金的，适用 1 年的诉讼时效期间，选项 CD 首先排除；（2）如果在诉讼时效期间的最后 6 个月前发生不可抗力，至最后 6 个月时不可抗力已消失，则不能中止诉讼时效的进行，因此选项 A 正确。

（8）2013 年 1 月 1 日，甲拒绝向乙支付到期租金，乙忙于事务一直未向甲主张权利。2013 年 6 月 20 日，乙因出差遇险无法行使请求权的时间为 20 天。根据《民法通则》的规定，乙请求人民法院保护其权利的诉讼时效期间是（　　）。

A. 自 2013 年 1 月 1 日至 2014 年 1 月 1 日

B. 自 2013 年 1 月 1 日至 2014 年 1 月 11 日

C. 自 2013 年 1 月 1 日至 2014 年 1 月 21 日

D. 自 2013 年 1 月 1 日至 2015 年 1 月 11 日

【答案】B

【解析】（1）拒付租金的，适用于 1 年的诉讼时效期间；（2）如果在诉讼时效期间的最后 6 个月前发生不可抗力，至最后 6 个月时不可抗力仍然继续存在，则应在最后 6 个月时中止诉讼时效的进行，只有进入 7 月 1 日后的 10 天才引起诉讼时效的中止，诉讼时效期间往后顺延 10 天。

（9）2013 年 4 月 30 日，甲到某商店买衣服，该商店故意隐瞒实情，将一件有隐蔽质量问题的衣服卖给了甲，甲仔细检查后未发现。5 月 6 日甲穿该衣服上班，单位同事发现该衣服存在质量问题。甲找商店退货，被拒绝。于是甲于 6 月 1 日向人民法院起诉了该商店。根据《民法通则》的规定，下述观点正确的是（　　）。

A. 甲的诉讼时效期间为 2 年

B. 诉讼时效期间自 2013 年 4 月 30 日开始计算

C. 诉讼时效自甲向人民法院提起诉讼时中止

D. 诉讼时效自甲向人民法院提起诉讼时中断

【答案】D

【解析】（1）选项 A：出售质量不合格的商品未声明的，适用于 1 年的诉讼时效期间；（2）选项 B：诉讼时效期间从当事人知道或者应当知道权利被侵害之日起计算，在本题中，诉讼时效期间应当从 5 月 6 日开始计算；（3）选项 CD：甲于 6 月 1 日向人民法院提起诉讼，引起诉讼时效中断，而非中止。

（10）甲公司与乙银行订立一份借款合同，甲公司到期未还本付息。乙银行于还本付息期限届满后 1 年零 6 个月时向有管辖权的人民法院对甲公司提起诉讼，要求甲公司偿还本金、支付利息并承担违约责任。乙银行的行为引起诉讼时效中断（　　）。

【答案】√

（11）诉讼时效的延长发生在诉讼时效期间届满之后，而不是在诉讼时效期间。（　　）

【答案】√

（三）用图像调动右脑

没想到在杜老师的帮助下，我只花了不到两个小时的时间就把相关的知识精华全部提炼出来了。

提炼的时候，我只是在教材上按照自己的思路，把对应的知识点画出来。整理笔记要花很多时间，好在杜老师培训班中有已经整理好的笔记了，我只需要在他的基础上修修改改就行了。

然后对于不太理解的知识点，就看几个相应的习题，帮助自己理解。第一遍复习不用忙着做题，看题就是了，看自己总结出来的知识点能不能把这些题做出来，总结到位了没有，笔记是否还需要完善。

所有的知识点都转换成了图片，图片更容易帮助我记忆。

我们都知道，人的左脑主要负责线性思维和数字化的分析工作，右脑则需要完整的图片信息才能形成理解。如果右脑一直处于闲置状态，不仅浪费了半个大脑的资源，还会阻碍左右脑的协同效应，加大理解的难度。

图像是大脑的自然语言，文字却只是人造的符号系统。右脑缺少了图像信息就相当于整个大脑正在阅读外语，自然就会感觉比较吃力。

如果一个外国人给你写几个字母：J'aime la neige，你脑子里肯定一片空白，一点感觉都没有。但是，如果他拿出一张雪花的图像，你立刻就明白了。如果你向一个生活在赤道的非洲人解释什么是雪，他可能毫无概念；无论你怎么解释，他都有可能不知道雪是什么东西。但是，如果你拿出一张雪的图片往他眼前一放，这就是雪。就算他从来没见过雪，也没听说过雪，不知道这个世界上还有雪这个东西，但是当他看到雪这张图片时，他脑子里还是会立刻形成一副生动的画面，噢，这就是雪，而不是茫然一片空白。

杜老师一再跟我强调不要逐字阅读，要快速扫描阅读。逐字阅读不但阅读速度慢，效率低，更要命的是它还阻碍理解和掌握。

对此，我总是有点将信将疑，反问道：“不是说，慢工出细活吗？”

“细活并不需要慢工，慢工也不一定出得了细活。再说，就算你真的想细读研究，也是细读精华部分，你用得着把书上所有的文字背下来吗？”

我还是有点儿不太相信读得慢会阻碍理解和掌握。

“那就做个小实验，感觉一下吧！”

如果　　我有　　8小
　　　　时的　　时间　　来　　砍
　　　　一棵　　　树，

我 就 会 花

6个 小时

来 磨利 自己

的 斧子。

你这样读这句话，看你理解起来是否有点吃力？

那我们换一个阅读方式试试看。

如果我有8小时的时间

来砍一棵树，

我就会花6个小时

来磨利我的斧子。

眼睛一扫，是不是立马就明白了。

所以，不要一个字一个字地阅读，而要按照语义群，大片大片地快速扫描，扫描的时候，你大脑会自然把语义变成图像。

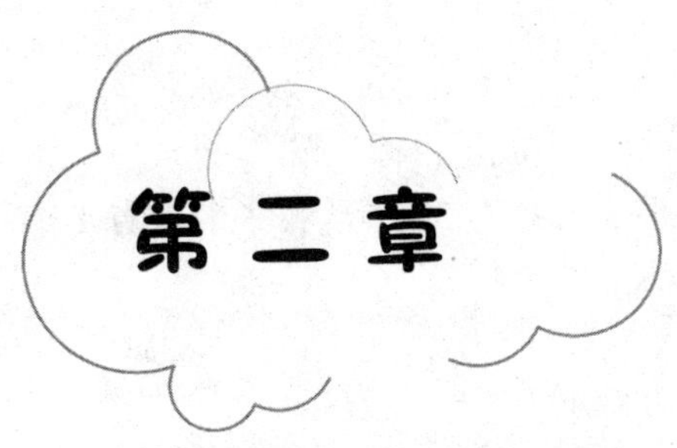

第二章

公司法

（一）100 天读书 33 本，开什么玩笑

窗外阳光塞满了每个角落，天空明净得似乎有些过分，若不是那几朵悠然自得的白云，真怀疑它的存在。雨后的阳光，亮丽而不刺眼，直射人的心里，柔柔的清风，吹着树叶，像是在招手，让在家闷了一天的我，不得不向外走去。

一个人闲逛，轻松自在同时也有些无聊。街角的咖啡店，挂着一串风铃叮当作响。走进去，服务员立马问："请问有什么需要为你服务的吗？"

"给我来一杯卡布奇诺。"我习惯性地答道。

转念一想，还是不要咖啡了。

"你这有阿华田吗？"

"有。"

"那还是给我来杯阿华田吧。"

恋上咖啡的人容易恋上寂寞，搅着杯中的卡布奇诺，白色的奶油如泡沫般荡漾，空气里弥漫着诱人的馨香，如童话里美丽而虚幻的爱情。轻轻地品上一口，那浓郁的香气便在瞬间涌向咽喉再浸入腹中，有一股香醇的暖流层层包容，接下来的却是一份浓浓的苦意。这就是咖啡的味道，有点苦涩，有点寂寞。

而现在的我，没有时间寂寞，更没有时间去品尝寂寞。

换个地点，换个心情，只是为了不让自己厌倦书本。

"同学，我可以坐在这里吗？"

我抬头一看，一个小伙子，留着平头，满脸谦和的笑容，手里还拿着一本书，难道是同行？

"可以。"我答道。

"请问你看什么书？这么认真？"他继续问道。

"《中级经济法》。"

"我最近在看《市场营销》方面的书。"

我"哦"了一声，内心保持了警惕，做销售的，不会是想跟我推销什么东

西吧？

“我花了100天的时间看完了33本书，终于完成了目标。”

开什么玩笑，100天读完33本，也就是3个月看33本，我3个月看1本还在这里要死要活的。

“你看小说是吧？”我问道。

“不完全是，我也看点专业书籍，当然也有小说。”

“那你们的专业书籍也忒简单了。就算全是小说，3个月看33本，也会吐啊。”

“你不信是吧，我真的做到了。我今天来就是跟老师交作业的。”

“哦。”

我觉得这个人脑子有点问题，不想搭理他。

“老师，您来啦。”突然他热情地站了起来。

我抬头一看，四目相对，竟然是杜老师。

“你们两个怎么在一起？”杜老师问道。

“我们碰到了。”那“小平头”赶紧答道，好像我跟他很熟似的。

“噢，不是，刚在这——”我突然发现自己语塞了。

“小艾，怎么，不喝咖啡了，改喝可可粉啦？”

“嗯。”

“那我也来杯阿华田吧。服务员，给我来杯阿华田。”

“老师，你们怎么都喝可可粉啊？是不是我们组织都要求喝可可粉？”“小平头”问道。

“什么组织？”我疑惑不解。

“COCO POLE。”

“COCO POLE是什么呀？”

“你不是COCO POLE的啊，我还以为你是呢？那你跟杜老师怎么认识的？“

“我跟他是同事。”

“噢。”

“李城，你100天成功读完33本书，感受如何？”杜老师问道。

“我觉得自己太不一般了，我自己都觉得自己很了不起。你不觉得吗？真是太感谢你了，要不是你们，没准儿我就半途而废了。”

“看你说的，这些都是你自己努力取得的成绩。你本来就是一个意志很坚强的人。”

“不是，我不是一个意志坚强的人，还是因为老师您厉害。”

“你成功地完成了难以想象的100天读书任务，感觉怎么样？”

“感觉精力殆尽，但是斗志昂扬，就像翻过了一座自己认为无法翻越的大山一样。觉得以后再也没有干不了的事了，而且对读书的畏惧感消失了。”

"好，就是要以这种气势走下去。"杜老师鼓励他。

"读书任务是完成了，可总是觉得有点不踏实！"

"是不是感觉少了点什么？"

"嗯，就是那种感觉。"

"100 天读书 33 本书，主要是为了培养读书的习惯。不论你读什么书，只要喜欢，就都是有意义的。"

"虽说有意义，可是——"

"怎么，感觉有点不完美？"

"是的，很多人都把读书当做兴趣爱好，可是，也没见那些人的命运有什么变化呀？"

"你希望通过读书得到更重要的东西，是吧？"

"没错，不知道作为一个刚刚开始读书的人这么说是不是有些可笑，我想如果单纯地把读书当作兴趣，那就和看电视、玩游戏没两样。"

"进步够快，刚读了 100 天的书，就希望发生翻天覆地的戏剧性变化，那只是一种欲望。这种欲望其实就是改变人生和成长的强烈愿望，有了这种欲望，才能继续向下一步迈进。"

"那下一步是什么？"

"用 1 年的时间，读 100 本跟自己工作相关的专业书籍。"

"1 年读 100 本，而且还是那些难懂的大部头专业书籍？"

"怎么，100 天能读完 33 本书的人，1 年还读不了 100 本书？"

"这根本不是一码事啊。以前读的都是简单有趣的书，坐公交、坐地铁、等车的时候都能看。"

"到哪儿都想看看书，这是个好习惯。"

"是吗，我真的养成了读书习惯？哦，不，这不是——"

"那你还打算继续下去吗？"

"打算继续下去，但是，我真的能做到吗？"

"能，相信自己，只要养成了读书习惯的人都可以做得到。"

"真的吗？"

"真的。"

"那么，1 年读 100 本书，最先需要做什么？"

"当然是回去准备 100 本书和一个能放 100 本书的书架。"杜老师哈哈笑了起来。

"平头"走了，回去准备他的书架去了，留下困惑的我。

"杜老师，COCO POLE 是什么啊？"

"一个读书人的组织。"

“100天可以读33本书？是真的？”

“当然。”

“那我也要加入COCO POLE 。”

“不行，你现在还不可以。”

“噢，那我什么时候可以？”

“你先花10天把这本经济法复习完第一遍，然后再花一个星期复习完第二遍，然后花1天做3套模拟试卷，然后准备考试。”

“不到20天，复习完《经济法》，怎么可能？”

“可以的，相信自己。有些东西你不相信的，后来都会相信，我以前也不相信，**我可以1年读365本书，而我，最近实现了这个目标。**”

1年365本，1天1本，太恐怖了。

（二）天下武功，唯快不败

“快速学习，快速阅读，快速获取信息是一种很重要的能力。”杜老师说道。

“那你怎么会突然想起训练自己读书呢？”我问道。

“这也是一个偶然的机会，我在香港明珠台看了一个电视节目。”

“什么节目？”

“这个节目是对世界前两名首富比尔·盖茨和沃伦·巴菲特两人的共同采访。

主持人以及现场观众对他们两人轮流进行了很多提问，两位世界首富也一一做了非常耐心的回答。

到了节目的最后，主持人向他们两人提了最后一个问题：‘请问两位，你们都已经如此成功了，那么，在你们的人生中，还有什么事情是觉得最遗憾的呢？’

不愧是著名节目的主持人，这个问题实在有很高的水平，呵呵，所有现场和电视机前的观众（当然也包括我）的好奇心立刻就被调动起来，如此成功的两个人，到底还有什么样的遗憾呢？

当听到他们的回答时，我立刻被深深震撼了！

对于人生最大的遗憾，世界前两名首富比尔·盖茨和沃伦·巴菲特，他们的回答竟然是——

比尔·盖茨说：‘我最遗憾的事情，就是没有掌握快速学习、快速阅读的方法。**所有的成功者都是学习者，所有的领导者都是阅读者**。如果我能掌握快速学习、快速阅读的方法，多看很多书，相信我会更成功！’

沃伦·巴菲特说：‘我的答案跟盖茨的一样，我在年轻的时候要是能学会

学习，学会快速阅读，多看一些书，多掌握一些资讯，我想，世界首富的位置估计就轮不上他（盖茨）了，哈哈。'

随后两人相视大笑。

后来，我就开始大量阅读，接着就结交了一些喜欢读书的朋友，然后知道了他们组成的读书组织 COCO POLE。"

"太神奇了。"

"你知道自己为什么看书会走神吗？"

"为什么？"

"因为你看得太慢了。根据科学研究指出，人类的思维速度至少能达到 600 字 / 分钟，但一般人的语速却只在 150 字 / 分钟左右。正是出于这个原因，我们在听讲或是听报告时才会经常走神。

万一碰上个枯燥的主题或是无趣的教授，而我们又不懂得积极调动多余的精力去思考听到的内容，把理论与实际经历、知识储备联系起来，白日梦就更容易乘虚而入。

从神经学的角度来讲，人脑每秒钟有意识处理的信息量约为 126 个神经比特，潜意识的工作速度甚至高达 10 亿个神经比特 / 秒。如果以平均阅读速度 200 字 / 分钟来计算，就相当于每秒处理 40 个神经比特的信息，这就意味着大脑每秒钟都有高达 80 个神经比特的空间未被利用。或许你会认为这是件好事。大脑有了空闲不是正好可以休息一下吗？其实不然。人脑是一台异常勤奋的计算机，一旦出现资源过剩的情况，它就会在后台自动调用空闲的资源来处理其他信息，也就是我们先前提到的白日梦。

换言之，如果你的阅读速度比不上大脑处理信息的速度，过剩的资源非但不能节约下来以备日后之需，反而会被用到其他无关紧要的地方，阻碍注意力的集中。在绝大多数情况下，我们会自言自语：'天啊，这种天书谁看得懂啊？'

别人肯定都比我读得快！为什么人家周末放假出去玩儿，我就得闷在图书馆里看书？不用多说，大家也知道这种消极的自我暗示对阅读理解和记忆有害无益。

因此，你要快速阅读，快速提取对你有用的东西，快一点，快一点，再快一点。"

（三）公司法精华提炼

对于经济法第一遍复习，就是快速扫描阅读，同时提取里面的精华；你一边阅读，一边归纳总结，提取精华，因而你是没有时间走神的。

不管如何提取，首先得明确自己的总体思路，因为你得按照一定的体系去提取相关的知识。

《公司法》讲的主要是有关公司设立、经营以及最后注销的整个过程中的相关规定。那我就可以用自己的思维体系重新把相关的知识整理一遍。

首先是股东出资，出资完后，获得股东权利，股东权利是可以转让的；公司成立后，需要对应的组织机构及相关的董事高管进行经营管理，公司最后不做了，要么合并，要么分立或者减资清算。

公司法的章节体系可以如图 2-1 所示。

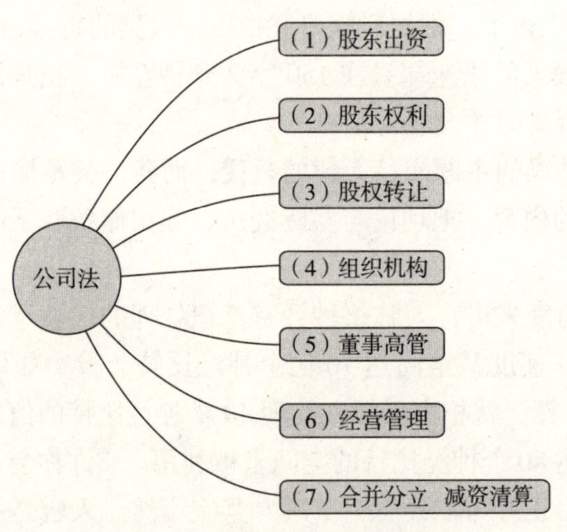

图 2-1　公司法的章节体系图

如果公司要上市，那就涉及证券法的相关内容。因此本章有关公司上市、债券、优先股等相关内容可以合并到证券法那章一起复习。

第一遍复习，归纳总结相关知识点时，总体思路要清晰，重点突出，但是并不一定要面面俱到。第一遍复习更重要的是快速把教材过一遍，坚持二八原则，后续复习中，再逐渐慢慢完善。

知识点一：股东出资—出资形式（如图 2-2 所示）

甲公司、乙公司与刘某、谢某欲共同设立一个注册资本为 200 万元的有限责任公司，他们在拟订公司章程时约定各自的出资方式中，不符合公司法律制度规定的有（　　）。

A. 甲公司以其企业商誉评估作价 80 万元出资

B. 乙公司以其获得的某知名品牌特许经营权评估作价 60 万元出资

C. 刘某以劳务作价 20 万元出资

D. 谢某以其设定了抵押担保的房屋评估作价 40 万元出资

【答案】ABCD

出资形式

（1）股东可以用货币出资，也可以用实物、知识产权、土地使用权等可以用货币估价并可以依法转让的非货币财产作价出资

（2）股东不得以劳务、信用、自然人姓名、商誉、特许经营权或者设定担保的财产等作价出资

（3）非货币出资

- ①未依法评估
  - 公司、其他股东或者公司债权人请求认定出资人未履行出资义务
  - 人民法院应当委托具有合法资格的评估机构对该财产评估作价
  - 评估确定的价格显著低于公司章程所定价格的，人民法院应当认定出资人未依法全面履行出资义务
  - 未依法评估的，先补正（由人民法院委托评估机构进行评估）
  - 只有当评估确定的价格“显著低于”公司章程所定价格的，人民法院才认定出资人未依法全面履行出资义务
  - 未经补正程序，人民法院不宜“直接认定”出资人未依法全面履行出资义务
- ②事后贬值
  - 出资人以符合法定条件的非货币财产出资后，因市场变化或者其他客观因素导致出资财产贬值，公司、其他股东或者公司债权人请求该出资人承担补足出资责任的，人民法院不予支持；当事人另有约定的除外
- ③土地使用权
  - 出资人以“划拨”的土地使用权或者设定权利负担（如设定了抵押担保）的土地使用权出资
  - 公司、其他股东或者公司债权人主张认定该出资人未履行出资义务的
  - 人民法院应当责令当事人在指定的合理期间内办理土地变更手续或者解除权利负担
  - 逾期未办理或者未解除的，人民法院应当认定出资人未依法全面履行出资义务
- ④登记
  - 已经交付公司使用但未办理权属变更手续
    - 出资人以房屋、土地使用权或者需要办理权属登记的知识产权等财产出资，已经交付公司使用但未办理权属变更手续的，公司、其他股东或者公司债权人主张认定出资人未履行出资义务的，人民法院应当责令当事人在指定的合理期间内办理权属变更手续；在指定的期间内办理了权属变更手续的，人民法院应当认定其已经履行了出资义务；出资人主张自其实际交付财产给公司使用时享有相应股东权利的，人民法院应予支持
  - 已经办理权属变更手续但未交付给公司使用
    - 出资人以房屋、土地使用权或者需要办理权属登记的知识产权等财产出资，已经办理权属变更手续但未交付给公司使用的，公司或者其他股东主张其向公司交付、并在实际交付之前不享有相应股东权利的，人民法院应予支持

（4）货币出资

- 以贪污、受贿、侵占、挪用等违法犯罪行为所得的货币出资取得股权
  - 对违法犯罪行为予以追究、处罚时，应当采取拍卖或者变卖的方式处置其股权；这一规定防止将出资的财产直接从公司抽出的做法，采取将出资财产所形成的股权折价补偿受害人损失的方式，以保障公司资本之维持、维护公司债权人利益

图 2–2　股东出资—出资形式一览图

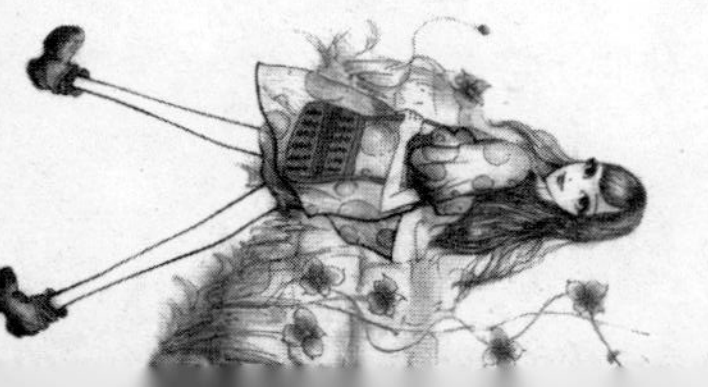

知识点二：股东权利—名义股东与实际出资人（如图 2–3 所示）

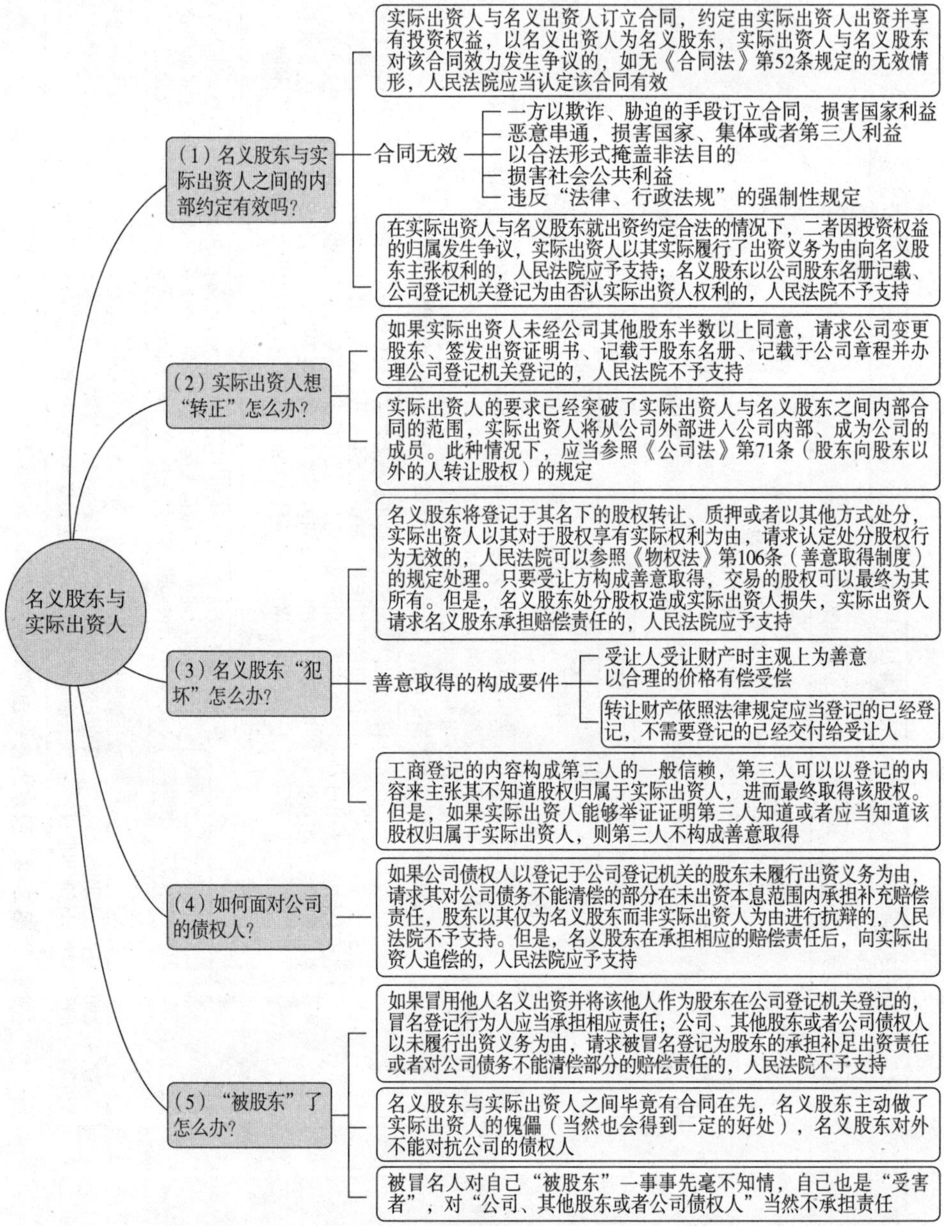

名义股东与实际出资人

（1）名义股东与实际出资人之间的内部约定有效吗？

- 实际出资人与名义出资人订立合同，约定由实际出资人出资并享有投资权益，以名义出资人为名义股东，实际出资人与名义股东对该合同效力发生争议的，如无《合同法》第52条规定的无效情形，人民法院应当认定该合同有效
- 合同无效
  - 一方以欺诈、胁迫的手段订立合同，损害国家利益
  - 恶意串通，损害国家、集体或者第三人利益
  - 以合法形式掩盖非法目的
  - 损害社会公共利益
  - 违反“法律、行政法规”的强制性规定
- 在实际出资人与名义股东就出资约定合法的情况下，二者因投资权益的归属发生争议，实际出资人以其实际履行了出资义务为由向名义股东主张权利的，人民法院应予支持；名义股东以公司股东名册记载、公司登记机关登记为由否认实际出资人权利的，人民法院不予支持

（2）实际出资人想“转正”怎么办？

- 如果实际出资人未经公司其他股东半数以上同意，请求公司变更股东、签发出资证明书、记载于股东名册、记载于公司章程并办理公司登记机关登记的，人民法院不予支持
- 实际出资人的要求已经突破了实际出资人与名义股东之间内部合同的范围，实际出资人将从公司外部进入公司内部、成为公司的成员。此种情况下，应当参照《公司法》第71条（股东向股东以外的人转让股权）的规定

（3）名义股东“犯坏”怎么办？

- 名义股东将登记于其名下的股权转让、质押或者以其他方式处分，实际出资人以其对于股权享有实际权利为由，请求认定处分股权行为无效的，人民法院可以参照《物权法》第106条（善意取得制度）的规定处理。只要受让方构成善意取得，交易的股权可以最终为其所有。但是，名义股东处分股权造成实际出资人损失，实际出资人请求名义股东承担赔偿责任的，人民法院应予支持
- 善意取得的构成要件
  - 受让人受让财产时主观上为善意
  - 以合理的价格有偿受偿
  - 转让财产依照法律规定应当登记的已经登记，不需要登记的已经交付给受让人
- 工商登记的内容构成第三人的一般信赖，第三人可以以登记的内容来主张其不知道股权归属于实际出资人，进而最终取得该股权。但是，如果实际出资人能够举证证明第三人知道或者应当知道该股权归属于实际出资人，则第三人不构成善意取得

（4）如何面对公司的债权人？

- 如果公司债权人以登记于公司登记机关的股东未履行出资义务为由，请求其对公司债务不能清偿的部分在未出资本息范围内承担补充赔偿责任，股东以其仅为名义股东而非实际出资人为由进行抗辩的，人民法院不予支持。但是，名义股东在承担相应的赔偿责任后，向实际出资人追偿的，人民法院应予支持

（5）“被股东”了怎么办？

- 如果冒用他人名义出资并将该他人作为股东在公司登记机关登记的，冒名登记行为人应当承担相应责任；公司、其他股东或者公司债权人以未履行出资义务为由，请求被冒名登记为股东的承担补足出资责任或者对公司债务不能清偿部分的赔偿责任的，人民法院不予支持
- 名义股东与实际出资人之间毕竟有合同在先，名义股东主动做了实际出资人的傀儡（当然也会得到一定的好处），名义股东对外不能对抗公司的债权人
- 被冒名人对自己“被股东”一事事先毫不知情，自己也是“受害者”，对“公司、其他股东或者公司债权人”当然不承担责任

图 2–3　股东权利—名义股东与实际出资人一览图

甲、乙共同出资设立一个有限责任公司。乙与丙订立合同，约定由丙实际出资并享有投资权益，乙为名义股东。下列表述中，符合公司法律制度规定的有（　　）。

A. 丙不得要求公司变更股东

B. 丙有权要求乙将公司分配所得的利润转交给自己

C. 丙应对公司债务承担连带责任

D. 乙向不知情的银行借款时，以持有的该公司股权设定质押的，该质押有效

【答案】BD

【解析】选项 A: 实际出资人经公司其他股东半数以上同意，可以请求公司变更股东、签发出资证明书、记载于股东名册、记载于公司章程并办理公司登记机关变更登记；选项 C：名义股东对公司债务承担责任后，可以向实际出资人追偿，谈不上实际出资人承担连带责任；选项 D: 名义股东将登记于其名下的股权转让、质押或者以其他方式处分，只要受让方构成善意取得，交易的股权可以最终为其所有；但是，名义股东处分股权造成实际出资人损失，实际出资人请求名义股东承担赔偿责任的，人民法院应予支持。

知识点三：股东权利—分红权（如图 2–4 所示）

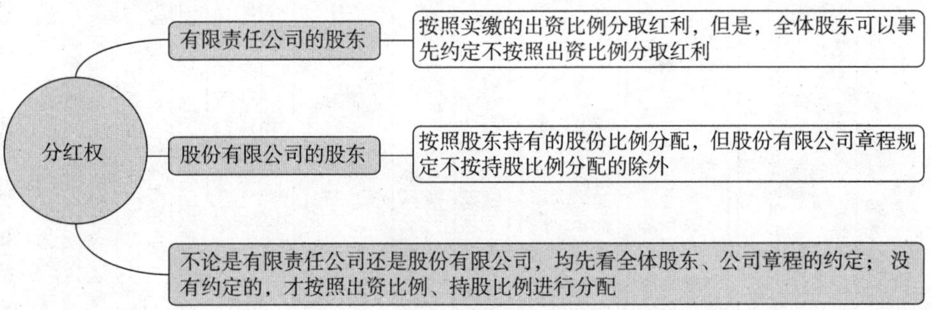

图 2–4　股东权利—分红权一览图

甲、乙、丙出资设立一个有限责任公司，在其拟订的公司章程中约定的下列事项中，符合公司法律制度规定的有（　　）。

A. 甲、乙、丙不按照出资比例分配红利

B. 甲、乙、丙不按照出资比例行使表决权

C. 由董事会直接决定公司的对外投资事宜

D. 由董事会直接决定其他人经投资而成为公司股东

【答案】ABC

【解析】选项 A：有限责任公司的股东按照实缴的出资比例分取红利；但是，全体股东可以事先约定不按照出资比例分取红利；选项 B：有限责任公司的股东按照出资比例行使表决权，但公司章程另有规定的除外；选项 C：有限责任公司向其他企业投资，按照公司章程的规定由董事会或者股东会决议；选项 D: 其他人经投资而成为公司股东，必须经过增加公司注册资本这一法定程序，而该项决议法律明确规定属于股东会的特别决议，因此，公司章程不能约定“由董事会直接决定”。

知识点四：股东权利—股东诉讼（如图 2-5 所示）

股东诉讼

- （1）股东直接诉讼 —— 公司董事、高级管理人员违反法律、行政法规或者公司章程的规定，损害股东利益的，股东可以依法向人民法院提起诉讼
- （2）股东代表诉讼
  - “董事、高级管理人员”侵犯公司利益：找监事会 —— 股东（有限责任公司的股东、股份有限公司连续180日以上单独或者合计持有公司1%以上股份的股东）可以书面请求“监事会”向人民法院提起诉讼。如果监事会收到股东的书面请求后拒绝提起诉讼，或者自收到请求之日起30日内未提起诉讼，或者情况紧急、不立即提起诉讼将会使公司利益受到难以弥补的损害的，股东有权为了公司的利益以自己的名义直接向人民法院提起诉讼
  - “监事”侵犯公司利益：找董事会 —— 股东（有限责任公司的股东、股份有限公司连续180日以上单独或者合计持有公司1%以上股份的股东）可以书面请求“董事会”向人民法院提起诉讼。 如果董事会收到股东的书面请求后拒绝提起诉讼，或者自收到请求之日起30日内未提起诉讼，或者情况紧急、不立即提起诉讼将会使公司利益受到难以弥补的损害的，股东有权为了公司的利益以自己的名义直接向人民法院提起诉讼
  - 公司以外的他人侵犯公司利益：找董事会或者监事会 —— 股东（有限责任公司的股东、股份有限公司连续180日以上单独或者合计持有公司1%以上股份的股东），可以书面请求董事会或者监事会向人民法院提起诉讼。如果董事会、监事会收到股东的书面请求后拒绝提起诉讼，或者自收到请求之日起30日内未提起诉讼，或者情况紧急、不立即提起诉讼将会使公司利益受到难以弥补的损害的，股东有权为了公司的利益以自己的名义直接向人民法院提起诉讼
- （3）两者的区别联系
  - ①股东代表诉讼（股东间接诉讼）的前提条件是他人侵犯了“公司利益”（全体股东的利益），股东直接诉讼的前提条件是他人侵犯了“个别股东的利益”
  - ②利益受到侵犯的个别股东，以自己的名义提起诉讼，对股东的资格没有限制
  - ③该股东可直接提起诉讼（无须先找董事会、监事会）
  - ④如果有人侵犯了“公司”利益，侵犯了“全体股东”的利益，“公司”应当作为原告对其提起诉讼。如果不对其提起诉讼，着急的是股东。股东可以“书面请求”董事会或者监事会对其提起诉讼，如果董事会、监事会收到股东的书面请求后拒绝提起诉讼，或者自收到请求之日起30日内未提起诉讼，或者情况紧急、不立即提起诉讼将会使公司利益受到难以弥补的损害的，股东有权为了公司的利益以自己的名义直接向人民法院提起诉讼，即股东代表公司提起诉讼
  - ⑤哪个股东有资格代表公司提起诉讼？
    - 有限责任公司：任何一个股东均可，没有数量限制
    - 股份有限公司：“连续180日以上单独或者合计持有公司1%以上股份的股东”才有资格
  - ⑥以谁的名义提起诉讼？——尽管是代表公司提起诉讼，但股东只能以自己的名义，而不能以公司的名义对被告提起诉讼
  - ⑦股东能否不通过董事会、监事会而直接对被告提起诉讼？ —— 除非情况紧急，股东必须先找董事会、监事会，只有他们明确拒绝或者超过30日迟迟不动的情况下，股东才不得不亲自出马
  - ⑧找董事会还是监事会？
    - “董事、高级管理人员”侵犯公司利益：找监事会
    - “监事”侵犯公司利益：找董事会
    - 公司以外的他人侵犯公司利益：找董事会或者监事会

图 2-5 股东权利—股东诉讼一览图

郑贺为甲有限责任公司的经理，利用职务之便为其妻吴悠经营的乙公司谋取本来属于甲公司的商业机会，致甲公司损失50万元。甲公司小股东付冰欲通过诉讼维护公司利益。根据公司法律制度的规定，关于付冰的做法，下列表述中，正确的是（　）。

A. 必须先书面请求甲公司董事会对郑贺提起诉讼

B. 必须先书面请求甲公司监事会对郑贺提起诉讼

C. 只有在董事会拒绝起诉情况下，才能请求监事会对郑贺提起诉讼

D. 只有在其股权达到1%时，才能请求甲公司有关部门对郑贺提起诉讼

【答案】B

【解析】选项ABC:“董事、高级管理人员”损害公司利益时，先找“监事会”；选项D: 有限责任公司的任何一个股东均有权代表公司提起诉讼，不受1%的限制。

知识点五：股东权利—解散诉讼（如图2-6所示）

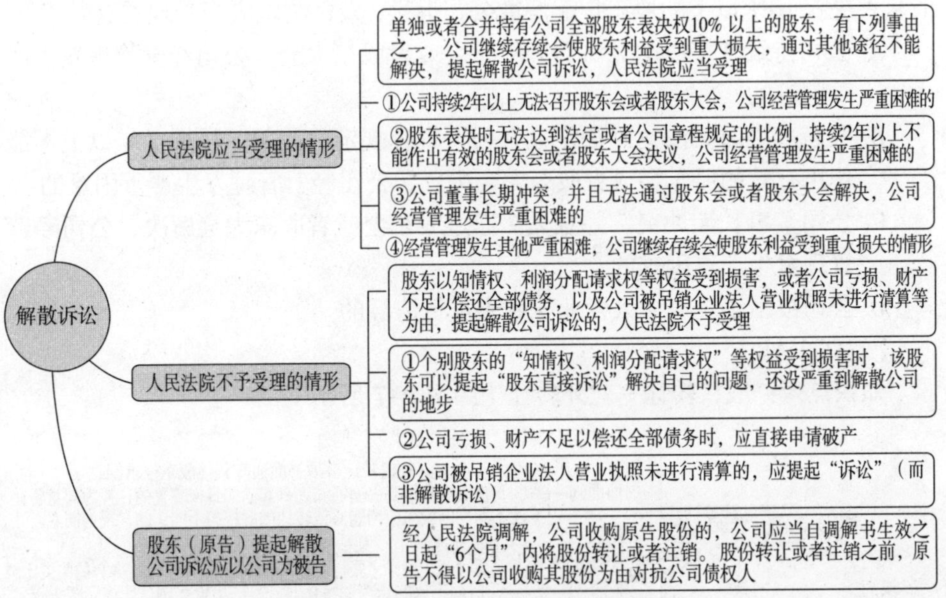

图2-6　股东权利—解散诉讼一览图

（1）甲、乙、丙、丁共同设立A有限责任公司，丙拟提起解散公司诉讼。根据公司法律制度的规定，丙拟提出的下列理由中，人民法院应予受理的是（　）。

A. 以公司董事长甲严重侵害其股东知情权，其无法与甲合作为由

B. 以公司管理层严重侵害其利润分配请求权，其股东利益受到重大损失为由

C. 以公司被吊销企业法人营业执照而未进行清算为由

D. 以公司经营管理发生严重困难，继续存续会使股东利益受到重大损失为由

【答案】D

（2）甲公司为有限责任公司，根据公司法律制度的规定，下列各项中，属于甲公司解散事由的有（　　）。

A. 甲公司章程规定的营业期限届满

B. 甲公司被丁公司吸收合并

C. 经代表 2/3 以上表决权的股东同意，甲公司股东会通过了解散公司的决议

D. 甲公司被依法吊销营业执照

【答案】ABCD

【解析】公司解散的原因：公司章程规定的营业期限届满或者公司章程规定的其他解散事由出现；股东会或者股东大会决议解散；因公司合并、分立需要解散；依法被吊销营业执照、责令关闭或者被撤销；人民法院依法予以解散。

（3）根据公司法律制度的规定，下列情形中，单独或者合并持有公司全部股东表决权 10% 以上的股东提起解散公司诉讼，人民法院应当受理的有（　　）。

A. 公司持续 2 年以上无法召开股东会或者股东大会，公司经营管理发生严重困难的

B. 股东表决时无法达到法定或者公司章程规定的比例，持续 2 年以上不能作出有效的股东会或者股东大会决议，公司经营管理发生严重困难的

C. 公司董事长期冲突，并且无法通过股东会或者股东大会解决，公司经营管理发生严重困难的

D. 公司被吊销企业法人营业执照未进行清算的

【答案】ABC

知识点六：股权转让—对外转让（如图 2-7 所示）

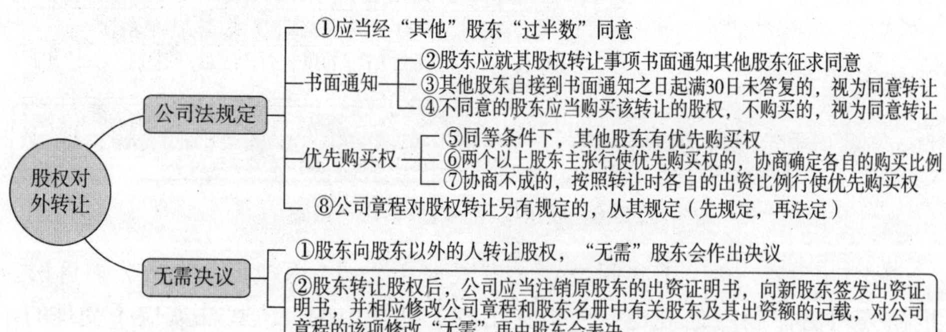

图 2-7　股权转让—对外转让一览图

（1）股份有限公司的股东可以自由向股东以外的人转让股份，无需经股东大会审议通过；而有限责任公司的股东向股东以外的人转让出资，须经股东会审议通过。（　　）

【答案】×

【解析】有限责任公司的股东向股东以外的人转让股权不再需要经过股东会决议。

（2）甲、乙、丙共同出资设立了一个有限责任公司，一年后，甲拟将其在公司的全部出资转让给丁，乙、丙不同意。下列解决方案中，符合公司法律制度规定的有（　　）。

A. 由乙或丙购买甲拟转让给丁的出资

B. 由乙和丙共同购买甲拟转让给丁的出资

C. 如果乙和丙均不愿意购买，甲无权将出资转让给丁

D. 如果乙和丙均不愿意购买，甲有权将出资转让给丁

【答案】ABD

（3）公司章程规定的营业期限届满，股东会会议通过决议修改章程使公司存续，对股东会该项决议投反对票的股东可以请求公司按照合理的价格收购其股权。（　　）

【答案】√

知识点七：股权转让—人民法院强制执行的股权转让（如图 2–8 所示）

人民法院强制执行的股权转让

- 应当“通知”公司及全体股东
- 其他股东在同等条件下有优先购买权
- 其他股东自人民法院通知之日起满“20日”不行使优先购买权的，视为放弃优先购买权

图 2–8　股权转让—人民法院强制执行的股权转让一览图

甲公司因欠付货款被乙公司申请法院强制执行，法院决定对甲公司所持丙有限责任公司的股权予以强制执行。丁公司（非丙公司的股东）表示愿意受让该项股权。根据公司法律制度的规定，下列表述中，正确的有（　　）。

A. 人民法院依照强制执行程序转让甲公司的股权时，应当通知丙公司及全体股东

B. 丙公司的其他股东对该股权在同等条件下享有优先购买权

C. 丙公司的其他股东自人民法院通知之日起满 10 日不行使优先购买权的，视为放弃优先购买权

D. 丙公司的其他股东自人民法院通知之日起满 20 日不行使优先购买权的，视为放弃优先购买权

【答案】ABD

知识点八：股权转让—股东未尽出资义务就转让其股权（如图 2-9 所示）

股东未尽出资义务就转让其股权

- 受让人对此知道或者应当知道，“公司”请求该股东履行出资义务、受让人对此承担连带责任的，人民法院应予支持
- “公司债权人”依照规定对该股东提起承担补充赔偿责任的诉讼，同时请求受让人对此承担连带责任的，人民法院应予支持
- 受让人对外承担连带责任后，向该未履行或者未全面履行出资义务的股东追偿的，人民法院应予支持。但是，当事人另有约定的除外

图 2-9　股权转让—股东未尽出资义务就转让其股权一览图

某有限责任公司股东甲将其所持全部股权转让给该公司股东乙。乙受让该股权时，知悉甲尚有 70% 出资款未按期缴付。下列关于甲不按规定出资责任的表述中，符合公司法律制度规定的是（　　）。

A. 甲继续向公司承担足额缴纳出资的义务，乙对此不承担责任

B. 甲继续向公司承担足额缴纳出资的义务，乙对此承担连带责任

C. 乙代替甲向公司承担足额缴纳出资的义务，甲对此不再承担连带责任

D. 乙代替甲向公司承担足额缴纳出资的义务，甲对此承担补充清偿责任

【答案】B

【解析】有限责任公司的股东未履行或者未全面履行出资义务即转让股权，受让人对此知道或者应当知道的，公司请求该股东履行出资义务、受让人对此承担连带责任的，人民法院应予支持。

知识点九：股权转让—股份有限公司—股份转让限制（如图 2-10 所示）

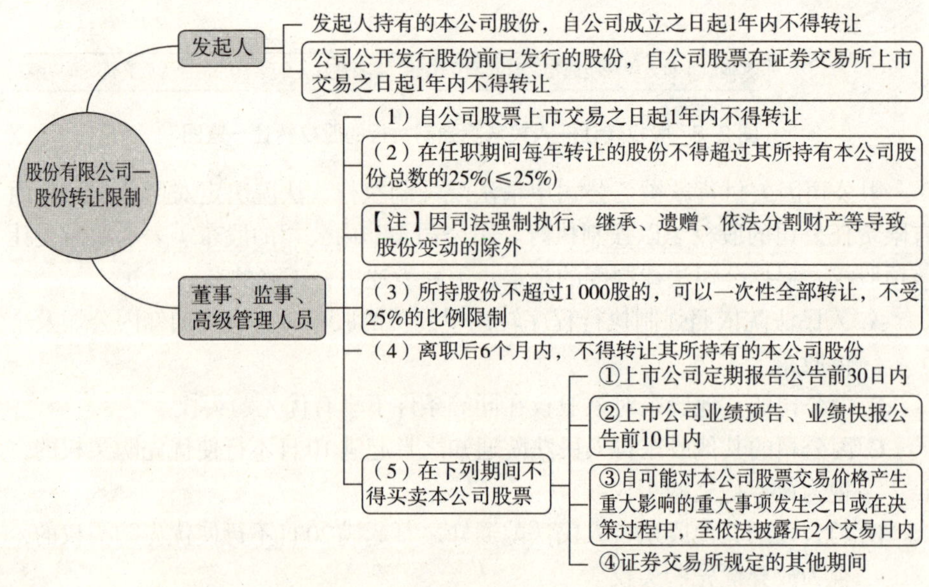

图 2-10　股权转让—股份有限公司—股份转让限制一览图

（1）根据公司法律制度的规定，下列关于股份有限公司股份转让限制的表述中，错误的是（　　）。

A. 公司发起人持有的本公司股份自公司成立之日起 1 年内不得转让

B. 公司高级管理人员离职后 1 年内不得转让其所持有的本公司股份

C. 公司监事所持本公司股份自公司股票上市交易之日起 1 年内不得转让

D. 公司董事在任职期间每年转让的股份不得超过其所持有本公司股份总数的 25%

【答案】B

（2）下列关于股份有限公司股票转让限制的表述中，符合公司法律制度规定的是（　　）。

A. 股东转让其股份，必须在依法设立的证券交易所进行

B. 发起人持有的本公司股份，自公司成立之日起 1 年内不得转让

C. 公司公开发行股份前已发行的股份，自公司股票在证券交易所上市交易之日起 3 年内不得转让

D. 公司董事、监事、高级管理人员离职 1 年内，不得转让所持有的本公司股份

【答案】B

【解析】选项 A：股东转让其股份，应当在依法设立的证券交易所进行或者按照国务院规定的其他方式进行。

知识点十：股权转让—股份回购（如图 2-11 所示）

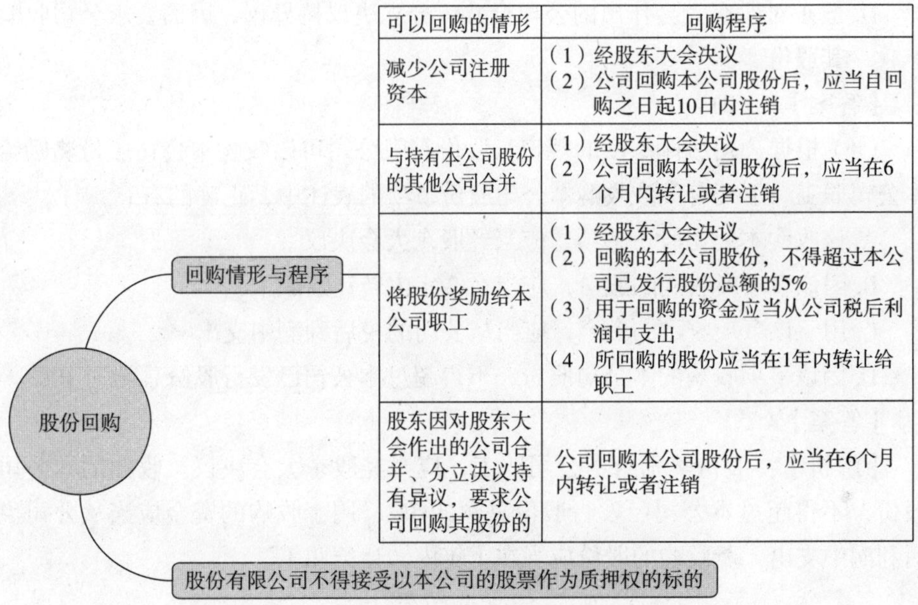

可以回购的情形	回购程序
减少公司注册资本	（1）经股东大会决议 （2）公司回购本公司股份后，应当自回购之日起10日内注销
与持有本公司股份的其他公司合并	（1）经股东大会决议 （2）公司回购本公司股份后，应当在6个月内转让或者注销
将股份奖励给本公司职工	（1）经股东大会决议 （2）回购的本公司股份，不得超过本公司已发行股份总额的5% （3）用于回购的资金应当从公司税后利润中支出 （4）所回购的股份应当在1年内转让给职工
股东因对股东大会作出的公司合并、分立决议持有异议，要求公司回购其股份的	公司回购本公司股份后，应当在6个月内转让或者注销

图 2-11　股权转让—股份回购一览图

（1）股份有限公司不得接受以本公司的股票作为质押权的标的。（ ）

【答案】√

（2）甲上市公司在成立 6 个月时召开股东大会，该次股东大会通过的下列决议中，符合公司法律制度规定的是（ ）。

A. 公司董事、监事、高级管理人员持有的本公司股份可以随时转让

B. 公司发起人持有的本公司股份自即日起可以对外转让

C. 公司收回本公司已发行股份的 4% 用于未来 1 年内奖励本公司职工

D. 决定与乙公司联合开发房地产，并要求乙公司以其持有的甲公司股份作为履行合同的质押担保

【答案】C

【解析】选项 C: 股份有限公司可以收购本公司股份用于奖励给本公司职工，但不得超过本公司已发行股份总额的 5%，用于收购的资金应当从公司的税后利润中支出，所收购的股份应当在 1 年内转让给职工；选项 D: 股份有限公司不得接受以本公司的股票作为质押权的标的。

（3）根据公司法律制度的规定，股份有限公司在发生下列事项时，可以收购本公司股份的有（ ）。

A. 减少公司注册资本

B. 与持有本公司股份的其他公司合并

C. 将股份奖励给本公司职工

D. 股东对股东大会作出的公司合并、分立决议持异议，因而要求公司收购其股份

【答案】ABCD

（4）根据公司法律制度的规定，股份有限公司可以收购本公司股份奖励给本公司职工。下列有关该收购本公司股份事项的表述中，正确的有（ ）。

A. 该收购本公司股份事项，应当经股东大会决议

B. 因该事项所收购的股份，应当在 2 年内转让给职工

C. 用于该事项收购的资金，应当从公司的税后利润中支出

D. 因该事项收购的本公司股份，不得超过本公司已发行股份总额的 10%

【答案】AC

【解析】将股份奖励给本公司职工，应当经股东大会决议。收购的本公司股份，不得超过本公司已发行股份总额的 5%，用于收购的资金应当从公司税后利润中支出，所收购的股份应当在 1 年内转让给职工。

知识点十一：组织机构—有限责任公司（如图 2-12 所示）

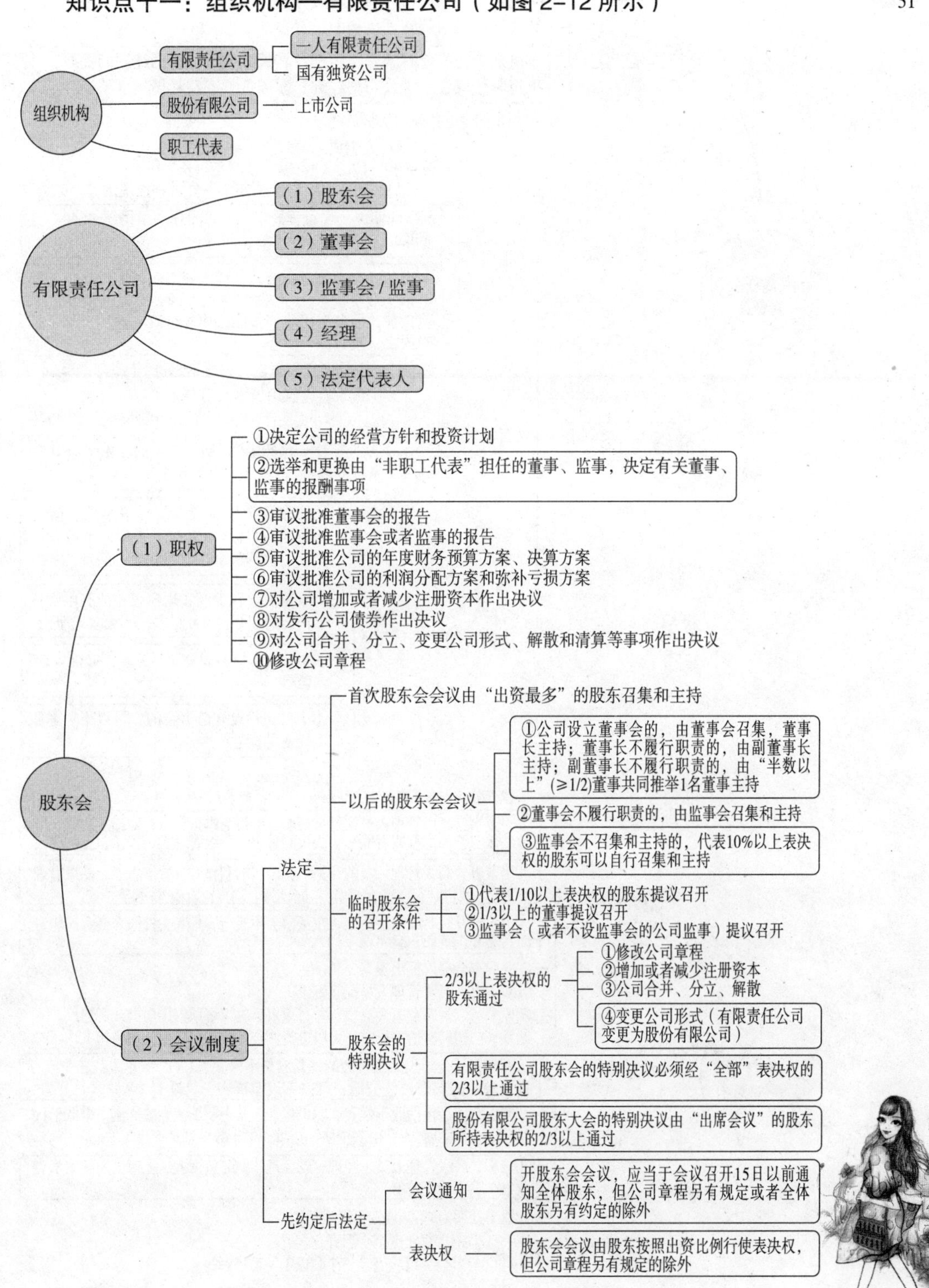

- 有限责任公司董事会
  - （1）职权
    - ①决定公司的经营计划和投资方案
    - ②决定公司内部管理机构的设置
    - ③决定聘任或者解聘公司经理及其报酬事项；根据经理的提名，决定聘任或者解聘公司副经理、财务负责人及其报酬事项
    - ④制定公司的基本管理制度
  - （2）会议制度
    - 组成
      - 由3～13人组成
      - 设董事长1人，"可以"设副董事长
      - 董事长、副董事长的产生办法由公司章程规定
      - 董事任期由公司章程规定，但每届任期不得超过3年，连选可以连任
      - 董事任期届满未及时改选，或者董事在任期内辞职导致董事会成员低于法定人数（3人）的，在改选出的董事就任前，原董事仍应当按照法律、行政法规和公司章程的规定，履行董事职务
      - 董事任期由公司章程规定，只要不超过3年即可（≤3年）
    - 召集和主持
      - ①董事会会议由董事长召集和主持
      - ②董事长不能或者不履行职责的，由副董事长召集和主持
      - ③副董事长不能或者不履行职责的，由半数以上董事共同推举1名董事召集和主持
    - 小公司的特别规定
      - ①股东人数较少或者规模较小的有限责任公司，可以设1名执行董事，不设立董事会；执行董事可以兼任公司经理
      - ②股东人数较少或者规模较小的有限责任公司，可以设1~2名监事，不设立监事会
      - ③小公司可以不设立监事会，但必须设1~2名监事
      - ④小公司不设立监事会的，可以不考虑职工代表的问题

- 有限责任公司监事会/监事
  - （1）职权
    - ①检查公司财务
    - ②对董事、高级管理人员执行公司职务的行为进行监督，对违反法律、行政法规、公司章程或者股东会决议的董事、高级管理人员提出罢免的建议
    - ③当董事、高级管理人员的行为损害公司的利益时，要求董事、高级管理人员予以纠正
    - ④提议召开临时股东会会议，在董事会不履行召集和主持股东会会议职责时召集和主持股东会会议
    - ⑤向股东会会议提出提案
    - ⑥对董事、高级管理人员提起诉讼
    - ⑦监事可以列席董事会会议，并对董事会决议事项提出质询或者建议
    - ⑧发现公司经营情况异常，可以进行调查（调查费用由公司承担）
  - （2）组成
    - ①有限责任公司设立监事会的，其成员不得少于3人；股东人数较少或者规模较小的有限责任公司，可以不设监事会，只设1~2名监事
    - ②监事会应当包括股东代表和职工代表，其中职工代表的比例不得低于1/3
    - ③监事会设主席1人，由"全体"监事"过半数"选举产生
    - ④董事、高级管理人员（经理、副经理、财务负责人、上市公司的董事会秘书）不得兼任监事
    - ⑤监事任期为3年，连选可以连任
  - （3）会议制度
    - ①监事会每年度至少召开1次会议
    - ②监事会决议应当经"半数以上"监事通过

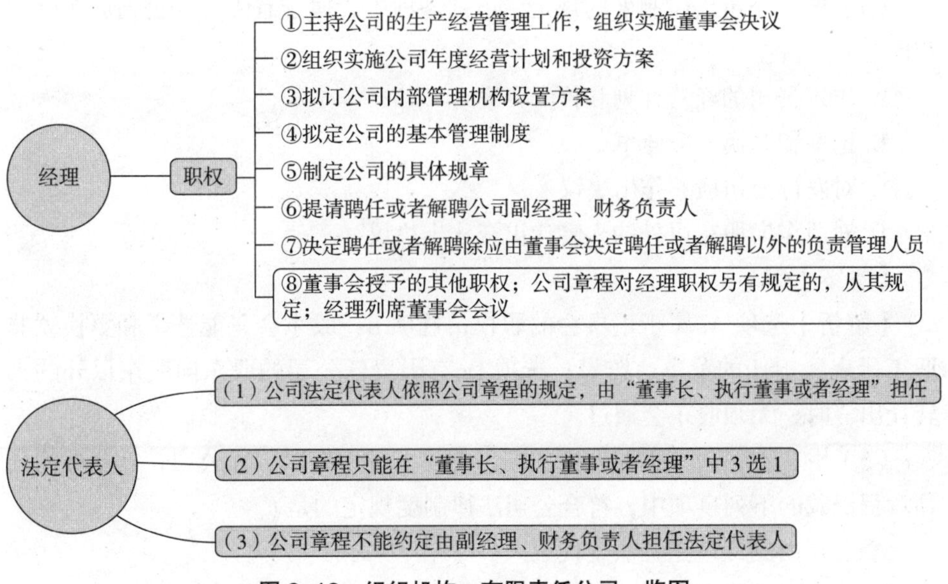

图 2-12　组织机构—有限责任公司一览图

（1）有限责任公司和股份有限公司的法定代表人均可以由公司的经理担任。(　　)

【答案】√

（2）根据公司法律制度的规定，公司的下列人员中，公司章程可以规定由其担任法定代表人的有(　　)。

A. 财务负责人

B. 总经理

C. 执行董事

D. 监事

【答案】BC

【解析】公司法定代表人依照公司章程的规定，由“董事长、执行董事或者经理”担任。

（3）根据公司法律制度的规定，某有限责任公司的下列人员中，可以提议召开股东会临时会议的有(　　)。

A. 总经理

B. 董事长

C. 40% 的董事

D. 代表 20% 表决权的股东

【答案】CD

（4）根据公司法律制度的规定，下列各项中，属于有限责任公司股东会职权的是（　　）。

A. 决定公司的经营计划和投资方案

B. 选举和更换全部监事

C. 对发行公司债券作出决议

D. 对股东向股东以外的人转让出资作出决议

【答案】C

【解析】选项 A: 属于董事会的职权；选项 B：股东会只能选举和更换“非职工代表”担任的董事、监事；选项 D: 有限责任公司的股东向股东以外的人转让出资时，无须股东会通过。

（5）甲、乙、丙、丁四人拟共同出资设立一个有限责任公司，其草拟的公司章程记载的下列事项中，符合公司法律制度规定的是（　　）。

A. 公司由副经理担任法定代表人

B. 公司不设董事会，由甲担任执行董事，任期为 4 年

C. 公司不设监事会，由乙担任监事，任期为 2 年

D. 股东向股东以外的人转让股权，应当经其他股东 2/3 以上同意

【答案】D

【解析】选项 A: 公司法定代表人依照公司章程的规定，由董事长、执行董事或者经理担任（甲作为副经理不能担任法定代表人）；选项 B：股东人数较少或者规模较小的有限责任公司，可以不设立董事会，只设 1 名执行董事，但董事的任期不得超过 3 年（不能是 4 年）；选项 C：股东人数较少或者规模较小的有限责任公司，可以不设立监事会，只设1 ~ 2 名监事，不设立监事会的，可以不考虑职工代表的问题，但监事任期为法定制 3 年（不能是 2 年）；选项 D: 有限责任公司的股东对外转让股权时，先看公司章程的规定（公司章程爱怎么约定就怎么约定），只有公司章程未规定，才适用《公司法》的规定（经其他股东过半数同意）。

（6）新余有限责任公司共有股东 4 人，股东刘某为公司执行董事。根据公司法律制度的规定，在公司章程无特别规定的情形下，刘某可以行使的职权是（　　）。

A. 决定公司的投资计划

B. 否决其他股东对外转让股权行为的效力

C. 决定聘任公司经理

D. 决定公司的利润分配方案

【答案】C

【解析】选项 C：股东人数较少或者规模较小的有限责任公司，可以不设董事会，只设 1 名执行董事，由执行董事行使董事会的职权（聘任公司经理属于董事会的职权）；选项 AD: 属于股东会的职权，执行董事无权行使；选项 B：有限责任公司的股东对外转让股权，无需股东会决议通过，更谈不上由执行董事来否决其他股东对外转让股权行为的效力。

（7）根据公司法律制度的规定，下列关于有限责任公司经理的表述中，正确的是（　　）。

A. 经理应由股东会决定聘任或者解聘

B. 经理主持公司的生产经营管理工作，组织实施董事会决议

C. 经理负责制订公司的经营方针和投资方案

D. 经理可以出席董事会会议，并有表决权

【答案】B

【解析】选项 A：经理由董事会决定聘任或者解聘；选项 C：股东会决定公司的经营方针和投资计划，董事会决定公司的经营计划和投资方案；选项 D: 经理有权列席董事会会议，但非董事经理并无表决权。

（8）根据公司法律制度的规定，甲有限责任公司章程中规定的下列事项中，符合法律规定的有（　　）。

A. 由总经理担任公司的法定代表人

B. 股东会的表决权按照一人一票进行计算

C. 召开股东会会议应当于会议召开 20 日前通知全体股东

D. 董事会设董事长一人，由出资额最多的股东委派

【答案】ABCD

【解析】选项 A: 公司的法定代表人按照公司章程的规定，由董事长、执行董事或者经理担任；选项 B：股东会会议由股东按照出资比例行使表决权，但公司章程另有规定的除外；选项 C：有限责任公司召开股东会会议，应当于会议召开 15 日以前通知全体股东，但公司章程另有规定或者全体股东另有约定的除外；选项 D: 有限责任公司董事会设董事长一人，可以设副董事长，董事长、副董事长的产生办法由公司章程规定。

知识点十二：组织机构—股份有限公司（如图 2-13A、2-13B、2-13C 所示）

（1）某股份有限公司的未弥补亏损达到了公司实收股本总额的 40%，该公司应当在 2 个月内召开临时股东大会。（　　）

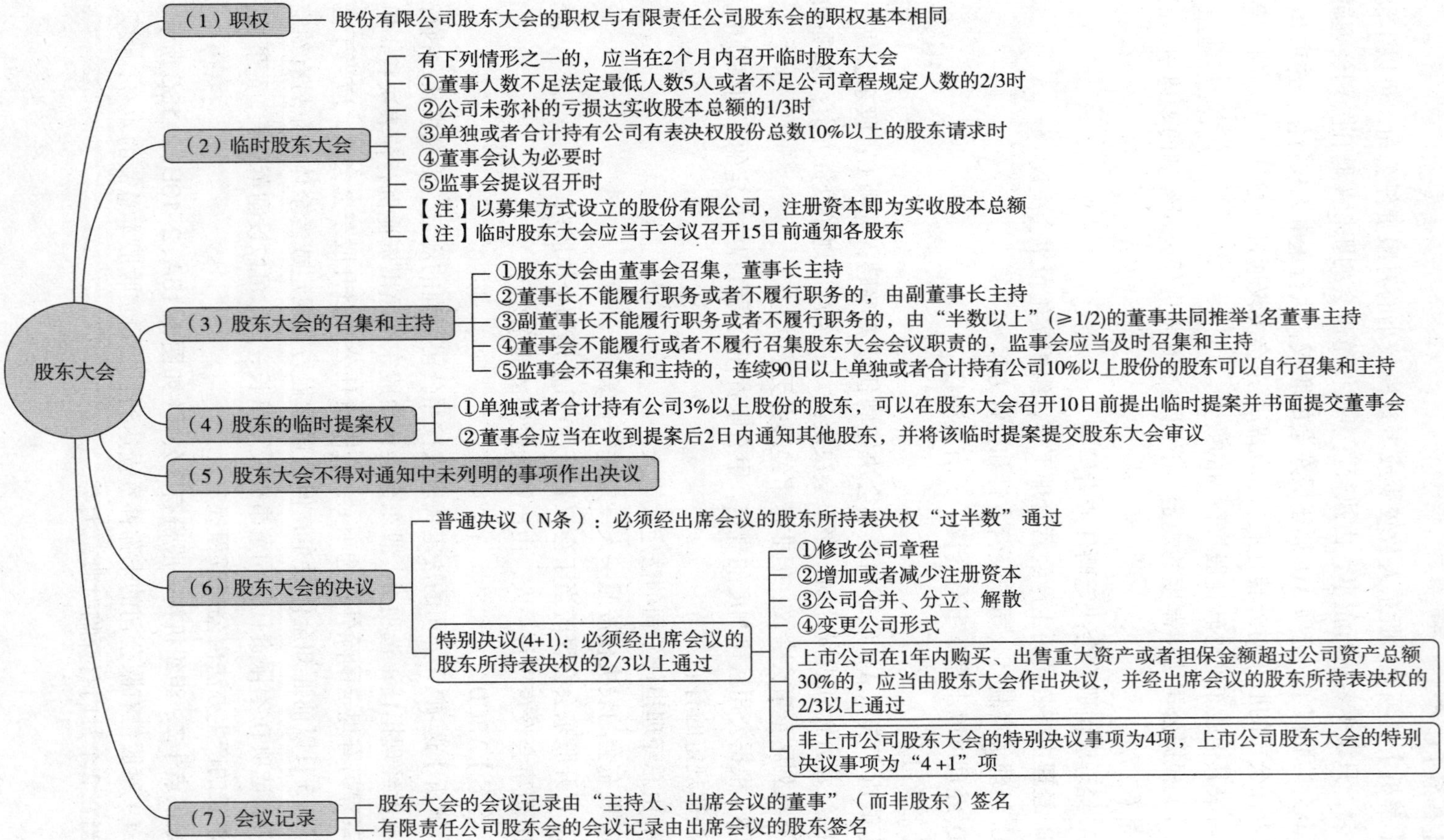

股东大会

- （1）职权
  - 股份有限公司股东大会的职权与有限责任公司股东会的职权基本相同
- （2）临时股东大会
  - 有下列情形之一的，应当在2个月内召开临时股东大会
  - ①董事人数不足法定最低人数5人或者不足公司章程规定人数的2/3时
  - ②公司未弥补的亏损达实收股本总额的1/3时
  - ③单独或者合计持有公司有表决权股份总数10%以上的股东请求时
  - ④董事会认为必要时
  - ⑤监事会提议召开时
  - 【注】以募集方式设立的股份有限公司，注册资本即为实收股本总额
  - 【注】临时股东大会应当于会议召开15日前通知各股东
- （3）股东大会的召集和主持
  - ①股东大会由董事会召集，董事长主持
  - ②董事长不能履行职务或者不履行职务的，由副董事长主持
  - ③副董事长不能履行职务或者不履行职务的，由“半数以上”(≥1/2)的董事共同推举1名董事主持
  - ④董事会不能履行或者不履行召集股东大会会议职责的，监事会应当及时召集和主持
  - ⑤监事会不召集和主持的，连续90日以上单独或者合计持有公司10%以上股份的股东可以自行召集和主持
- （4）股东的临时提案权
  - ①单独或者合计持有公司3%以上股份的股东，可以在股东大会召开10日前提出临时提案并书面提交董事会
  - ②董事会应当在收到提案后2日内通知其他股东，并将该临时提案提交股东大会审议
- （5）股东大会不得对通知中未列明的事项作出决议
- （6）股东大会的决议
  - 普通决议（N条）：必须经出席会议的股东所持表决权“过半数”通过
  - 特别决议(4+1)：必须经出席会议的股东所持表决权的2/3以上通过
    - ①修改公司章程
    - ②增加或者减少注册资本
    - ③公司合并、分立、解散
    - ④变更公司形式
    - 上市公司在1年内购买、出售重大资产或者担保金额超过公司资产总额30%的，应当由股东大会作出决议，并经出席会议的股东所持表决权的2/3以上通过
    - 非上市公司股东大会的特别决议事项为4项，上市公司股东大会的特别决议事项为“4 +1”项
- （7）会议记录
  - 股东大会的会议记录由“主持人、出席会议的董事”（而非股东）签名
  - 有限责任公司股东会的会议记录由出席会议的股东签名

图 2–13–A　组织机构—股份有限公司一览图

股份有限公司董事会

- （1）职权
  - 股份有限公司董事会的职权与有限责任公司相同
- （2）组成
  - 董事长和副董事长由董事会选举产生
  - 股份有限公司董事会成员为5~19人
  - 设董事长1人，可以设副董事长
- （3）会议制度
  - 董事会会议每年度至少召开2次，每次会议应当于会议召开10日前通知全体董事和监事
    - 合营企业、合作企业的董事会会议每年度至少召开1次
    - 股份有限公司的监事会每6个月至少召开1次会议
  - 临时董事会的召开条件
    - ①代表10%以上表决权的股东提议
    - ②1/3以上董事提议
    - ③监事会提议
    - 【注】股份有限公司临时董事会与有限责任公司临时股东会的召开条件相同
- （4）召集和主持
  - ①董事会会议由董事长召集和主持
  - ②董事长不能或者不履行职务的，由副董事长履行职务
  - ③副董事长不能或者不履行职务的，由“半数以上”董事共同推举一名董事履行职务
- （5）出席
  - ①董事因故不能出席会议的，可以“书面”（不能口头）委托其他“董事”（不能是非董事）代为出席，委托书中应载明授权范围
  - ②董事会会议应有“过半数”的董事出席方可举行
  - ③董事会的会议记录由“出席会议的董事”签名
  - ④股份有限公司股东大会的会议记录由“主持人、出席会议的董事”（而非股东）签名
- （6）决议方式
  - 董事会作出决议必须经“全体”（而非出席）董事“过半数”（>1/2）通过
- （7）损失赔偿
  - 董事会的决议违反法律、行政法规或者公司章程、股东大会决议，致使公司遭受严重损失的，“参与决议”的董事对公司负赔偿责任；但经证明在表决时曾表明异议并记载于会议记录的，该董事可以免除责任

图 2-13-B　组织机构—股份有限公司一览图

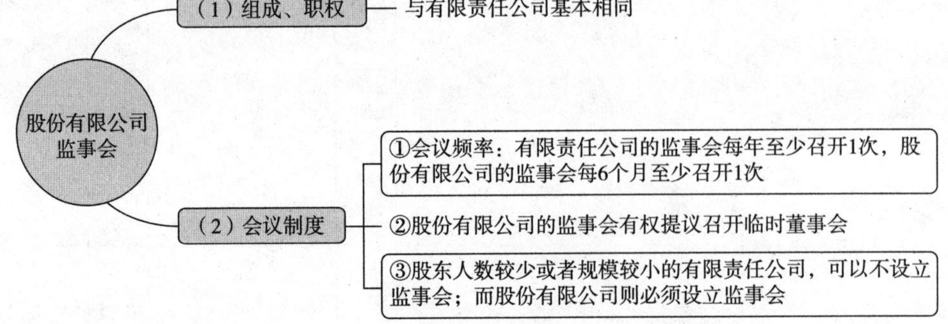

图 2-13-C　组织机构—股份有限公司一览图

【答案】√

（2）A、B、C、D、E、F、G 为某上市公司的董事。董事 A、B、C、D、E、F 出席了 2015 年度第一次董事会会议，G 因故未能出席，也未书面委托其他董事代为出席。该次会议通过的一项决议违反了法律规定，给公司造成了严重损失。董事 A 在董事会会议上就该项决议表决时表明了异议，但未将异议记录在董事会会议记录中。根据公司法律制度的规定，应当对公司负赔偿责任的是（　　）。

A. 董事 ABCDEFG

B. 董事 ABCDEF

C. 董事 BCDEFG

D. 董事 BCDEF

【答案】B

【解析】董事 G“未参与”董事会决议，因此董事 G 不应承担赔偿责任；董事 A 虽表示异议但未将异议记录在董事会会议记录中，因此董事 A 不能免除赔偿责任。

（3）根据公司法律制度的规定，下列各项中，可以提议召开股份有限公司临时董事会会议的有（　　）。

A. 代表 20% 表决权的股东提议

B. 40% 的董事提议

C. 总经理提议

D. 监事会提议

【答案】ABD

（4）下列关于股份有限公司董事会的表述中，符合公司法律制度规定的有（　　）。

A. 董事会成员为 5 ～ 19 人，且人数须为单数

B. 董事会成员中应有一定比例的独立董事

C. 董事会会议应有过半数的董事出席方可举行

D. 董事会作出决议须全体董事过半数通过，董事会决议的表决实行一人一票

【答案】CD

【解析】选项 A: 公司法律制度并未要求股份有限公司董事会的人数必须为单数; 选项 B: 只有“上市公司”才要求董事会成员中应当至少有 1/3 为独立董事，“非上市公司”可以不设独立董事。

（5）根据公司法律制度的规定，下列选项中，属于股份有限公司监事会职权的有(　　)。

A. 提议召开临时董事会会议

B. 提议召开临时股东大会会议

C. 选举和更换由股东代表出任的监事

D. 决定公司内部管理机构的设置

【答案】AB

【解析】选项 C: 属于股东大会的职权；选项 D: 属于董事会的职权。

知识点十三：组织机构—特别决议（如图 2-14 所示）

特别决议

特别决议事项		
	有限责任公司	股份有限公司
增减注册资本	√	√
修改章程	√	√
合并、分立、解散	√	√
变更组织形式	√	√
1 年 30%	√	√（上市公司）
	代表 2/3 的表决权	出席会议 2/3 表决权

图 2-14　组织机构—特别决议一览图

某股份有限公司共发行股份 3 000 万股，公司拟召开股东大会对与另一公司合并的事项作出决议。根据公司法律制度的规定，在股东大会表决时可能出现的下列情形中，能使决议得以通过的是(　　)。

A. 出席大会的股东共持有 2 700 万股，其中持有 1 600 万股的股东同意

B. 出席大会的股东共持有 2 400 万股，其中持有 1 200 万股的股东同意

C. 出席大会的股东共持有 1 800 万股，其中持有 1 300 万股的股东同意

D. 出席大会的股东共持有 1 500 万股，其中持有 800 万股的股东同意

【答案】C

【解析】合并事项属于股东大会的特别决议，需经“出席”股东大会的股东所持表决权的 2/3 以上才能通过。

知识点十四：组织机构——一人有限责任公司（如图 2–15 所示）

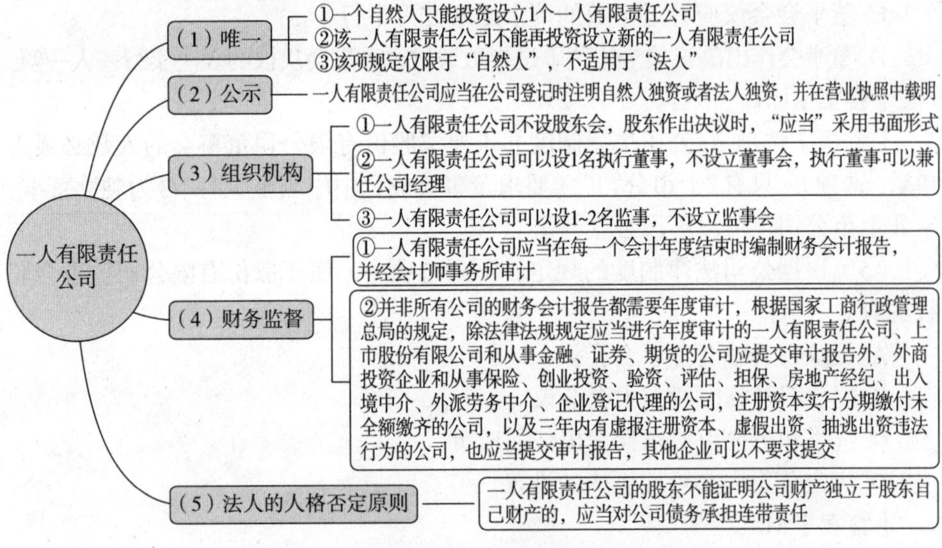

图 2–15　组织机构——一人有限责任公司一览图

（1）根据公司法律制度的规定，下列关于一人有限责任公司的表述中，正确的是（　　）。

A. 一个法人只能投资设立一个一人有限责任公司

B. 一人有限责任公司应设立股东会

C. 一个自然人投资设立的一人有限责任公司，不能投资设立新的一人有限责任公司

D. 债权人不能证明一人有限责任公司的财产与其股东自己的财产相混同的，一人有限责任公司的股东以其出资额为限对公司债务承担责任

【答案】C

【解析】选项 D: 一人有限责任公司的"股东"（而非债权人）不能证明公司财产独立于股东自己财产的，股东应当对公司债务承担连带责任。

（2）刘某出资设立了一个一人有限责任公司。公司存续期间，刘某的下列行为中，符合公司法律制度规定的是（　　）。

A. 决定由其本人担任公司经理和法定代表人

B. 决定用公司盈利再投资设立另一个一人有限责任公司

C. 决定不制定公司章程

D. 决定不编制财务会计报告

【答案】A

【解析】选项 B: 一个自然人只能投资设立一个一人有限责任公司，该一人有限责任公司不能再投资设立新的一人有限责任公司；选项 C: 一人有限责任

公司的公司章程由股东制定；选项 D: 一人有限责任公司应当在每一个会计年度结束时编制财务会计报告，并经会计师事务所审计。

（3）一个自然人只能投资设立一个一人有限责任公司，且该一人有限责任公司不能投资设立新的一人有限责任公司。(   )

【答案】√

（4）一人有限责任公司的股东不能证明公司财产独立于股东自己财产的，应当对公司承担连带责任。(   )

【答案】√

知识点十五：组织机构—国有独资公司（如图 2-16 所示）

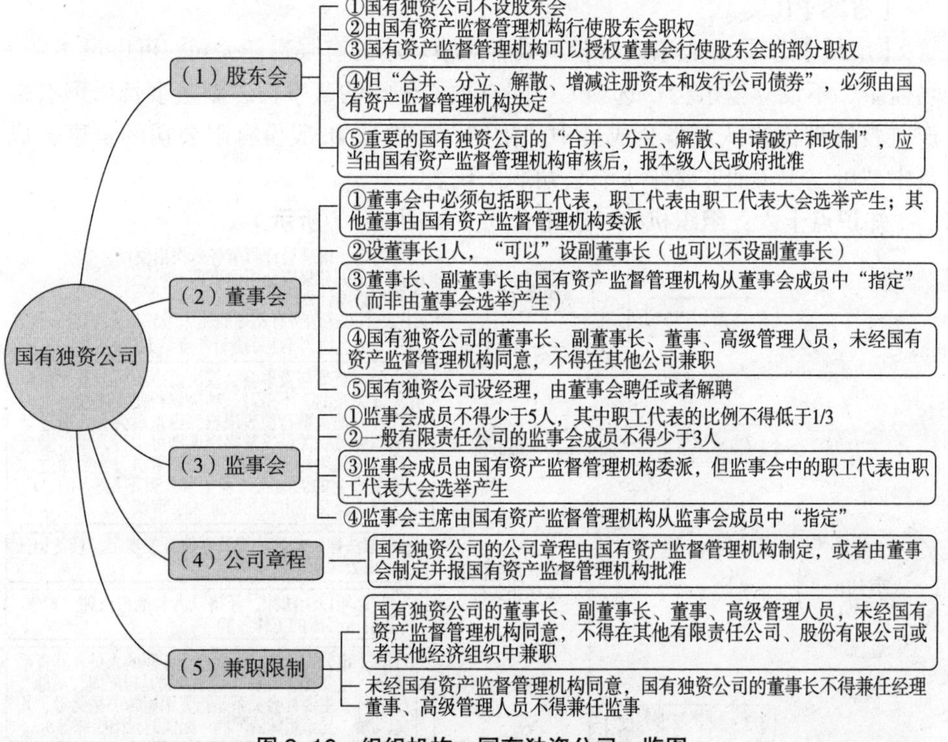

图 2-16　组织机构—国有独资公司一览图

（1）根据公司法律制度的规定，下列关于国有独资公司组织机构的表述中，正确的是（   ）。

A. 国有独资公司不设股东会

B. 国有独资公司必须设 1 名董事长和 1 名副董事长

C. 国有独资公司董事长由董事会选举产生

D. 国有独资公司监事由董事长任命

【答案】A

【解析】选项 B：国有独资公司是否设副董事长，视需要而定；选项 C：国

有独资公司的董事长、副董事长由国有资产监督管理机构从董事会成员中“指定”；选项 D: 国有独资公司的监事会成员由国有资产监督管理机构委派，但监事会中的职工代表由职工（代表）大会选举产生。

（2）根据公司法律制度的规定，下列表述中，正确的是（　）。

A. 股东人数较少或者规模较小的有限责任公司可以不设监事会，也可以不设监事

B. 一人有限责任公司不设股东会

C. 国有独资公司的董事长由董事会经全体董事过半数选举产生

D. 股份有限公司的董事会成员中应当有公司职工代表

【答案】B

【解析】选项 A: 股东人数较少或者规模较小的有限责任公司，可以设 1 ~ 2 名监事，不设立监事会；选项 C：国有独资公司的董事长、副董事长由国有资产监督管理机构从董事会成员中“指定”；选项 D: 股份有限公司的董事会成员中“可以”（而非必须）有公司职工代表。

知识点十六：组织机构—上市公司（如图 2-17 所示）

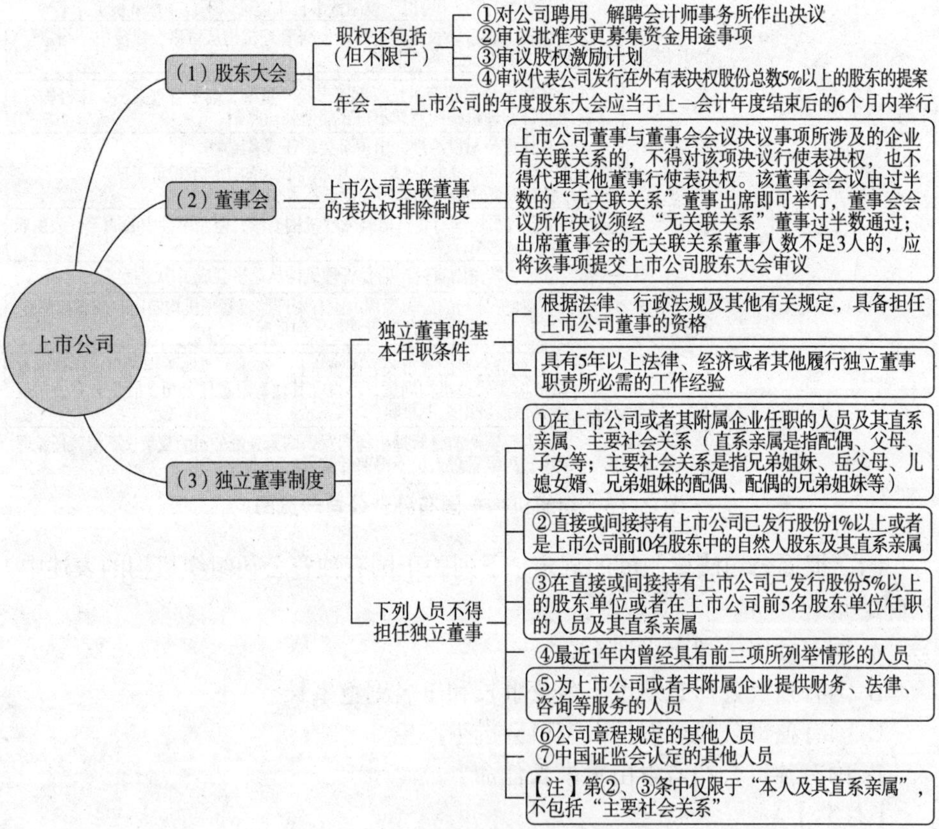

- 上市公司
  - （1）股东大会
    - 职权还包括（但不限于）
      - ①对公司聘用、解聘会计师事务所作出决议
      - ②审议批准变更募集资金用途事项
      - ③审议股权激励计划
      - ④审议代表公司发行在外有表决权股份总数5%以上的股东的提案
    - 年会——上市公司的年度股东大会应当于上一会计年度结束后的6个月内举行
  - （2）董事会——上市公司关联董事的表决权排除制度
    - 上市公司董事与董事会会议决议事项所涉及的企业有关联关系的，不得对该项决议行使表决权，也不得代理其他董事行使表决权。该董事会会议由过半数的“无关联关系”董事出席即可举行，董事会会议所作决议须经“无关联关系”董事过半数通过；出席董事会的无关联关系董事人数不足3人的，应将该事项提交上市公司股东大会审议
  - （3）独立董事制度
    - 独立董事的基本任职条件
      - 根据法律、行政法规及其他有关规定，具备担任上市公司董事的资格
      - 具有5年以上法律、经济或者其他履行独立董事职责所必需的工作经验
    - 下列人员不得担任独立董事
      - ①在上市公司或者其附属企业任职的人员及其直系亲属、主要社会关系（直系亲属是指配偶、父母、子女等；主要社会关系是指兄弟姐妹、岳父母、儿媳女婿、兄弟姐妹的配偶、配偶的兄弟姐妹等）
      - ②直接或间接持有上市公司已发行股份1%以上或者是上市公司前10名股东中的自然人股东及其直系亲属
      - ③在直接或间接持有上市公司已发行股份5%以上的股东单位或者在上市公司前5名股东单位任职的人员及其直系亲属
      - ④最近1年内曾经具有前三项所列举情形的人员
      - ⑤为上市公司或者其附属企业提供财务、法律、咨询等服务的人员
      - ⑥公司章程规定的其他人员
      - ⑦中国证监会认定的其他人员
      - 【注】第②、③条中仅限于“本人及其直系亲属”，不包括“主要社会关系”

图 2-17　组织机构—上市公司一览图

（1）某上市公司拟聘任独立董事一名，甲为该公司人力资源总监的大学同学，乙为该公司中持股 7% 的某国有企业的负责人，丙曾任该公司财务部经理，半年前离职，丁为某大学法学院教授、兼职担任该公司子公司的法律顾问，根据公司法律制度的规定，可以担任该公司独立董事的是（　　）。

A. 甲　　　　B. 乙

C. 丙　　　　D. 丁

【答案】A

【解析】选项 A: 在上市公司或者其附属企业任职的人员及其直系亲属、主要社会关系不得担任独立董事，直系亲属是指配偶、父母、子女等；主要社会关系是指兄弟姐妹、岳父母、儿媳女婿、兄弟姐妹的配偶、配偶的兄弟姐妹等，本题中，甲不属于主要社会关系；选项 B：在直接或间接持有上市公司已发行股份 5% 以上的股东单位或者在上市公司前 5 名股东单位任职的人员及其直系亲属；选项 C: 最近 1 年内曾经在上市公司或者其附属企业任职的人员及其直系亲属、主要社会关系；选项 D: 为上市公司或者其附属企业提供财务、法律、咨询等服务的人员。

（2）根据公司法律制度的规定，下列各项中，属于上市公司股东大会职权的有（　　）。

A. 对增加、减少注册资本作出决议

B. 决定公司的经营计划和投资方案

C. 对聘用、解聘会计师事务所作出决议

D. 对发行公司债券作出决议

【答案】ACD

【解析】选项 B：属于董事会的职权。

（3）根据公司法律制度的规定，上市公司的下列事项中，应当由股东大会作出决议的有（　　）。

A. 决定公司内部管理机构的设置

B. 为控股股东提供担保

C. 决定公司的经营计划和投资方案

D. 修改公司章程

【答案】BD

【解析】选项 AC：属于董事会的职权；选项 B：公司为股东或者实际控制人提供担保的，必须经股东大会决议；选项 D: 属于股东大会的特别决议事项。

知识点十七：董事高管—行为禁止（如图 2-18 所示）

董事高管—行为禁止

（1）挪用公司资金

（2）将公司资金以其个人名义或者以其他个人名义开立账户存储

（3）违反公司章程的规定，未经“股东（大）会或者董事会”同意，将公司资金借贷给他人
【注】公司章程对公司、股东、董事、监事和高级管理人员均有约束力

（4）违反公司章程的规定或者未经“股东（大）会”同意，与本公司订立合同或者进行交易
【注】如果公司章程事先有规定，或者事先经股东（大）会（而非董事会）同意，董事、高级管理人员可以同本公司进行交易

（5）未经股东（大）会同意，利用职务便利为自己或者他人谋取属于公司的商业机会，自营或者为他人经营与所任职公司同类的业务
【注】公司董事、高级管理人员违反上述规定所得的收入应当归公司所有；给公司造成损失的，应当承担赔偿责任

图 2-18　董事高管—行为禁止一览图

（1）甲公司的董事王某经董事会同意，为乙公司经营与甲公司同类的业务，不违反《公司法》的规定。(　　)

【答案】×

【解析】未经“股东（大）会”（而非董事会）同意，董事、高级管理人员不得自营或者为他人经营与所任职公司同类的业务。

（2）甲公司主要经营医疗器械业务，该公司的总经理王某经监事会同意，在任职期间代理乙公司从国外进口一批医疗器械销售给丙公司，获利 2 万元。甲公司得知上述情形后，除将王某获得的 2 万元收归公司所有外，还撤销了王某的职务。甲公司的上述做法不符合《公司法》的规定。(　　)

【答案】×

【解析】未经“股东（大）会”（而非监事会）同意，董事、高级管理人员不得自营或者为他人经营与所任职公司同类的业务，否则所得收入归公司所有。

知识点十八：董事高管—兼职（如图 2-19 所示）

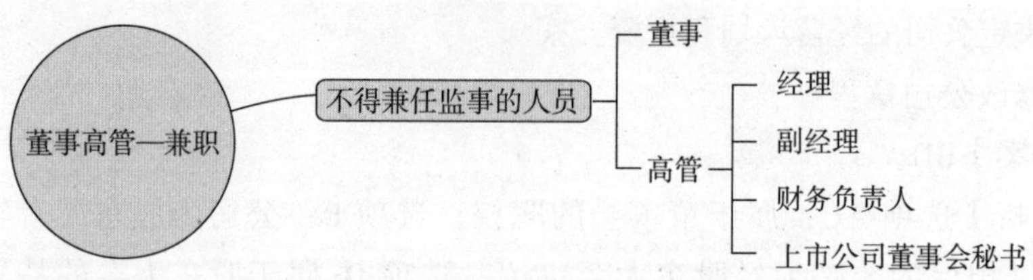

图 2-19　董事高管—兼职一览图

下列有关公司董事、监事以及高级管理人员兼职的表述中，符合公司法律制度规定的是（　　）。

A. 公司董事可以兼任公司经理

B. 公司董事可以兼任公司监事

C. 公司经理可以兼任公司监事

D. 公司董事会秘书可以兼任公司监事

【答案】A

【解析】董事、高级管理人员（经理、副经理、财务负责人、上市公司董事会秘书）不得兼任监事。

知识点十九：经营管理—对外担保（如图 2-20 所示）

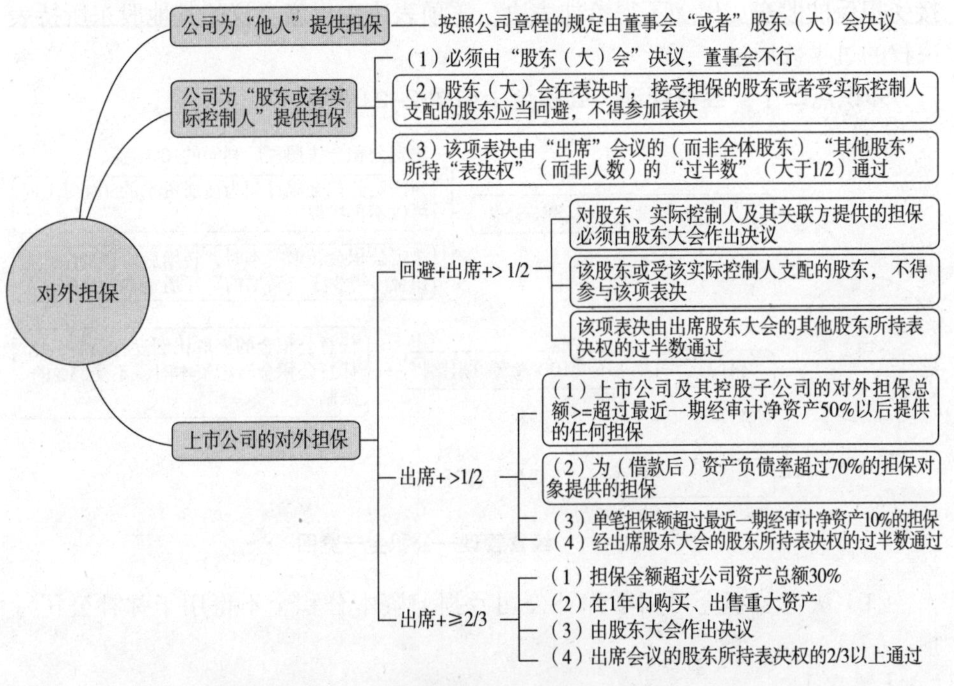

图 2-20　经营管理—对外担保一览图

（1）某有限责任公司的股东会拟对公司为股东甲提供担保事项进行表决。下列有关该事项表决通过的表述中，符合公司法律制度规定的是（　　）。

A. 该项表决由公司全体股东所持表决权的过半数通过

B. 该项表决由出席会议的股东所持表决权的过半数通过

C. 该项表决由除甲以外的股东所持表决权的过半数通过

D. 该项表决由出席会议的除甲以外的股东所持表决权的过半数通过

【答案】D

（2）甲持有乙股份有限公司 34% 的股份，为第一大股东。2015 年 4 月，

乙公司召开股东大会讨论其为甲向银行借款提供担保事宜。出席本次大会的股东（包括甲）所持表决权占公司发行在外股份总数的49%，除一名持有公司股份总额1%的小股东反对外，其余股东都同意乙公司为甲向银行借款提供担保。根据公司法律制度的规定，下列表述中，正确的是（　　）。

A. 决议无效，因为出席股东大会的股东所持表决权数不足股份总额的半数

B. 决议无效，因为决议所获同意票代表的表决权数不足公司股份总额的半数

C. 决议无效，因为甲未回避表决

D. 决议无效，因为公司不得为其股东提供担保

【答案】C

【解析】公司为"股东或者实际控制人"提供担保的，必须经股东（大）会决议。接受担保的股东（甲）不得参加表决，该项表决由出席会议的其他股东所持表决权的过半数通过。

知识点二十：经营管理—公积金（如图2-21所示）

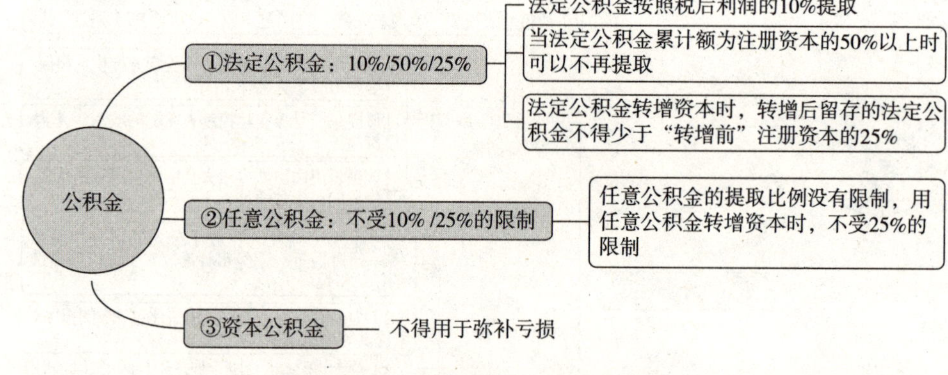

图2-21　经营管理—公积金一览图

（1）法定公积金可用于弥补公司亏损，资本公积金不得用于弥补公司亏损。（　　）

【答案】√

（2）公司持有的本公司股份不得分配利润。（　　）

【答案】√

（3）某股份有限公司注册资本为3 000万元，公司现有法定公积金1 000万元，任意公积金500万元，现该公司拟以公积金500万元增资派股，下列方案中，符合公司法律制度规定的有（　　）。

A. 将法定公积金500万元转为公司资本

B. 将任意公积金500万元转为公司资本

C. 将法定公积金200万元、任意公积金300万元转为公司资本

D. 将法定公积金 300 万元、任意公积金 200 万元转为公司资本

【答案】BC

【解析】用法定公积金转增资本时，转增后所留存的该项公积金不得少于转增前公司注册资本的 25%，本次最多转增 250 万元；用任意公积金转增资本的，不受 25% 的限制。

知识点二十一：企业合并（如图 2-22 所示）

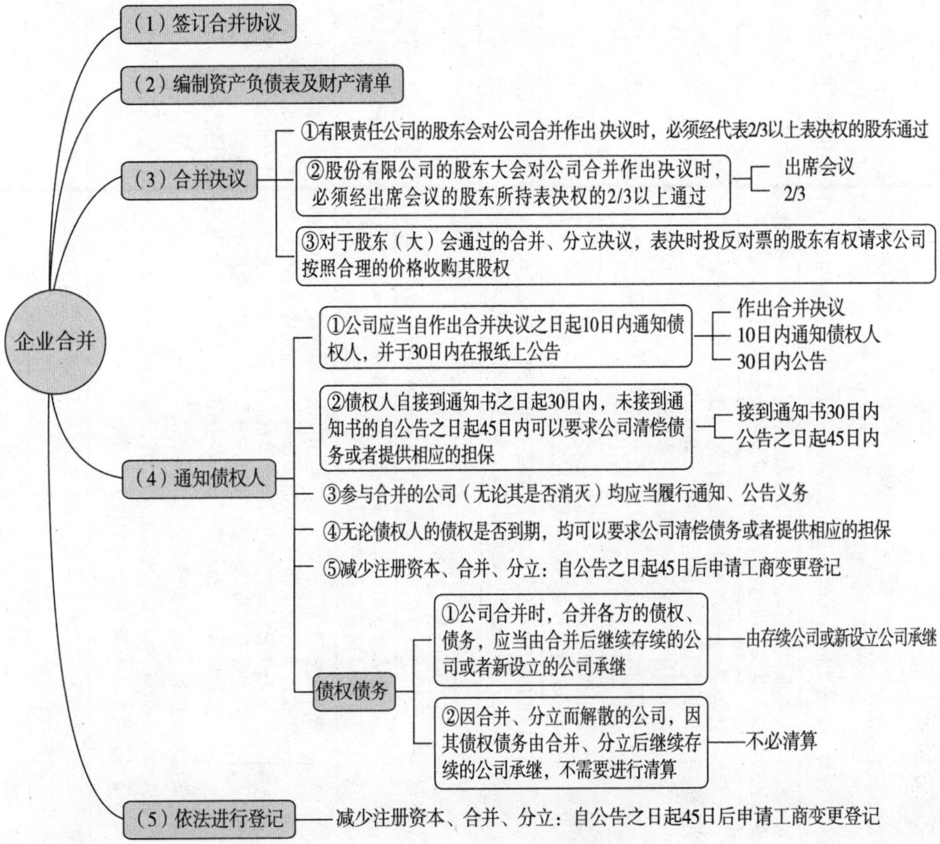

- 企业合并
  - （1）签订合并协议
  - （2）编制资产负债表及财产清单
  - （3）合并决议
    - ①有限责任公司的股东会对公司合并作出决议时，必须经代表2/3以上表决权的股东通过
    - ②股份有限公司的股东大会对公司合并作出决议时，必须经出席会议的股东所持表决权的2/3以上通过
      - 出席会议
      - 2/3
    - ③对于股东（大）会通过的合并、分立决议，表决时投反对票的股东有权请求公司按照合理的价格收购其股权
  - （4）通知债权人
    - ①公司应当自作出合并决议之日起10日内通知债权人，并于30日内在报纸上公告
      - 作出合并决议
      - 10日内通知债权人
      - 30日内公告
    - ②债权人自接到通知书之日起30日内，未接到通知书的自公告之日起45日内可以要求公司清偿债务或者提供相应的担保
      - 接到通知书30日内
      - 公告之日起45日内
    - ③参与合并的公司（无论其是否消灭）均应当履行通知、公告义务
    - ④无论债权人的债权是否到期，均可以要求公司清偿债务或者提供相应的担保
    - ⑤减少注册资本、合并、分立：自公告之日起45日后申请工商变更登记
    - 债权债务
      - ①公司合并时，合并各方的债权、债务，应当由合并后继续存续的公司或者新设立的公司承继——由存续公司或新设立公司承继
      - ②因合并、分立而解散的公司，因其债权债务由合并、分立后继续存续的公司承继，不需要进行清算——不必清算
  - （5）依法进行登记——减少注册资本、合并、分立：自公告之日起45日后申请工商变更登记

图 2-22　企业合并一览图

根据公司法律制度的规定，公司合并时，应在法定期限内通知债权人，该法定期限为（　　）。

A. 公司作出合并决议之日起 10 日内

B. 合并各方签订合并协议之日起 10 日内

C. 合并各方主管部门批准之日起 10 日内

D. 公司办理工商登记后 10 日内

【答案】A

知识点二十二：清算（如图 2–23 所示）

- 清算
  - 是否需要清算？
    - 解散但不需要清算
      - 因合并、分立而解散的公司，因其债权债务由合并、分立后继续存续的公司承继，不需要进行清算
      - 如甲公司被乙公司吸收合并，则甲公司应当解散，并办理工商注销登记，但不需要进行清算
    - 解散并清算——公司的债权债务无人承继的，该公司解散时应当进行清算，清算后应当申请工商注销登记
  - 未依法清算的
    - 公司未经清算即办理注销登记，导致公司无法进行清算，债权人有权要求有限责任公司的股东、股份有限公司的董事和控股股东，以及公司的实际控制人对公司债务承担清偿责任
  - 清算组的组成
    - 自行清算
      - 公司应当在解散事由出现之日起15日内成立清算组
      - 有限责任公司的清算组由股东组成
      - 股份有限公司的清算组由董事或者股东大会确定的人员组成
    - 指定清算
      - 有下列情形之一，债权人申请人民法院指定清算组进行清算时，人民法院应予受理：
      - ①公司解散逾期不成立清算组进行清算的
      - ②虽然成立清算组但故意拖延清算的
      - ③违法清算可能严重损害债权人或者股东利益的
      - 【注】虽然成立清算组但故意拖延清算的，“债权人”未提起清算申请，公司“股东”申请人民法院指定清算组对公司进行清算的，人民法院应予受理
    - 清算组成员
      - 人民法院受理公司清算案件，清算组成员可以从下列人员或者机构中产生：
      - ①公司股东、董事、监事、高级管理人员
      - ②依法设立的会计师事务所、律师事务所、破产清算事务所等社会中介机构
      - ③依法设立的会计师事务所、律师事务所、破产清算事务所等社会中介机构中具备相关专业知识并取得执业资格的人员
    - 债权登记
      - 清算组应当自“成立”之日起10日内通知债权人，并于60日内在报纸上公告
      - 债权人自接到通知书之日起30日内，未接到通知书的自公告之日起45日内，向清算组申报债权
      - 债权人在规定的期限内未申报债权，在公司清算程序终结前补充申报的，清算组应予登记
      - 债权人补充申报的债权，可以在公司尚未分配的财产中依法清偿
      - 清算程序终结，是指清算报告经股东（大）会或者人民法院确认完毕
  - 清算方案的确认
    - 清算方案应当报股东（大）会或者人民法院确认
    - 清算组执行未经确认的清算方案给公司或者债权人造成损失，公司、股东或者债权人有权要求清算组成员承担赔偿责任
    - 公司解散时，股东尚未缴纳的出资应作为清算财产
  - 清算结束
    - 公司清算结束后，清算组应当制作清算报告，报股东（大）会或者人民法院确认，并报送公司登记机关，申请注销公司登记，公告公司终止

图 2–23　清算一览图

- 数字归纳总结
  - 1%
    - 公司董事、高级管理人员执行公司职务时违反法律、行政法规或者公司章程的规定，给公司造成损失的，有限责任公司的股东、股份有限公司连续180日以上单独或者合计持有公司1%以上股份的股东，可以书面请求监事会向人民法院提起诉讼
    - 直接或间接持有上市公司已发行股份1%以上或者是上市公司前10名股东中的自然人股东及其直系亲属，不得担任该上市公司的独立董事
  - 3%
    - 股份有限公司单独或者合计持有公司3%以上股份的股东，可以在股东大会召开10日前提出临时提案并书面提交董事会
  - 5%
    - 将股份奖励给本公司职工，可以回购。收购的本公司股份，不得超过本公司已发行股份总额的5%，用于收购的资金应当从公司税后利润中支出，所收购的股份应当在1年内转让给职工
    - 在直接或间接持有上市公司已发行股份5%以上的股东单位或者在上市公司前5名股东单位任职的人员及其直系亲属，不得担任该上市公司的独立董事
    - 持有上市公司5%以上股份的股东或者实际控制人，其持有股份或者控制公司的情况发生较大变化，属于重大事件
    - 上市公司任一个股东所持5%以上股份被质押、冻结、司法拍卖、托管、设定信托或者被依法限制表决权，属于重大事件
    - 持有上市公司5%以上股份的股东及其董事、监事、高级管理人员，属于内幕信息知情人员
    - 通过证券交易所的证券交易，或者通过协议转让、继承、赠与等方式，投资者及其一致行动人拥有权益的股份达到一个上市公司已发行股份的5%时，应当在该事实发生之日起3日内编制权益变动报告书，向中国证监会、证券交易所提交书面报告，通知该上市公司，并予公告
  - 10%
    - 临时股东会、临时股东大会：代表10%以上表决权的股东可以提议召开临时股东会、临时股东大会
    - 股东会、股东大会的召集：董事会不能履行召集股东（大）会会议职责的，由监事会召集和主持；监事会不召集和主持的，代表10%以上表决权的股东可以自行召集和主持
    - 公司解散：公司经营管理发生严重困难，继续存续会使股东利益受到重大损失，通过其他途径不能解决的，持有公司全部股东表决权10%以上的股东，可以请求人民法院解散公司
    - 股票上市条件：公开发行的股份达到公司股份总数的25%以上；公司股本总额超过人民币4亿元的，公开发行股份的比例为10%以上
    - 上市公司单笔担保额超过最近一期经审计净资产10%的对外担保，必须由股东大会作出决议
    - 法定公积金：10%/50%/25%
  - 30%
    - 上市公司在1年内购买、出售重大资产或者担保金额超过公司“资产总额”30%的，应当由股东大会作出决议，并经出席会议的股东所持表决权的2/3以上通过
    - 配股条件：拟配售股份数量不超过本次配售股份前股本总额的30%
    - 内幕信息：上市公司营业用主要资产的抵押、出售或者报废一次超过该资产的30%，属于内幕信息
    - 上市公司收购：投资者可实际支配上市公司股份表决权超过30%的，表明已获得或者拥有上市公司控制权
    - 上市公司收购：持有投资者30%以上股份的自然人，与投资者持有同 一上市公司股份的，如果没有相反的证据，互为一致行动人
    - 上市公司收购：通过证券交易所的证券交易，投资者持有或者通过协议、其他安排与他人共同持有一个上市公司的股份达到该公司已发行股份的30%时，继续增持股份的，应当向该上市公司的所有股东发出收购其全部或者部分股份的要约
  - 1/3
    - 临时股东大会：公司未弥补的亏损达实收股本总额的1/3时
    - 临时股东会：1/3以上的董事提议召开时
    - 重大事件：公司的董事、1/3以上监事或者经理发生变动，属于重大事件
  - 35%
    - 以募集设立方式设立股份有限公司的，发起人认购的股份不得少于公司股份总数的35%
  - 40%
    - 公开发行公司债券的条件：本次发行后累计公司债券余额不超过最近一期期末净资产的40%
  - 50%
    - 上市公司收购：投资者为上市公司持股50%以上的控股股东，表明已获得或者拥有上市公司控制权
    - 上市公司及其控股子公司的对外担保总额达到或者超过最近一期经审计净资产50%以后提供的任何担保，必须由股东大会作出决议
    - 公司已发行的优先股不得超过公司普通股股份总数的50%，且筹资金额不得超过发行前净资产的50%，已回购、转换的优先股不纳入计算
  - 70%
    - 上市公司为资产负债率超过70%的担保对象提供的担保，必须由股东大会作出决议
    - 配股：控股股东不履行认配股份的承诺，或者代销期限届满，原股东认购股票的数量未达到拟配售数量70%的，发行人应当按照发行价并加算银行同期存款利息返还已经认购的股东
  - 80%
    - 封闭式基金的上市条件：基金募集期限届满，封闭式基金募集的基金份额总额应达到核准规模的80%以上
  - 90%
    - 上市公司非公开发行股票：发行价格不低于定价基准日前20个交易日公司股票均价的90%

图2–25　公司法里涉及的数字归纳图

公司解散时，股东尚未缴纳的出资应作为清算财产。(　　)

【答案】√

知识点二十三：公司章程约定与公司法法定（如图 2-24 所示）

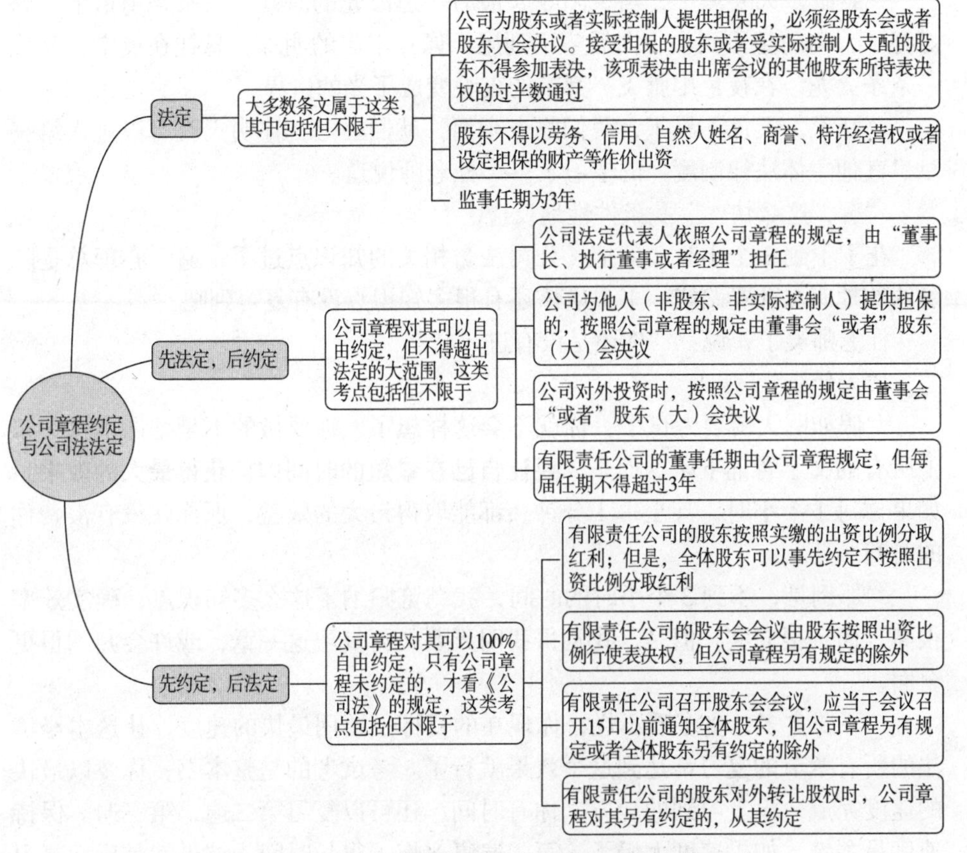

图 2-24 公司章程约定与公司法法定一览图

根据公司法律制度的规定，下列各项中，受公司章程约束的有（　　）。

A. 公司的经理

B. 公司的副经理

C. 公司的董事

D. 公司的财务负责人

【答案】ABCD

公司法里涉及的数字特别多，从这一章开始就应该慢慢总结，把所有的数字都归纳起来。后续每看一章，根据自己的记忆情况，逐渐补充。（如图 2-25 所示）

（四）像红皇后一样奔跑着复习

一眨眼，天要黑了，当夕阳收起最后一道霞光的时候，一条条街道上的路灯亮了，向前望不到头，向后望不到尾，像一串串的明珠，悬挂在夜空，又像一条条火龙，在夜色中腾飞。都市的夜晚变成了光的世界。

"好了，天色不早了，我们吃点东西，就回去吧，你明天就可以进入第三章'其他主体法律制度'的学习了。"杜老师说道。

"啊，这么快？"我条件性地反应。

花了不到3个小时，就把《公司法》相关的知识点过了一遍，心理总是隐隐约约地有点儿不踏实，书上应该还有很多知识点没有复习到吧？

杜老师笑了，说："你还是没有进入状态。"

"为什么？"

"假如明天就要考试了，你就不会这样想了。你要做的不是把课本这一章上所有的文字背诵下来。而是，**要让自己在最短的时间内，获得最大的效果**。如果你每1个小时，甚至每1分钟，都能取得最大的效益，那你就没有浪费你的时间。"

"那倒是，不到3个小时的时间，我浏览归纳了这么多知识点，确实效率很高，而且很充实。但是，我觉得我明天要是再复习这一章，或许会归纳得更全面。"

"不要贪多，贪多嚼不烂，你现在的目标是要用最快的速度，让这本经济法的所有章节的复习都达到这个效果就行了。考试考的是整本书，你要以最快的速度完成。没复习到的地方，你有时间，还可以复习第二遍，第三遍。保持速度是关键。如果速度太慢了，第一遍复习拖了很长时间，结果就是后面复习完了，前面的一点印象都没有了。而且，战线太长，很疲惫，没有成就感，让自己内心非常沮丧。"

"噢。"

"看过《爱丽丝梦游仙境》吗？刘易斯·卡罗尔写的。"杜老师突然问道。

我不好意思地摇了摇头，《爱丽丝梦游仙境》听说过，但是我没有看过，至于刘易斯·卡罗尔这个名字还是第一次听说。

"刘易斯·卡罗尔还写过一本《爱丽丝魔镜之旅》，这两本书中，有一个很著名的理论，叫做红皇后效应。若沿逆行的滚梯往上走，即便是跑步前进，如果速度不够快，结果还是停在原地。红皇后效应就是指这个现象。也就是说，如果自己的速度与周边环境变化一致，就只能是在原地踏步，无论如何都无法向前迈进。红皇后是小说中的女王，也是国际象棋中的棋子之一，是奔跑高手。

她对不论怎么跑也跑不出去一步的爱丽丝说：**为了保住自己的位置，就要用全力奔跑；要想去别的地方，就要用比现在至少快两倍的速度奔跑**。

红皇后效应经常用于生物学。生物为了生存下去，不断进化，而环境也在一起变化，如果你不够快，最终的结果便是在原地停留，如同没有变化。在很久以前，猎豹的奔跑速度并不像现在这么快，由于与羚羊形成了追与被追的关系，相互间经常要进行殊死的较量，所以速度成了它们生存的必备条件。到了第二代、第三代猎豹，速度快渐渐变成了遗传性质。这被称为‘共同进化’，就是说在彼此不停的相互作用中慢慢进化。这不仅适用于生物界，同样也适用于企业。一项技术的开发会带出另一项技术，技术越改进，变化就越大。企业经营同样要懂得红皇后效应。如果一个企业没有长远眼光，而只是热衷于短期的竞争，其结果必然是停滞不前。试想如果第一代猎豹满足于自己的条件，那后代没准就饿死了。不仅是生物界和企业，社会中的每一个个人不也是一样吗，都是因为不停地奔跑才存活了下来。”

“这个跟我复习经济法有什么关系吗？”

“有，红皇后效应也同样适应于复习。首先，你复习就会遗忘，所以，**你复习的速度要大于遗忘的速度，你才有可能取胜**。不然，你一边复习一边遗忘，等你慢慢地把这本书复习完后，就会发现，前面复习的内容一点儿印象都没有了，又得重来。所以，你要奔跑着复习。其次，考试其实就是竞争，对于职称考试在某种意义上来说，也是一种选拔性考试，它的通过率一般来说是相对稳定的，要难大家都难，要容易大家都容易。所以，你要的不是把这本书背诵下来，复习得尽善尽美，而是，你要比其他考生在相同的时间内复习得快，复习效率高，这样你就可以多复习一遍。所以，你要奔跑着复习。再说，人生短暂，我们还有更多有意义的事情去做，不能把太多的时间浪费在考试上。若要在有限的时间内取得最佳效果，你的动作就得快。”

奔跑着复习，当我的内心树立这个理念后，我发现我很少走神了。因为我自己给自己的任务是，2 个小时或 3 个小时内，把这一章的知识要点全部提炼出来。如果时间到，我就进入下一章了。所以，在这两三个小时内，我会尽可能多地挑重要的知识点提炼。就像在沙滩上捡贝壳一样。因为时间有限，空间有限，所以我就尽可能地快点儿捡，同时尽可能挑漂亮的捡，那些不是特别漂亮的就暂时舍弃吧。

第三章

其他主体法律制度

（一）给自己一个考试的理由

清晨，窗外万籁俱寂，天蒙蒙亮，黑夜正欲隐去，破晓的晨光慢慢唤醒沉睡的生灵。

我走下床，轻轻推开窗户，一股新鲜空气迎面扑来。接着银白的曙光渐渐显出绯红，朝霞映在千家万户的窗棂之上。

清晨，真的很美。

洗漱完毕，我坐在镜子旁，轻轻地往自己脸上拍了点爽肤水，让绷紧的皮肤慢慢舒缓起来。接着我打开面霜瓶盖，取两粒黄豆大小的量放在四指指腹，轻轻揉搓到半透明，然后轻拍到全脸、脖子，甚至眼睛周围。最后再用手掌捂脸几秒，帮助吸收。

在这争分夺秒的备考期间，我宁愿早起，也不敢怠慢我的肌肤。

奥黛丽·赫本说，外在决定两个人是否在一起，内在决定两个人在一起多久。外貌是女人不可或缺的资本。两个人聊得再投机，见面之后，还是外貌决定一切。

第一次听到这个言论时，我立即反驳，嘲笑说话之人肤浅。一则可能是因为我不是美女，别人这么一说，心理引起恐慌，本能地通过反驳捍卫自己的尊严；二则可能是因为我从小到大接受的教育都是要“好好学习，天天向上”，做个好女孩，不要一天到晚就知道梳妆打扮，想着穿好的、吃好的，这叫好吃懒做。要知道，在父母这一辈人的眼里，一天到晚花很多时间打扮的人都是无所事事的人。

但是，走上社会后才发现，内在美重要，外在美也同等重要。没有外在美谁会花时间发现你的内在美？

为什么呢？其实就是一个成本效益问题，因为内在美不好判断，费了半天劲儿要是发现没什么内在美，岂不是亏大了。选人也是需要成本的。

同理，有的人说，考那么多会计证件有什么用，会计要的是实战工作经验，但是没有各种会计证件去展示，谁会花时间给你机会去试？因为他们都害怕，万一让你试了半天，发现你就是一个傻帽，岂不是后悔死了。如果你有很多证件，多少算是给他们提供了一个心理担保，让人知道，你肚子里还是有点墨水的。

太不入眼怎么给你机会？不给机会如何展示？

从此我再也不说什么不在乎外表，我不是那么肤浅的人，而是努力让自己漂亮，永远让自己内外兼修，永远不要让自己有邋遢的机会，永远不放过让自己变得更美好的机会。

因此也越来越喜欢赫本，喜欢她的人，也喜欢她说的话。比如：

Elegance is the only beauty that never fades.
优雅是唯一不会褪色的美。
For attractive lips, speak words of kindness.
要有吸引人的双唇，请说好意的言语。
For lovely eyes, seek out the good in people.
要有美丽的双眼，请寻索它人的优点。
For a slim figure, share your food with the hungry.
要有纤细的身材，请与饥民分享你的食物。

从最先开始从不护肤到护肤达人，从最开始连凝霜和面霜都搞不清楚的人到各大品牌如数家珍。

当我美美地坐在桌子旁边，带着美美的心情复习时，我的感觉是不一样的。我会变得特别积极，我身上会充满无限的正能量，我会完全投入复习中。因为我知道，当我把中级考过之后，我的内在美、外在美都会进一步提升，而这些东西都是我的资本，而且任何人都拿不走。

（二）其他主体法精华提炼

上一章讲了有限责任公司（包括一人有限责任公司和国有独资公司）和股份有限公司（包括上市公司），他们的共同特点是有限，负有限责任（即公司破产了，以公司现有的财产负责），而个人独资企业和合伙企业涉及无限责任（即公司破产了，公司的财产不足以抵债的时候，还需要向个人追偿），外资企业分为中外合资经营企业（一般为有限责任）、中外合作经营企业（具有法人资格合作的则为有限责任，不具有法人资格企业合作的则为合伙）和外资企业（外国投资者设立的，有限责任，经批准也可以为其他责任形式）。

本章主要讲了三种类型的企业（如图 3–1 所示）。

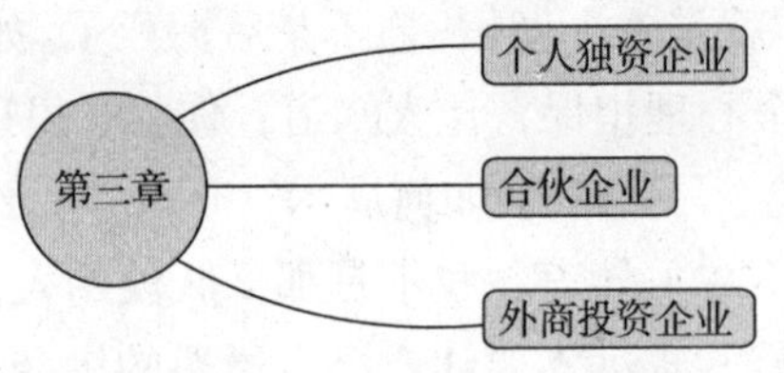

图 3–1 三种企业列示图

然后我开始把这三个问题慢慢展开。个人独资企业主要讲了三个问题。

1. 个人独资企业（如图 3–2 所示）

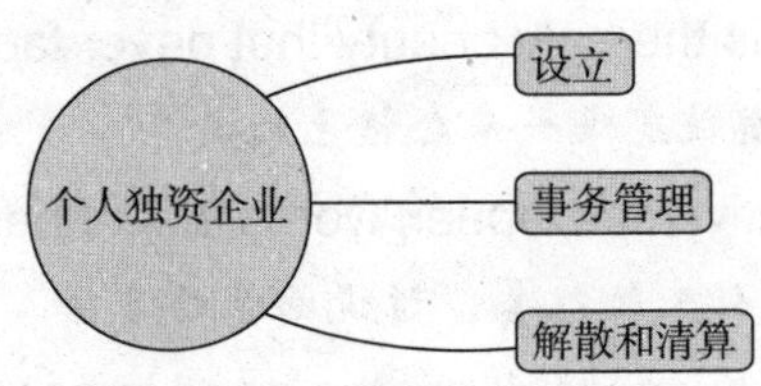

图 3–2 个人独资企业相关内容列示图

知识点一：个人独资企业的设立（如图 3–3 所示）

个人独资企业与一人有限责任公司的比较如表 3–1 所示：

表 3–1 **个人独资企业与一人有限责任公司的比较**

	一人有限责任公司	个人独资企业
投资人	法人／自然人	自然人
公司章程／企业章程	√	×
法人资格	√	×
投资人的责任	（1）一般情况下只承担有限责任 （2）股东不能证明公司财产独立于股东自己财产的，股东应当对公司债务承担连带责任	无限责任
所得税	公司缴纳企业所得税	投资人缴纳个人所得税

（1）根据个人独资企业法律制度的规定，下列表述中，正确的是（　　）。

A. 个人独资企业的投资人可以是自然人或者法人

B. 个人独资企业的投资人对企业债务承担无限责任

C. 个人独资企业不能以自己的名义从事民事活动

D. 个人独资企业具有法人资格

【答案】B

【解析】选项 A: 个人独资企业的投资人只能是具有中国国籍的自然人；选项 CD：个人独资企业不具有法人资格，也无独立承担民事责任的能力，但个人独资企业是独立的民事主体，可以以自己的名义从事民事活动。

个人独资企业的设立

- 1. 性质
  - （1）个人独资企业是独立的民事主体，可以以自己的名义从事民事活动
  - 【例】投资人甲于2014年1月1日投资设立A个人独资企业，4月1日A企业与B银行签订10万元的借款合同。在签订借款合同时，应当以A企业的名义，因为个人独资企业是独立的民事主体，可以以自己的名义从事民事活动
  - （2）个人独资企业不具有法人资格，也无独立承担民事责任的能力
  - 【例】银行贷款到期后，如果以A企业的全部财产仍不能偿还时，则投资人甲应当以其个人的其他财产对企业债务承担无限责任，因为个人独资企业无独立承担民事责任的能力
  - （3）个人独资企业的分支机构的民事责任由设立该分支机构的个人独资企业承担
  - （4）个人独资企业分支机构的民事责任100%由个人独资企业承担，但个人独资企业自己无独立承担民事责任的能力，当企业的全部财产不足以清偿到期债务时，投资人应当承担无限责任
- 2. 设立条件
  - （1）投资人
    - ①投资人只能是自然人，不包括法人
    - ②投资人只能是中国公民，不包括港、澳、台同胞
    - ③港、澳、台同胞独资设立的企业属于外资企业
    - ④国家公务员、党政机关领导干部、法官、检察官、警官、商业银行工作人员等，不得投资设立个人独资企业
  - （2）名称 —— 个人独资企业的名称中不能出现“有限”、“有限责任”或者“公司”字样
  - （3）有固定的生产经营场所和必要的生产经营条件
  - （4）有必要的从业人员
  - （5）有投资人申报的出资
    - ①货币出资，也可以用实物、土地使用权、知识产权或者其他财产权利出资
    - ②但不能以“劳务”出资
    - ③投资人可以以个人财产出资，也可以以家庭共有财产作为个人出资
    - ④投资人在申请企业设立时，明确以家庭共有财产作为个人出资的，应当依法以家庭共有财产对企业债务承担无限责任
    - ⑤投资人可以以家庭共有财产出资，但不能用家庭其他成员的财产作为个人出资
    - ⑥如果投资人在申请企业设立登记时，以“家庭共有财产”出资的，应当在申请书上予以注明
    - ⑦未注明的，视为以“个人财产”出资
  - （6）《个人独资企业法》只是规定“有投资人申报的出资”，但没有“最低限额”的要求
  - （7）个人独资企业没有“企业章程”的法定要求
- 3. 设立程序
  - （1）工商登记：收到设立申请文件之日起15日内，对符合条件的予以登记，发给营业执照
  - （2）变更登记：个人独资企业存续期间登记事项发生变更的，应当在作出变更决定之日起15日内依法向登记机关申请办理变更登记

图 3–3　个人独资企业的设立相关内容列示图

（2）根据个人独资企业法律制度的规定，下列各项中，可作为投资人申请设立个人独资企业的有（　　）。

A. 刑满释放的无业人员甲

B. 某民营商业银行的工作人员乙

C. 有不良信用记录的个体工商户丙

D. 一年前曾担任过某破产清算企业的总经理并对其破产负有个人责任，现为某企业销售人员的丁

【答案】ACD

【解析】选项 B：国家公务员、党政机关领导干部、警官、法官、检察官、商业银行工作人员等，不得作为投资人申请设立个人独资企业。

（3）下列有关个人独资企业设立条件的表述中，符合个人独资企业法律制度规定的有（　　）。

A. 投资人为一个自然人，且为中国公民

B. 有合法的企业名称

C. 有企业章程

D. 有投资人申报的出资

【答案】ABD

【解析】选项 C：个人独资企业没有“企业章程”的法定要求；选项 D：个人独资企业虽然没有“最低注册资本”的法定要求，但应当有投资人申报的出资。

（4）根据个人独资企业法律制度的规定，下列各项中，可以作为个人独资企业出资的有（　　）。

A. 投资人的知识产权　　B. 投资人的劳务

C. 投资人的土地使用权　　D. 投资人家庭共有的房屋

【答案】ACD

【解析】选项 B: 个人独资企业的投资人可以用货币、实物、土地使用权、知识产权出资，但不能以劳务出资；选项 D: 投资人可以以个人财产出资，也可以以家庭共有财产出资。

（5）自然人甲拟设立个人独资企业。下列表述中，符合个人独资企业法律制度规定的有（　　）。

A. 该个人独资企业名称中可以使用“公司”字样，但是不得使用“有限”或者“有限责任”字样

B. 甲只能以其个人财产出资，不得以其家庭共有财产出资

C. 甲可以根据业务需要，申请设立个人独资企业的分支机构

D. 商业银行的工作人员不得作为投资人申请设立个人独资企业

【答案】CD

【解析】选项 A: 个人独资企业的名称中不能出现“有限”、“有限责任”或者“公司”字样；选项 B：投资人可以以个人财产出资，也可以以家庭共有财产作为个人出资；选项 D：国家公务员、党政机关领导干部、法官、检察官、警官、商业银行工作人员等，不得投资设立个人独资企业。

（6）根据个人独资企业法律制度的规定，下列表述中，正确的有（　　）。

A. 个人独资企业不是独立的民事主体，也不能独立承担民事责任

B. 个人独资企业分支机构的民事责任由个人独资企业承担

C. 个人独资企业的全部财产不足以清偿到期债务时，应当首先以投资人的个人财产清偿，个人财产仍不足时，以投资人的家庭共有财产清偿

D. 个人独资企业不具有法人资格

【答案】BD

【解析】选项 A：个人独资企业是独立的民事主体，可以以自己的名义从事民事活动；选项 C: 以个人财产出资设立的个人独资企业，仅以个人财产对企业债务承担无限责任。

（7）根据个人独资企业法律制度的规定，个人独资企业存续期间登记事项发生变更的，应当在作出变更决定之日起（　　）内依法向登记机关申请办理变更登记。

A. 10 日

B. 15 日

C. 30 日

D. 90 日

【答案】B

【解析】个人独资企业存续期间登记事项发生变更的，应当在作出变更决定之日起 15 日内依法向登记机关申请办理变更登记。

（8）个人独资企业不具有法人资格，也无独立承担民事责任的能力。（　　）

【答案】√

（9）个人独资企业解散后，其财产不足以清偿债务的，投资人应当以其个人的其他财产予以清偿，仍不足清偿的，投资人应当以其家庭共有财产予以清偿。（　　）

【答案】×

【解析】个人独资企业的财产不足以清偿债务的，投资人应当以自己个人的全部财产予以清偿。只有在申请企业设立时，明确以家庭共有财产作为个人出资的，才应当依法以家庭共有财产对企业债务承担无限责任。

知识点二：个人独资企业的事务管理（如图 3-4 所示）

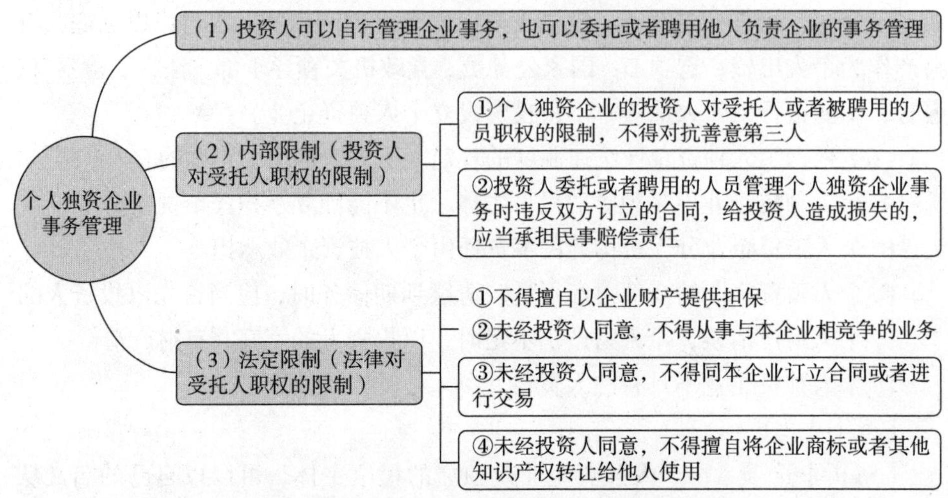

图 3-4　个人独资企业的事务管理相关内容列示图

（1）个人独资企业投资人甲聘用乙管理企业事务，同时对乙的职权予以限制，凡是乙对外签订标的额超过 1 万元的合同，必须经甲同意。某日，乙未经甲同意与善意第三人丙签订了一份标的额为 2 万元的买卖合同。根据个人独资企业法律制度的规定，下列关于该合同效力的表述中，正确的是（　　）。

A. 该合同为有效合同，但如果给甲造成损害，由乙承担民事赔偿责任

B. 该合同为无效合同，但如果给甲造成损害，由乙承担民事赔偿责任

C. 该合同为可撤销合同，甲可请求人民法院予以撤销

D. 该合同为效力待定合同，经甲追认后有效

【答案】A

【解析】个人独资企业的投资人对受托人或者被聘用的人员职权的限制，不得对抗善意第三人；投资人委托或者聘用的人员管理个人独资企业事务时违反双方订立的合同，给投资人造成损害的，承担民事赔偿责任。

（2）某个人独资企业投资人聘用甲管理企业事务，在个人独资企业经营中，甲有权决定将该企业的商标有偿转让给他人使用。（　　）

【答案】×

【解析】投资人委托或者聘用的管理人员，“未经投资人同意”，不得擅自将企业商标或者其他知识产权转让给他人使用。

知识点三：个人独资企业解散和清算（如图 3–5 所示）

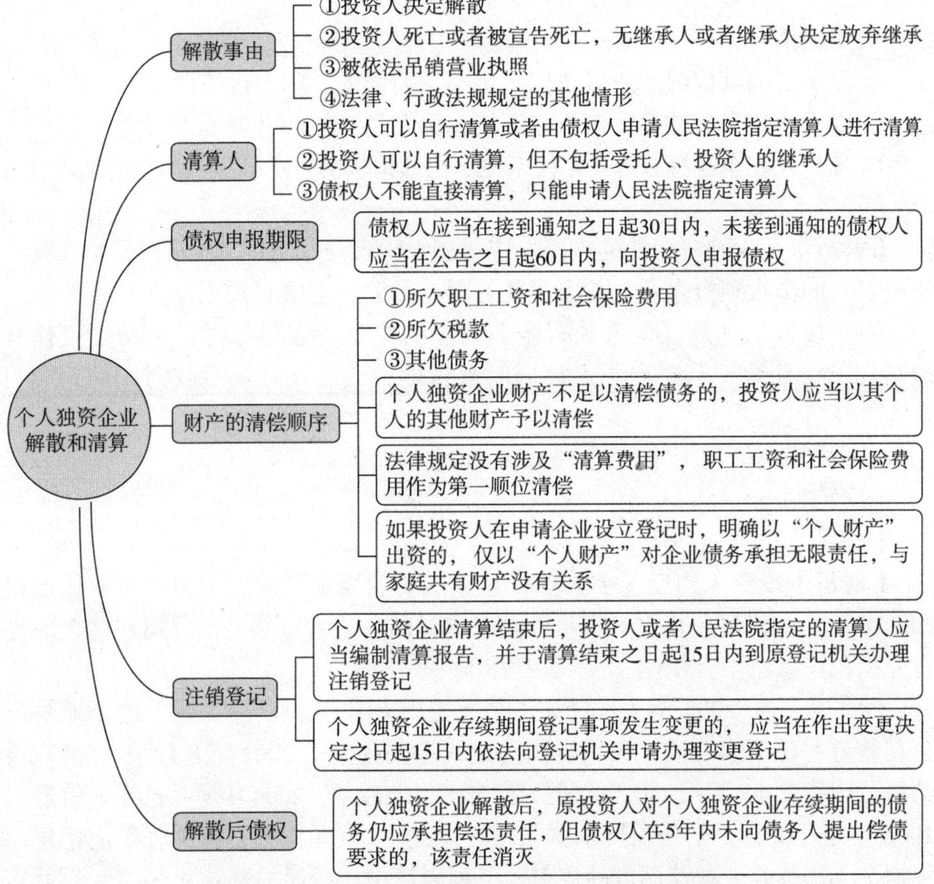

图 3–5　个人独资企业解散和清算相关内容列示图

（1）甲以个人财产设立个人独资企业，后甲病故，其妻子和其子女都明确表示不愿继承该企业，该企业只得解散。根据个人独资企业法律制度的规定，下列表述中，正确的是（　　）。

A. 应由其子女进行清算

B. 应由其妻子进行清算

C. 应由其妻子和子女共同进行清算

D. 应由债权人申请法院指定清算人进行清算

【答案】D

【解析】个人独资企业解散，由投资人自行清算或者由债权人申请人民法院指定清算人进行清算。

（2）某个人独资企业由王某以个人财产出资设立。该企业因经营不善被解

散，其财产不足以清偿所欠债务，对尚未清偿的债务，根据个人独资企业法律制度的规定，下列处理方式中，正确的是（　　）。

A. 不再清偿

B. 以王某的其他财产予以清偿，仍不足清偿的，则不再清偿

C. 以王某的家庭共有财产予以清偿，仍不足清偿的，则不再清偿

D. 债权人在企业解散后 5 年内未提出偿债请求的，王某不再承担清偿责任

【答案】D

【解析】个人独资企业的投资人应承担无限责任，选项 AB 错误；个人财产出资设立的个人独资企业，与家庭共有财产无关，选项 C 错误。

（3）投资人违反《个人独资企业法》的规定，应当承担民事赔偿责任和缴纳罚款、罚金，其财产不足以同时支付的，或者被判处没收财产的，应当首先（　　）。

A. 承担民事赔偿责任　　B. 缴纳罚款

C. 缴纳罚金　　D. 没收财产

【答案】A

【解析】投资人违反《个人独资企业法》的规定，应当承担民事赔偿责任和缴纳罚金、罚款，其财产不足以同时支付的，或者被判处没收财产的，应当首先承担民事赔偿责任。

（4）张某于 2003 年 3 月设立乙个人独资企业。2003 年 5 月，乙企业与甲公司签订一份买卖合同，根据合同约定，乙企业应于 2003 年 8 月 15 日前支付给甲公司货款 15 万元，但乙企业一直未支付该款项。2004 年 1 月乙企业解散。2006 年 5 月 1 日，甲公司要求张某偿还上述 15 万元债务，遭到张某的拒绝。根据个人独资企业法律制度的规定，下列表述中，错误的有（　　）。

A. 因乙企业已经解散，甲公司的债权已经消灭

B. 甲公司可以要求张某以其个人财产承担 15 万元的债务

C. 甲公司请求张某偿还债务的期限应于 2006 年 1 月届满

D. 甲公司请求张某偿还债务的期限应于 2009 年 1 月届满

【答案】AC

【解析】选项 AB: 个人独资企业解散后，原投资人对个人独资企业存续期间的债务仍应承担偿还责任；选项 CD：债权人在“5 年”内未向债务人提出偿债要求的，该责任消灭。

（5）张先生在谈论《个人独资企业法》的有关规定时讲到以下内容，其中正确的有（　　）。

A. 设立个人独资企业时，投资人可以以个人财产出资，也可以以家庭其他成员的财产作为个人出资

B. 个人独资企业可以设立分支机构

C. 个人独资企业解散时，可由投资人自行清算，也可由债权人申请人民法院指定清算人进行清算

D. 个人独资企业解散清偿债务时，所欠职工工资和社会保险费用应作为第一顺序清偿

【答案】BCD

【解析】选项 A: 个人独资企业的投资人可以以个人财产出资，也可以以“家庭共有财产”出资，但不能以家庭其他成员的个人财产出资；选项 D: 个人独资企业在解散清算时，没有清算费用的规定。

2. 合伙企业

合伙企业相关内容如图 3-6 所示。

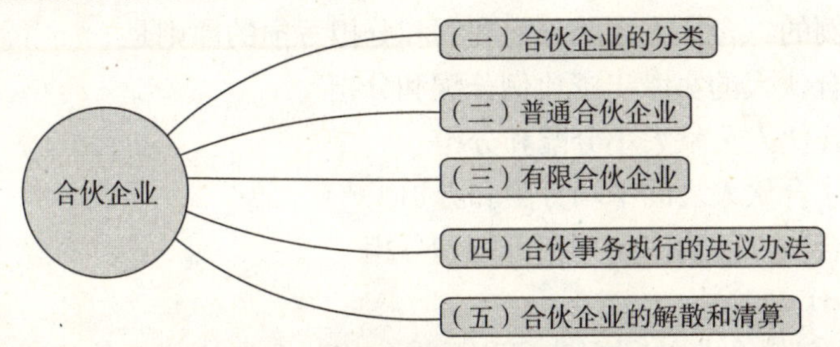

图 3-6　合伙企业相关内容列示图

知识点四：合伙企业的损益分配（如图 3-7 所示）

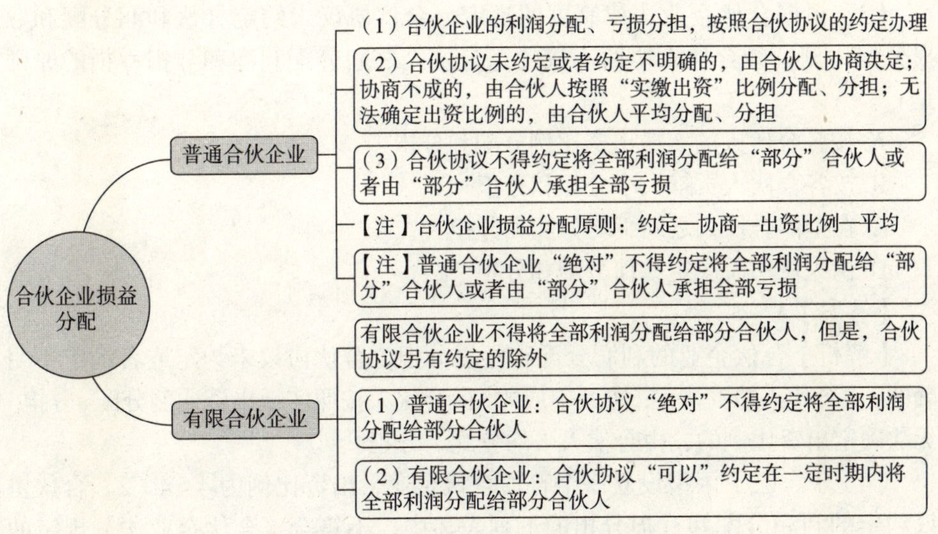

图 3-7　合伙企业的损益分配内容列示图

（1）某有限合伙企业合伙协议的下列约定中，符合合伙企业法律制度规定的是（　　）。

A. 普通合伙人以现金出资，有限合伙人以劳务出资

B. 合伙企业成立后前 3 年的利润全部分配给普通合伙人

C. 有限合伙人甲对外代表本合伙企业，执行合伙事务

D. 合伙企业由普通合伙人 1 人、有限合伙人 99 人组成

【答案】B

【解析】选项 A: 有限合伙人不得以劳务出资；选项 B: 有限合伙企业不得将全部利润分配给部分合伙人，但是合伙协议另有约定的除外；选项 C：有限合伙企业由普通合伙人执行合伙事务，有限合伙人不执行合伙企业事务，不得对外代表有限合伙企业；选项 D: 有限合伙企业由 2 个以上 50 个以下合伙人设立。

（2）根据合伙企业法律制度的规定，合伙协议未约定合伙企业利润分配和亏损分担比例的，合伙人之间分配利润和分担亏损的原则是（　　）。

A. 按各合伙人的实缴出资比例分配和分担

B. 按各合伙人贡献大小分配和分担

C. 在全体合伙人之间平均分配和分担

D. 由各合伙人协商决定如何分配和分担

【答案】D

【解析】合伙企业的利润分配和亏损分担，合伙协议未约定或者约定不明确的，由合伙人协商决定；协商不成的，由合伙人按照实缴出资比例分配、分担；无法确定出资比例的，由合伙人平均分配、分担。

（3）根据合伙企业法律制度的规定，合伙协议未约定合伙利润分配和亏损分担比例，经合伙人协商不成的，合伙人之间分配利润和分担亏损的原则是（　　）。

A. 按各合伙人的实缴出资比例分配和分担

B. 按各合伙人贡献大小分配和分担

C. 在全体合伙人之间平均分配和分担

D. 由人民法院决定如何分配和分担

【答案】A

【解析】合伙企业的利润分配和亏损分担，合伙协议未约定或者约定不明确的，由合伙人协商决定；协商不成的，由合伙人按照实缴出资比例分配、分担；无法确定出资比例的，由合伙人平均分配、分担。

（4）甲、乙、丙拟设立一个普通合伙企业，出资比例为 4 : 4 : 2。合伙协议约定的利润分配和亏损分担的下列表述中，不符合《合伙企业法》规定的是（　　）。

A. 按 4 : 4 : 2的比例分配损益

B. 在合伙人之间平均分配损益

C. 按 3 : 3 : 4的比例分配损益

D. 利润按 3 : 3 : 4的比例分配，亏损由丙承担

【答案】D

【解析】选项 ABC: 合伙企业属于契约式企业，其损益分配比例由合伙协议自由约定，与出资比例无关；选项 D: 普通合伙企业的合伙协议不得约定将全部利润分配给部分合伙人或者由部分合伙人承担全部亏损。

（5）根据合伙企业法律制度的规定，普通合伙企业出现亏损时，由合伙人分担责任。下列有关亏损分担的表述中，正确的有（　　）。

A. 合伙协议有约定比例的，按约定比例分担

B. 合伙协议没有约定比例的，由合伙人协商决定

C. 合伙协议没有约定比例的，由各合伙人平均分担

D. 合伙协议可以约定由执行合伙事务的合伙人承担全部亏损

【答案】AB

【解析】选项 C：合伙协议未约定或者约定不明确的，由合伙人协商决定；协商不成的，由合伙人按照实缴出资比例分担；无法确定出资比例的，由合伙人平均分担；选项 D: 合伙协议不得约定将全部利润分配给部分合伙人或者由部分合伙人承担全部亏损。

（6）合伙协议未约定合伙企业的利润分配和亏损分担比例的，由各合伙人平均分配和分担。（　　）

【答案】×

【解析】合伙协议未约定或者约定不明确的，由合伙人协商决定；协商不成的，由合伙人按照实缴出资比例分配、分担；无法确定出资比例的，由合伙人平均分配、分担。

（7）甲乙两个自然人出资设立普通合伙企业，双方签订书面合伙协议约定：甲以 10 万元出资，乙以劳务出资；乙执行合伙企业事务；合伙企业利润由甲、乙分别按 80% 和 20% 的比例分配，亏损由甲、乙分别按 20% 和 80% 的比例分担。该合伙协议的约定符合《合伙企业法》的规定。

【答案】√

（8）甲、乙共同出资设立普通合伙企业，双方订立书面合伙协议时约定：甲以 10 万元出资，乙以劳务出资；乙执行合伙事务；合伙企业利润由甲乙平均分配，亏损由乙承担。该合伙协议的约定符合《合伙企业法》的规定。

【答案】×

【解析】普通合伙企业的合伙协议不得约定将全部利润分配给部分合伙人或者由部分合伙人承担全部亏损。

知识点五：合伙企业决议（如图 3–8 所示）

合伙企业决议

- **1. 某些事项法律有明确规定的，合伙协议的约定不得与法律相抵触，其中包括但不限于：**
  - ①普通合伙人以其财产份额出资的，必须经其他合伙人一致同意
  - ②普通合伙人绝对不得从事同本企业相竞争的业务
  - ③普通合伙企业的合伙协议绝对不得约定将全部利润分配给部分合伙人或者由部分合伙人承担全部亏损
  - ④将合伙人除名必须经其他合伙人一致同意
  - ⑤普通合伙人死亡，继承人为无民事行为能力人或者限制民事行为能力人的，经全体合伙人一致同意，可以依法成为有限合伙人
- **2. 法律规定只需“通知”的事项**
  - ①普通合伙人之间转让在合伙企业中的全部或者部分财产份额时，应当通知其他合伙人
  - ②有限合伙人可以按照合伙协议的约定向合伙人以外的人转让，其在有限合伙企业中的财产份额，应当提前30日通知其他合伙人
- **3. 合伙协议未约定，但法律作出“特别规定”（经全体合伙人一致同意）的事项（先约定后法定）**
  - （1）合伙企业委托一个或者数个合伙人执行企业事务的，除合伙协议另有约定外，合伙企业的下列事项应当经全体合伙人一致同意：
  - ① 改变合伙企业的名称
  - ② 改变合伙企业的经营范围、主要经营场所的地点
  - ③ 处分合伙企业的不动产
  - ④ 转让或者处分合伙企业的知识产权和其他财产权利
  - ⑤ 以合伙企业名义为他人提供担保
  - ⑥ 聘任合伙人以外的人担任合伙企业的经营管理人员
  - （2）合伙协议未约定的，法律规定必须经全体合伙人一致同意的事项还包括（但不限于）：
  - ①除合伙协议另有约定外，修改或者补充合伙协议，应当经全体合伙人一致同意
  - ②新合伙人入伙，除合伙协议另有约定外，应当经全体合伙人一致同意
  - ③除合伙协议另有约定外，普通合伙人转变为有限合伙人，或者有限合伙人转变为普通合伙人，应当经全体合伙人一致同意
  - ④除合伙协议另有约定外，普通合伙人向合伙人以外的人转让其在合伙企业中的全部或者部分财产份额时，须经其他合伙人一致同意
  - ⑤按照合伙协议的约定或者经全体合伙人一致同意，普通合伙人可以同本合伙企业进行交易
  - ⑥普通合伙人死亡，继承人具备完全民事行为能力的，按照合伙协议的约定或者经全体合伙人一致同意，可以取得普通合伙人资格
- **4. 合伙协议未约定或者约定不明确、法律也没有特别规定时，实行合伙人一人一票并经“全体合伙人过半数通过”的表决办法**
  - 需区分以下三种情况：
  - ①如果普通合伙人以其财产份额出资，必须经其他合伙人一致同意，这是法律的强制性规定，合伙协议不得越雷池半步
  - ②如果要改变合伙企业的名称，先看合伙协议有没有约定（合伙协议爱怎么约定就怎么约定），合伙协议未约定的，应当经全体合伙人一致同意
  - ③如果执行合伙事务的两个合伙人发生争议，先看合伙协议有没有约定（合伙协议爱怎么约定就怎么约定），合伙协议对此未约定的（法律对此也没有特别规定），实行合伙人一人一票并经全体合伙人过半数通过的表决办法
- **5. 合伙协议**
  - ①合伙协议经全体合伙人签名、盖章后生效
  - ②合伙企业的营业执照签发日期，为合伙企业成立日期
  - ③修改或补充合伙协议，应当经全体合伙人一致同意；但是，合伙协议另有约定的除外
    【解释】修改或者补充合伙协议时，先约定后法定；先看合伙协议有没有约定（爱怎么约定就怎么约定）；合伙协议没有约定的，才看法定（经全体合伙人一致同意）
  - ④合伙人违反合伙协议的，应当依法承担违约责任
  - ⑤争议
    - 合伙人履行合伙协议发生争议的，合伙人可以通过协商或者调解解决
    - 不愿通过协商、调解解决或者协商、调解不成的，可以按照合伙协议约定的仲裁条款或者事后达成的书面仲裁协议，向仲裁机构申请仲裁
    - 合伙协议中未订立仲裁条款，事后又没有达成书面仲裁协议的，可以向人民法院起诉

图 3–8　合伙企业决议相关内容列示图

（1）根据合伙企业法律制度的规定，除合伙协议另有约定外，下列事项中，需全体合伙人一致同意的是（　　）。

A. 聘请合伙人以外的人担任企业的财务负责人

B. 出售合伙企业名下的动产

C. 合伙人以其个人财产为他人提供担保

D. 聘请会计师事务所承办合伙企业的审计业务

【答案】A

【解析】除合伙协议另有约定外，合伙企业的下列事项应当经全体合伙人一致同意：改变合伙企业的名称；改变合伙企业的经营范围、主要经营场所的地点；处分合伙企业的“不动产”（选项B排除）；转让或者处分合伙企业的知识产权和其他财产权利；以“合伙企业”名义为他人提供担保（选项C排除）；聘任合伙人以外的人担任合伙企业的经营管理人员（选项A正确）。

（2）根据合伙企业法律制度的规定，下列各项中，除合伙协议另有约定外，应当经全体合伙人一致同意才能作出决议的有（　　）。

A. 修改合伙协议

B. 改变合伙企业名称

C. 处分合伙企业的不动产

D. 吸收新的合伙人

【答案】ABCD

【解析】选项A：修改或者补充合伙协议，应当经全体合伙人一致同意；但是，合伙协议另有约定的除外；选项D：新合伙人入伙，除合伙协议另有约定外，应当经全体合伙人一致同意，并依法订立书面入伙协议。

知识点六：合伙企业债务清偿（如图3-9所示）

（1）甲为普通合伙企业的合伙人，乙为甲个人债务的债权人，当甲的个人财产不足以清偿乙的债务时，根据合伙企业法律制度的规定，乙可以行使的权利是（　　）。

A. 代位行使甲在合伙企业中的权利

B. 依法请求人民法院强制执行甲在合伙企业中的财产份额用于清偿

C. 自行接管甲在合伙企业中的财产份额

D. 以对甲的债权抵销其对合伙企业的债务

【答案】B

【解析】选项AD：合伙人发生与合伙企业无关的债务，相关债权人不得以其债权抵销其对合伙企业的债务，也不得代位行使合伙人在合伙企业中的权利；选项BC：合伙人的自有财产不足清偿其与合伙企业无关的债务的，该合伙人可以以其从合伙企业中分取的收益用于清偿；债权人也可以依法请求人民法院强制执行该合伙人在合伙企业中的财产份额用于清偿。

- 合伙企业债务清偿
  - （1）对外代表权的效力
    - ①合伙企业对合伙人执行合伙事务以及对外代表合伙企业权利的限制，不得对抗善意第三人
    - ②个人独资企业的投资人对受托人或者被聘用的人员职权的限制，不得对抗善意第三人
    - ③合伙人在合伙企业清算前私自转移或者处分合伙企业财产的，合伙企业不得以此对抗善意第三人
  - （2）企业的债务清偿
    - ①先企业后个人：合伙企业对其债务，应先以其全部财产进行清偿。合伙企业不能清偿到期债务的，普通合伙人承担无限连带责任
    - ②无限连带责任：合伙人之间的分担比例对债权人没有约束力。债权人可以根据自己的清偿利益，请求全体合伙人中的一人或者数人承担全部清偿责任，也可以按照自己确定的比例向各合伙人分别追索
    - ③内部追偿：如果某一合伙人实际支付的清偿数额超过其依照既定比例所应承担的数额，该合伙人有权就超过部分向其他未支付或者未足额支付应承担数额的合伙人追偿
  - （3）合伙人的债务清偿
    - ①合伙人发生与合伙企业无关的债务，相关债权人不得以其债权“抵销”其对合伙企业的债务，也不得“代位”行使合伙人在合伙企业中的权利
    - ②合伙人的自有财产不足清偿其与合伙企业无关的债务的，该合伙人可以以其从合伙企业中分取的“收益”用于清偿，债权人也可以依法“请求人民法院强制执行”该合伙人在合伙企业中的财产份额用于清偿
    - ③债权人不能自行接管（或者直接变卖）该合伙人在合伙企业中的财产份额，只能依法“请求人民法院强制执行”该合伙人在合伙企业中的财产份额用于清偿
    - ④人民法院强制执行普通合伙人的财产份额时，应当通知全体合伙人，其他合伙人有优先购买权；其他合伙人未购买，又不同意将该财产份额转让给他人的，依照《合伙企业法》的规定为该合伙人办理退伙结算，或者办理削减该合伙人相应财产份额的结算
    - ⑤合伙人在合伙企业中的“全部”财产份额被人民法院强制执行的，该合伙人“当然退伙”
  - （4）有限合伙人个人的债务清偿
    - ①有限合伙人的自有财产不足清偿其与合伙企业无关的债务的，该合伙人可以以其从有限合伙企业中分取的收益用于清偿；债权人也可以依法请求人民法院强制执行该合伙人在有限合伙企业中的财产份额用于清偿
    - ②普通合伙人的自有财产不足清偿其与合伙企业无关的债务的，该合伙人可以以其从合伙企业中分取的收益用于清偿；债权人也可以依法请求人民法院强制执行该合伙人在合伙企业中的财产份额用于清偿
    - 优先购买权
      - ①人民法院强制执行“有限合伙人”的财产份额时，应当通知全体合伙人，在同等条件下，其他合伙人有优先购买权
      - ②人民法院强制执行“普通合伙人”的财产份额时，应当通知全体合伙人，其他合伙人有优先购买权
      - ③人民法院依照强制执行程序转让有限责任公司股东的股权时，应当通知公司及全体股东，其他股东在同等条件下有优先购买权。其他股东自人民法院通知之日起满20日不行使优先购买权的，视为放弃优先购买权

图 3-9　合伙企业债务清偿相关内容列示图

（2）某合伙企业欠甲到期借款 3 万元，该合伙企业的合伙人乙亦欠甲到期借款 2 万元；甲向该合伙企业购买了一批产品，应付货款 5 万元。根据合伙企业法律制度的规定，下列表述中，正确的是（　　）。

A. 甲可将其所欠合伙企业 5 万元货款与该合伙企业所欠其 3 万元到期借款以及合伙人乙所欠其 2 万元到期借款相抵销，甲无需再向合伙企业偿付货款

B. 甲只能将其所欠合伙企业 5 万元货款与该合伙企业所欠其 3 万元到期借款进行抵销，因此，甲仍然应向该合伙企业偿付 2 万元

C. 甲只能将其所欠合伙企业 5 万元货款与乙所欠其 2 万元到期借款进行抵销，因此，甲仍然应向该合伙企业偿付 3 万元

D. 甲所欠合伙企业之债务与该合伙企业及乙所欠其债务之间均不能抵销

【答案】B

【解析】合伙人发生与合伙企业无关的债务，相关债权人不得以其债权抵销其对合伙企业的债务。

（3）汪、钱、潘、刘共同投资设立了一个有限合伙企业，其中汪、钱为普通合伙人，潘、刘为有限合伙人。后该合伙企业因经营不善，企业资产不足以清偿到期债务。根据合伙企业法律制度的规定，下列选项中，正确的有（　　）。

A. 债权人可以依法申请该合伙企业破产

B. 债权人可以要求任一合伙人清偿全部债务

C. 债权人只能要求汪、钱清偿全部债务

D. 如果该合伙企业被宣告破产，则汪、钱仍需承担无限连带责任

【答案】ACD

【解析】选项 ABC: 合伙企业不能清偿到期债务的，债权人可以依法向人民法院提出破产清算申请，也可以要求“普通合伙人”清偿；选项 D: 合伙企业依法被宣告破产的，“普通合伙人”对合伙企业债务仍应承担无限连带责任。

（4）合伙人个人负有债务的，其债权人可以代位行使该合伙人在合伙企业中的权利。（　）

【答案】×

【解析】合伙人发生与合伙企业无关的债务，相关债权人不得“代位”行使该合伙人在合伙企业中的权利。

（5）甲为乙普通合伙企业的合伙人。甲欠丙 20 万元，丙欠乙 30 万元。丙提出：将甲欠丙的 20 万元抵销丙欠乙的 20 万元，丙再偿还乙 10 万元。丙的主张符合《合伙企业法》的规定。（　　）

【答案】×

【解析】合伙人发生与合伙企业无关的债务，相关债权人不得以其债权“抵销”其对合伙企业的债务。

（6）新入伙的普通合伙人只对其入伙后的合伙企业债务承担连带责任。（　）

【答案】×

【解析】新入伙的普通合伙人对入伙前合伙企业的债务承担无限连带责任。

（7）入伙的新合伙人与原合伙人可以在入伙协议中约定，新合伙人比原合伙人享有较大的权利，承担较小的责任。（　）

【答案】√

（8）合伙企业不能清偿到期债务的，债权人可以依法向人民法院提出破产清算申请，也可以要求普通合伙人清偿。（　）

【答案】√

知识点七：合伙企业入伙退伙及责任（如图 3–10 所示）

（1）甲、乙、丙、丁成立一普通合伙企业，一年后甲转为有限合伙人。此前，合伙企业欠银行债务 30 万元，该债务直至合伙企业因严重资不抵债被宣告破产仍未偿还。对该 30 万元银行债务的偿还，根据合伙企业法律制度的规定，下列选项中，正确的是（　）。

A. 乙、丙、丁应按合伙份额对该笔债务承担清偿责任，甲无须承担责任

B. 各合伙人均应对该笔债务承担无限连带责任

C. 乙、丙、丁应对该笔债务承担无限连带责任，甲无须承担责任

D. 合伙企业已宣告破产，债务归于消灭，各合伙人无须偿还该笔债务

【答案】B

【解析】甲：普通合伙人转变为有限合伙人的，对其作为普通合伙人期间合伙企业发生的债务承担无限连带责任；乙、丙、丁：合伙企业依法被宣告破产的，普通合伙人对合伙企业债务仍应承担无限连带责任。

（2）甲、乙、丙、丁设立一个有限合伙企业，其中甲、乙为普通合伙人，丙、丁为有限合伙人。1 年后，甲转为有限合伙人，同时丙转为普通合伙人。合伙企业设立之初，企业欠银行 50 万元，该债务直至合伙企业被宣告破产仍未偿还。下列关于该 50 万元债务清偿责任的表述中，符合合伙企业法律制度规定的是（　）。

A. 乙、丙承担无限连带责任，甲、丁以其出资额为限承担责任

B. 甲、乙、丙承担无限连带责任，丁以其出资额为限承担责任

C. 甲、乙承担无限连带责任，丙、丁以其出资额为限承担责任

D. 乙承担无限责任，甲、丙、丁以其出资额为限承担责任

【答案】B

【解析】甲：普通合伙人转变为有限合伙人的，对其作为普通合伙人期间合伙企业发生的债务承担无限连带责任；丙：有限合伙人转变为普通合伙人的，对其作为有限合伙人期间有限合伙企业发生的债务承担无限连带责任。

- 合伙企业入伙退伙
  - 入伙
    - ①新合伙人入伙，除合伙协议另有约定外，应当经全体合伙人一致同意，并依法订立书面入伙协议
    - ②入伙的新合伙人与原合伙人享有同等权利，承担同等责任。入伙协议另有约定的，从其约定
    - 【注】如果原合伙人愿意以更优越的条件吸引新合伙人入伙，或者新合伙人愿意以较为不利的条件入伙，也可以在入伙协议中另行约定
    - ③新合伙人对入伙前合伙企业的债务承担无限连带责任
    - ④新入伙的有限合伙人对入伙前有限合伙企业的债务，以其“认缴的出资额”（而非实缴）为限承担责任
  - 退伙
    - 自愿退伙
      - 协议退伙
        - ①合伙协议约定的退伙事由出现
        - ②经全体合伙人一致同意
        - ③发生合伙人难以继续参加合伙的事由
        - ④其他合伙人严重违反合伙协议约定的义务
      - 通知退伙——合伙协议未约定合伙期限的，合伙人在不给合伙企业事务执行造成不利影响的情况下，可以退伙，但应当提前30日通知其他合伙人
      - 协议退伙、通知退伙的主要区别：合伙协议是否约定了合伙期限
    - 法定退伙
      - 当然退伙
        - ①作为合伙人的自然人死亡或者被依法宣告死亡
        - ②个人丧失偿债能力
        - ③作为合伙人的法人或者其他组织依法被吊销营业执照、责令关闭、撤销，或者被宣告破产
        - ④法律规定或者合伙协议约定合伙人必须具有相关资格而丧失该资格
        - ⑤合伙人在合伙企业中的全部财产份额被人民法院强制执行
        - 【注】退伙事由实际发生之日为退伙生效日
        - 普通合伙人与有限合伙人当然退伙的区别

	普通合伙人	有限合伙人
合伙人死亡	√	√
全部财产份额被人民法院强制执行	√	√
丧失偿债能力	√	x
丧失民事行为能力	经其他合伙人一致同意，可以依法转为有限合伙人，普通合伙企业依法转为有限合伙企业；否则退伙	x

      - 除名
        - ①未履行出资义务
        - ②因故意或者重大过失给合伙企业造成损失
        - ③执行合伙事务时有不正当行为
        - ④发生合伙协议约定的事由
        - 【注】如果合伙人“故意、主动”犯错误，应当除名；如果合伙人“被动”出问题，属于当然退伙
        - 【注】对合伙人的除名决议应当书面通知被除名人。被除名人自接到除名通知之日起，除名生效，被除名人退伙。被除名人对除名决议有异议的，可以自接到除名通知之日起30日内，向人民法院起诉
    - 责任
      - ①退伙的普通合伙人对基于其退伙前的原因发生的合伙企业债务，承担无限连带责任
      - ②普通合伙企业所有的退伙人（不论是通知退伙还是除名），均应当对其退伙前的合伙企业债务，承担无限连带责任
      - ③普通合伙人只是对基于“退伙前”的原因发生的企业债务承担无限连带责任，退伙后的企业债务与其无关（不在其位，不谋其政）
      - ④有限合伙人退伙后，对基于其退伙前的原因发生的有限合伙企业债务，以其退伙时从有限合伙企业中取回的财产承担责任
    - 合伙人的性质转变
      - ①有限合伙人转变为普通合伙人的，对其作为有限合伙人期间有限合伙企业发生的债务承担无限连带责任
      - 【理解】如果有限合伙人胆敢“弃明投暗”，不顾一切地往火坑里跳，就应当对身份转变之前、转变之后的合伙企业债务均承担无限连带责任（普通合伙人对所有的企业债务均承担无限连带责任）
      - ②普通合伙人转变为有限合伙人的，对其作为普通合伙人期间合伙企业发生的债务承担无限连带责任
      - 【理解】如果普通合伙人“弃暗投明”，但不能“立地成佛”，需要把“旧账”处理完了再重新做人，必须对身份转变之前的合伙企业债务承担无限连带责任

图 3–10　合伙企业入伙退伙及责任相关内容列示图

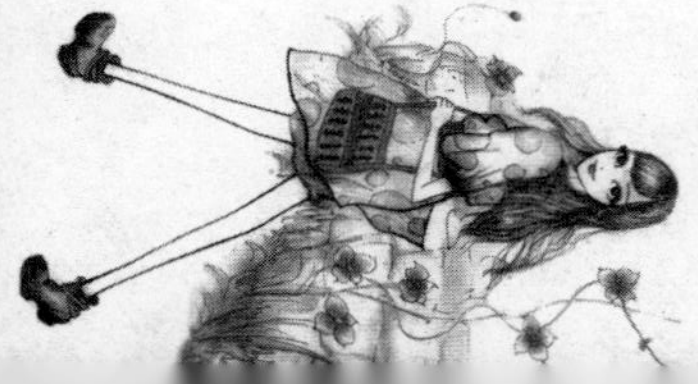

（3）某有限合伙企业在经营期间吸收甲为有限合伙人。关于甲入伙前有限合伙企业的债务，下列表述中，符合《合伙企业法》规定的是（　　）。

A. 甲不承担责任

B. 甲承担无限连带责任

C. 甲以其认缴的出资额为限承担责任

D. 甲以其实缴的出资额为限承担责任

【答案】C

【解析】新入伙的“有限合伙人”对入伙前有限合伙企业的债务，以其“认缴的出资额”（而非实缴）为限承担责任。

（4）根据合伙企业法律制度的规定，下列各项中，属于普通合伙人当然退伙的情形是（　　）。

A. 合伙人在执行合伙企业事务中有侵占合伙企业财产的行为

B. 合伙人未履行出资义务

C. 合伙人被法院强制执行其在合伙企业中的全部财产份额

D. 合伙人因重大过失给合伙企业造成损失

【答案】C

【解析】选项 ABD 属于应“除名”的情形。

（5）赵某、钱某、孙某和李某共同设立了一家合伙企业，钱某被委托单独执行合伙企业事务。钱某因重大过失给合伙企业造成了较大的损失，但自己并未牟取私利。为此，赵某、孙某和李某一致同意将钱某除名，并作出除名决议，书面通知钱某本人。根据合伙企业法律制度的规定，对于该除名决议的下列表述中，正确的是（　　）。

A. 赵某、孙某和李某不能决议将钱某除名，但可以终止对钱某单独执行合伙事务的委托

B. 如果钱某对除名决议没有异议，该除名决议自作出之日起生效

C. 如果钱某对除名决议有异议，可以在接到除名通知之日起 30 日内，向人民法院起诉

D. 如果钱某对除名决议有异议，可以在接到除名通知之日起 30 日内，请求工商行政管理机关作出裁决

【答案】C

【解析】选项 A: 合伙人因故意或者重大过失给合伙企业造成损失的，经其他合伙人一致同意，可以决议将其除名；选项 B：被除名人自“接到除名通知”之日起，除名生效，被除名人退伙；选项 CD: 被除名人对除名决议有异议的，可以在接到除名通知之日起 30 日内，向“人民法院起诉”。

（6）甲、乙、丙共同投资设立一个普通合伙企业，合伙协议对合伙人的资

格取得或丧失未作约定。合伙企业存续期间，甲因车祸去世，甲的妻子丁是唯一继承人。根据合伙企业法律制度的规定，下列表述中，正确的是（ ）。

A. 丁自动取得该企业合伙人资格

B. 经乙、丙一致同意，丁取得该企业合伙人资格

C. 丁不能取得该企业合伙人资格，只能由该企业向丁退还甲在企业中的财产份额

D. 丁自动成为有限合伙人，该企业转为有限合伙企业

【答案】B

【解析】选项 ABD: 继承人具备完全民事行为能力的（甲的妻子具备完全民事行为能力），按照合伙协议的约定或者经全体合伙人一致同意，可以取得普通合伙人资格；选项 C：普通合伙人死亡，继承人不愿意成为合伙人或者继承人未取得合伙协议约定的合伙人资格时，合伙企业应当向合伙人的继承人退还被继承合伙人的财产份额。

（7）2010 年 3 月，刘、关、张三人分别出资 2 万元、2 万元、1 万元设立甲普通合伙企业，并约定按出资比例分配和分担损益。8 月，甲合伙企业为乙企业的借款提供担保；12 月因乙企业无偿债能力，甲合伙企业承担保证责任，为乙企业支付 1 万元。12 月底，刘提出退伙要求，关、张同意，经结算，甲合伙企业净资产 3 万元。根据合伙企业法律制度的规定，应退还刘的财产数额是（ ）。

A. 2 万元　　B. 1.2 万元

C. 1 万元　　D. 0.8 万元

【答案】B

【解析】合伙人退伙，其他合伙人应当与该退伙人按照“退伙时”的合伙企业财产状况进行结算，退还退伙人的财产份额。因此，刘某在退伙时应退还的财产数额为 $3\times2/5=1.2$（万元）。

（8）甲、乙、丙三人各自出资 10 万元、6 万元、4 万元设立普通合伙企业。因经营管理不善，对丁负债 10 万元，丙遂提出退伙，并拿出 1 万元由甲、乙代为偿还对丁的债务。如合伙企业财产不能清偿丁的债务，根据合伙企业法律制度的规定，下列表述中，正确的有（ ）。

A. 丁可以分别向甲、乙、丙要求偿还 5 万元、3 万元、2 万元

B. 丁只能要求丙偿还 1 万元，其余部分向甲、乙追偿

C. 丁可以只向甲或只向乙要求偿还全部 10 万元，但不能要求丙单独偿还 10 万元

D. 丁可以向甲、乙、丙中任何一人要求偿还 10 万元

【答案】AD

【解析】选项 AD: 债权人可以根据自己的清偿利益，请求全体合伙人中的

一人或者数人承担全部清偿责任，也可以按照自己确定的比例向各合伙人分别追索；选项 BC：普通合伙人丙应当对其退伙前的企业债务 10 万元承担无限连带责任。

（9）根据合伙企业法律制度的规定，下列情形中，属于普通合伙人当然退伙的有（　　）。

A. 合伙人未履行出资义务

B. 合伙人个人丧失偿债能力

C. 合伙人故意给合伙企业造成损失

D. 合伙人被依法宣告死亡

【答案】BD

【解析】选项 AC：属于应除名的情形；选项 B：普通合伙人丧失偿债能力，当然退伙；有限合伙人丧失偿债能力，无须退伙。

（10）根据合伙企业法律制度的规定，下列情形中，经其他合伙人一致同意，可以决议将其除名的有（　　）。

A. 普通合伙人甲在执行事务中有贪污合伙企业财产的行为

B. 普通合伙人乙未履行出资义务

C. 普通合伙人丙个人丧失偿债能力

D. 普通合伙人丁参加了另一同类营业的合伙组织

【答案】ABD

【解析】选项 C：属于当然退伙；选项 AD：属于执行合伙事务时的不正当行为。

（11）甲死亡，乙对甲在某普通合伙企业中的财产份额享有合法继承权。根据合伙企业法律制度的规定，下列表述中，正确的有（　　）。

A. 如果乙不愿意成为合伙企业的合伙人，则该合伙企业可以不必向乙退还甲的财产份额

B. 如果乙未取得合伙协议约定的合伙人资格，则该合伙企业可以不必向乙退还甲的财产份额

C. 如果乙为无民事行为能力人，全体合伙人未能一致同意乙入伙，则该合伙企业应当将甲的财产份额退还乙

D. 如果乙为无民事行为能力人，经全体合伙人一致同意，乙可以成为有限合伙人，但该合伙企业应转为有限合伙企业

【答案】CD

【解析】选项 AB：普通合伙人死亡，继承人不愿意成为合伙人或者继承人未取得合伙协议约定的合伙人资格时，合伙企业应当向合伙人的继承人退还被

继承合伙人的财产份额；选项 CD: 继承人为无民事行为能力人或者限制民事行为能力人的，经全体合伙人一致同意，可以依法成为有限合伙人，普通合伙企业依法转为有限合伙企业；全体合伙人未能一致同意的，合伙企业应当将被继承合伙人的财产份额退还该继承人。

（12）根据合伙企业法律制度的规定，普通合伙企业的下列人员中，应对合伙企业债务承担连带责任的有（　　）。

A. 合伙企业的全体合伙人

B. 合伙企业债务发生后办理入伙的新合伙人

C. 合伙企业债务发生后办理退伙的退伙人

D. 合伙企业聘用的合伙人以外的经营管理人员

【答案】ABC

【解析】经营管理人员属于“非合伙人”，无须对合伙企业债务承担无限连带责任。

（13）根据合伙企业法律制度的规定，在普通合伙企业中，当合伙企业的财产不足以清偿其债务时，下列人员中，应对合伙企业的债务承担连带责任的有（　　）。

A. 合伙企业债务发生后入伙的新合伙人

B. 合伙企业债务发生后自愿退伙的合伙人

C. 合伙企业债务发生后被除名的合伙人

D. 不参加执行合伙企业事务的合伙人

【答案】ABCD

【解析】选项 A：普通合伙企业的新合伙人对入伙前合伙企业的债务承担无限连带责任；选项 BC: 普通合伙企业的退伙人对基于其退伙前的原因发生的合伙企业债务，承担无限连带责任；选项 D: 普通合伙企业的所有合伙人（不论是否执行企业事务）均应对合伙企业的债务承担连带责任。

（14）某普通合伙企业在经营期间吸收甲入伙。甲入伙前，合伙企业对乙负债 10 万元。甲入伙后，该合伙企业继续亏损，甲遂要求退伙，获其他合伙人一致同意。在此期间，该合伙企业欠丙货款 20 万元。甲退伙后，合伙企业又向丁借款 20 万元。后合伙企业解散，上述债务均未清偿。根据合伙企业法律制度的规定，下列表述中，正确的有（　　）。

A. 对于合伙企业对乙的债务，甲应承担无限连带责任

B. 对于合伙企业对丙的债务，甲应承担无限连带责任

C. 对于合伙企业对丁的债务，甲应承担无限连带责任

D. 对于合伙企业对乙、丁的债务，甲均不承担责任

【答案】AB

【解析】新入伙的普通合伙人对入伙前合伙企业的债务（对乙的债务 10 万元）承担无限连带责任；退伙的普通合伙人对基于其退伙前的原因发生的合伙企业债务（对丙的债务 20 万元）承担无限连带责任；退伙的普通合伙人对退伙后的债务（对丁的债务 20 万元）不承担责任。

（15）根据合伙企业法律制度的规定，当有限合伙企业的财产不足以清偿其债务时，下列人员中，应对有限合伙企业的债务承担无限连带责任的有（　　）。

A. 有限合伙企业债务发生后新入伙的有限合伙人

B. 有限合伙企业债务发生后退伙的有限合伙人

C. 有限合伙企业债务发生后新入伙的普通合伙人

D. 不参加执行有限合伙企业事务的普通合伙人

【答案】CD

【解析】选项 A: 新入伙的有限合伙人对入伙前有限合伙企业的债务，以其认缴的出资额为限承担责任，不承担无限连带责任；选项 B: 有限合伙人退伙后，对基于其退伙前的原因发生的有限合伙企业债务，以其退伙时从有限合伙企业中取回的财产承担责任，不承担无限连带责任；选项 C：新入伙的普通合伙人对入伙前合伙企业的债务承担无限连带责任；选项 D: 有限合伙企业的普通合伙人，不论是否执行企业事务，均对企业债务承担无限连带责任。

知识点八：特殊的普通合伙企业（如图 3-11 所示）

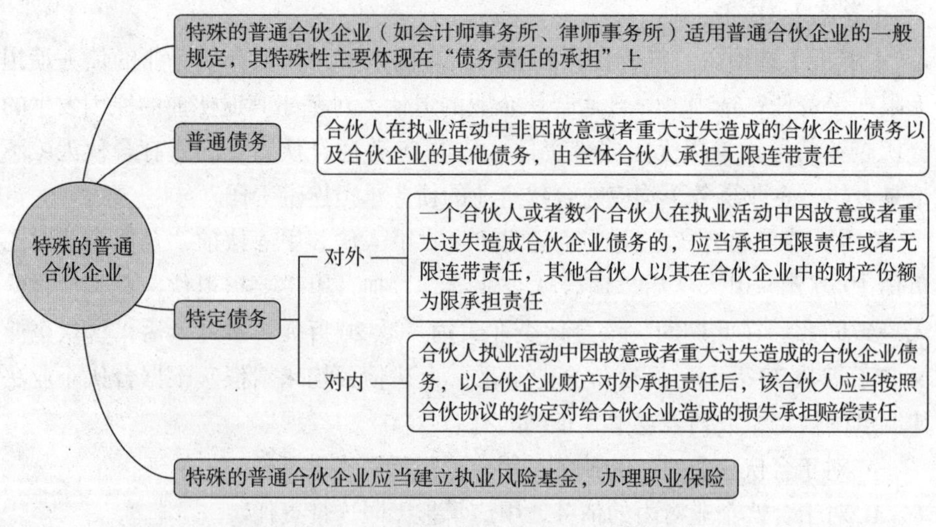

图 3-11　特殊的普通合伙企业相关内容列示图

（1）注册会计师甲、乙、丙共同出资设立一个特殊的普通合伙制的会计师事务所。甲、乙在某次审计业务中，因故意出具不实审计报告被人民法院判决由会计师事务所赔偿当事人 80 万元。根据合伙企业法律制度的规定，下列有关该赔偿责任承担的表述中，正确的是（　　）。

A. 甲、乙、丙均承担无限连带责任

B. 以该会计师事务所的全部财产为限承担责任

C. 甲、乙、丙均以其在会计师事务所中的财产份额为限承担责任

D. 甲、乙应当承担无限连带责任，丙以其在会计师事务所中的财产份额为限承担责任

【答案】D

【解析】特殊的普通合伙企业中，一个合伙人或者数个合伙人在执业活动中因故意或者重大过失造成合伙企业债务的，应当承担无限责任或者无限连带责任，其他合伙人以其在合伙企业中的财产份额为限承担责任。

（2）注册会计师甲、乙、丙共同出资设立一合伙制会计师事务所（特殊的普通合伙企业）。甲、乙在某次审计业务中，因出具虚假审计报告造成会计师事务所债务 80 万元。对该笔债务，甲、乙应承担无限连带责任，丙应以其在会计师事务所中的财产份额为限承担责任。（　　）

【答案】√

知识点九：合伙企业的设立（如图 3–12 所示）

根据合伙企业法律制度的规定，下列关于有限合伙企业的表述中，正确的是（　　）。

A. 国有企业可以成为有限合伙企业的普通合伙人

B. 有限合伙人可以以土地使用权、机器设备和劳务出资

C. 自然人作为有限合伙人，可以执行合伙事务，对外代表有限合伙企业

D. 如合伙协议无相反约定，有限合伙人可以经营与本有限合伙企业相竞争的业务

【答案】D

【解析】选项 A：国有独资公司、国有企业、上市公司以及公益性的事业单位、社会团体不得成为普通合伙人，但可以成为有限合伙人；选项 B：有限合伙人不得以劳务出资；选项 C：有限合伙人不执行合伙事务，不得对外代表有限合伙企业；选项 D：有限合伙人可以自营或者同他人合作经营与本有限合伙企业相竞争的业务，但是，合伙协议另有约定的除外。

合伙企业的设立

- (1)合伙企业的种类
  - 普通合伙企业
    - 特征是“所有”：“所有的合伙人”（不论其出资形式、不论其是否执行企业事务）对“所有的企业债务”均承担无限连带责任
  - 特殊的普通合伙企业
    - ①特征是“先看债务，再找人”
    - ②一般的企业债务，“所有的合伙人”均承担无限连带责任
    - ③某一个合伙人因故意或者重大过失造成的企业债务，由该合伙人承担无限责任，其他合伙人只承担有限责任
  - 有限合伙企业
    - ①特征是“先找人，再确定责任”
    - ②有限合伙企业由普通合伙人和有限合伙人组成
    - ③普通合伙人应当对所有的企业债务承担无限连带责任
    - ④有限合伙人以其认缴的出资额为限对合伙企业债务承担责任
    - ⑤第三人有理由相信有限合伙人为普通合伙人并与其交易的，该有限合伙人对该笔交易承担与普通合伙人同样的责任
    - ⑥有限合伙人未经授权以有限合伙企业名义与他人进行交易，给有限合伙企业或者其他合伙人造成损失的，该有限合伙人应当承担赔偿责任
- (2)合伙人
  - ①合伙人至少为2人以上，对于合伙人数的最高限额，《合伙企业法》未作规定
  - ②合伙人可以是自然人，也可以是法人或者其他组织（如个人独资企业、合伙企业）
  - ③合伙人为自然人的，应当具有完全民事行为能力。无民事行为能力人和限制民事行为能力人不得成为普通合伙企业的合伙人，但可以成为有限合伙人
  - ④国有独资公司、国有企业、上市公司以及公益性的事业单位、社会团体不得成为普通合伙人，但可以成为有限合伙人
  - 有限合伙企业合伙人
    - ①有限合伙企业由2个以上50个以下合伙人设立；但是，法律另有规定的除外
    - 【注】普通合伙企业的合伙人为2人以上，法律并未规定最高限额
    - ②有限合伙企业至少应当有1个普通合伙人和1个有限合伙人，有限合伙企业仅剩有限合伙人的应当解散；有限合伙企业仅剩普通合伙人的，应当转为普通合伙企业
- (3)企业名称
  - ①普通合伙企业应当在名称中标明“普通合伙”字样
  - ②特殊的普通合伙企业应当在名称中标明“特殊普通合伙”字样
  - ③有限合伙企业名称中应当标明“有限合伙”字样
  - ④合伙企业的名称中必须有“合伙”字样

图 3–12　合伙企业的设立相关内容列示图

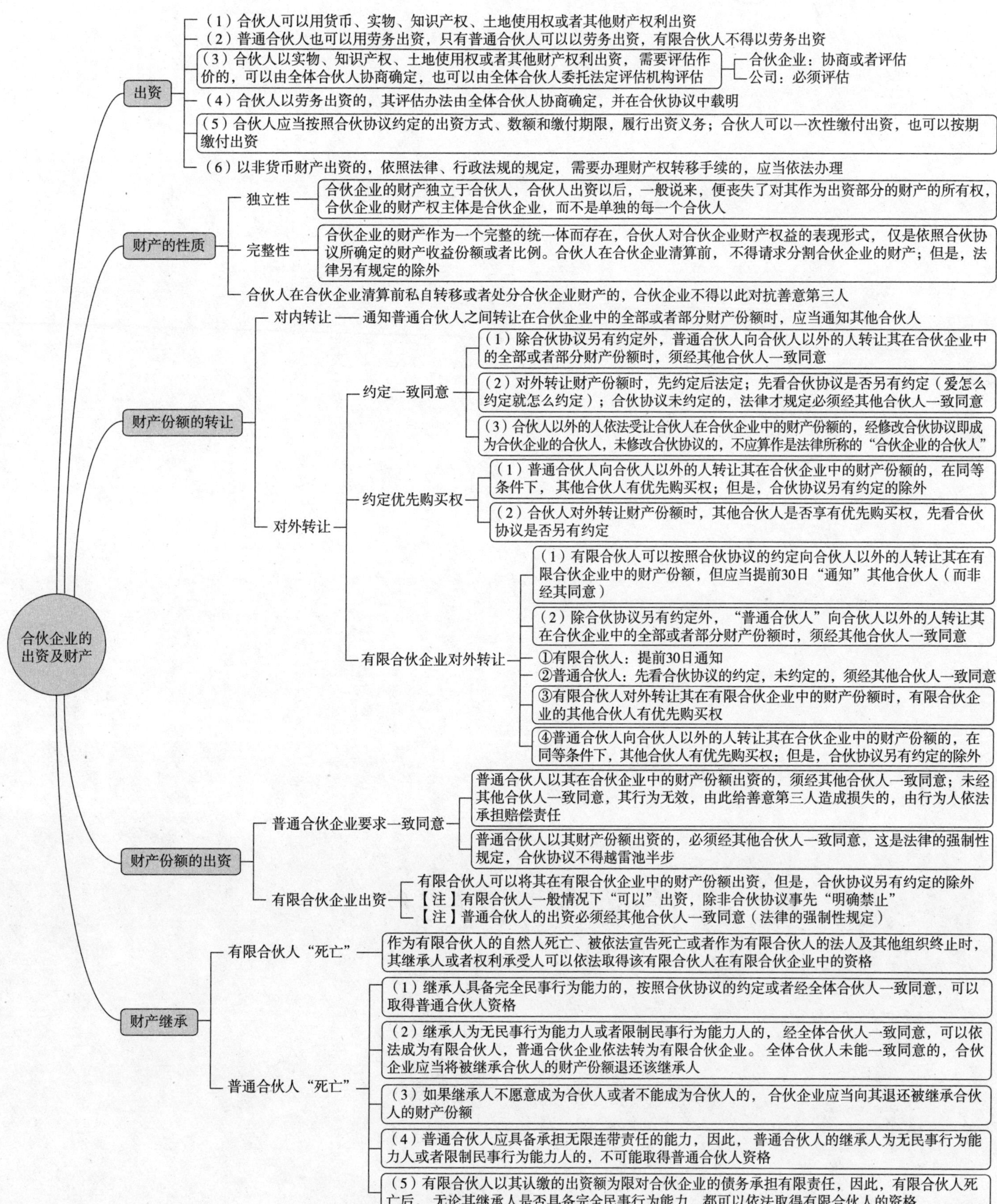

图3–13　合伙企业的出资及财产相关内容列示图

知识点十：合伙企业的出资及财产（如图 3–13 所示）

（1）甲、乙、丙、丁拟共同投资设立一个有限合伙企业，甲、乙为普通合伙人，丙、丁为有限合伙人。各合伙人经协商后草拟了一份合伙协议。该合伙协议的下列约定中，符合《合伙企业法》规定的是（　　）。

A. 甲以房屋作价 15 万元出资，乙以专利技术作价 12 万元出资，丙以劳务作价 10 万元出资，丁以现金 20 万元出资

B. 经 3 个以上合伙人同意，甲、乙可以向合伙人以外的第三人转让其在合伙企业中的全部或者部分财产份额

C. 合伙事务由甲、丁共同执行，乙、丙不参与合伙事务的执行

D. 甲、乙以自己的财产份额出质的，须经其他合伙人过半数同意

【答案】B

【解析】选项 A：有限合伙人丙不得以劳务出资；选项 B：除合伙协议另有约定外，普通合伙人向合伙人以外的人转让其在合伙企业中的全部或者部分财产份额时，须经其他合伙人一致同意；选项 C：有限合伙人丁不得执行合伙企业事务；选项 D: 普通合伙人以其在合伙企业中的财产份额出质的，须经其他合伙人一致同意（法定要求）。

（2）普通合伙企业合伙人李某因车祸遇难，生前遗嘱指定 14 岁的儿子李明为其全部财产继承人；根据合伙企业法律制度的规定，下列表述中，错误的是（　　）。

A. 李明有权继承其父在合伙企业中的财产份额

B. 如其他合伙人均同意，李明可以取得有限合伙人资格

C. 如合伙协议约定合伙人必须是完全行为能力人，则李明不能成为合伙人

D. 应当待李明成年后由其本人作出其是否愿意成为合伙人的意思表示

【答案】D

【解析】继承人为无民事行为能力人或者限制民事行为能力人的，经全体合伙人一致同意，可以依法成为有限合伙人，普通合伙企业依法转为有限合伙企业。全体合伙人未能一致同意的，合伙企业应当将被继承合伙人的财产份额退还该继承人。

（3）甲、乙、丙共同出资设立一个普通合伙企业，在合伙企业存续期间，甲拟以其在合伙企业中的财产份额出质借款。根据合伙企业法律制度的规定，下列表述中正确的有（　　）。

A. 无须经乙、丙同意，甲可以出质

B. 经乙、丙同意，甲可以出质

C. 未经乙、丙同意，甲私自出质的，其行为无效

D. 未经乙、丙同意，甲私自出质给善意第三人造成损失的，由甲承担赔偿责任

【答案】BCD

【解析】普通合伙人以其在合伙企业中的财产份额出质的，须经其他合伙人一致同意；未经其他合伙人一致同意，其行为无效，由此给善意第三人造成损失的，由行为人依法承担赔偿责任。

（4）合伙人在合伙企业清算前私自转移或者处分合伙企业财产的，合伙企业不得以此对抗善意第三人。（　　）

【答案】√

知识点十一：合伙企业事务执行及竞争与交易（如图 3-14 所示）

（1）甲是某有限合伙企业的有限合伙人，持有该企业 15% 的份额。在合伙协议无特别约定的情况下，甲在合伙期间未经其他合伙人同意实施的下列行为中，违反《合伙企业法》规定的是（　　）。

A. 将自购的机器设备出租给合伙企业使用

B. 以合伙企业的名义购买汽车一辆归合伙企业使用

C. 以自己在合伙企业中的财产份额向银行提供质押担保

D. 提前 30 日通知其他合伙人将其部分合伙份额转让给合伙人以外的人

【答案】B

【解析】选项 A：有限合伙人可以同本有限合伙企业进行交易，但是，合伙协议另有约定的除外；选项 B：有限合伙人不执行合伙事务，不得对外代表有限合伙企业；选项 C：有限合伙人可以将其在有限合伙企业中的财产份额出质，但是，合伙协议另有约定的除外；选项 D：有限合伙人可以按照合伙协议的约定向合伙人以外的人转让其在有限合伙企业中的财产份额，但应当提前 30 日通知其他合伙人。

（2）甲与乙、丙成立普通合伙企业，甲被推举为合伙事务执行人，乙、丙授权甲在 3 万元以内的开支及 30 万元内的业务可以自行决定。根据合伙企业法律制度的规定，甲在任职期间实施的下列行为中，属于法律禁止或无效的有（　　）。

A. 自行决定向善意的 A 公司支付广告费 5 万元

B. 未经乙、丙同意，与善意的 B 公司签订 50 万元的合同

C. 未经乙、丙同意，将自有房屋以 1 万元租给合伙企业

D. 与其妻子一道经营与合伙企业相同的业务

【答案】CD

【解析】选项 AB：合伙企业对合伙人执行合伙企业事务以及对外代表合伙企业权利的限制，不得对抗不知情的善意第三人；选项 C：除合伙协议另有约定或者经全体合伙人同意外，普通合伙人不得同本合伙企业进行交易；选项 D：普通合伙人不得自营或者同他人合作经营与本合伙企业相竞争的业务。

- 事务执行交易竞争
  - 事务执行的形式
    - 普通合伙人无论其出资多少，都对企业债务承担无限连带责任，因此，各合伙人无论其出资多少，都有权“平等”享有执行合伙企业事务的权利。一般情况下，由全体合伙人共同执行合伙事务。此外，按照合伙协议的约定或者经全体合伙人决定，也可以委托一个或者数个合伙人执行合伙事务，其他合伙人不再执行合伙事务
    - （1）对外代表权
      - 委托一个或者数个合伙人执行合伙事务的，执行合伙事务的合伙人对外代表合伙企业，其他合伙人不得对外代表合伙企业
      - 作为合伙人的法人、其他组织执行合伙事务的，由其委托的代表执行
    - （2）报告义务——由一个或者数个合伙人执行合伙事务的，执行事务的合伙人应当定期向其他合伙人报告事务执行情况以及合伙企业的经营和财务状况
    - （3）监督权——委托一个或者数个合伙人执行合伙事务的，其他合伙人不再执行合伙事务，但不执行合伙事务的合伙人有权监督执行事务合伙人执行合伙事务的情况
    - （4）查阅账簿权——合伙人有权查阅合伙企业会计账簿等财务资料
    - （5）撤销委托权——受托执行合伙事务的合伙人不按照合伙协议或者全体合伙人的决定执行事务的，其他合伙人可以决定撤销该委托
    - （6）异议权——合伙人分别执行合伙事务的，执行事务合伙人可以对其他合伙人执行的事务提出异议。提出异议时，应当暂停该项事务的执行。如果发生争议，按照合伙协议约定的表决办法办理，合伙协议未约定或者约定不明确的，实行合伙人一人一票并经全体合伙人过半数通过的表决办法
  - 普通合伙人的义务
    - （1）普通合伙人不得自营或者同他人合作经营与本合伙企业相竞争的业务，这是法律的强制性规定，合伙协议不得作出与此相矛盾的约定
    - （2）除合伙协议另有约定或者经全体合伙人一致同意外，普通合伙人不得同本合伙企业进行交易
    - （3）除非合伙协议事先“明确可以”或者经全体合伙人一致同意，否则，普通合伙人“不能”同本合伙企业进行交易
    - （4）合伙人违反《合伙企业法》规定或者合伙协议的约定，从事与本合伙企业相竞争的业务或者与本合伙企业交易的，该收益归合伙企业所有；给合伙企业或者其他合伙人造成损失的，依法承担赔偿责任
  - 非合伙人参与经营管理
    - （1）除合伙协议另有约定外，经全体合伙人一致同意，可以聘任合伙人以外的人担任合伙企业的经营管理人员
    - （2）合伙人以外的经营管理人员属于“非合伙人”，无需对企业债务承担无限连带责任
    - （3）被聘任的合伙企业的经营管理人员，超越合伙企业授权范围履行职务，或者在履行职务过程中因故意或者重大过失给合伙企业造成损失的，依法承担赔偿责任
  - 有限合伙人事务执行
    - （1）有限合伙企业由“普通合伙人”执行合伙事务，“有限合伙人”不执行合伙事务，不得对外代表有限合伙企业
    - 【注】如合伙协议无约定，全体普通合伙人是合伙事务的共同执行人
    - 【注】执行事务合伙人可以就执行事务的劳动付出，要求企业支付报酬。对于报酬的支付方式及其数额，应由合伙协议约定或者经全体合伙人讨论决定
    - （2）有限合伙人的下列行为，不视为执行合伙事务
      - ①参与决定普通合伙人入伙、退伙
      - ②对企业的经营管理提出建议
      - ③参与选择承办有限合伙企业审计业务的会计师事务所
      - ④获取经审计的有限合伙企业财务会计报告
      - ⑤对涉及自身利益的情况，查阅有限合伙企业财务会计账簿等财务资料
      - ⑥在有限合伙企业中的利益受到侵害时，向有责任的合伙人主张权利或者提起诉讼
      - ⑦执行事务合伙人怠于行使权利时，督促其行使权利或者为了本企业的利益以自己的名义提起诉讼
      - ⑧依法为本企业提供担保
  - 交易竞争
    - 交易
      - （1）有限合伙人可以同本有限合伙企业进行交易，但是，合伙协议另有约定的除外
      - （2）除合伙协议另有约定或者经全体合伙人一致同意外，普通合伙人不得同本合伙企业进行交易
      - ①普通合伙人：先看合伙协议的约定（爱怎么约定就怎么约定），合伙协议没有约定的，经全体合伙人一致同意才能同本合伙企业进行交易，否则，普通合伙人不得同本合伙企业进行交易
      - ②有限合伙人：先看合伙协议的约定（爱怎么约定就怎么约定），合伙协议没有约定的，有限合伙人可以同本合伙企业进行交易
      - ③未经个人独资企业的投资人同意，受托人不得同本企业订立合同或者进行交易
      - ④公司的董事、高级管理人员不得违反公司章程的规定或者未经股东（大）会同意与本公司订立合同或者进行交易
    - 竞争
      - （1）有限合伙人可以自营或者同他人合作经营与本有限合伙企业相竞争的业务，但是，合伙协议另有约定的除外
      - （2）普通合伙人不得自营或者同他人合作经营与本合伙企业相竞争的业务
      - ①普通合伙人：“绝对不能”从事同本合伙企业相竞争的业务，这是法律的强制性规定，合伙协议不能越雷池半步
      - ②有限合伙人：先看合伙协议的约定（爱怎么约定就怎么约定），合伙协议没有约定的，有限合伙人可以自营或者同他人合作经营与本合伙企业相竞争的业务
      - ③未经个人独资企业的投资人同意，受托人不得从事与本企业相竞争的业务
      - ④未经股东（大）会同意，公司的董事、高级管理人员不得自营或者为他人经营与所任职公司同类的业务

图3-14　合伙企业事务执行及竞争与交易相关内容列示图

（3）根据合伙企业法律制度的规定，有限合伙人的下列行为中，不视为执行合伙事务的有（　　）。

A. 参与决定普通合伙人退伙

B. 参与对外签订买卖合同

C. 参与选择承办企业审计业务的会计师事务所

D. 依法为本企业提供担保

【答案】ACD

【解析】选项 B：有限合伙人不执行合伙事务，不得对外代表有限合伙企业。

（4）除合伙协议另有约定，有限合伙企业的有限合伙人不得自营或者同他人合作经营与本有限合伙企业相竞争的业务。（　　）

【答案】×

【解析】有限合伙企业的有限合伙人可以自营或者同他人合作经营与本有限合伙企业相竞争的业务；但是，合伙协议另有约定的除外。

（5）除合伙协议另有约定外，有限合伙企业的有限合伙人不得同本有限合伙企业进行交易。（　　）

【答案】×

【解析】有限合伙企业的有限合伙人可以同本有限合伙企业进行交易；但是，合伙协议另有约定的除外。

知识点十二：合伙企业的解散和清算（如图 3–15 所示）

（1）根据合伙企业法律制度的规定，下列各项中，不属于合伙企业应当解散的情形是（　　）。

A. 合伙人因决策失误给合伙企业造成重大损失

B. 合伙企业被依法吊销营业执照

C. 合伙企业的合伙人已不具备法定人数满 30 天

D. 合伙协议约定的合伙目的无法实现

【答案】A

【解析】选项 A：合伙人因故意或者重大过失给合伙企业造成损失，属于应“除名”的情形。

（2）根据合伙企业法律制度的规定，下列关于有限合伙企业解散和清算的表述中，不正确的是（　　）。

A. 有限合伙企业仅剩有限合伙人的，应当解散

B. 经全体合伙人过半数同意，可以自合伙企业解散事由出现后 15 日内指定一个或者数个合伙人，或者委托第三人担任清算人

C. 清算人自被确定之日起 10 日内将合伙企业解散事项通知债权人，并于 30 日内在报纸上公告

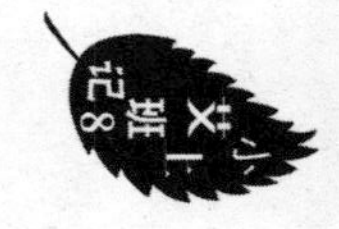

合伙企业的解散和清算

- 1. 解散
  - （1）事由
    - ①合伙期限届满，合伙人决定不再经营
    - ②合伙协议约定的解散事由出现
    - ③全体合伙人决定解散
    - ④合伙人已不具备法定人数满30天
    - ⑤合伙协议约定的合伙目的已经实现或者无法实现
    - ⑥依法被吊销营业执照、责令关闭或者被撤销
    - ⑦法律、行政法规规定的其他原因
  - （2）其他情况
    - ①有限合伙企业仅剩有限合伙人的，应当解散
    - ②合伙协议未约定合伙期限的，合伙人在不给合伙企业事务执行造成不利影响的情况下，可以退伙，但应当提前30日通知其他合伙人
    - ③被除名人对除名决议有异议的，可以自接到 除名通知之日起30日内，向人民法院起诉
    - ④有限合伙人可以按照合伙协议的约定向合伙人以外的人转让其在有限合伙企业中的财产份额，但应当提前30日通知其他合伙人
- 2. 清算人
  - （1）清算人由全体合伙人担任
  - （2）经全体合伙人过半数同意，可以自合伙企业解散事由出现后15日内 指定一个或者数个合伙人，或者委托第三人担任清算人
  - （3）自合伙企业解散事由出现之日起15日内未确定清算人的，"合伙人或者其他利害关系人"可以申请人民法院指定清算人
- 3. 债权申报期限
  - （1）清算人自被确定之日起10日内将合伙企业解散事项通知债权人，并于60日内在报纸上公告
  - （2）债权人应当自接到通知书之日起30日内，未接到通知书的自公告之日起45日内，向清算人申报债权
- 4. 财产清偿顺序
  - 清算费用
  - 合伙企业职工工资
  - 社会保险费用和法定补偿金
  - 缴纳所欠税款
  - 清偿债务
- 5. 民事赔偿优先执行
  - 违反《合伙企业法》的规定，应当承担民事赔偿责任和缴纳罚款、罚金，其财产不足以同时支付的，首先承担"民事赔偿责任"
- 6. 合伙企业不能清偿到期债务的处理
  - 合伙企业不能清偿到期债务的，债权人可以依法向人民法院提出破产清算申请，也可以要求"普通合伙人"清偿。合伙企业依法被宣告破产的，"普通合伙人"对合伙企业债务仍应承担无限连带责任。
  - （1）新入伙的"有限合伙人"对入伙前有限合伙企业的债务，以其认缴的出资额为限承担责任
（2）新入伙的"普通合伙人"对入伙前合伙企业的债务承担无限连带责任
  - （1）"有限合伙人"退伙后，对基于其退伙前的原因发生的有限合伙企业债务，以其退伙时从有限合伙企业中取回的财产承担责任
（2）退伙的"普通合伙人"对基于其退伙前的原因发生的合伙企业债务，承担无限连带责任
  - （1）有限合伙人转变为普通合伙人的，对其作为有限合伙人期间有限合伙企业发生的债务承担无限连带责任
（2）普通合伙人转变为有限合伙人的，对其作为普通合伙人期间合伙企业发生的债务承担无限连带责任

图 3-15　合伙企业的解散和清算相关内容列示图

D. 债权人应当自接到通知书之日起 30 日内，未接到通知书的自公告之日起 45 日内，向清算人申报债权

【答案】C

【解析】清算人自被确定之日起 10 日内将合伙企业解散事项通知债权人，并于 60 日内在报纸上公告。

（3）某合伙企业解散时，在如何确定清算人的问题上，合伙人甲、乙、丙、丁各执一词。下列各合伙人的主张中，不符合合伙企业法律制度规定的有（　　）。

A. 甲：由我们 4 人共同担任清算人

B. 乙：我是大家一致同意的企业事务执行人，只能由我担任清算人

C. 丙：建议从我们 4 人中推选一人担任清算人

D. 丁：合伙企业清算不允许由合伙人担任，因此建议请一名注册会计师来担任清算人

【答案】BD

【解析】清算人由全体合伙人担任；经全体合伙人过半数同意，可以自合伙企业解散事由出现后 15 日内指定一个或者数个合伙人，或者委托第三人担任清算人。

（4）根据合伙企业法律制度的规定，下列各项中，可导致合伙企业解散的情形有（　　）。

A. 2/3 合伙人决定解散

B. 合伙人已不具备法定人数满 15 天

C. 合伙企业被依法吊销营业执照

D. 合伙协议约定的合伙目的已经实现

【答案】CD

【解析】选项 A: 应当由“全体”合伙人决定解散；选项 B：合伙人已不具备法定人数满 30 天。

知识点十三：有限合伙人与普通合伙人的比较（如表 3–2 所示）

表 3–2　**有限合伙人与普通合伙人的比较**

	普通合伙人	有限合伙人
合伙人死亡	√	√
全部财产份额被人民法院强制执行	√	√
丧失偿债能力	√	×
丧失民事行为能力	经其他合伙人一致同意，可以依法转为有限合伙人，普通合伙企业依法转为有限合伙企业；否则退伙	×
能否以劳务出资	√	×
国有独资公司、国有企业、上市公司以及公益性的事业单位、社会团体	×	√

续表

事务执行	√	×
交易	约定→一致同意→ ×	约定→√
竞争	×	约定→√
出质	必须经其他合伙人一致同意	约定→√
对外转让财产份额	约定→一致同意	提前 30 日通知
丧失偿债能力时是否当然退伙	√	×
	普通合伙人	有限合伙人
丧失民事行为能力时是否当然退伙	经其他合伙人一致同意，可以依法转为有限合伙人；其他合伙人未能一致同意的，只能退伙	×
继承	（1）继承人具备完全民事行为能力的，按照合伙协议的约定或者经全体合伙人一致同意，从继承开始之日起，取得普通合伙人资格 （2）继承人为无民事行为能力人或者限制民事行为能力人的，经全体合伙人一致同意，可以依法成为有限合伙人，普通合伙企业依法转为有限合伙企业。全体合伙人未能一致同意的，合伙企业应当将被继承合伙人的财产份额退还该继承人	无论其继承人是否具备完全民事行为能力，都可以依法取得有限合伙人的资格
新入伙	新入伙的普通合伙人对入伙前、入伙后合伙企业的债务承担无限连带责任	新入伙的有限合伙人对入伙前有限合伙企业的债务，以其认缴的出资额为限承担责任
退伙	对基于其退伙前的原因发生的合伙企业债务，承担无限连带责任	对基于其退伙前的原因发生的有限合伙企业债务，以其退伙时从有限合伙企业中取回的财产承担责任
合伙人的性质转变	普通合伙人转变为有限合伙人的，对其作为普通合伙人期间合伙企业发生的债务承担无限连带责任	有限合伙人转变为普通合伙人的，对其作为有限合伙人期间有限合伙企业发生的债务承担无限连带责任
人数不够时	有限合伙企业仅剩普通合伙人的，应当转为普通合伙企业	有限合伙企业仅剩有限合伙人的，应当解散

（1）甲、乙、丙、丁欲设立一个有限合伙企业，合伙协议中约定了如下内容，其中符合合伙企业法律制度规定的有（　　）。

A. 甲仅以出资额为限对企业债务承担责任，同时被推举为合伙事务执行人

B. 乙为有限合伙人，乙在合伙企业存续期间不得从事同本合伙企业相竞争的业务

C. 丙以其劳务出资，为普通合伙人，其出资份额经各合伙人商定为 5 万元，丙在合伙企业存续期间可以同本合伙企业进行交易

D. 经全体合伙人同意，有限合伙人可以全部转为普通合伙人，普通合伙人也可以全部转为有限合伙人

【答案】BC

【解析】选项 A: 甲仅以出资额为限对企业债务承担责任，说明其为有限合伙人，就不能再执行合伙事务；选项 B：有限合伙人可以自营或者同他人合作经营与本有限合伙企业相竞争的业务，但是，合伙协议另有约定的除外；选项 C: 普通合伙人可以劳务出资，合伙人以劳务出资的，其评估办法由全体合伙人协商确定，并在合伙协议中载明；除合伙协议另有约定或者经全体合伙人一致同意外，普通合伙人不得同本合伙企业进行交易；选项 D: 有限合伙企业至少应当有 1 个普通合伙人和 1 个有限合伙人。

(2)甲、乙、丙、丁拟共同投资设立一个有限合伙企业，甲、乙为普通合伙人，丙、丁为有限合伙人。各合伙人经协商后草拟了一份合伙协议。该合伙协议的下列约定中，符合合伙企业法律制度规定的有（　　）。

A. 甲以房屋作价 15 万元出资，乙以专利技术作价 12 万元出资，丙以劳务作价 10 万元出资，丁以现金 20 万元出资

B. 经 3 个以上合伙人同意，甲、乙可以向合伙人以外的第三人转让其在合伙企业中的全部或者部分财产份额

C. 合伙事务由甲、丁共同执行，乙、丙不参与合伙事务的执行

D. 乙、丙均不能同本合伙企业进行交易

【答案】BD

【解析】选项 A: 有限合伙人丙不得以劳务出资；选项 B：普通合伙人对外转让出资时，先看合伙协议的约定，未约定的，才须经其他合伙人一致同意；选项 C：有限合伙人丁不得执行合伙企业事务；选项 D: 普通合伙人、有限合伙人能否同本合伙企业进行交易，均应先看合伙协议的约定。

(3)贾某是一有限合伙企业的有限合伙人。根据合伙企业法律制度的规定，下列选项中，正确的有（　　）。

A. 若贾某被法院判决认定为无民事行为能力人，其他合伙人可以因此要求其退伙

B. 若贾某死亡，其继承人可以取得贾某在有限合伙企业中的资格

C. 若贾某转为普通合伙人，其必须对其作为有限合伙人期间企业发生的债务承担无限连带责任

D. 如果合伙协议没有限制，贾某可以不经过其他合伙人同意而将其在合伙企业中的财产份额出质

【答案】BCD

【解析】选项 A: 有限合伙人被认定为无民事行为能力人，无须退伙；选项 B: 作为有限合伙人的自然人死亡、被依法宣告死亡或者作为有限合伙人的法人终止时，其继承人或者权利承受人可以依法取得该有限合伙人在有限合伙企业中

的资格；选项C：有限合伙人转变为普通合伙人的，对其作为有限合伙人期间有限合伙企业发生的债务承担无限连带责任；选项D：有限合伙人可以将其在有限合伙企业中的财产份额出质，但是，合伙协议另有约定的除外。

（4）有限合伙人转变为普通合伙人的，对其作为有限合伙人期间有限合伙企业发生的债务，以其认缴的出资额为限承担责任。（　）

【答案】×

【解析】有限合伙人转变为普通合伙人的，对其作为有限合伙人期间有限合伙企业发生的债务承担无限连带责任。

（5）有限合伙企业的普通合伙人转变为有限合伙人的，对其作为普通合伙人期间合伙企业发生的债务承担无限连带责任。（　）

【答案】√

（6）第三人有理由相信有限合伙人为普通合伙人并与其交易的，该有限合伙人对该笔交易承担与普通合伙人同样的责任。（　）

【答案】√

（7）新入伙的有限合伙人对入伙前有限合伙企业的债务，以其实缴的出资额为限承担责任。（　）

【答案】×

【解析】新入伙的有限合伙人对入伙前有限合伙企业的债务，以其认缴的出资额为限承担责任。

（8）作为有限合伙人的自然人在有限合伙企业存续期间丧失民事行为能力的，其他合伙人不得因此要求其退伙。（　）

【答案】√

（9）有限合伙企业依法被宣告破产的，普通合伙人对合伙企业债务仍应承担无限连带责任。（　）

【答案】√

知识点十四：外商投资项目（如图3-16所示）

（1）根据外商直接投资法律制度的规定，下列选项中，属于禁止类外商投资项目的是（　）。

A. 不利于节约资源和改善生态环境的项目

B. 占用大量耕地，不利于保护、开发土地资源的项目

C. 技术水平落后的项目

D. 从事国家规定实行保护性开采的特定矿种勘探、开采的项目

【答案】B

【解析】选项 ACD: 属于“限制类”外商投资项目；选项 B：属于“禁止类”外商投资项目。

（2）根据外商投资企业法律制度规定，下列选项中，属于限制类外商投资项目的有（　　）。

A. 能源、重要原材料工业项目

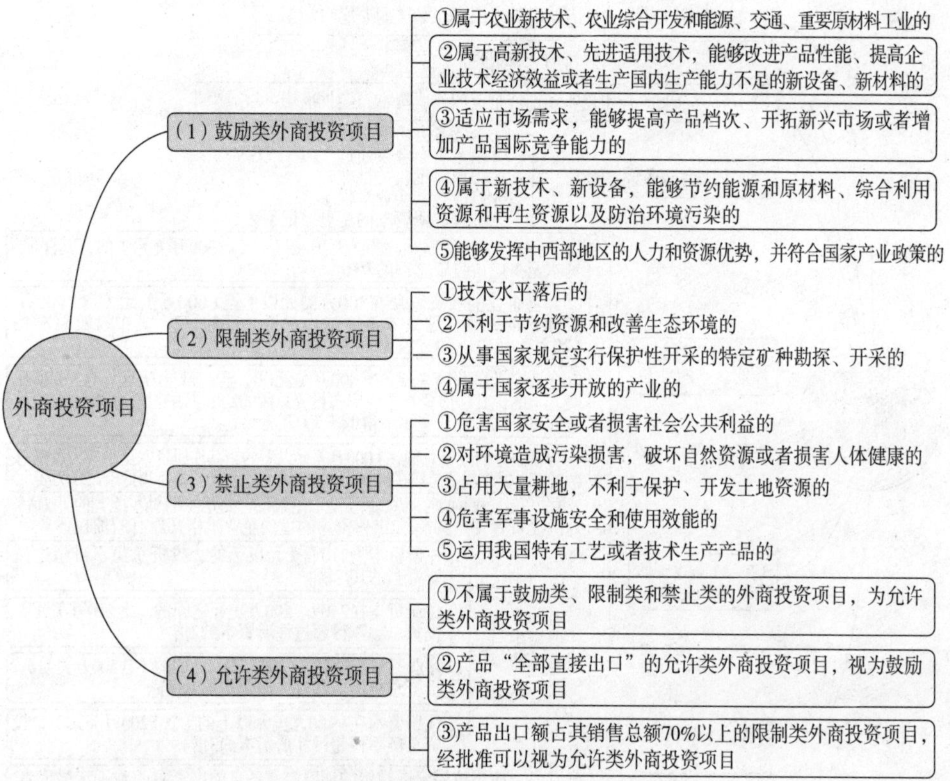

图 3–16　外商投资项目相关内容列示图

B. 不利于节约资源和改善生态环境的项目

C. 从事国家规定实行保护性开采的特定矿种勘探的项目

D. 运用我国特有工艺生产产品的项目

【答案】BC

【解析】选项 A: 属于鼓励类投资项目；选项 D: 属于禁止类投资项目。

（3）根据外商投资企业法律制度的规定，下列各项中，属于国家限制类外商投资项目的有（　　）。

A. 运用我国特有工艺生产产品的项目

B. 不利于节约资源的项目

C. 技术水平落后的项目

D. 不利于改善生态环境的项目

【答案】BCD

【解析】选项 A: 属于“禁止类”外商投资项目。

知识点十五：中外合资企业注册资本（如图 3–17 所示）

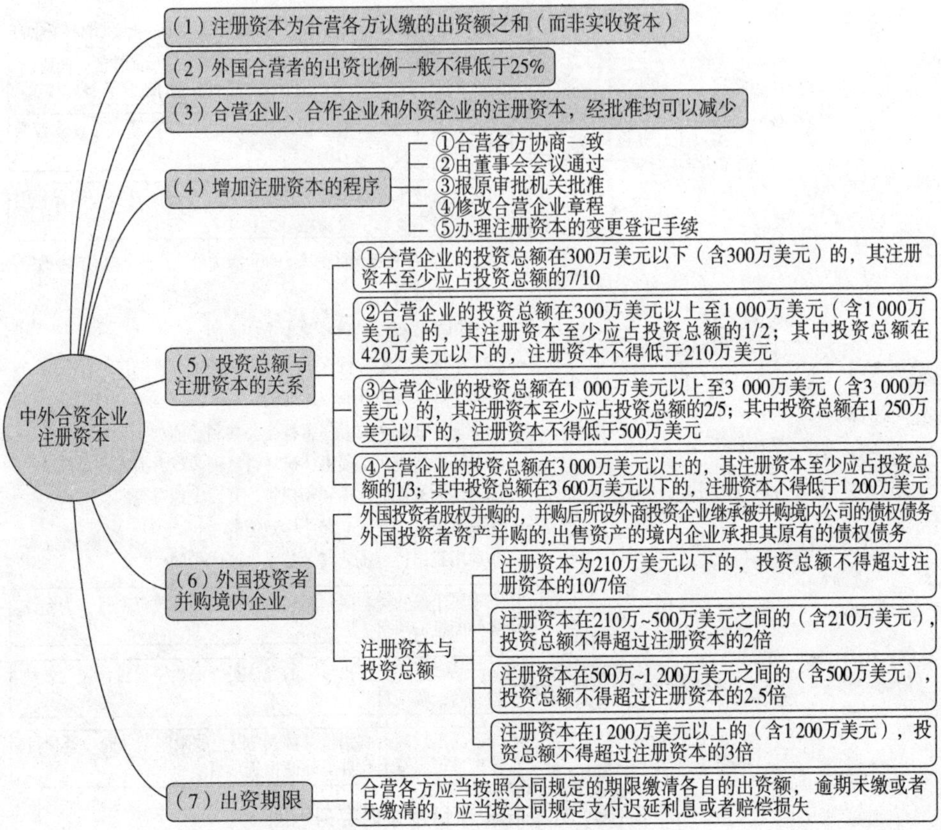

中外合资企业注册资本

- （1）注册资本为合营各方认缴的出资额之和（而非实收资本）
- （2）外国合营者的出资比例一般不得低于25%
- （3）合营企业、合作企业和外资企业的注册资本，经批准均可以减少
- （4）增加注册资本的程序
  - ①合营各方协商一致
  - ②由董事会会议通过
  - ③报原审批机关批准
  - ④修改合营企业章程
  - ⑤办理注册资本的变更登记手续
- （5）投资总额与注册资本的关系
  - ①合营企业的投资总额在300万美元以下（含300万美元）的，其注册资本至少应占投资总额的7/10
  - ②合营企业的投资总额在300万美元以上至1 000万美元（含1 000万美元）的，其注册资本至少应占投资总额的1/2；其中投资总额在420万美元以下的，注册资本不得低于210万美元
  - ③合营企业的投资总额在1 000万美元以上至3 000万美元（含3 000万美元）的，其注册资本至少应占投资总额的2/5；其中投资总额在1 250万美元以下的，注册资本不得低于500万美元
  - ④合营企业的投资总额在3 000万美元以上的，其注册资本至少应占投资总额的1/3；其中投资总额在3 600万美元以下的，注册资本不得低于1 200万美元
- （6）外国投资者并购境内企业
  - 外国投资者股权并购的，并购后所设外商投资企业继承被并购境内公司的债权债务
  - 外国投资者资产并购的,出售资产的境内企业承担其原有的债权债务
  - 注册资本与投资总额
    - 注册资本为210万美元以下的，投资总额不得超过注册资本的10/7倍
    - 注册资本在210万~500万美元之间的（含210万美元），投资总额不得超过注册资本的2倍
    - 注册资本在500万~1 200万美元之间的（含500万美元），投资总额不得超过注册资本的2.5倍
    - 注册资本在1 200万美元以上的（含1 200万美元），投资总额不得超过注册资本的3倍
- （7）出资期限
  - 合营各方应当按照合同规定的期限缴清各自的出资额，逾期未缴或者未缴清的，应当按合同规定支付迟延利息或者赔偿损失

图 3–17　中外合资企业注册资本相关内容列示图

（1）某外国投资者协议购买境内公司股东的股权，将境内公司变更为外商投资企业，该外商投资企业的注册资本为 700 万美元。根据外国投资者并购境内企业的有关规定，该外商投资企业的投资总额的上限是（　　）。

A. 1 000 万美元　　B. 1 400 万美元

C. 1 750 万美元　　D. 2 100 万美元

【答案】C

【解析】注册资本在 500 万 ~ 1 200 万美元之间的，投资总额不得超过注册资本的 2.5 倍。

（2）国内甲企业与外国乙投资者拟共同投资设立中外合资经营企业，投资总额为 300 万美元。根据中外合资经营企业法律制度的规定，该合营企业注册资本至少应为 (　　) 万美元。

A. 300　　　　B. 210

C. 150　　　　D. 120

【答案】B

【解析】合营企业的投资总额在 300 万美元以下（含 300 万美元）的，注册资本至少应占投资总额的 7/10。

（3）某中外合资经营企业的投资总额为 1 200 万美元，根据中外合资经营企业法律制度的规定，该中外合资经营企业的注册资本不得低于 (　　) 万美元。

A. 500　　　　B. 480

C. 450　　　　D. 400

【答案】A

【解析】合营企业的投资总额在 1 000 万 ~ 1 250 万美元之间的，注册资本不得低于 500 万美元。

（4）某中外合资经营企业的投资总额为 410 万美元，在其注册资本中，中方认缴的出资额为 105 万美元。根据外商投资企业法律制度的规定，外方认缴的出资额至少为 (　　) 万美元。

A. 50　　　　B. 100

C. 110　　　　D. 105

【答案】D

【解析】投资总额在 300 万 ~ 420 万美元的，注册资本至少应为 210 万美元。因此，外方认缴的出资额至少为：210−105 =105（万美元）。

（5）根据中外合资经营企业法律制度的规定，下列各项中，注册资本与投资总额符合规定的有 (　　)。

A. 注册资本 150 万美元，投资总额 200 万美元

B. 注册资本 300 万美元，投资总额 620 万美元

C. 注册资本 700 万美元，投资总额 1 500 万美元

D. 注册资本 1 500 万美元，投资总额 3 900 万美元

【答案】ACD

【解析】选项 A: 注册资本为 210 万美元以下的，投资总额不得超过注册资本的 10/7 倍；选项 B: 注册资本在 210 万 ~ 500 万美元之间的，投资总额不得超过注册资本的 2 倍；选项 C：注册资本在 500 万 ~ 1 200 万美元之间的，投资总额不得超过注册资本的 2.5 倍；选项 D：注册资本在 1 200 万美元以上的，投资总额不得超过注册资本的 3 倍。

（6）外国投资者股权并购的，并购后所设外商投资企业承继被并购境内公

司的债权债务；外国投资者资产并购的，出售资产的境内企业承担其原有的债权债务。(　　)

【答案】√

(7) 中国A公司与外国B公司合资设立一中外合资经营企业。双方约定：企业总投资额为3 300万美元，注册资本为1 100万美元。双方这一约定符合中国法律规定。(　　)

【答案】×

【解析】合营企业的投资总额在3 000万～3 600万美元之间的，注册资本不得低于1 200万美元。

(8) 国内企业甲与外国投资者乙共同投资设立中外合资经营企业，甲出资55%，乙出资45%；如果合营企业的投资总额为1 200万美元，则甲至少应出资275万美元，乙至少应出资225万美元。甲、乙双方的出资额符合中外合资经营企业法律制度的规定。(　　)

【答案】√

【解析】投资总额在1 000万～1 250万美元之间的，注册资本不得低于500万美元。在本题中，投资总额为1 200万美元，注册资本不得低于500万美元；甲出资55%，其出资额为500×55%= 275（万美元）；乙出资45%，其出资额为500×45%= 225（万美元）。

知识点十六：合营企业组织形式及组织机构（如图3–18所示）

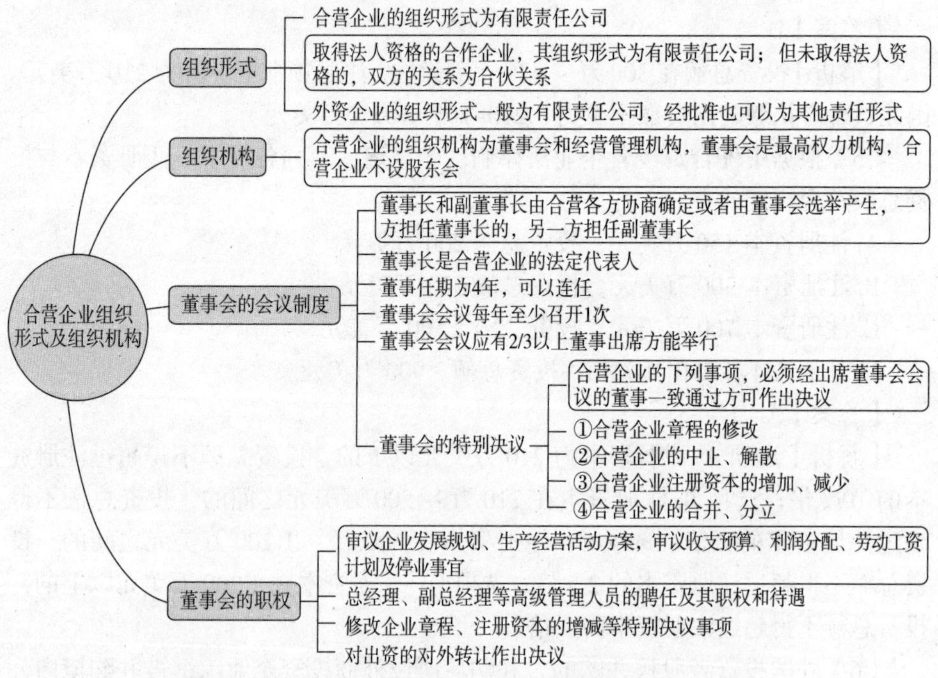

图3–18　合营企业组织形式及组织机构相关内容列示图

合营企业与有限责任公司的比较如表 3–3 所示。

表 3–3　　**合营企业与有限责任公司的比较**

		有限责任公司	合营企业
组织机构	股东会	√	×
	董事会	小公司可以不设董事会	√
董事会	性质	股东会的执行机构	最高权力机构
	人数	3 ~ 13 人	3 人以上
	董事长的产生方式	由公司章程规定	协商或者选举
	是否设副董事长	可以不设	一方担任董事长的，由他方担任副董事长
	董事任期	不超过 3 年	4 年
法定代表人		依照公司章程的规定，由“董事长、执行董事或者经理”担任	只能是董事长
出资额的转让	条件	其他股东过半数同意	合营各方同意
	是否需要审批	×	√
	是否经股东会 / 董事会决议通过	不需股东会决议	应经董事会通过
利润分配		一般情况下，股东按照“实缴”（而非认缴）的出资比例分取红利；但是，全体股东可以事先约定不按照出资比例分取红利	股权式企业，只能按照出资比例分配利润（同步出资时按照“认缴的出资比例”分配损益；不能同步缴付出资的，应按“实际缴付的出资比例”分配收益）
特别决议事项	增减注册资本	√	√
	修改章程	√	√
	合并、分立、解散	√	√
	变更公司形式	√	
特别决议的通过方式		代表 2/3 以上表决权的股东通过	出席董事会会议的董事一致通过
经营期限		法律没有限制	有的行业必须约定合营期限

（1）下列各项中，其组织形式只能为有限责任公司的外商投资企业是（　　）。

A. 中外合资经营企业

B. 中外合作经营企业

C. 外资企业

D. 外国企业在中国境内的分支机构

【答案】A

【解析】中外合资经营企业的组织形式均为有限责任公司；具有法人资格的合作企业，其组织形式为有限责任公司；不具有法人资格的合作企业，合作各方的关系是一种合伙关系；外资企业的组织形式为有限责任公司，经批准也可以为其他责任形式。

（2）祥云公司欲与某外国公司设立一中外合资经营企业，就相关事项咨询律师。根据中外合资经营企业法律制度的规定，该律师所作的下列咨询意见中，正确的是（　　）。

A. 合营企业自审批部门批准之日起成立

B. 合营企业章程中可以约定由公司总经理担任公司的法定代表人

C. 合营企业不设股东会

D. 合营企业合同可以约定不以出资比例分配企业利润

【答案】C

【解析】选项 A：合营企业的成立日期为工商营业执照的签发日期；选项 B：合营企业的法定代表人只能是其董事长；选项 D：合营企业为股权式企业，必须按照出资比例分配利润。

（3）根据中外合资经营企业法律制度的规定，下列关于中外合资经营企业董事会的表述中，正确的有（　　）。

A. 董事会是合营企业的最高权力机构

B. 董事会每半年至少召开一次会议

C. 董事会会议应有 2/3 以上董事出席才能召开

D. 合营企业资产抵押事项的决议，须经出席董事会会议的董事一致通过

【答案】AC

【解析】选项 B：合营企业、合作企业的董事会"每年"至少召开一次会议；选项 D："资产抵押事项"仅限于"合作企业"董事会。

（4）根据中外合资经营企业法律制度的规定，下列事项中，必须经合营企业出席董事会会议的全体董事一致通过的有（　　）。

A. 合营企业章程的修改

B. 注册资本的增加、减少

C. 利润的分配

D. 合营企业的合并、分立

【答案】ABD

【解析】合营企业的下列事项，必须经出席董事会会议的董事一致通过方可作出决议：合营企业章程的修改；合营企业的中止、解散；合营企业注册资本的增加、减少；合营企业的合并、分立。

知识点十七：合营企业出资额的转让（如图 3–19 所示）

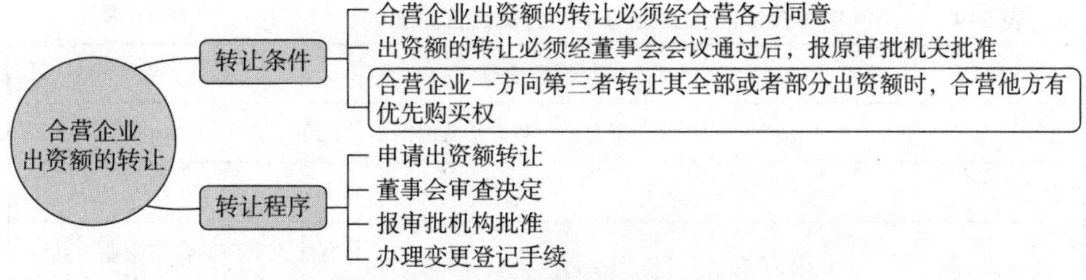

图 3–19　合营企业出资额的转让相关内容列示图

（1）根据中外合资经营企业法律制度的规定，下列选项中，属于中外合资经营企业合营一方转让出资额必须符合的条件有（　　）。

A. 通知合营各方　　B. 经合营各方同意

C. 经董事会会议通过　　D. 经原审批机构批准

【答案】BCD

【解析】合营企业出资额的转让必须经合营各方同意，而非通知。

（2）奔马电子有限公司为一家中外合资经营企业，外资方所罗门公司欲转让其一部分股权给另一美国公司。根据中外合资经营企业法律制度的规定，关于所罗门公司的部分股权转让行为，下列选项中，正确的有（　　）。

A. 须中方同意　　B. 不须经中方同意

C. 须报审批机关批准　　D. 不须报审批机关批准

【答案】AC

【解析】合营企业出资额的转让条件：出资额的转让必须经合营各方同意；出资额的转让必须经董事会会议通过后，报原审批机关批准；合营企业一方向第三者转让其全部或者部分出资额时，合营他方有优先购买权。

知识点十八：中外合作经营企业（如图 3–20 所示）

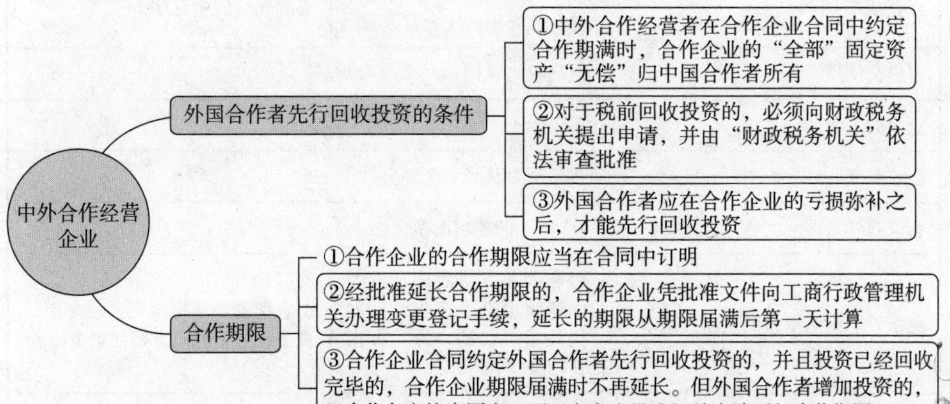

图 3–20　中外合作经营企业相关内容列示图

中外合作经营企业与中外合资经营企业的比较如表 3–4 所示。

表 3–4　**中外合作经营企业与中外合资经营企业的比较**

	合营企业	合作企业
注册资本	合营（合作）各方认缴的出资额之和	
审批期限	3 个月	45 日
组织形式	有限责任公司	具有法人资格的合作企业，其组织形式为有限责任公司；不具有法人资格的合作企业，合作各方的关系为合伙关系
组织机构	董事会	具有法人资格的合作企业，一般设立董事会；不具有法人资格的合作企业，一般设立联合管理委员会
外国投资者的出资比例	一般不得低于合营企业注册资本的 25%	取得法人资格的合作企业，外国合作者的投资比例一般不得低于注册资本的 25%；不具备法人资格的合作企业，合作各方的投资比例或者合作条件，由商务部确定
损益分配	合营企业为股权式企业，合营各方按照出资比例进行分配	合作企业（不论是否取得法人资格）为契约式企业，合作各方按照合作合同的约定分配收益
投资回收	外国合营者在合营期内不得先行回收投资	如果在合作企业合同中约定合作期限届满时，合作企业的全部固定资产无偿归中国合作者所有的，其外国合作者在合作期限内可以先行收回投资
经营期限	可以不约定；只有某些特殊行业必须约定合营期限	必须在合同中订明
董事会性质	最高权力机构	
董事会人数	不得少于 3 人	
会议频率	每年至少召开 1 次	
会议召开条件	2/3 以上的董事出席	
董事长、副董事长的产生方式	由合营各方协商确定或者由董事会选举产生，一方担任董事长的，另一方担任副董事长	由合作企业章程规定，一方担任董事长的，另一方担任副董事长
董事任期	4 年	不超过 3 年

续表

		合营企业	合作企业
董事会的特别决议	增减注册资本	√	
	修改章程	√	
	合并、分立、解散	√	
	变更组织形式		
	资产抵押		√
	委托第三人经营管理		√

（1）根据中外合资经营企业法律制度的规定，下列表述中，错误的是（　　）。

A. 合营各方可以在章程中约定不按出资比例分配利润

B. 合营企业设立董事会并作为企业的最高权力机构

C. 合营者如欲转让其在合营企业中的出资额，则需经审批机构批准

D. 合营企业的组织形式为有限责任公司

【答案】A

【解析】选项 A: 合营企业属于股权式企业，合营各方必须按照出资比例分配利润；选项 B：合营企业不设股东会，董事会为合营企业的最高权力机构；选项 C：合营各方出资额的转让必须经董事会会议通过后，报原审批机关批准；选项 D: 合营企业的组织形式只能为有限责任公司。

（2）根据中外合作经营企业法律制度的规定，下列有关中外合作经营企业组织形式和组织机构的表述中，正确的是（　　）。

A. 合作企业的组织形式均为有限责任公司

B. 合作企业均应设立联合管理委员会

C. 合作企业的负责人由主管部门任命

D. 合作企业总经理负责企业日常经营管理工作

【答案】D

【解析】选项 A: 中外合作经营企业的组织形式取决于法人资格，具有法人资格的，其组织形式只能是有限责任公司，不具有法人资格的，其合作各方的关系是一种合伙关系；选项 B：具备法人资格的合作企业，一般设立董事会，不具备法人资格的合作企业，一般设立联合管理委员会；选项 C：合作企业负责人（董事长）的产生办法由合作企业章程规定，并非主管部门任命；选项 D: 合作企业设总经理 1 人，负责合作企业日常经营管理工作。

（3）根据中外合作经营企业法律制度的规定，中外合作经营企业的合作各方在合作期限届满前，经协商同意延长期限，并向审批机关提出延长合作期限

申请而获得批准的，延长期限的起算日期是（　　）。

A. 合作各方达成延长合作期限协议之日

B. 审批机关批准合作企业延长合作期限之日

C. 工商行政管理机关为合作企业延长合作期限办理变更登记之日

D. 合作企业原合作期限届满后的次日

【答案】D

【解析】经批准延长合作期限的，合作企业凭批准文件向工商行政管理机关办理变更登记手续，延长的期限从期限届满后第一天计算。

（4）根据外商投资企业法律制度的规定，中外合作经营企业发生的下列事项中，应由董事会（或者联合管理委员会）出席会议的董事（或者委员）一致通过的有（　　）。

A. 企业章程的修改

B. 资产抵押

C. 注册资本的增减

D. 企业的合并

【答案】ABCD

【解析】合作企业的下列事项，由出席董事会会议或者联合管理委员会会议的董事或者委员一致通过方可作出决议：合作企业章程的修改；合作企业注册资本的增加或者减少；合作企业的资产抵押；合作企业合并、分立和变更组织形式；合伙企业的解散；合作企业委托第三人经营管理。

（5）根据外商投资企业法律制度的规定，下列关于合营企业与合作企业区别的表述中，正确的有（　　）。

A. 合营企业外方投资比例不得低于注册资本的 25%，而合作企业外方投资比例没有限制

B. 合营企业按照出资比例分配收益，而合作企业按照合同约定分配收益

C. 合营企业必须是依法取得法人资格的企业，而合作企业可以不具备法人资格

D. 合营企业在经营期间外方不得先行回收投资，而合作企业在经营期间内外方在规定条件下可以先行回收投资

【答案】BCD

【解析】选项 A: 在依法取得法人资格的中外合作经营企业中，外国合作者的投资一般不低于合作企业注册资本的 25%；在不具备法人资格的合作企业中，外国合作者的投资比例不受 25% 的限制，但并非没有限制。

（6）中外合作者选择以有限责任公司形式设立中外合作经营企业的，应当按照合作各方的出资比例进行利润分配。（　　）

【答案】×

【解析】中外合作经营企业是契约式企业，按照合作合同的约定分配损益。

知识点十九：外商投资企业应当审批的事项（如表 3–5 所示）

表 3–5　　外商投资企业应当审批的事项

	合营企业	合作企业	外资企业
企业的设立	√	√	√
注册资本的增减	√	√	√
出资额的转让	√	√	√
延长经营期限	√	√	√
资产抵押			√

（1）根据中外合资经营企业法律制度的规定，中外合资经营企业发生的下列事项中，须经审查批准机关批准的有（　　）。

A. 减少注册资本

B. 合营一方向他方转让部分出资额

C. 延长合营期限

D. 在国际市场上购买经营所需的重要机器设备

【答案】ABC

【解析】选项 D: 外商投资企业在批准的经营范围内所需要的原材料：有权“自行”决定在中国市场购买或者在国际市场购买，无需经审批机关的批准。

（2）根据外资企业法律制度的规定，外资企业的下列事项中，必须经审批机关批准的有（　　）。

A. 外资企业注册资本的增加、减少

B. 外资企业将其财产对外抵押、转让

C. 外资企业因合并、分立导致资本发生重大变化

D. 外资企业延长经营期限

【答案】ABCD

【解析】选项 A: 外资企业注册资本的增加、转让，须经审批机关批准，并向工商行政管理机关办理变更登记手续；选项 B：外资企业将其财产或者权益对外抵押、转让，须经审批机关批准，并向工商行政管理机关备案；选项 C：外资企业的合并、分立导致资本发生重大变化时，须经审批机关批准，并聘请中国的注册会计师验证和出具验资报告；选项 D: 合营企业、合作企业和外资企业延长经营期限时均应得到审批机关的批准。

（3）根据外资企业法律制度的规定，外资企业的下列事项中，必须向工商行政管理机关办理变更登记手续的有（　　）。

A. 将财产对外转让　　B. 增加注册资本

C. 转让注册资本　　　　　　　　　D. 将财产对外抵押

【答案】BC

【解析】外资企业将其财产对外抵押、转让，应当向工商行政管理机关备案，但无须进行变更登记。

（4）根据外商投资企业法律制度的规定，下列有关外商投资企业经营期限的表述中，正确的有（　　）。

A. 中外合资经营企业，有的行业必须在合同中约定经营期限，有的行业可以在合同中不约定经营期限

B. 中外合作经营企业的经营期限由中外合作者协商确定，并在合作合同中订明

C. 外资企业的经营期限，由外国投资者申报，由审批机关批准

D. 中外合作经营企业合同约定外国合作者先行回收投资，并且投资已经回收完毕的，合作企业经营期限届满不再延长

【答案】ABCD

【解析】外资企业的经营期限，根据不同的行业和企业的具体情况，由外国投资者在设立外资企业的申请书中拟订，经审批机关批准。

（三）人生是一场开卷考试

花了差不多三天的时间，我才勉强归纳完毕这一章。而和杜老师一起复习时，我只要花几个小时就能搞定一章。原因在于，杜老师对经济法的复习了如指掌，他实在是太熟悉了，因为他考过中级会计职称、注册会计师，而且还通过了司法考试。他能快速且准确地给你画出这一章的知识点，并且能立马把要点画出来。而自己归纳总结，虽然也在遵循杜老师说的二八原则，先抓重点，但哪些是重点呢？如何去归纳呢？归纳后，还是不理解，怎样让自己理解呢？看一两个对应的习题能理解。但是，对应的习题去哪里找呢？我怎样判断哪些习题就是这个知识点的呢？就算好不容易判断出来了，时间花在找题上，对我的复习是不是有帮助呢？那我的进度是不是又慢下来了呢？

我突然想到了一个词，叫做杠杆。在我们财务上叫财务杠杆，财务杠杆又叫筹资杠杆或融资杠杆，它是指由于固定债务利息和优先股股利的存在而导致普通股每股利润变动幅度大于息税前利润变动幅度的现象。其实，就是用别人的钱赚钱，风险高，但收益大。

在物理学中，也有这样一个类似的理论，就是利用一根杠杆和一个支点，就能用很小的力量抬起很重的物体。就像阿基米德说："给我一根杠杆，我能撬起整个地球。"

那么在学习中，是否也有杠杆呢？

有，**这个杠杆就是学习方法、学习资料及其他相关的学习资源**。

很多学霸分享经验的时候，都是说自己如何如何地努力，说如何通过劳动密度来提高产出。努力虽然重要，但是盲目的努力，就悲催了。

而真正的学霸是要学会找到一个高效的学习方法去提升自己做某件事的杠杆率。所以比尔·盖茨说："我总是会选择一个懒人去完成一份困难的工作，因为，他会找到捷径。"

明白"提高杠杆率"这个道理后，我突然想把它作为最高纲领铭记于心。防止资源不必要的浪费。对于学习经济法，我也在拼命地寻找相应的杠杆，比如巧妙的学习方法、好的学习资源和资料，但是杠杆不是那么容易找的。

好在中级会计职称考试是一场闭卷考试，但是人生是一场开卷考试。

我可以充分利用别人已经有的成果，利用自己身边已有的资源，就像牛顿一样，站在巨人的肩上，自然就看得更远、走得更快！

有一个故事是这样讲的：一小孩搬石头，父亲在旁边鼓励："孩子，只要你全力以赴，一定搬得起来！"最终孩子未能搬起石头，他告诉父亲："我已经拼全力了！"

父亲答："你没有拼尽全力，因为我在你旁边，你都没请求我的帮助！"

而杜老师就是资源，也是我的复习杠杆。

第四章

金融法律制度

（一）青出于蓝而胜于蓝

婉晴觉得《经济法》实在是太枯燥了，根本就记不住，想来想去应该是自己记忆力不行。于是拉着我去找杜老师，问有没有什么方法能快速提高自己的记忆力。

杜老师拿出一副扑克牌，跟她说，回去自己训练，直至 3 分钟内能识记一副扑克牌（即洗牌后，让你看 3 分钟，然后按顺序背诵下来）。

我大呼："怎么可能？这简直是赌神风采。"

"别人不行，你肯定行。"杜老师戏谑我道。

"你为什么就这么看好我们家小艾？"婉晴问道。

"因为你们家小艾对打牌特别有悟性。这么有慧根的学生，怎么可能不行？"

杜老师这么一说，让我多少有点不好意思。

刚到事务所上班那会，因为下班一个人无处可去，无聊至极，就干脆在办公室用电脑玩牌。由于我牌技很差，结果输了好多分。

有一次，杜老师突然对我说："小艾，你也太可怜了，你的分都输成负数了。"

我说："是的。"

"我教你一个方法，让你能赢很多分。"

"什么方法？"

"你看着啊。"

于是，杜老师接过我的牌开始打起来。他一发完牌，就开始在聊天框里跟玩家说话：

"活得久，你是不是长得很丑啊？只有长得丑的人才能活得久。"

"跳河自杀的鱼，你娘舅最近还好吗？"

"裸奔的毛毛虫，我最近手肿肿的，很痒，你能帮帮我吗？"

"男人拽，你怎么又改名字了？不用这么拽，拽的男人照样被人甩。"

结果很多玩家忍无可忍，啪啪啪乱出牌，骂一句："我去你大爷的"，就退出了。这样就靠打字赢了打牌，赚到胜率75%。

这无非就是通过说废话，然后分散别人的注意力嘛。可是套近乎说废话，我不在行的。

我在行什么呢？讲故事，哈哈。

于是，我把杜老师的绝招稍微改了改，系统发牌，我就开始在聊天框里讲故事：

“一对恋人失恋了，女的跳楼死了。男的很害怕，说她的鬼魂缠上他了。街上碰上一道士，给了那男的一张符，告诉他晚上躲在床底下，不管碰上什么情况都不要出来。晚上，男的躲在床底下，只感觉一阵风吹来，和开门的声音，接着就是咚，咚，咚，咚……的响声。第二天，有人发现那个男的死了。之后那道士去调查，才发现……”

接着，我开始打牌。

对话框里一片混乱，其他三个人在嚎叫：“发现什么呢？快说，到底发现什么呢？”

“去你妹的，老子不打了，你讲话能不能完整点儿？”

就这样，讲故事赢牌胜算率比杜老师的废话赢牌胜算率还要高。

有一次，没想到杜老师也电脑玩牌，而且还进了我这一桌。

我继续施展我的伎俩。

系统发牌，我打字：“从前有个神父，他住的村子里最美的姑娘叫小芳。突然小芳怀孕了，死也不肯说是谁的孩子。村民就暴打她，要将她浸猪笼。小芳哭着说，是神父的呢。村民一起冲进教堂，神父没有否认，任凭他们打断了自己的双腿。过了二十年，奇迹发生了……”

然后我就开始打牌。对话框里又是一片混乱。

“发生什么啦，快说，不说，老子宰了你。”

我不理他们，打牌赢分，哈哈！

第二天上班，杜老师一见到我就问：“二十年后，到底发生什么奇迹啦？”

我不说话，只是一个劲地抿着嘴笑。

杜老师竖起大拇指说：“牛，我今天才知道什么叫青出于蓝而胜于蓝。”

别人的经验可以借鉴，但也用不着全部照搬，重要的是他给你的启发。所谓借别人的知识，长自己的智慧。毕竟我们每个人的思维都是独一无二的。

杜老师给了婉晴一副锻炼记忆力的扑克牌，我看了看他的训练方法。

记忆一副扑克牌训练（60小时达到“世界记忆大师”标准）：每天训练3小时，共训练20天。

最后效果为：在3分钟之内记住一副扑克牌，并且倒背如流。

这20天的训练分为4个阶段，每个阶段训练5天。

52张牌（去掉大、小王）的对应密码：

1. 四种花色的J、Q、K共12张为"人物牌"，按自己的喜好找出相应人物代替。

建议：

黑桃、草花用男性人物，红桃、方片用女性人物。

2. 其余 40 张为"数字牌"，用数字编码来代替。

规则：

黑桃代表十位数的 1（黑桃的下半部分像"1"）；

红桃代表十位数的 2（红桃的上半部分是 2 个半圆的弧形）；

草花代表十位数的 3（草花由 3 个半圆组成）；

方片代表十位数的 4（方片有 4 个尖角）。

例如：

黑桃 1 代表 11，黑桃 2 代表 12；红桃 1 代表 21，红桃 2 代表 22；草花 3 代表 33；方片 4 代表 44；依此类推。

对于数字为 10 的牌，可当作 0，即黑桃 10 代表 10，红桃 10 代表 20，草花 10 代表 30，方片 10 代表 40。

3. 数字牌需要用到的数字编码包括 10—49 共 40 个编码。

数字编码：

1——树； 2——鸭子； 3——耳朵； 4——红旗； 5——钩子；
6——勺子； 7——拐杖； 8——葫芦； 9——球拍； 10——棒球；
11——筷子； 12——婴儿； 13——医生； 14——钥匙； 15——鹦鹉；
16——杨柳； 17——玉玺； 18——篱笆； 19——泥鳅； 20——耳环；
21——鳄鱼； 22——鸳鸯； 23——和尚； 24——盒子； 25——二胡；
26——河流； 27——耳机； 28——荷花； 29——阿胶； 30——森林；
31——鲨鱼； 32——仙鹤； 33——仙丹； 34——绅士； 35——珊瑚；
36——山鹿； 37——山鸡； 38——沙发； 39——香蕉； 40——司令；
41——雪梨； 42——雪耳； 43——雪山； 44——石狮； 45——水母；
46——石榴； 47——司机； 48——雪花； 49——雪球； 50——五环。

记忆方法：

首先熟悉每张牌所代表的相应图像，然后找到 26 个地点，记忆的时候，在每个地点上放 2 张牌，把这 2 张牌代表的图像与地点进行紧密的联结，26 个地点刚好放下 52 张牌。回忆的时候，把这 26 个地点在大脑中过一遍，就能快速地回想起相应的 52 张牌。

必备工具：

1. 去掉大、小王的扑克牌一副，共 52 张；

2. 有秒针的钟或表一个；

3. 训练进度表一份，记录每天的训练成绩及心得；

4. 需要为每一个编码找到对应的图片。

第一步：熟悉数字编码和 52 张牌。5 天

1. 完全熟悉 50 个数字编码，30 秒之内能够按顺序背诵出来。3 天

2. 完全熟悉 52 张牌，找出每张牌的图像记忆点。2 天

训练关键：

（1）首先要熟悉 50 个数字编码，虽然我们只需要用到其中的 40 个，但最好能够把 50 个编码都熟悉。训练的时候，从 1 到 50，按顺序把 50 个数字的编码背诵出来。背的时候最好要发出声音，就像背书那样；不方便的时候则可以在心中默念。背诵效果的要求是能够清楚、流畅地背诵，要求做到 30 秒内能够很顺畅地把 50 个密码从头到尾全部背诵出来（极限速度是 20 秒左右）。刚开始随时随地可以背诵，然后则需要对着钟或表来检查自己的背诵速度。

（2）对于数字密码，如果从数字联想相应的图像不太容易，可做这样的联想练习：首先完全熟悉 1—9 这 9 个数字编码，然后把相应数字拆开来进行联想。如 31（鲨鱼），可拆为 3（耳朵）和 1（树），可联想为树顶上有一只耳朵，一条鲨鱼要爬上树去吃这只耳朵。这样，当一时想不起 31 所代表的编码时，就可通过“树上有只耳朵”这个图像而把“鲨鱼”联想出来。其他不熟悉的编码，都可按此方法来进行联结。

（3）通过看每张牌左上角的图标，熟悉每张数字牌所对应的数字，然后通过数字转换，熟悉每张数字牌所对应的密码。

（4）选择 12 个人物的时候，要选择那些自己非常熟悉的人物，并找出他们每一个人的独特特征，并尽量按照特征来固定他们在想像中的表情、动作，尽量让每一个人的特征都鲜明、与众不同。

（5）仔细观察 52 张牌，比较它们的相似之处与不同之处，找出 52 张牌的图像记忆点，无论数字牌还是人物牌都要从牌面的整体图像中找出独特的记忆特征，然后用这个特征与相应的编码进行联结，达到一看这张牌就能在脑海中条件反射出相应图像的目的。

（6）12 张人物牌比较容易找出独特的特征，因此也就比较容易与相应编码进行联结。记忆人物牌的时候，应当从牌面找出独特的特征与相应的人物进行联结，一看到这个特征，立即在脑海中反射出相应的人物。

（7）40 张数字牌不太容易找到非常鲜明、独特的特征，但为了能够达到相

应的训练效果，即使再难也要找出这些记忆点，不能通过左上角的图标转换为相应数字后再得出密码，因为这样会降低记忆速度。

（8）对数字牌找记忆点的时候，可以把相同数字的4种花色牌放在一起，比较它们的异同，找出各不相同的记忆点，然后再通过与邻近数字牌的比较，区别并确认每张牌的记忆点，这样才能达到一看牌面特征就能认出相应编码的效果。通过把这些记忆点与相应编码进行联结来记忆，可以使数字牌的读牌速度与人物牌一样快。

（9）对整副牌的熟悉，还要求对40张数字牌能够在脑海中默想出每张牌的图案，以及默想出它们的记忆点。这样，就能够在默读40个编码的时候，同时在脑海中浮现出相应的牌面，以及相应的记忆点。

第二步：读牌训练。5天

1.30秒内背诵52张牌对应的编码。1天

2.100秒之内读完整副牌。2天

3.60秒之内读完整副牌。2天

训练关键：

（1）经过第一步的训练之后，30秒内能够背诵50个编码，第二步就要在60秒内读完52张牌。这一步只要求能够快速辨别每张牌对应的编码，并不要求脑海中浮现清晰的图像。

（2）首先要做的就是在30秒内背出52张牌所对应的编码，40张数字牌按顺序背出编码，12张人物牌也要按顺序把相应的人物名字背出来。

（3）翻牌的方式为左手握牌，用左手大拇指把每一张读完的牌推给右手。读牌的时候要显示出整张牌，以能够快速看到每张牌的记忆点，刚开始可能需要看到整张牌，甚至需要看左上角的图标才能辨认，但熟练之后要求只扫一眼记忆点就能辨认出来。显示整张牌的速度虽然比只显示左上角的速度要慢一些，但这个速度对于记忆来说已经足够快了。如果不进行记忆，匀速翻一副牌大约只需要20秒。

（4）读牌的时候，要尽量读出声音，要求快速、流畅。刚开始的时候可以把52张牌分为2—4组进行读牌练习，在读牌的过程中找出那些辨认速度较慢的牌，把它们抽出来单独练习，直到完全熟悉为止。读牌不太熟练的时候，可以不洗牌，按相同顺序或按数字顺序反复地读牌。

（5）在第一步和第二步这10天中，有空的时候可以去找找地点，最好能够找到3组（每组26个）以上的地点。可选择的地点很多，比如你的学校、

单位、小区、超市等。

第三步：想像训练。5 天

1. 无需翻牌，60 秒内在脑海中按顺序清晰地过完 52 张牌的图像。1 天

2. 翻牌训练，脑海中要清晰地浮现出相应的图像，要求 100 秒内翻完 52 张牌。1 天

3. 找出 3 组地点中每一个地点的鲜明特征，在脑海中清晰地想像这些特征。1 天

4. 在脑海中清晰地想像每一个地点，做到 15 秒内过完一组地点。1 天

5. 把任意 2 张牌与每一个地点进行联结想像，找出每一个地点的想像模式。1 天

训练关键：

（1）想像训练只要一有空就可以闭上眼睛做，每天再用一段集中的时间进行练习。

（2）地点在前两步的 10 天中就要找好，地点可选择家里、家附近以及常去的地方（如超市、电影院、餐馆等）。记忆一副扑克牌用一组 26 个地点即可，但在训练中如果反复用同一组地点，容易混乱，所以最好要找出 3 组以上的地点。如果时间不够，也可以只找一组地点。

（3）选择地点的时候要尽量避免出现过多类似的地点，避免记忆的时候出现混乱。每一个地点都要找出其鲜明的特征，只有特征鲜明才容易与 2 张牌进行联结。

（4）进行想像训练的时候，要放松身体、闭上眼睛，在脑海中想像每一张牌的记忆点，尽量在脑海中“看见”清晰的图案，包括相应的颜色。对地点则要清晰地想像出每一个地点的独特特征。

（5）图像想像要尽量清晰，联结动作要尽量生动。对每一个地点最好能够找出最容易记忆的动作，思考 2 张牌应该如何摆、如何与这个地点联结才是最好的方式。

（6）对于不清晰的密码图像，要尽可能找出相应的图画，仔细观察后记住；而对于不清晰的地点，最好也能拍成照片反复观察。

（7）对想像训练的主要要求是：在 100 秒内翻 52 张牌时能清晰地想像出每张牌所对应的图像。如果能够达到这个要求，就基本上可以在 5 分钟内记住一副扑克牌。

（8）记忆速度取决于三个因素：① 对每张牌能快速清晰地想像出相应的图

像；② 对地点特征的快速清晰想像；③ 2 张牌与一个地点联结时的鲜明快速。这三个因素任何一个因素的加强，都可以使记牌速度加快；相反，任何一个因素不达标，都会使我们无法在 3 分钟内完成一副牌的记忆。这三个因素中，训练时间最长的是第一个因素，会占用 80% 以上的时间。

（9）如果有可能的话，找一些介绍 NLP 的书来阅读，了解每个图像都可以在想像中划分出几类次感元，可以对这些图像进行放大、缩小，以及进行明暗、颜色的随意调整。这对想像训练很有帮助。

第四步：整副扑克记忆训练。5 天

1. 把整副扑克分为 2 组，26 张一组，5 分钟内记住一组。1 天

2.8 分钟内完成整副牌记忆。2 天

3.5 分钟内完成整副牌记忆。2 天

训练关键：

（1）经过前面三步共 15 天的练习，记忆扑克牌已经具备了非常好的基础，这时候来记忆整副扑克牌，速度会非常快。从时间来估算，经过前面三步的练习，读牌时间和过地点的时间加起来不足 2 分钟，只要能把地点与牌进行联结的时间控制在 3 分钟内，就可做到 5 分钟内记住一副扑克牌。事实上，这是一件很容易的事情。

（2）如果前面三步的训练效果好的话，事实上在第四步一开始就能达到 5 分钟内记住一副扑克牌的效果。如果仍然不能在 5 分钟内记住一副扑克的话，就必须找出自己的薄弱环节，进行针对性的强化训练，力争能够在最后一天的训练中达到要求。

（3）在每个地点放置 2 张牌的时候，这 2 张牌的先后顺序一定要鲜明，如果是动作就要安排好先后，如果是画面就要分出上下。第 1 张牌的图像放在上方或前面，第 2 张牌的图像放在下方或后面。

第五步：连续联结训练。5 天

1. 把 52 张牌分为 4 张一组共 13 组，运用想象把每组的 4 张牌联结起来。2 天

2. 把 52 张牌分为 6 组，每组 9 张左右，运用想象把每组的 9 张牌进行联结。2 天

3. 把 52 张牌分为 13 张一组共 4 组，运用想象把每组的 13 张牌联结起来。1 天

训练关键：

（1）这是对串联联想能力的训练，主要针对的是牌与牌之间进行紧密联结的能力。

（2）每进行一组联结训练后，要回忆一下联结的效果，看能否把所联结的这组牌都记得起来。

（3）如果连续联结 13 张牌都能够回忆起来的话，说明这种联结想象进行得非常有效。当然，速度不能拖得太慢，最好能够在 3 分钟内完成所有牌的联结。

第六步：快速联结训练。5 天

1. 快速地翻牌，每 2 张牌进行联结想象，在 2 分钟内完成整副牌。3 天

2. 运用地点法记忆一副牌，3 分钟内牢牢记住一副牌，倒背如流！ 2 天

训练关键：

（1）通过第五步的联结训练，我们的联结能力已经有所提高，这时再来训练联结的速度，就会发现速度的提高会比较快。

（2）第六步前 3 天的训练，就是训练把每 2 张牌联结在一起的速度，这个速度越快，那么记忆整副牌的速度就会越快。

（3）事实上，如果在前面训练比较认真的话，那么在最后 2 天的整副牌记忆训练中，许多人都能够在 2 分钟左右记住一副牌，比较快的人甚至可以在 100 秒以内记住整副牌。

总结：

1. 记忆速度第一取决于读牌的速度，所以前 10 天的训练一定要达到相应的效果，如果达不到的话，必须找出原因进行针对训练；第二取决于联想的清晰与生动，因此最好能够找到相应的图片，对照来熟悉，这样在联想的时候会比较清晰。

2. 必须连续 30 天每天训练 2 小时以上，每天可集中训练，也可分段训练，也可见缝插针进行训练，但必须保证有 2 个小时以上。30 天的训练必须连续，如果不连续，效果会打折扣，因为一天不训练，前面所训练的就会有相应遗忘，必须再花更多的时间补回来。如果整段的时间不够，就要用零碎的时间来弥补。

3. 如果增加每天的训练时间，一天训练时间即使再多，也要坚持训练 20 天以上，这样才能巩固效果。不是说每天 10 小时，6 天就能达到相应效果，这是不能等同的。当然，如果时间允许，每天训练时间可以增多，训练天数也可以增多，最好养成训练扑克牌的习惯，一有空就来做一下扑克牌训练，这样可以持续训练想象力和联结能力。

4. 为了保证能在 30 天内达到相应效果，每天应该充分利用可以利用的一切空余时间，在脑海中回想 52 张牌对应的图像，越熟练越好。最好能随身带一副扑克牌，抓紧一切时间进行练习。

婉晴已经在开始实施她的记忆力训练，快速记忆能力主要由联想能力与编码能力所组成，扑克牌训练确实是一种好方法。只是内心有点隐隐担忧，这个时候去训练记忆力，是不是晚了点，同时感觉有点浪费时间，毕竟现在得抓紧时间复习啊！另一个就是，我发现，扑克牌训练的目标非常明确，就是把这一副牌记下来，也就是说，你要记忆的东西是明确的。但是，《经济法》记忆的内容是明确的吗？不是，因为你不可能把书上所有的内容都记录下来。想到这里，我决定不盲目地训练自己的记忆力，拼命地识记，而是有步骤、有策略地实施自己的计划。

1. 首先继续提炼书上的知识点，因为只有提炼完了，才能明确自己的记忆目标和范围；

2. 领悟扑克牌中的联想能力和编码能力，把其移植到《经济法》的记忆上面来；

3. 扑克牌的记忆就是把无意义的东西尽量变成有意义的东西后识记，而《经济法》本身很多内容就是有意义的，所以还是先要理解，实在理解不了的，才把它当成无意义的东西，利用扑克牌联想的方法，把其记忆起来；

4. 无聊的时候，休闲的时候，玩玩扑克牌记忆训练，提高一下自己的记忆能力。

（二）金融法律制度精华提炼

知识点一：公开发行（如图 4–1 所示）

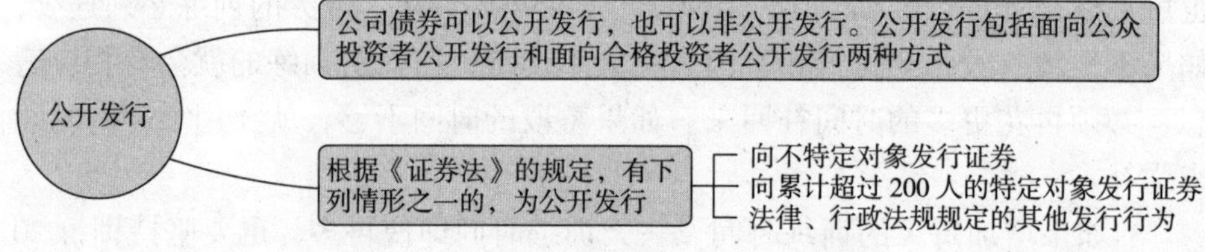

图 4–1　公开发行

股份有限公司依法向 100 人的特定对象发行证券属于公开发行证券。（　　）

【答案】×

【解析】向特定对象发行证券累计超过 200 人的，为公开发行。

知识点二：股票发行（如图 4–2 所示）

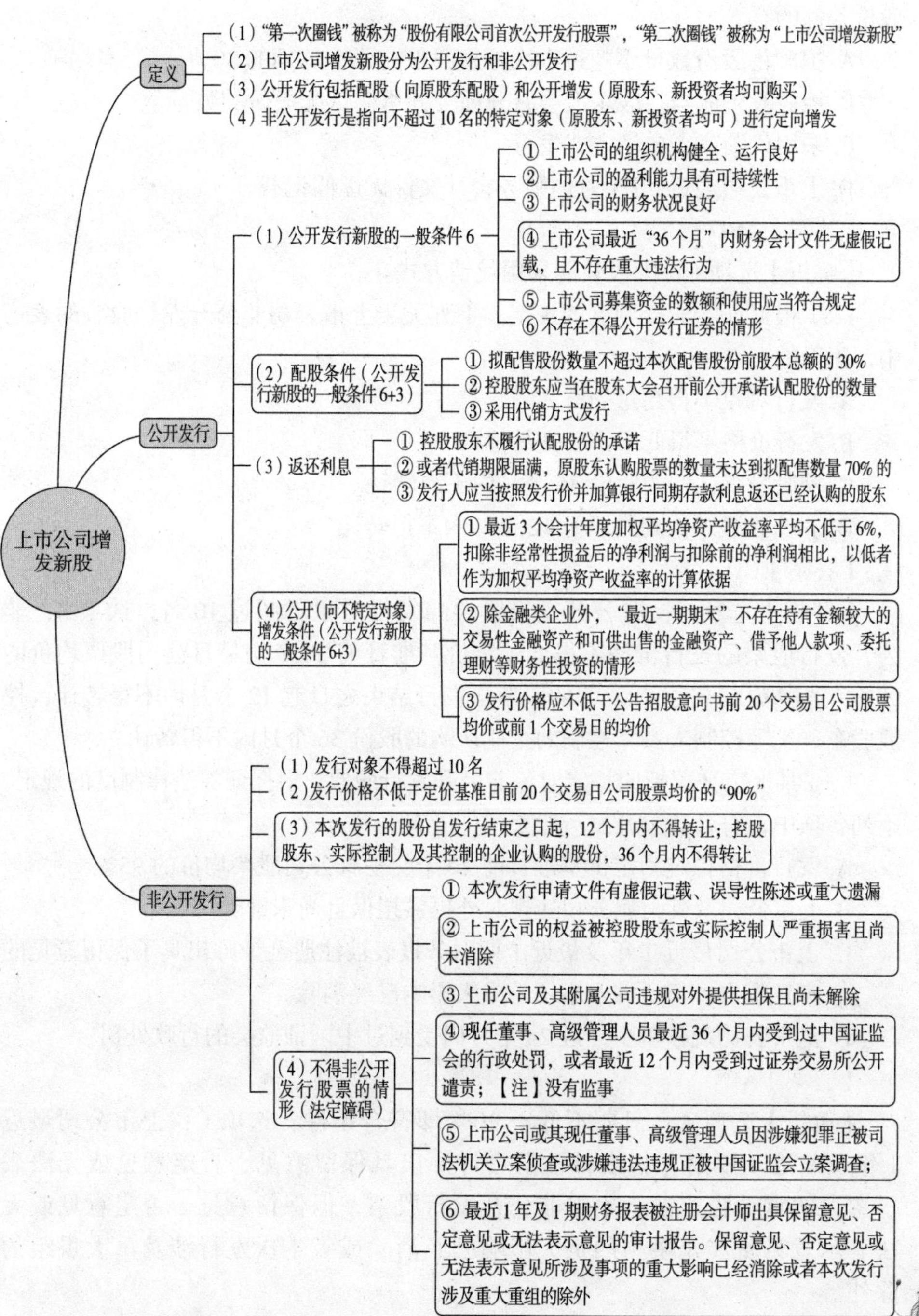

图 4–2　上市公司增发新股

（1）根据证券法律制度的规定，下列各项中，符合上市公司向原股东配售股份条件的有（ ）。

A. 拟配售股份数量不超过本次配售股份前股本总额的 30%

B. 控股股东应当在股东大会召开前公开承诺认配股份的数量

C. 采用代销或者包销方式发行

D. 上市公司最近 36 个月内财务会计文件无虚假记载

【答案】ABD

【解析】选项 C：配股只能采用代销方式。

（2）根据证券法律制度的规定，下列关于上市公司非公开发行股票的表述中，正确的有（ ）。

A. 发行对象不得超过 200 人

B. 发行价格不得低于市场交易价格

C. 控股股东认购的股份 36 个月内不得转让

D. 非控股股东认购的股份 12 个月内不得转让

【答案】CD

【解析】选项 A：非公开发行股票的发行对象不超过 10 名；选项 B：非公开发行股票的发行价格不得低于定价基准日前 20 个交易日公司股票均价的 90%；选项 CD：非公开发行的股票自发行结束之日起 12 个月内不得转让，控股股东、实际控制人及其控制的企业认购的股份 36 个月内不得转让。

（3）某上市公司拟向特定对象非公开发行股票。根据证券法律制度的规定，下列各项中，符合非公开发行股票条件的有（ ）。

A. 发行价格拟定为定价基准日前 20 个交易日公司股票均价的 95%

B. 上市公司及其附属公司违规对外提供担保且尚未解除

C. 上市公司最近 1 年及最近 1 期财务报表被注册会计师出具了保留意见的审计报告，但所涉及事项的重大影响已经消除

D. 上市公司现任董事最近 24 个月内受到过中国证监会的行政处罚

【答案】AC

【解析】选项 A：只要不低于 90% 即符合条件；选项 C：上市公司最近 1 年及最近 1 期财务报表被注册会计师出具保留意见、否定意见或无法表示意见的审计报告的，不得非公开发行股票，但保留意见、否定意见或无法表示意见所涉及事项的重大影响已经消除或者本次发行涉及重大重组的除外。

（4）某上市公司因重大重组，拟向特定对象非公开发行股票。根据证券法律制度的规定，下列情形中，不得非公开发行股票的有（ ）。

A. 上市公司的权益被控股股东或实际控制人严重损害且尚未消除

B. 上市公司及其附属公司违规对外提供担保且尚未解除

C. 上市公司最近 1 年及最近 1 期财务报表被注册会计师出具了保留意见、否定意见或无法表示意见的审计报告

D. 上市公司现任董事、高级管理人员最近 12 个月内受到过中国证监会的行政处罚

【答案】ABD

【解析】选项 C：上市公司最近 1 年及最近 1 期财务报表被注册会计师出具保留意见、否定意见或无法表示意见的审计报告的，不得非公开发行股票；但所涉及事项的重大影响已经消除或者本次发行涉及重大重组的除外。

知识点三：股票上市（如图 4–3 所示）

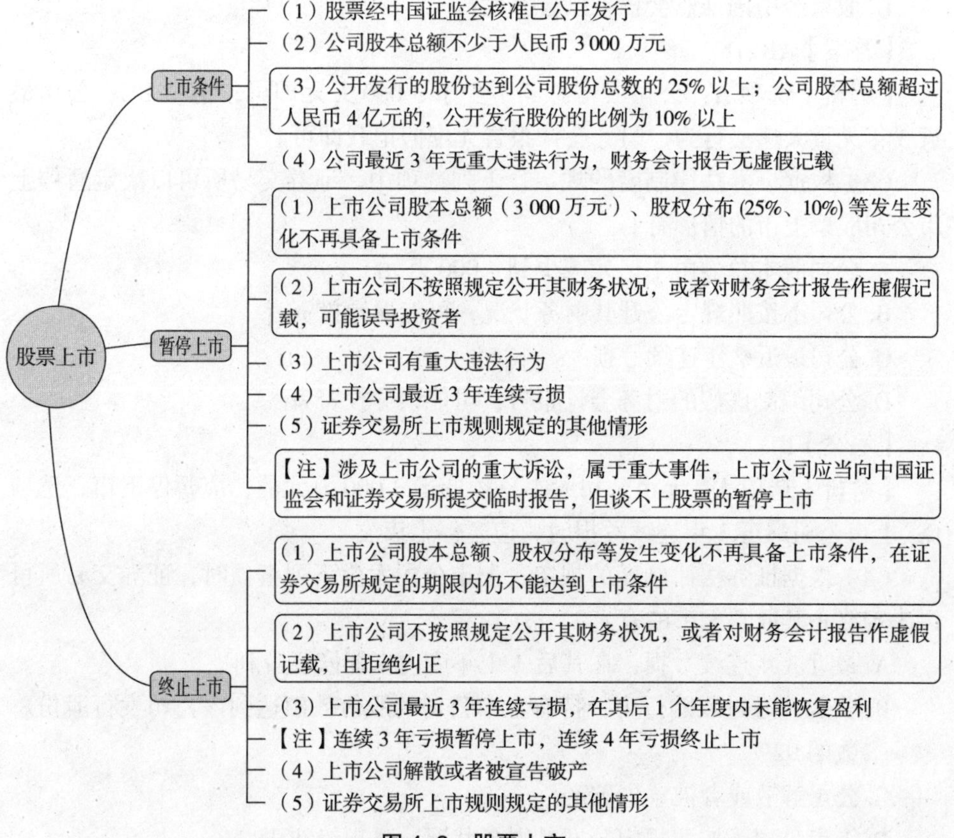

图 4–3　股票上市

（1）根据证券法律制度的规定，下列选项中，属于股份有限公司申请股票上市应当符合的条件有（　　）。

A. 公司股本总额不少于人民币 5 000 万元

B. 公司股本总额超过人民币 2 亿元的，公开发行股份的比例为 10% 以上

C. 公司最近 3 年无重大违法行为，财务会计报告无虚假记载

D. 股票经中国证监会核准已公开发行

【答案】CD

【解析】选项 A：公司股本总额不少于 3 000 万元；选项 B：股本总额超过人民币 4 亿元的，公开发行股份的比例为 10% 以上。

（2）某股份有限公司拟申请股票上市，下列选项中，符合证券法律制度规定的有（　　）。

A. 公司股本总额为人民币 5 000 万元

B. 公司最近 8 年无重大违法行为

C. 公司最近 8 年财务会计报告无虚假记载

D. 股票经中国证监会核准已公开发行

【答案】ABCD

【解析】选项 A：公司股本总额不少于 3 000 万元即可；选项 BC：公司最近 3 年无重大违法行为、财务会计报告无虚假记载即可。

（3）根据证券法律制度的规定，下列选项中，证券交易所可以决定暂停上市公司股票上市的情形有（　　）。

A. 公司股本总额由 1 亿元减少到 4 000 万元

B. 公司不按照规定公开其财务状况，可能误导投资者

C. 公司最近 2 年连续亏损

D. 公司编制虚假的财务会计报告，可能误导投资者

【答案】BD

【解析】选项 A：上市公司股本总额低于 3 000 万元的，应暂停上市；选项 C：上市公司最近 3 年连续亏损时，应暂停上市。

（4）根据证券法律制度的规定，上市公司发生下列事项时，证券交易所可以决定终止其股票上市的有（　　）。

A. 最近 3 年连续亏损，在其后 1 个年度内未能恢复盈利

B. 收购人通过收购行为，持有上市公司的股份数额达到该公司发行股份总数的 92%

C. 公司解散或者被宣告破产

D. 上市公司不按照规定公开其财务状况，且拒绝纠正

【答案】ABCD

【解析】选项 B：收购期限届满，被收购公司股权分布不符合上市条件的，该上市公司的股票应当由证券交易所依法终止上市交易。

知识点四：股份转让的法律限制（如图 4–4 所示）

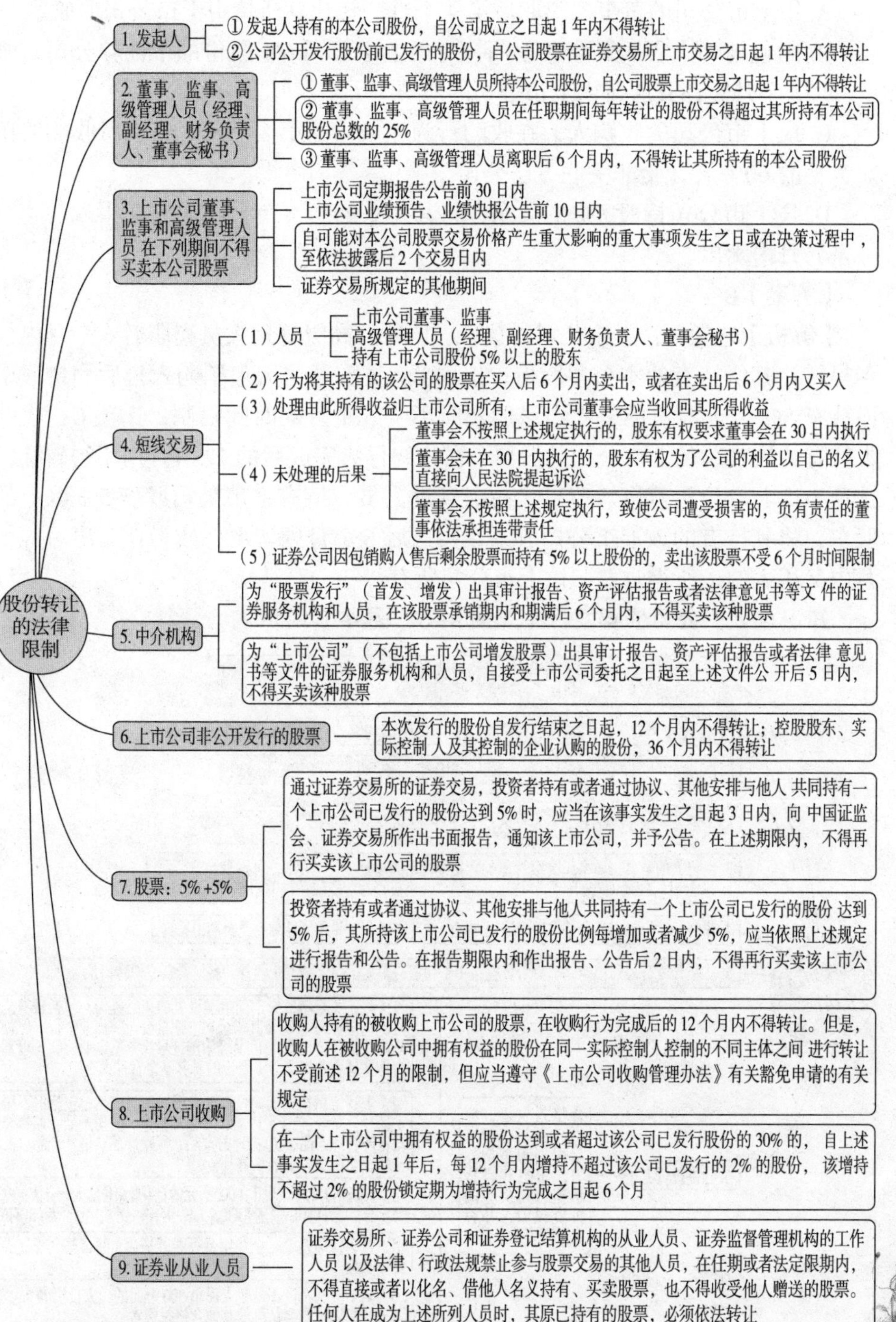

图 4–4 股份转让的法律限制

下列股票交易行为中，不违反证券法律制度规定的是（　　）。

A. 甲上市公司的董事乙离职后第4个月，转让其所持甲上市公司的股票

B. 因包销购入售后剩余股票而持有丙上市公司6%股份的丁证券公司，第3个月转让其所持丙上市公司的股票

C. 戊上市公司的收购人，在收购行为完成后的第8个月，将其所收购股票的60%转让给非关联方己公司

D. 庚上市公司持股8%的股东，将其持有的庚上市公司股票在买入后4个月内卖出

【答案】B

【解析】选项A：上市公司的董事、监事、高级管理人员离职后6个月内，不得转让其所持有的本公司股份；选项B：证券公司因包销购入售后剩余股票而持有5%以上股份的，卖出该股票时不受6个月的时间限制；选项C：收购人持有的被收购的上市公司的股票，在收购行为完成后的12个月内不得转让；选项D：上市公司董事、监事、高级管理人员、持有上市公司股份5%以上的股东，将其持有的该上市公司股票在买入后6个月内卖出，或者在卖出后6个月内又买入的，所得收益归该上市公司所有。

知识点五：公司债券发行（如图4–5、图4–6所示）

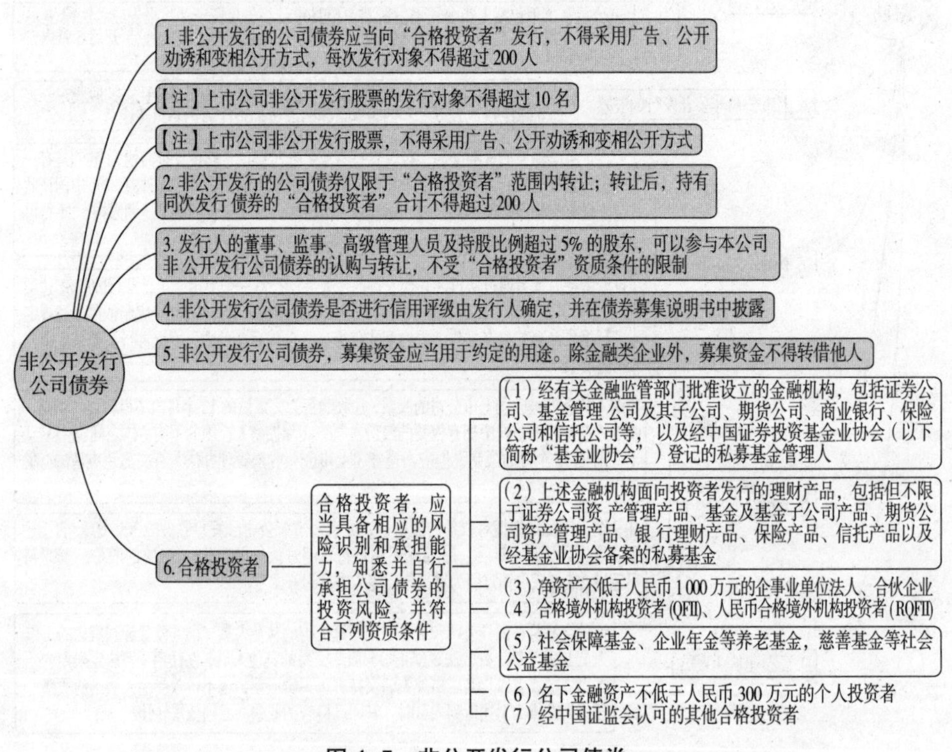

图4–5　非公开发行公司债券

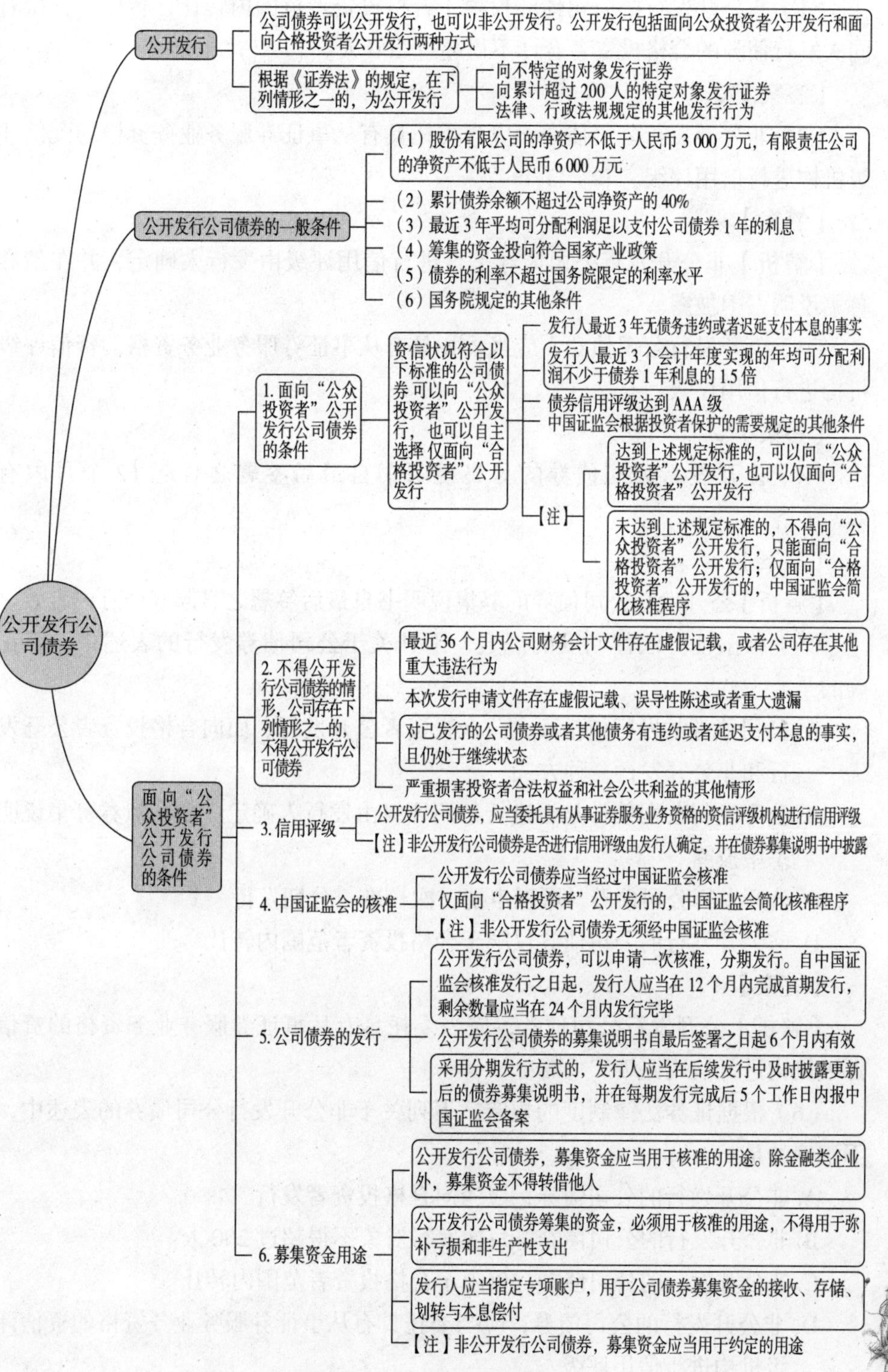

图 4–6　公开发行公司债券

（1）非公开发行的公司债券仅限于合格投资者范围内转让，转让后，持有同次发行债券的合格投资者合计不得超过 200 人。(　　)

【答案】√

（2）非公开发行公司债券，应当委托具有从事证券服务业务资格的资信评级机构进行信用评级。(　　)

【答案】×

【解析】非公开发行公司债券是否进行信用评级由发行人确定，并在债券募集说明书中披露。

（3）公开发行公司债券，应当委托具有从事证券服务业务资格的资信评级机构进行信用评级。(　　)

【答案】√

（4）公开发行公司债券的募集说明书自最后签署之日起 12 个月内有效。(　　)

【答案】×

【解析】公开发行公司债券的募集说明书自最后签署之日起 6 个月内有效。

（5）根据证券法律制度的规定，下列关于公司债券发行的表述中，不正确的是(　　)。

A. 公司债券的发行包括面向公众投资者公开发行、面向合格投资者公开发行和非公开发行三种方式

B. 公开发行公司债券是否进行信用评级由发行人确定，并在债券募集说明书中披露

C. 公开发行公司债券，可以申请一次核准、分期发行

D. 非公开发行的公司债券仅限于合格投资者范围内转让

【答案】B

【解析】公开发行公司债券，应当委托具有从事证券服务业务资格的资信评级机构进行信用评级。

（6）根据证券法律制度的规定，下列关于非公开发行公司债券的表述中，不正确的是(　　)。

A. 非公开发行的公司债券，应当向合格投资者发行

B. 非公开发行的公司债券，每次发行对象不得超过 200 人

C. 非公开发行的公司债券，仅限于合格投资者范围内转让

D. 非公开发行的公司债券，应当委托具有从事证券服务业务资格的资信评级机构进行信用评级

【答案】D

【解析】非公开发行公司债券是否进行信用评级由发行人确定，并在债券募集说明书中披露。

（7）根据证券法律制度的规定，公开发行公司债券，可以申请一次核准、分期发行。下列表述中，正确的是（　　）。

A. 自中国证监会核准发行之日起，发行人应当在 3 个月内完成首期发行，剩余数量应当在 6 个月内发行完毕

B. 自中国证监会核准发行之日起，发行人应当在 6 个月内完成首期发行，剩余数量应当在 12 个月内发行完毕

C. 自中国证监会核准发行之日起，发行人应当在 6 个月内完成首期发行，剩余数量应当在 24 个月内发行完毕

D. 自中国证监会核准发行之日起，发行人应当在 12 个月内完成首期发行，剩余数量应当在 24 个月内发行完毕

【答案】D

（8）根据证券法律制度的规定，下列关于公开发行公司债券的表述中，正确的有（　　）。

A. 公开发行公司债券，应当委托具有从事证券服务业务资格的资信评级机构进行信用评级

B. 公开发行公司债券，应当经过中国证监会核准

C. 公开发行公司债券，可以申请一次核准、分期发行

D. 公开发行公司债券的募集说明书自最后签署之日起 3 个月内有效

【答案】ABC

【解析】选项 D：公开发行公司债券的募集说明书自最后签署之日起 6 个月内有效。

（9）根据证券法律制度的规定，面向公众投资者公开发行公司债券的，应当具备的条件有（　　）。

A. 发行人最近 3 年无债务违约或者迟延支付本息的事实

B. 发行人最近 3 个会计年度实现的年均可分配利润不少于债券 1 年利息的 1.5 倍

C. 发行人最近 3 个会计年度实现的年均可分配利润不少于债券 1 年利息的 2 倍

D. 债券信用评级达到 AAA 级

【答案】ABD

知识点六：公司债券上市（如图 4–7 所示）

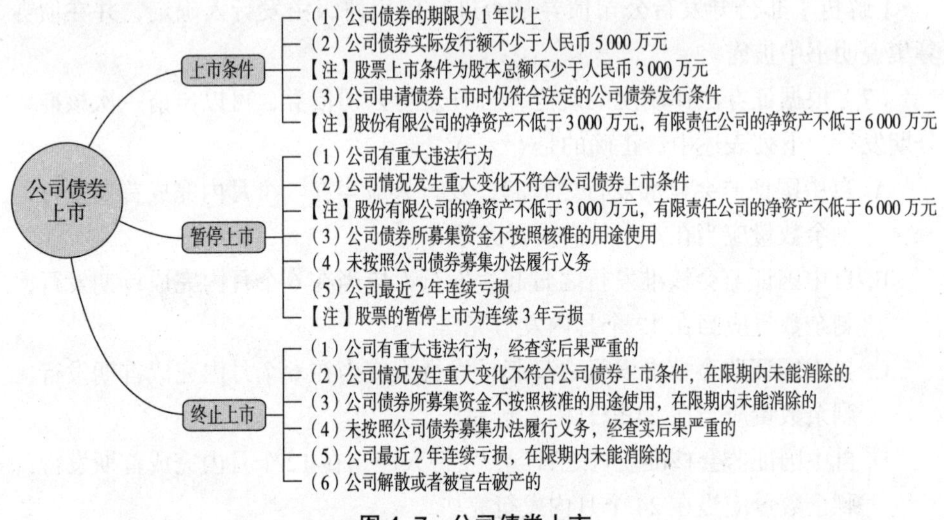

图 4–7　公司债券上市

（1）根据证券法律制度的规定，证券交易所可以暂停上市公司债券上市交易的情形是（　　）。

A. 公司因经济纠纷被起诉

B. 公司前一年发生亏损

C. 公司未按公司债券募集办法履行义务

D. 公司董事会成员组成发生重大变化

【答案】C

【解析】选项 A：涉及上市公司的重大诉讼属于重大事件，但谈不上暂停上市；选项 B：公司最近 2 年连续亏损，才暂停上市；选项 D：公司的董事、1/3 以上监事或者经理发生变动，属于重大事件，但谈不上暂停上市。

（2）根据证券法律制度的规定，申请公司债券上市时必须符合法定条件，其中公司债券实际发行额应不少于人民币（　　）万元。

A. 1 000　　B. 3 000

C. 5 000　　D. 6 000

【答案】C

【解析】股票的上市条件：股本总额不低于 3 000 万元；公司债券的上市条件：实际发行额不低于 5 000 万元；封闭式基金的上市条件：基金募集金额不低于 2 亿元。

（3）根据证券法律制度的规定，有限责任公司发行的公司债券上市交易后，下列情形中，证券交易所可以决定暂停公司债券上市交易的有（　　）。

A. 最近 2 年连续亏损

B. 有重大违法行为

C. 净资产额减至人民币 5 000 万元

D. 不按审批机关批准的用途使用公司债券募集资金

【答案】ABCD

知识点七：公开募集基金（如图 4–8、图 4–9 所示）

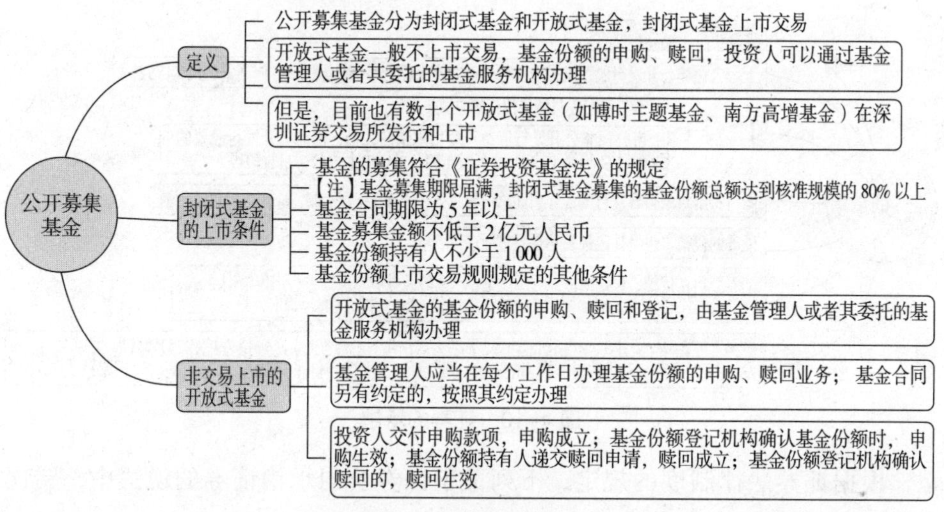

图 4–8 公开募集基金

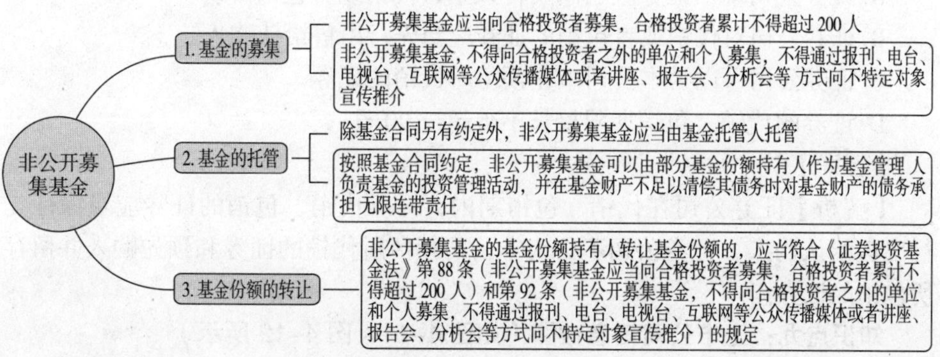

图 4–9 非公开募集基金

根据证券法律制度的规定，下列有关证券投资基金发行和交易的表述中，正确的是（ ）。

A. 封闭式基金的基金份额可以在证券交易所交易，但基金份额持有人不得申请赎回

B. 开放式基金可以在销售机构的营业场所销售及赎回，也可以上市交易

C. 申请上市基金的基金份额持有人不得少于 500 人

D. 基金上市后发生基金合同期限届满的情形将暂停上市

【答案】A

【解析】选项 B：开放式基金可以申购、赎回，但不能上市交易；选项 C：封闭式基金申请上市的条件，基金份额持有人不得少于 1 000 人；选项 D：封闭式基金合同期限届满，应终止上市（而非暂停上市）。

知识点八：证券的承销（如图 4–10 所示）

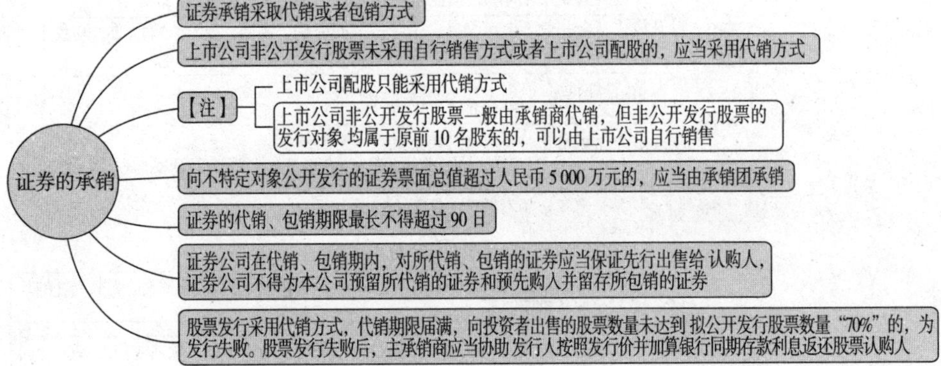

图 4–10 证券的承销

根据证券法律制度的规定，下列关于证券公司承销证券的说法中，错误的是（　　）。

A. 证券公司承销证券应当同发行人签订代销或者包销协议

B. 证券公司对代销或者包销的证券应当先行出售给认购人

C. 证券公司可以为本公司事先预留所代销的证券

D. 证券的代销、包销期限最长不得超过 90 日

【答案】C

【解析】证券公司在代销、包销期内，对所代销、包销的证券应当保证先行出售给认购人，证券公司不得为本公司预留所代销的证券和预先购入并留存所包销的证券。

知识点九：上市公司信息披露（如图 4–11、图 4–12 所示）

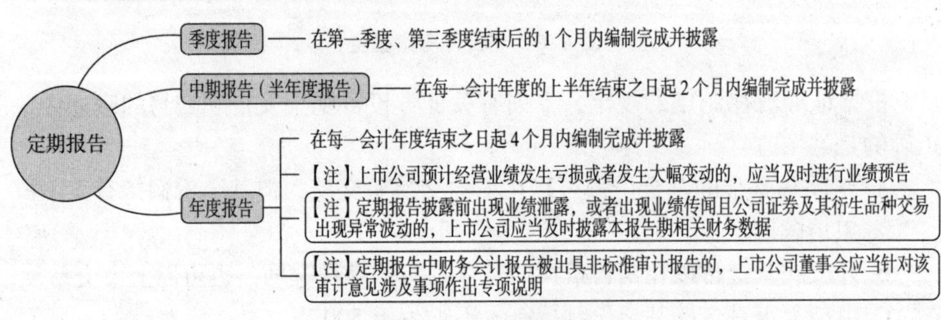

图 4–11 定期报告

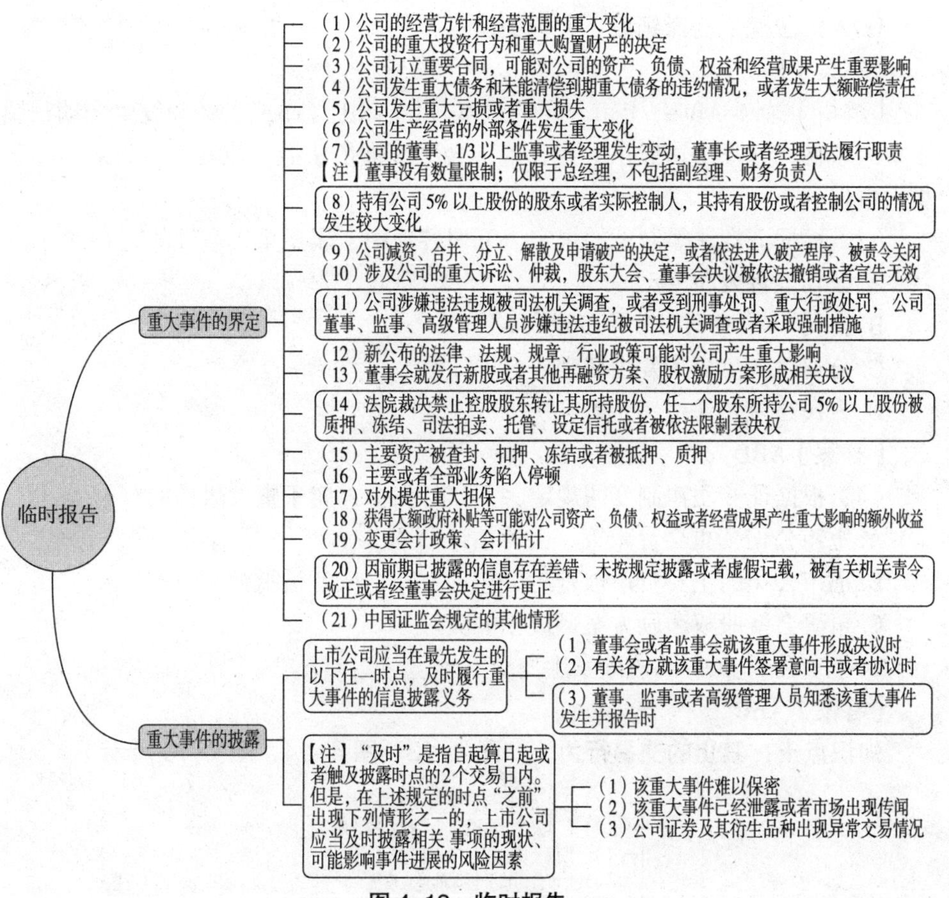

图 4-12　临时报告

（1）根据证券法律制度的规定，上市公司必须编制并公告季度报告，季度报告编制并公告的时间应当是（　　）。

A. 会计年度前 3 个月、6 个月、9 个月结束后的 1 个月内

B. 会计年度前 3 个月、6 个月、9 个月结束后的 2 个月内

C. 会计年度前 3 个月、9 个月结束后的 1 个月内

D. 会计年度前 3 个月、9 个月结束后的 2 个月内

【答案】C

【解析】上市公司应当在第一季度、第三季度结束后的 1 个月内编制季度报告。

（2）根据证券法律制度的规定，上市公司发生的下列事件中，应当立即公告的是（　　）。

A. 公司副经理发生变动

B. 公司 30% 的监事发生变动

C. 公司财务负责人发生变动

D. 人民法院依法撤销股东大会决议

【答案】D

【解析】选项 ABC：上市公司的董事、1/3 以上监事或者经理发生变动，属于重大事件；选项 D：股东大会、董事会决议被依法撤销或者宣告无效，属于重大事件。

（3）根据证券法律制度的规定，下列各项中，属于重大事件的有（　　）。

A. 公司经理发生变动

B. 公司 40% 的监事发生变动

C. 公司财务负责人发生变动

D. 人民法院依法撤销董事会决议

【答案】ABD

（4）根据证券法律制度的规定，下列各项中，属于重大事件的有（　　）。

A. 上市公司变更会计政策、会计估计

B. 上市公司的主要资产被查封、扣押、冻结或者被抵押、质押

C. 董事会就股权激励方案形成相关决议

D. 上市公司 30% 的监事发生变动

【答案】ABC

知识点十：禁止的交易行为（如图 4-13、图 4-14、图 4-15 所示）

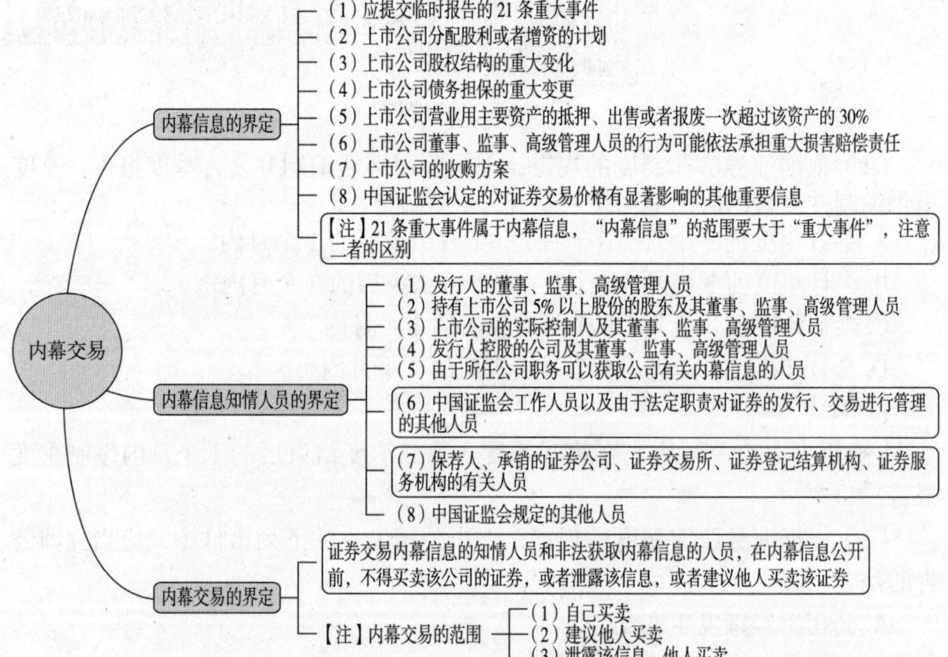

图 4-13　内幕交易

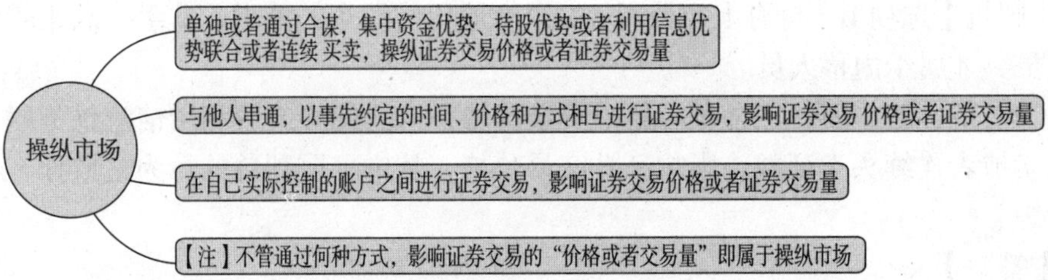

图 4-14 操纵市场

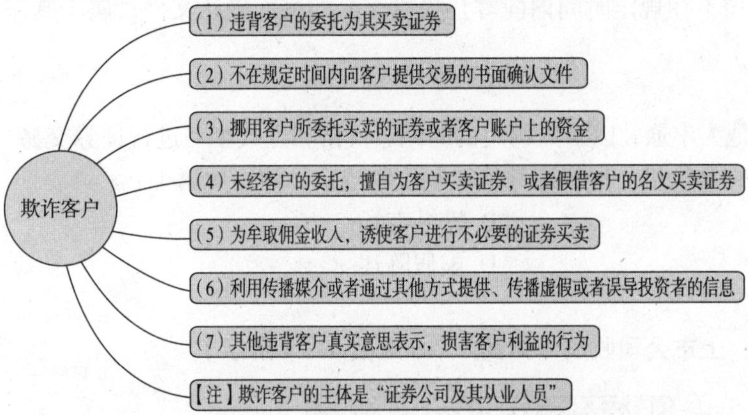

图 4-15 欺诈客户

（1）某上市公司董事会秘书甲将公司收购计划告知其同学乙，乙据此买卖该公司股票并获利 5 万元，该行为属于内幕交易行为。（ ）

【答案】√

（2）根据证券法律制度的规定，下列选项中，属于内幕信息的有（ ）。

A. 公司债务担保的重大变更

B. 上市公司收购方案

C. 公司营业用主要资产的抵押一次超过该资产的 40%

D. 公司经理发生变动

【答案】ABCD

【解析】选项 D：属于重大事件、内幕信息。

（3）根据证券法律制度的规定，下列选项中，属于知悉证券交易内幕信息的知情人员的有（ ）。

A. 发行人的董事、监事、高级管理人员

B. 持有上市公司 3% 股份的股东的董事、监事、高级管理人员

C. 上市公司的实际控制人的董事、监事、高级管理人员

D. 发行人控股的公司的董事、监事、高级管理人员

【答案】ACD

【解析】选项 B：持有上市公司 5% 以上股份的股东的董事、监事、高级管理人员，才属于内幕人员。

（4）甲、乙、丙、丁合谋，集中资金优势、持股优势或者利用信息优势联合买卖或者连续买卖证券，影响证券交易价格，从中牟取利益的行为是欺诈客户行为。(　　)

【答案】×

【解析】当事人的行为属于“操纵市场”。

（5）证券公司不在规定时间内向客户提供交易的书面确认文件，属于欺诈客户行为。(　　)

【答案】√

（6）张某与他人串通，以事先约定的时间、价格和方式相互进行证券交易，严重影响了证券交易价格。根据证券法律制度的规定，该行为属于(　　)。

A. 内幕交易　　B. 操纵市场

C. 欺诈客户　　D. 虚假陈述

【答案】B

知识点十一：上市公司收购（如图 4–16 至图 4–24 所示）

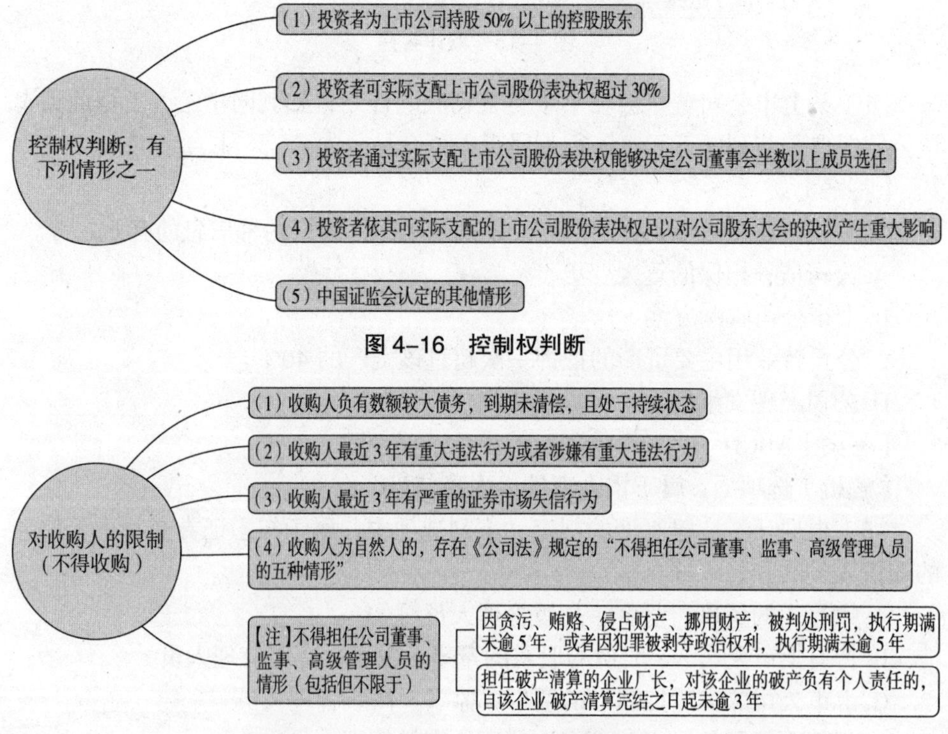

图 4–16　控制权判断

图 4–17　对收购人限制（不得收购）

一致行动人

- (1) 投资者之间有股权控制关系
- (2) 投资者受同一主体控制
- (3) 投资者的董事、监事或者高级管理人员中的主要成员，同时在另一个投资者 担任董事、监事或者高级管理人员
- (4) 投资者参股另一投资者，可以对参股公司的重大决策产生重大影响
- (5) “银行”以外的其他法人、其他组织和自然人为投资者取得相关股份提供融资安排
- (6) 投资者之间存在合伙、合作、联营等其他经济利益关系
- (7) 持有投资者 30% 以上股份的自然人，与投资者持有同一上市公司的股份
- (8) 在投资者任职的董事、监事及高级管理人员，与投资者持有同一上市公司的股份
- (9) 持有投资者 30% 以上股份的自然人和在投资者任职的董事、监事及高级管理 人员，其父母、配偶、子女及配偶、配偶的父母、兄弟姐妹及其配偶、配偶的兄弟姐妹 及其配偶等亲属，与投资者持有同一上市公司的股份
- (10) 在上市公司任职的董事、监事及高级管理人员及其前项所述亲属，同时 持有本公司股份的，或者与其自己或者其前项所述亲属直接或间接控制的企业同时持有 本公司股份
- (11) 上市公司董事、监事及高级管理人员和员工与其所控制或者委托的法人 或者其他组织持有本公司股份
- (12) 投资者之间具有其他关联关系
- 【注】投资者及其一致行动人在一个上市公司中拥有的权益应当合并计算

图 4–18　一致行动人

收购人的义务

- 公告义务 —— 实施要约收购的收购人必须事先向中国证监会报送上市公司收购报告书。 在要约收购完成后，收购人应当在 15 日内将收购情况报告中国证监会和证券交易所
- 禁售义务 —— 收购人在要约收购期内，不得卖出被收购公司的股票
- 锁定义务
  - 收购人持有的被收购上市公司的股票，在收购行为完成后的 12 个月内 不得转让。但是，收购人在被收购公司中拥有权益的股份在同一实际控制人控制的不同 主体之间进行转让不受前述 12 个月的限制，但应当遵守《上市公司收购管理办法》有关 豁免申请的有关规定
  - 在一个上市公司中拥有权益的股份达到或者超过该公司已发行股份 的 30% 的，自上述事实发生之日起 1 年后，每 12 个月内增持不超过该公司已发行的 2% 的股份，该增持不超过 2% 的股份锁定期为增持行为完成之日起 6 个月

图 4–19　收购人的义务

进行权益披露的情形

- 通过证券交易所的证券交易，或者通过协议转让、继承、赠与等方式，投资者 及其一致行动人拥有权益的股份达到一个上市公司已发行股份的 5% 时，应当在该事实发生 之日起 3 日内编制权益变动报告书，向中国证监会、证券交易所提交书面报告，抄报该上市 公司所在地的中国证监会派出机构，通知该上市公司，并予公告。在上述期限内，不得再行买卖该上市公司的股票
- 投资者及其一致行动人拥有权益的股份达到一个上市公司已发行股份的 5% 后，其拥有权益的股份占该上市公司已发行股份的比例每增加或者减少 5%，应当依照上述 规定进行报告和公告。在报告期限内和作出报告、公告后 2 日内，不得再行买卖该上市公司的股票

图 4–20　进行权益披露的情形

- 权益变动报告书的编制
  - （1）5%~20%
    - 投资者及其一致行动人不是上市公司的第一大股东或者实际控制人，其拥有权益的股份达到或者超过该公司已发行股份的5%，但未达到 20% 的，应当编制简式 权益变动报告书
    - 投资者及其一致行动人是上市公司的第一大股东或者实际控制人，应当编制详式权益变动报告书
  - （2）20%~30%
    - 投资者及其一致行动人拥有权益的股份达到或者超过一个上市公司已发行股 份的 20%，但未超过 30% 的，应当编制详式权益变动报告书

图 4–21　权益变动报告书的编制

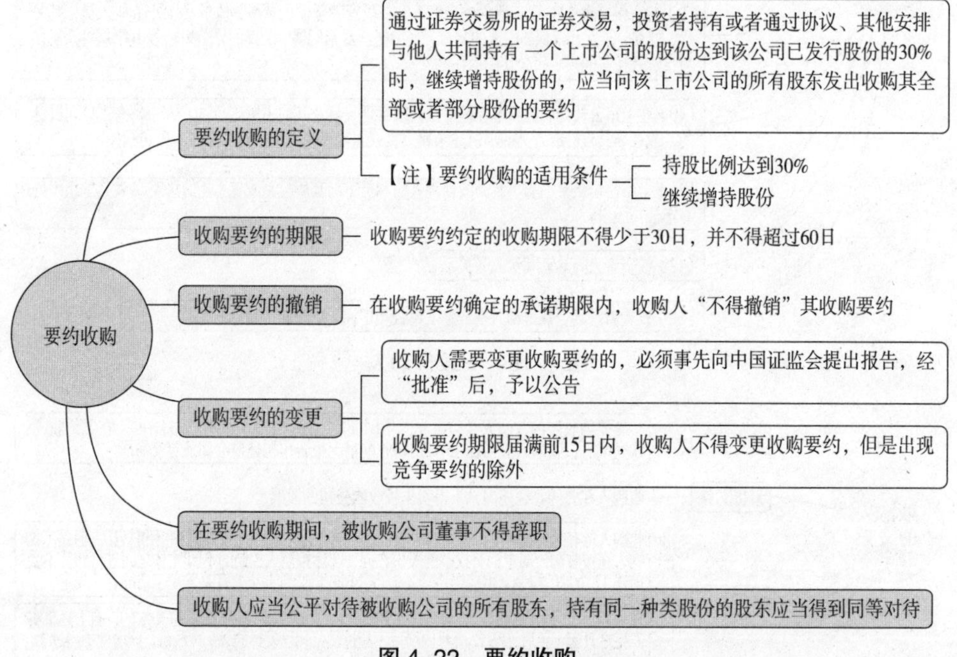

图 4–22　要约收购

- 协议收购
  - 收购协议达成后，收购人必须在3日内将该收购协议向中国证监会、证券交易 所作出书面报告，并予公告。在公告前不得履行收购协议
  - 采取协议收购方式的，收购人收购或者通过协议、其他安排与他人共同收购一 个上市公司已发行的股份达到30%时，继续进行收购的，应当向该上市公司所有股东发出收购上市公司全部或者部分股份的要约，转化为要约收购。但是，经 中国证监会免除发出要约的除外

图 4–23　协议收购

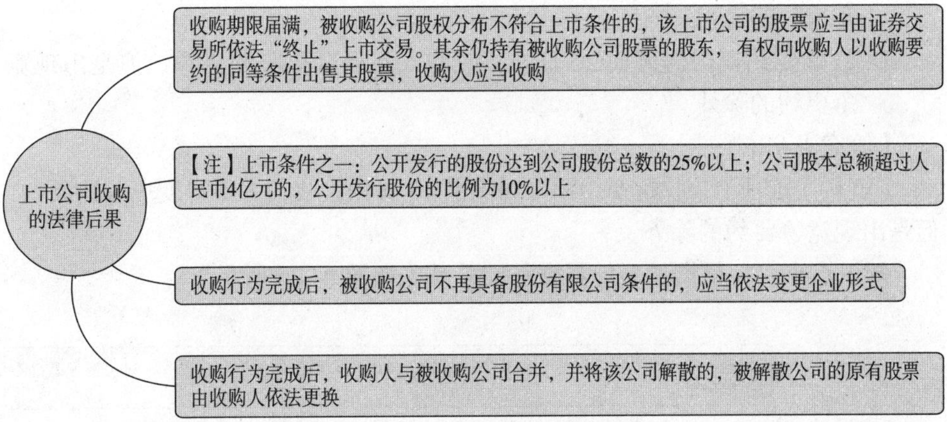

图 4-24　上市公司收购的法律后果

（1）根据证券法律制度的规定，在上市公司收购中，要约收购的收购期限为（　　），但是出现竞争要约的除外。

A. 不得少于 15 日，并不得超过 30 日

B. 不得少于 15 日，并不得超过 60 日

C. 不得少于 30 日，并不得超过 60 日

D. 不得少于 30 日，并不得超过 90 日

【答案】C

（2）根据证券法律制度的规定，下列关于要约收购的表述中，不正确的是（　　）。

A. 采取要约收购方式的，收购人在收购期限内，不得卖出被收购公司的股票

B. 在要约收购期间，被收购公司董事不得辞职

C. 采取要约收购方式的，在收购要约确定的承诺期限内，收购人不得撤销其收购要约

D. 收购期限届满，被收购公司股权分布不符合上市条件的，该上市公司的股票应当由证券交易所依法暂停上市交易

【答案】D

【解析】选项 D：收购期限届满，被收购公司股权分布不符合上市条件的，该上市公司的股票应当由证券交易所依法“终止”（而非暂停）上市交易。

（3）根据证券法律制度的规定，下列关于上市公司要约收购的表述中，正确的有（　　）。

A. 在要约收购期间，被收购公司董事不得辞职

B. 在收购要约确定的承诺期限内，收购人不得撤销其收购要约

C. 收购人需要变更收购要约的，必须及时公告，载明具体变更事项，并通

知被收购公司

D. 收购要约期限届满前 20 日内，收购人不得变更收购要约，但是出现竞争要约的除外

【答案】ABC

【解析】选项 D：收购要约期限届满前 15 日内，收购人不得变更收购要约，但是出现竞争要约的除外。

知识点十二：票据关系与票据基础关系（如图 4–25 所示）

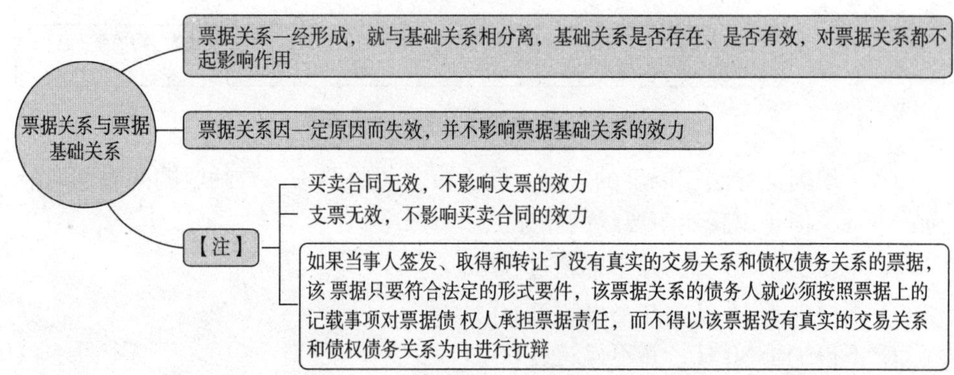

图 4–25　票据关系与票据基础关系

甲、乙签订了买卖合同，甲以乙为收款人开出一张票面金额为 5 万元的银行承兑汇票，作为预付款交付于乙，乙接受汇票后将其背书转让给丙。后当事人因不可抗力解除该合同。根据票据法律制度的规定，下列表述中，正确的是（　　）。

A. 甲有权要求乙返还汇票

B. 甲有权要求丙返还汇票

C. 甲有权请求付款银行停止支付

D. 甲有权要求乙返还 5 万元预付款

【答案】D

【解析】票据关系一经形成，就与基础关系分离，基础关系是否存在、是否有效，对票据关系都不起影响作用。在本题中，甲、乙之间解除买卖合同，并不影响持票人丙的票据权利。因此，出票人甲无权要求丙返还汇票，也无权请求付款银行停止支付向丙支付汇票金额。在银行向丙付款后，甲有权要求乙返还 5 万元的预付款。

知识点十三：票据行为（如图 4–26 所示）

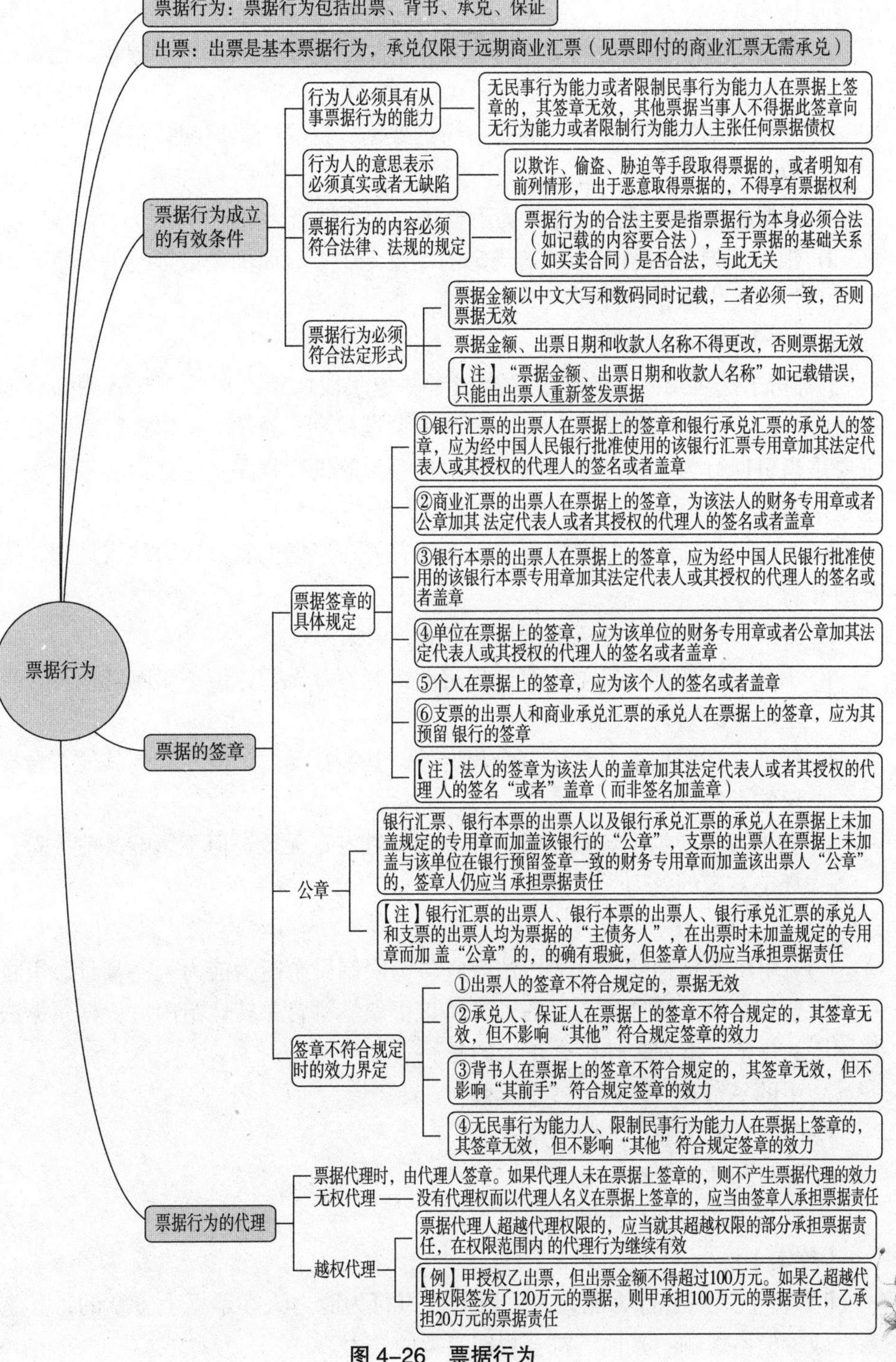

图 4–26　票据行为

（1）根据票据法律制度的规定，下列有关票据行为有效要件的表述中，正确的有（　　）。

A. 保证人在票据上的签章不符合规定的，其签章无效，但不影响其他符合规定签章的效力

B. 持票人明知转让者转让的是盗窃的票据，仍受让票据的，不得享有票据权利

C. 票据的基础关系涉及的行为不合法，则票据行为也不合法

D. 银行汇票的出票人未加盖规定的汇票专用章，而加盖该银行的公章，则签章人应承担责任

【答案】ABD

【解析】选项B：以欺诈、偷盗或者胁迫手段取得票据的，或者明知有前述情形，出于恶意取得票据的，不得享有票据权利；选项C：票据行为的合法主要是指票据行为本身必须合法，即票据行为的进行程序、记载内容等合法，至于票据的基础关系涉及的行为是否合法，则与此无关。

（2）根据票据法律制度的规定，下列有关在票据上签章效力的表述中，正确的有（　　）。

A. 出票人在票据上签章不符合规定的，票据无效

B. 承兑人在票据上签章不符合规定的，其签章无效，但不影响其他符合规定签章的效力

C. 保证人在票据上签章不符合规定的，其签章无效，但不影响其他符合规定签章的效力

D. 背书人在票据上签章不符合规定的，其签章无效，但不影响其前手符合规定签章的效力

【答案】ABCD

（3）甲患有精神病，被人民法院宣告为限制民事行为能力人。某日，甲将一张汇票签章背书转让给乙，后乙又将该汇票签章背书转让给丙。根据票据法律制度的规定，下列表述中，正确的是（　　）。

A. 甲的签章有效，乙的签章无效

B. 甲的签章无效，乙的签章有效

C. 甲与乙的签章均有效

D. 甲与乙的签章均无效

【答案】B

【解析】无民事行为能力人、限制民事行为能力人在票据上签章的，其签章无效，但不影响“其他”符合规定签章的效力。

知识点十四：票据权利的取得（如图 4-27 所示）

票据权利的取得

- 票据权利：票据权利包括付款请求权和追索权。一般情况下，持票人应首先行 使付款请求权（第一次权利），得不到付款时，才可以行使追索权（第二次权利）。持票人不先行使付款请求权而先行使追索权遭到拒绝而起诉的，人民法院不予受理
- 票据权利的取得方式
  - 出票取得——出票是创设票据权利的票据行为，从出票人处取得票据，即取得票据权利
  - 转让取得——票据通过背书转让方式可以转让给他人，被背书人即获得票据权利
  - 以税收、继承、赠与、企业合并等方式获得票据
- 票据权利取得的限制
  - （1）票据的取得，必须给付对价。凡是无对价或者无相当对价取得票据的，如果 属于善意取得，仍然享有票据权利，但票据持有人必须承受其前手的权利瑕疵，即该票据权利不得优于其前手。如果前手的权利因违法或者有瑕疵而受影响或 者丧失，该持票人的权利也因此而受到影响或者丧失
  - 【注】凡是善意的、已付对价的正当持票人可以向任何票据债务人请求付款，不受其前手权利瑕疵和前手相互间抗辩的影响
  - 【注】持票人取得的票据是无对价或者不相当对价的，其享有的权利不能优 于其前手的权利，因此票据债务人可以对抗持票人前手的抗辩事由对抗该持票人
  - 【注】
    - 如果持票人以胁迫、欺诈等“恶意”手段取得票据，肯定不享有票 据权利
    - 如果持票人“善意”、“无对价”取得票据，则要看其前手的情况：如果其前手干干净净，则持票人也平安无事；如果其前手的票据权利 存在瑕疵，则持票人的票据权利就要受到“牵连”
    - 如果持票人“善意”、“对价”取得票据，则享有100%的票据权利，不会受其前手的“牵连”
  - （2）因税收、继承、赠与依法无偿取得票据的，不受给付对价的限制。但是，所 享有的票据权利不得优于其前手
  - 【注】只要持票人依法举证，表现其合法取得票据的方式，证明其票据权利，就能享有票据权利。但是，其票据权利不得优于其前手
  - 【例】甲向乙签发支票，乙将该支票赠与丙。只要持票人丙依法举证（如赠 与合同），表现其合法取得票据的方式，证明其票据权利，就能享有票据权利（不受背书连续的限制）。但是，丙（无对价取得）的票据权利不得优于其前手乙。如果乙发给甲的货物存在严重的质量问题，则出票人甲就可以以对抗乙的理由来 对抗丙
  - （3）因欺诈、偷盗、胁迫、恶意或者重大过失而取得票据的，不得享有票据权利

图 4-27　票据权利的取得

甲偷盗所得某银行签发的金额为5 000元的银行本票一张，并将该本票赠与其女友乙作为生日礼物，乙不知该本票系甲偷盗所得，按期持票要求银行付款。假设银行知晓该本票系甲偷盗所得并送给乙，对于乙的付款请求，根据票据法律制度的规定，下列表述中，正确的是（　　）。

A. 根据票据无因性原则，银行应当支付

B. 乙无对价取得本票，银行应拒绝支付

C. 虽甲取得本票不合法，但因乙不知情，银行应支付

D. 甲取得本票不合法，且乙无对价取得本票，银行应拒绝支付

【答案】D

【解析】乙因赠与可以无偿取得票据，不受给付对价的限制。但是，其所享有的票据权利不得优于其前手甲，而甲偷盗所得不享有票据权利，因此乙不享有票据权利。

知识点十五：票据权利的补救（如图4–28所示）

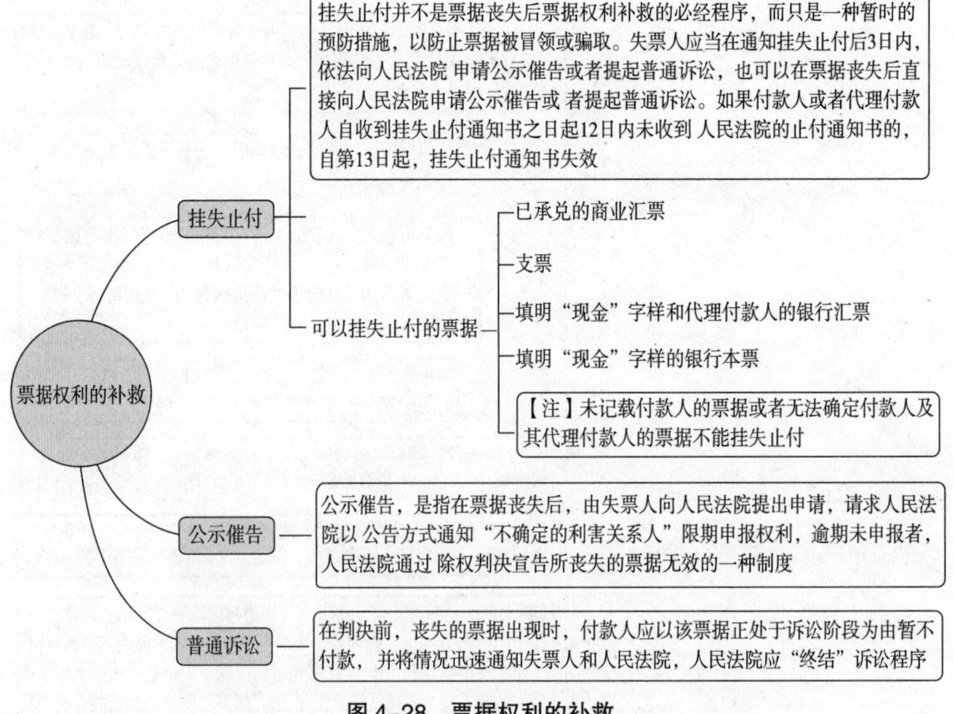

图4–28　票据权利的补救

（1）在票据权利补救的普通诉讼中，丧失的票据在判决前出现时，付款人应以该票据正处于诉讼阶段为由暂不付款，并将情况迅速通知失票人和人民法院。根据票据法律制度的规定，人民法院正确的处理方式是（　　）。

A. 终结诉讼程序

B. 中止诉讼程序

C. 判决付款人付款，其他争议另案审理

D. 追加持票人作为第三人，诉讼程序继续进行

【答案】A

【解析】在判决前，丧失的票据出现时，付款人应以该票据正处于诉讼阶段为由暂不付款，并将情况迅速通知失票人和人民法院，人民法院应终结诉讼程序。

（2）根据票据法律制度的规定，下列各项中，属于不可以挂失止付的票据有（　　）。

A. 已承兑的商业汇票

B. 未记载付款人的汇票

C. 未填明“现金”字样的银行汇票

D. 未填明“现金”字样的银行本票

【答案】BCD

【解析】未记载付款人的票据或者无法确定付款人及其代理付款人的票据不能挂失止付。可以挂失止付的票据包括：已承兑的商业汇票；支票；填明“现金”字样和代理付款人的银行汇票；填明“现金”字样的银行本票。

知识点十六：票据抗辩（如图 4-29 所示）

根据票据法律制度的规定，下列各项中，汇票债务人可以对持票人行使抗辩权的事由是（　　）。

A. 汇票债务人与出票人之间存在合同纠纷

B. 汇票债务人与持票人的前手存在抵销关系

C. 背书不连续

D. 出票人存入汇票债务人的资金不够

【答案】C

【解析】选项 AD：票据债务人不得以自己和出票人之间的抗辩事由对抗持票人，如出票人与票据债务人存在合同纠纷、出票人存入票据债务人的资金不够；选项 B：票据债务人不得以自己与持票人的前手之间的抗辩事由对抗持票人，如票据债务人与持票人的前手存在抵销关系；选项 C：属于“对物抗辩”，票据债务人可以对任何持票人提出抗辩。

图 4–29 票据抗辩

知识点十七：票据的伪造和变造（如图 4–30 所示）

（1）下列有关票据伪造的表述中，符合票据法律制度规定的有（ ）。

A. 票据上有伪造签章的，不影响票据上其他真实签章的效力

B. 善意的且支付相当对价的合法持票人有权要求被伪造人承担票据责任

C. 善意的且支付相当对价的合法持票人无权要求被伪造人承担票据责任

D. 票据伪造人的伪造行为即使给他人造成损害，也不承担票据责任

【答案】ACD

【解析】选项 A：票据上有伪造签章的，不影响票据上其他真实签章的效力，在票据上真正签章的当事人，仍应对被伪造的票据的债权人承担票据责任；

选项 BC：持票人即使是善意取得，对被伪造人也不能行使票据权利；选项 D：由于伪造人没有在票据上以自己的名义签章，因此不承担票据责任。

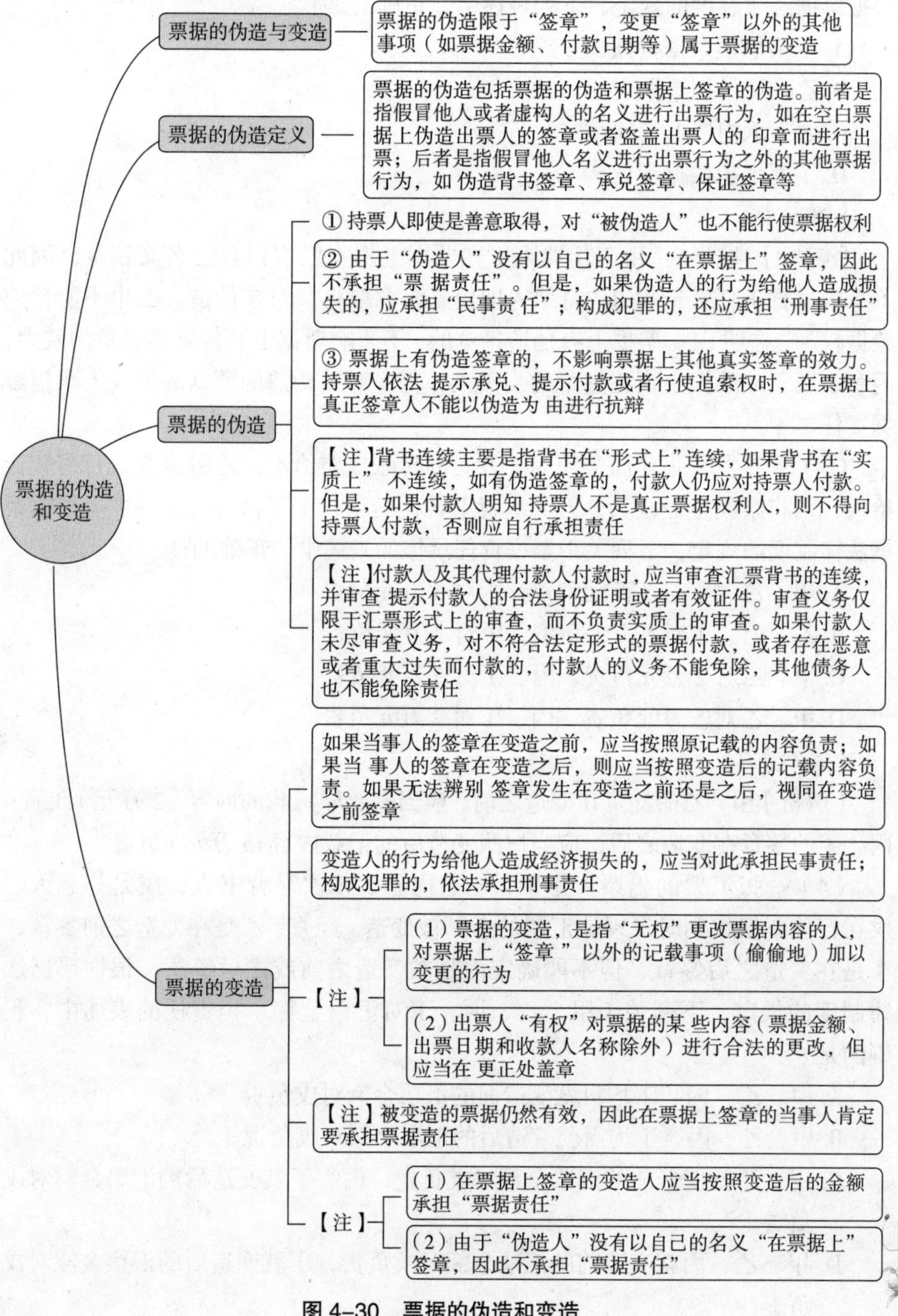

图 4–30 票据的伪造和变造

（2）甲私刻乙公司的财务专用章，假冒乙公司名义签发一张转账支票交给收款人丙，丙将该支票背书转让给丁，丁又背书转让给戊。当戊主张票据权利时，根据票据法律制度的规定，下列表述中，正确的是（　　）。

A. 甲不承担票据责任

B. 乙公司承担票据责任

C. 丙不承担票据责任

D. 丁不承担票据责任

【答案】A

【解析】选项 A：由于伪造人甲在票据上根本没有以自己名义签章，因此不承担票据责任；选项 B：持票人即使是善意取得，对被伪造人乙也不能行使票据权利；选项 CD：票据上有伪造签章的，不影响票据上其他真实签章的效力，丙和丁属于在票据上真正签章的当事人，仍应对被伪造的票据的债权人承担票据责任。

（3）甲签发一张票面金额为 2 万元的转账支票给乙，乙将该支票背书转让给丙，丙将票面金额改为 5 万元后背书转让给丁，丁又背书转让给戊。根据票据法律制度的规定，下列关于票据责任承担的表述中，正确的是（　　）。

A. 甲、乙、丁对 2 万元负责，丙对 5 万元负责

B. 乙、丙、丁对 5 万元负责，甲对 2 万元负责

C. 甲、乙对 2 万元负责，丙、丁对 5 万元负责

D. 甲、乙对 5 万元负责，丙、丁对 2 万元负责

【答案】C

【解析】甲、乙的签章在变造之前，应当按照原记载的内容（2 万元）负责；丙、丁的签章在变造之后，应当按照变造后的记载内容 (5 万元) 负责。

（4）一张汇票的出票人是甲，乙、丙、丁依次是背书人，戊是持票人。戊在行使票据权利时发现该汇票的金额被变造。经查，乙是在变造之前签章，丁是在变造之后签章，但不能确定丙是在变造之前或之后签章。根据票据法律制度的规定，下列关于甲、乙、丙、丁对汇票金额承担责任的表述中，正确的是（　　）。

A. 甲、乙、丙、丁均只就变造前的汇票金额对戊负责

B. 甲、乙、丙、丁均需就变造后的汇票金额对戊负责

C. 甲、乙就变造前的汇票金额对戊负责，丙、丁就变造后的汇票金额对戊负责

D. 甲、乙、丙就变造前的汇票金额对戊负责，丁就变造后的汇票金额对戊负责

【答案】D

【解析】如果当事人（甲、乙）签章在变造之前，应按原记载的内容负责；如果当事人（丁）签章在变造之后，则应按变造后的记载内容负责；如果无法辨别当事人（丙）是在票据被变造之前或之后签章的，视同在变造之前签章。

知识点十八：商业汇票票据权利的消灭时效（如图 4–31 所示）

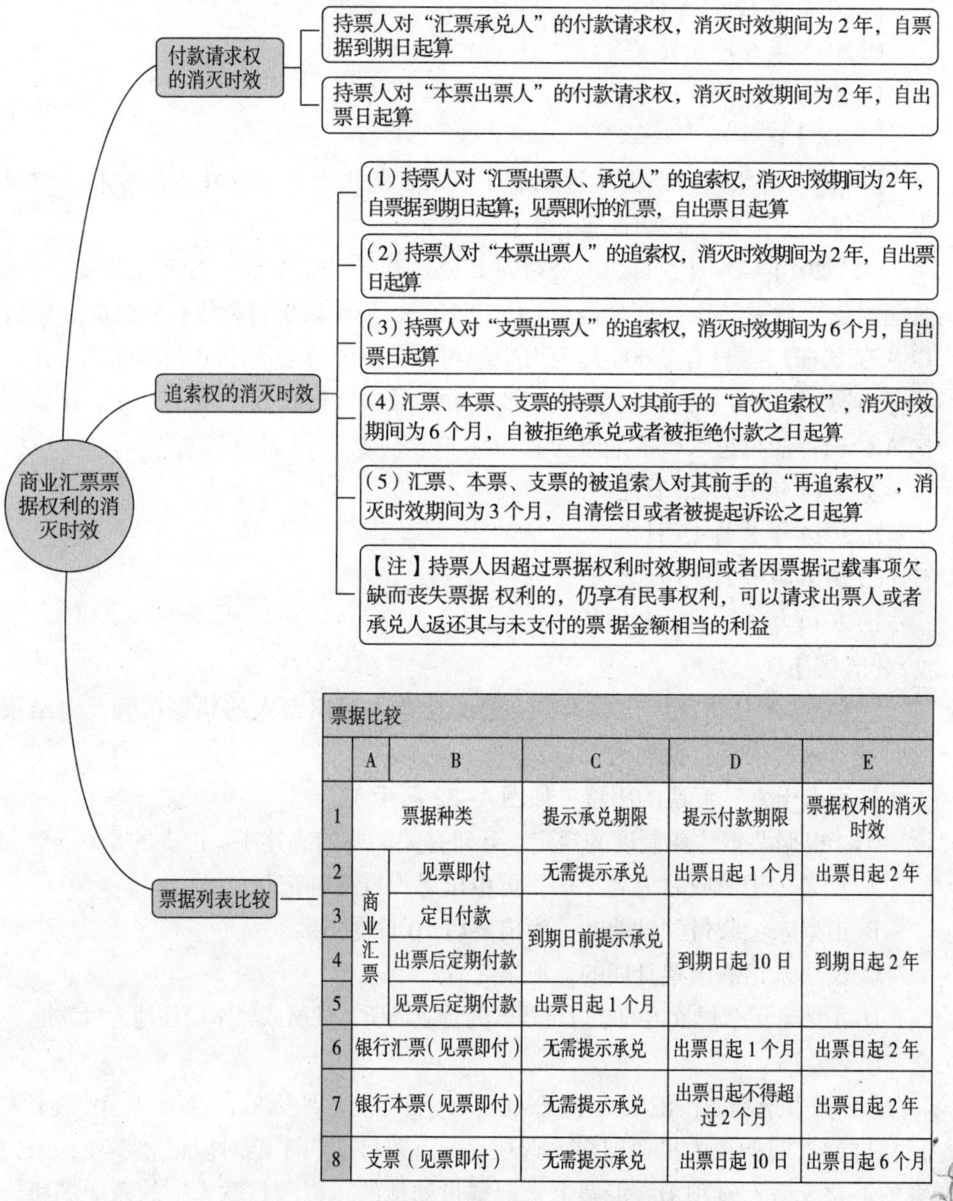

票据比较

	A	B	C	D	E
1	票据种类		提示承兑期限	提示付款期限	票据权利的消灭时效
2	商业汇票	见票即付	无需提示承兑	出票日起1个月	出票日起2年
3		定日付款	到期日前提示承兑	到期日起10日	到期日起2年
4		出票后定期付款			
5		见票后定期付款	出票日起1个月		
6	银行汇票（见票即付）		无需提示承兑	出票日起1个月	出票日起2年
7	银行本票（见票即付）		无需提示承兑	出票日起不得超过2个月	出票日起2年
8	支票（见票即付）		无需提示承兑	出票日起10日	出票日起6个月

图 4–31　商业汇票票据权利的消灭时效

（1）丙公司持有一张以甲公司为出票人、乙银行为承兑人、丙公司为收款人的汇票，汇票到期日为2014年6月5日，但是丙公司一直没有主张票据权利。根据票据法律制度的规定，丙公司对甲公司的票据权利的消灭时间是（　）。

A. 2014年6月15日

B. 2014年12月5日

C. 2015年6月5日

D. 2016年6月5日

【答案】D

【解析】持票人对票据（远期商业汇票）的出票人和承兑人的权利，自票据（远期商业汇票）到期日起2年。

（2）2014年6月5日，A公司向B公司开具一张金额为5万元的支票，B公司将支票背书转让给C公司。6月12日，C公司请求付款银行付款时，银行以A公司账户内只有5 000元为由拒绝付款。C公司遂要求B公司付款，B公司于6月15日向C公司付清了全部款项。根据票据法律制度的规定，B公司向A公司行使再追索权的期限为（　）。

A. 2014年6月25日之前

B. 2014年8月15日之前

C. 2014年9月15日之前

D. 2014年12月5日之前

【答案】D

【解析】A公司属于出票人，支票的持票人对出票人的票据权利，自出票之日起6个月内不行使而消灭。

知识点十九：汇票的出票（如图4–32所示）

（1）根据票据法律制度的规定，下列有关汇票的表述中，正确的是（　）。

A. 汇票未记载收款人名称的，可由出票人授权补记

B. 汇票未记载付款日期的，为出票后10日内付款

C. 汇票未记载出票日期的，汇票无效

D. 汇票未记载付款地的，以出票人的营业场所、住所或经常居住地为付款地

【答案】C

【解析】选项A：汇票上未记载收款人名称的汇票无效；选项B：汇票上未记载付款日期的视为见票即付；选项C：出票日期属于绝对应记载事项，未记载的汇票无效；选项D：汇票上未记载付款地的，以“付款人”的营业场所、住所或者经常居住地为付款地。

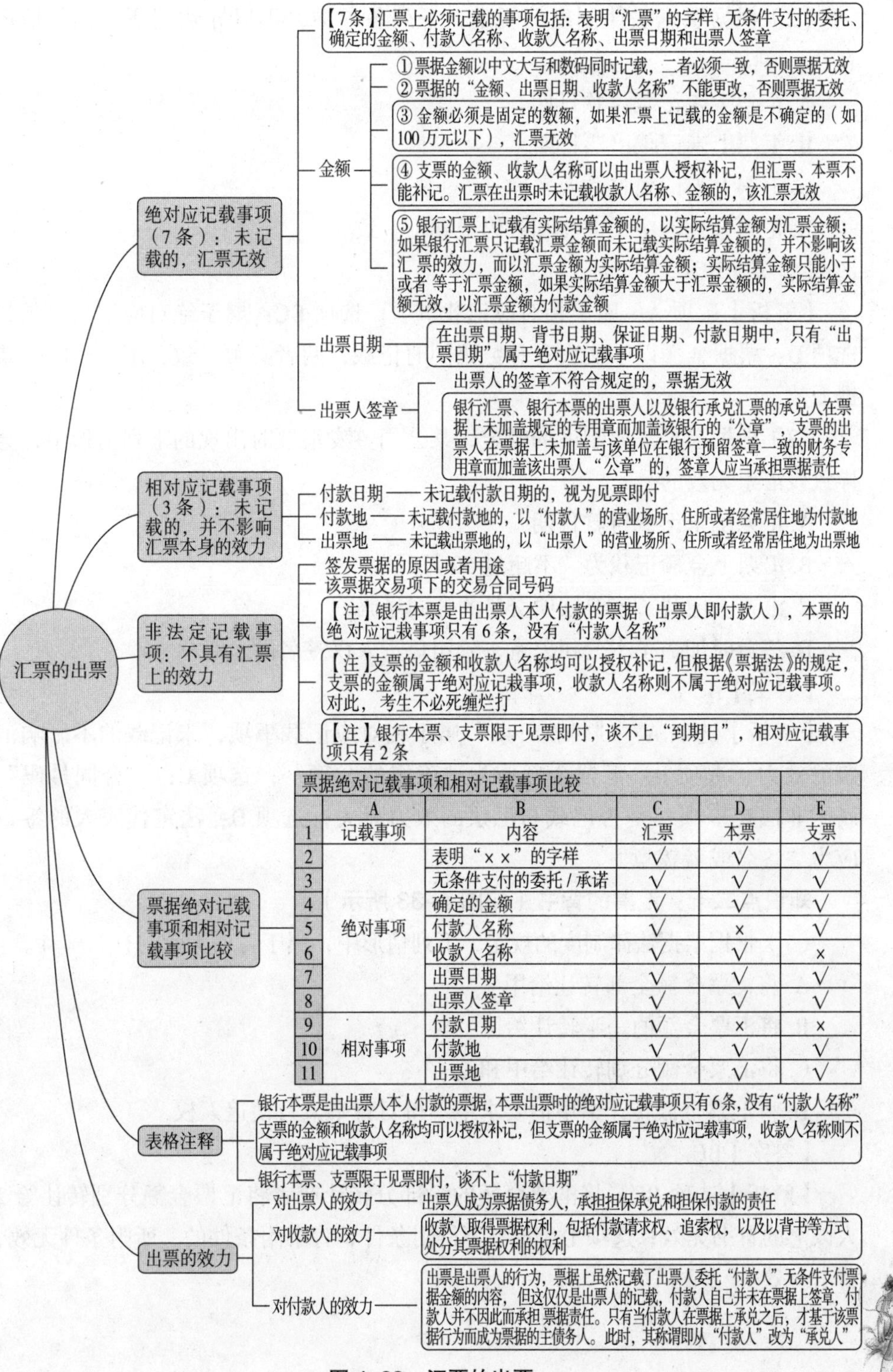

票据绝对记载事项和相对记载事项比较					
	A	B	C	D	E
1	记载事项	内容	汇票	本票	支票
2	绝对事项	表明“××”的字样	√	√	√
3		无条件支付的委托/承诺	√	√	√
4		确定的金额	√	√	√
5		付款人名称	√	×	√
6		收款人名称	√	√	×
7		出票日期	√	√	√
8		出票人签章	√	√	√
9	相对事项	付款日期	√	×	×
10		付款地	√	√	√
11		出票地	√	√	√

图 4-32　汇票的出票

（2）根据票据法律制度的规定，下列各项中，可以导致汇票无效的情形有（　　）。

A. 汇票上未记载付款日期

B. 汇票上未记载出票日期

C. 汇票上未记载收款人名称

D. 汇票金额的中文大写和数码记载不一致

【答案】BCD

【解析】选项 A：属于相对应记载事项；选项 BC：属于绝对应记载事项；选项 D：票据金额以中文大写和数码同时记载，两者必须一致，不一致时，票据无效。

（3）根据票据法律制度的规定，某公司签发汇票时出现的下列情形中，会导致该汇票无效的是（　　）。

A. 汇票上未记载付款日期

B. 汇票上金额记载为"不超过 50 万元"

C. 汇票上记载了该票据项交易的合同号码

D. 签章时加盖了本公司公章，公司负责人仅签名而未盖章

【答案】B

【解析】选项 A："付款日期"属于相对应记载事项，未记载的不影响汇票的效力；选项 B：汇票金额应为"确定的金额"；选项 C："合同号码"属于非法定事项，是否记载与汇票的效力无关；选项 D：法定代表人的签章应为"签名或者盖章"。

知识点二十：汇票的背书（如图 4-33 所示）

（1）根据票据法律制度的规定，下列情形中，属于背书无效的有（　　）。

A. 将汇票金额全部转让给甲

B. 将汇票金额的一半转让给甲

C. 将汇票金额分别转让给甲和乙

D. 将汇票金额转让给甲但要求甲不得对背书人行使追索权

【答案】BC

【解析】选项 BC：将汇票金额的一部分转让或者将汇票金额分别转让给 2 人以上的背书无效；选项 D：背书不得附条件，背书附条件的，所附条件无效，背书有效。

汇票的背书

背书的定义

- 背书，是指持票人为将票据权利转让给他人或者将票据权利授予他人行使，在票据背面或者粘单上记载有关事项并签章，然后将票据交付给被背书人的票据行为
- 背书包括转让背书和非转让背书（委托收款背书和质押背书）

记载事项

- 绝对应记载事项：背书人的签章
- 相对应记载事项：背书日期（未记载的，视为到期日前背书）
- 可以补记：被背书人名称
- 【注】背书人未记载被背书人名称即将票据交付他人的，持票人在被背书人栏内记载自己的名称与背书人记载具有同等法律效力
- 【注】背书人在票据上的签章不符合规定的，其签章无效，但不影响"其前手"符合规定签章的效力

汇票背书记载事项		
	A	B
1	出票日期	绝对事项
2	付款日期	相对事项（未记载的，视为见票即付）
3	背书日期	相对事项（未记载的，视为汇票到期日前背书）
4	保证日期	相对事项（未记载的，以出票日期为保证日期）

附条件的背书：条件无效、背书有效

- 背书时附有条件的，所附条件不具有汇票上的效力，即不影响背书行为本身的效力，被背书人仍可依该背书取得票据权利

部分背书、多头背书：背书无效

- 将汇票金额的一部分转让或者将汇票金额分别转让给2人以上的背书无效

背书连续

- 以背书转让的汇票，背书应当连续。如果背书不连续，付款人可以拒绝向持票人付款，否则付款人自行承担责任
- 【注】背书连续主要是指背书在"形式上"连续，如果背书在"实质上"不连续，如有伪造签章的，付款人仍应对持票人付款。但是，如果付款人明知持票人不是真正票据权利人，则不得向持票人付款，否则应自行承担责任
- 对于非经背书转让，而以其他合法形式（如税收、继承、赠与）取得汇票的，不受背书连续的限制。只要取得汇票的人依法举证，表现其合法取得汇票的方式，证明其票据权利，就能享有票据权利

任意禁止背书

- 出票人
  - 出票人在汇票上记载"不得转让"字样，其后手再转让的，该转让不发生票据法上的效力，出票人和承兑人对受让人不承担"票据责任"
  - 对于出票人记载"不得转让"字样的汇票，其后手以此票据进行贴现、质押的，通过贴现、质押取得票据的持票人主张票据权利的，人民法院不予支持
- 背书人
  - 背书人在汇票上记载"不得转让"字样，其后手再背书转让的，原背书人对其直接被背书人以后通过背书方式取得汇票的一切当事人，不负担保责任

法定禁止背书

- 汇票已经被拒绝承兑
- 汇票已经被拒绝付款
- 超过付款提示期限，其票据权利中的付款请求权已经丧失
- 【注】背书转让的，背书人应当承担票据责任

委托收款背书

- 被背书人因委托收款背书而取得代理权后，可以代为行使付款请求权和追索权
- 背书人仍是票据权利人，被背书人只是代理人，未取得票据权利，因此不能转让。如果转让的，原背书人对后手的被背书人不承担票据责任，但不影响出票人、承兑人以及原背书人之前手的票据责任

质押背书

- 质押背书确立的是一种担保关系，而不是票据权利的转让。因此，质权人并不享有票据权利，不得将其转让。如果转让的，原背书人对后手的被背书人不承担票据责任，但不影响出票人、承兑人以及原背书人之前手的票据责任
- 以汇票设定质押时，出质人应当"在汇票上"记载"质押"字样并"签章"，才构成汇票质押。被背书人取得质权人地位后，在背书人不能履行其债务的情况下，质权人可以行使"票+据权利"，并从票据金额中按照担保债权的数额优先得到偿还
- 【注】以汇票设定质押时，出质人在汇票上只记载了"质押"字样而未在票据上签章的，或者出质人未在汇票上记载"质押"字样而另行签订质押合同、质押条款的，不构成汇票质押
- 【注】
  - 如果构成汇票质押（出质人同时在汇票上"签章"并记载"质押"字样）的，在质押期间，被背书人（质权人）并不享有票据权利，但是，当背书人（债务人）不能履行到期债务时，被背书人（质权人）就可以行使"票据权利"了
  - 如果债务人将汇票直接"交付"给质权人（出质人未同时在汇票上"签章"并记载"质押"字样）的，根据《物权法》的规定，质权依然自交付之日起设立；但是，当债务人不能履行到期债务时，质权人不能直接行使"票据权利"（背书不连续）

背书效力

背书的效力		
	A	B
1	具体形式	背书的效力
2	背书人未签章	背书无效
3	未记载背书日期	背书有效
4	背书人未记载被背书人名称即将票据交付他人的，持票人在被背书人栏内记载自己的名称	背书有效
5	附条件的背书	背书有效
6	部分背书、多头背书	背书无效
7	背书人在汇票上记载"不得转让"字样，其后手再背书转让的	背书有效

图 4-33　汇票的背书

（2）根据票据法律制度的规定，下列有关票据背书的表述中，正确的有（　　）。

A. 背书人在背书时记载“不得转让”字样的，被背书人再行背书无效

B. 背书附条件的，背书无效

C. 部分转让票据权利的背书无效

D. 分别转让票据权利的背书无效

【答案】CD

【解析】选项 A：对于背书人的“禁止背书”，其后手再背书转让的，原背书人对其直接被背书人以后通过背书方式取得汇票的一切当事人，不负担保责任，但不影响背书本身的效力；选项 B：背书不得附条件，否则所附条件无效，但背书有效；选项 CD：将汇票金额的一部分转让或者将汇票金额分别转让给 2 人以上的背书无效。

（3）甲公司将一张银行承兑汇票转让给乙公司，乙公司以质押背书方式向 W 银行取得贷款。贷款到期，乙公司偿还贷款，收回汇票并转让给丙公司。票据到期后，丙公司作成委托收款背书，委托开户银行提示付款。根据票据法律制度的规定，下列背书中，属于非转让背书的有（　　）。

A. 甲公司背书给乙公司

B. 乙公司质押背书给 W 银行

C. 乙公司背书给丙公司

D. 丙公司委托收款背书

【答案】BD

【解析】非转让背书包括委托收款背书和质押背书。

（4）甲将一汇票背书转让给乙，但该汇票上未记载乙的名称。其后，乙在该汇票被背书人栏内记载了自己的名称。根据票据法律制度的规定，下列有关该汇票背书与记载效力的表述中，正确的是（　　）。

A. 甲的背书无效，因为甲未记载被背书人乙的名称

B. 甲的背书无效，且将导致该票据无效

C. 乙的记载无效，应由背书人甲补记

D. 乙的记载有效，其记载与背书人甲记载具有同等法律效力

【答案】D

【解析】如果背书人未记载被背书人名称而将票据交付他人的，持票人在票据被背书人栏内记载自己的名称与背书人记载具有同等法律效力。

（5）根据票据法律制度的规定，如果持票人将出票人禁止背书的汇票转让，下列有关出票人票据责任的表述中，正确的是（　　）。

A. 出票人对受让人不负票据责任

B. 出票人仍须对善意受让人负偿还票款的责任

C. 出票人与背书人对善意受让人负偿还票款的连带责任

D. 出票人与背书人、持票人共同负责

【答案】A

【解析】出票人在汇票上记载“不得转让”字样，其后手再转让的，该转让不发生票据法上的效力，出票人对受让人不承担票据责任。

（6）根据票据法律制度的规定，背书人在汇票上记载“不得转让”字样，其后手再背书转让的，将产生的法律后果是（　　）。

A. 该汇票无效

B. 该背书转让无效

C. 原背书人对后手的被背书人不承担保证责任

D. 原背书人对后手的被背书人承担保证责任

【答案】C

【解析】背书人在汇票上记载“不得转让”字样，其后手再背书转让的，原背书人对其直接被背书人以后通过背书方式取得汇票的一切当事人，不负保证责任。

（7）汇票背书人在票据上记载了“不得转让”字样，但其后手仍进行了背书转让，下列关于票据责任承担的表述中，错误的是（　　）。

A. 不影响承兑人的票据责任

B. 不影响出票人的票据责任

C. 不影响原背书人之前手的票据责任

D. 不影响原背书人对后手的被背书人承担票据责任

【答案】D

【解析】背书人在汇票上记载“不得转让”字样，其后手再背书转让的，原背书人对其直接被背书人以后通过背书方式取得汇票的一切当事人，不负保证责任。

（8）甲公司为购买货物而将所持有的汇票背书转让给乙公司，但因担心以此方式付款后对方不交货，因此在背书栏中记载了“乙公司必须按期保质交货，否则不付款”的字样。乙公司在收到票据后没有按期交货。根据票据法律制度的规定，下列表述中，正确的是（　　）。

A. 背书无效

B. 背书有效，乙的后手持票人应受上述记载约束

C. 背书有效，但是上述记载没有汇票上的效力

D. 票据无效

【答案】C

【解析】背书时附有条件的，所附条件不具有汇票上的效力，即不影响背书行为本身的效力，被背书人仍可依该背书取得票据权利。

（9）根据票据法律制度的规定，下列有关汇票背书的表述中，正确的是（　　）。

A. 背书日期为绝对必要记载事项

B. 背书不得附有条件，背书时附有条件的，背书无效

C. 出票人在汇票上记载“不得转让”字样的，汇票不得转让

D. 委托收款背书的被背书人可以再背书转让汇票权利

【答案】C

【解析】选项A：背书日期属于相对应记载事项，未记载背书日期的，视为到期日前背书；选项B：背书时附有条件的，所附条件不具有汇票上的效力，即不影响背书行为本身的效力，被背书人仍可依背书取得票据权利；选项C：出票人在汇票上记载“不得转让”字样，其后手再背书转让的，该转让不发生票据法上的效力，出票人对受让人不承担票据责任；选项D：委托收款背书的背书人仍是票据权利人，被背书人只是代理人，并未取得票据权利，不能再背书转让汇票权利。

（10）根据票据法律制度的规定，下列选项中，不构成票据质押的是（　　）。

A. 出质人在汇票上记载了“质押”字样而未在汇票上签章的

B. 出质人在汇票粘单上记载了“质押”字样并在汇票粘单上签章的

C. 出质人在汇票上记载了“质押”字样并在汇票上签章，但是未记载背书日期的

D. 出质人在汇票上记载了“为担保”字样并在汇票上签章的

【答案】A

【解析】以汇票设定质押时，出质人在汇票上只记载了“质押”字样而未在票据上签章的，或者出质人未在汇票上记载“质押”字样而另行签订质押合同、质押条款的，不构成汇票质押。

（11）甲公司对乙公司负有债务，为了担保其债务的履行，甲公司同意将一张以本公司为收款人的汇票质押给乙公司，为此双方订立了书面的质押合同，并交付了票据。甲公司未按时履行债务，乙公司遂于该票据到期时持票据向承兑人提示付款。根据票据法律制度的规定，下列表述中，正确的是（　　）。

A. 承兑人应当向乙公司付款

B. 如果乙公司同时提供了书面质押合同证明自己的权利，承兑人应当付款

C. 如果甲公司书面证明票据质押的事实，承兑人应当付款

D. 承兑人可以拒绝付款

【答案】D

【解析】以汇票设定质押时，出质人未在汇票、粘单上记载“质押”字样而另行签订质押合同、质押条款的，不构成票据质押。在本题中，乙公司并不享有票据质权，因此甲公司未按时履行债务时，乙公司无权要求承兑人付款。

知识点二十一：商业汇票的承兑（如图 4–34 所示）

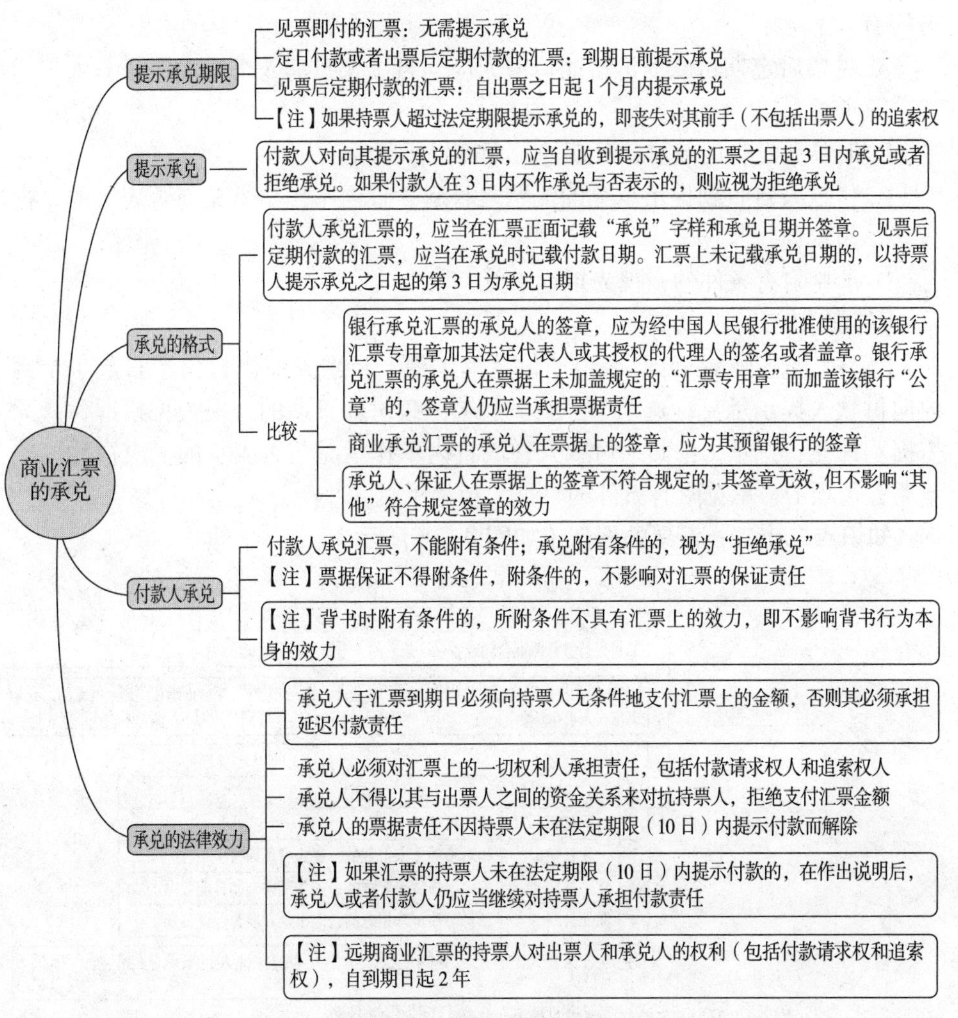

图 4–34　商业汇票的承兑

（1）乙公司在与甲公司交易中获得 300 万元的汇票一张，付款人为丙公司。乙公司请求承兑时，丙公司在汇票上签注“承兑，甲公司款到后支付”。根据票据法律制度的规定，下列关于丙公司付款责任的表述中，正确的是（　　）。

A. 丙公司已经承兑，应承担付款责任

B. 应视为丙公司拒绝承兑，丙公司不承担付款责任

C. 甲公司给丙公司付款后，丙公司才承担付款责任

D. 按甲公司给丙公司付款的多少确定丙公司应承担的付款责任

【答案】B

【解析】承兑附有条件的，视为拒绝承兑。

（2）根据票据法律制度的规定，下列关于汇票提示承兑的表述中，正确的有（ ）。

A. 见票后定期付款的汇票的持票人应当自出票日起 3 个月内向付款人提示承兑

B. 汇票上没有记载付款日期的，无需提示承兑

C. 付款人自收到提示承兑的汇票之日起 3 日内不作出承兑与否表示的，视为承兑

D. 承兑附有条件的，视为拒绝承兑

【答案】BD

【解析】选项 A：见票后定期付款的汇票，持票人应当自出票日起 1 个月内向付款人提示承兑；选项 B：汇票上未记载付款日期的，视为见票即付，无需提示承兑；选项 C：如果付款人在 3 日内不作承兑与否表示的，应视为拒绝承兑；选项 D：承兑附有条件的，视为拒绝承兑。

知识点二十二：汇票的保证（如图 4–35 所示）

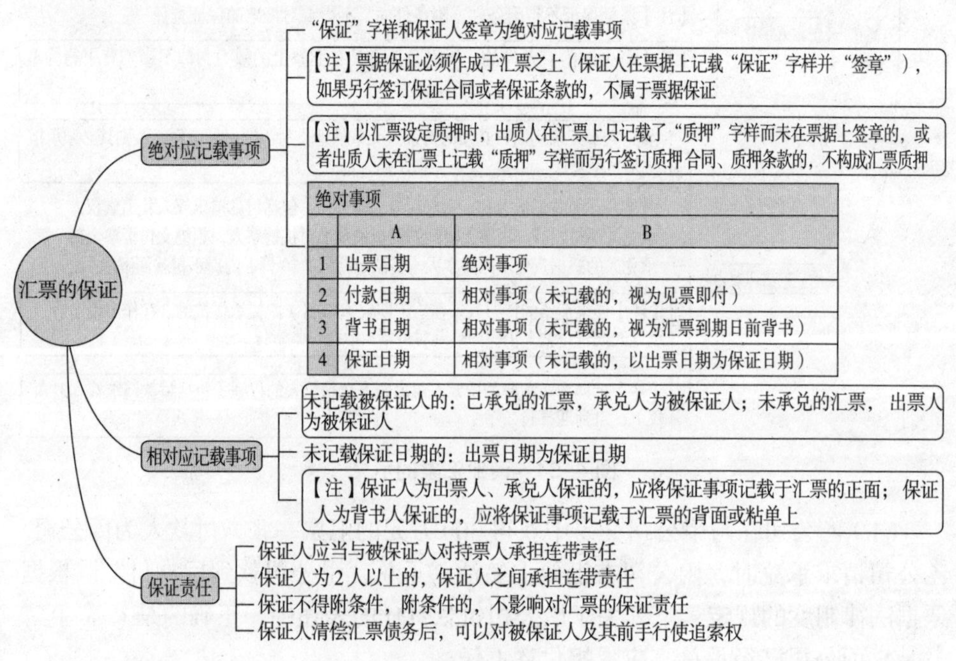

图 4–35 汇票的保证

（1）乙公司与丙公司交易时以汇票支付，丙公司见汇票出票人为甲公司，遂要求乙公司提供担保，乙公司请丁公司为该汇票作保证，丁公司在汇票背书栏签注“若甲公司出票真实，本公司愿意保证”。后经了解甲公司实际并不存在。根据票据法律制度的规定，下列表述中，正确的是（　　）。

A. 丁公司应承担一定赔偿责任

B. 丁公司只承担一般保证责任，不承担票据保证责任

C. 丁公司应当承担票据保证责任

D. 丁公司不承担任何责任

【答案】C

【解析】保证不得附有条件；附有条件的，不影响对汇票的保证责任。

（2）根据票据法律制度的规定，下列关于票据保证的表述中，不正确的是（　　）。

A. 票据上未记载保证日期的，被保证人的背书日期为保证日期

B. 保证人未在票据或粘单上记载被保证人名称的已承兑票据，承兑人为被保证人

C. 保证人为 2 人以上的，保证人之间承担连带责任

D. 保证人清偿票据债务后，可以对被保证人及其前手行使追索权

【答案】A

【解析】选项 A：票据上未记载保证日期的，以出票日期为保证日期；选项 B：未记载被保证人的，已承兑的汇票承兑人为被保证人，未承兑的汇票出票人为被保证人。

知识点二十三：商业汇票追索权（如图 4-36 所示）

根据票据法律制度的规定，下列选项中，属于汇票持票人行使追索权时可以请求被追索人清偿的款项有（　　）。

A. 汇票金额自到期日起至清偿日止，按照中国人民银行规定的相关利率计算的利息

B. 发出通知书的费用

C. 因汇票金额被拒绝支付而导致的利润损失

D. 因汇票金额被拒绝支付而导致追索人对他人违约而支付的违约金

【答案】AB

【解析】追索金额中不包括“间接损失”。

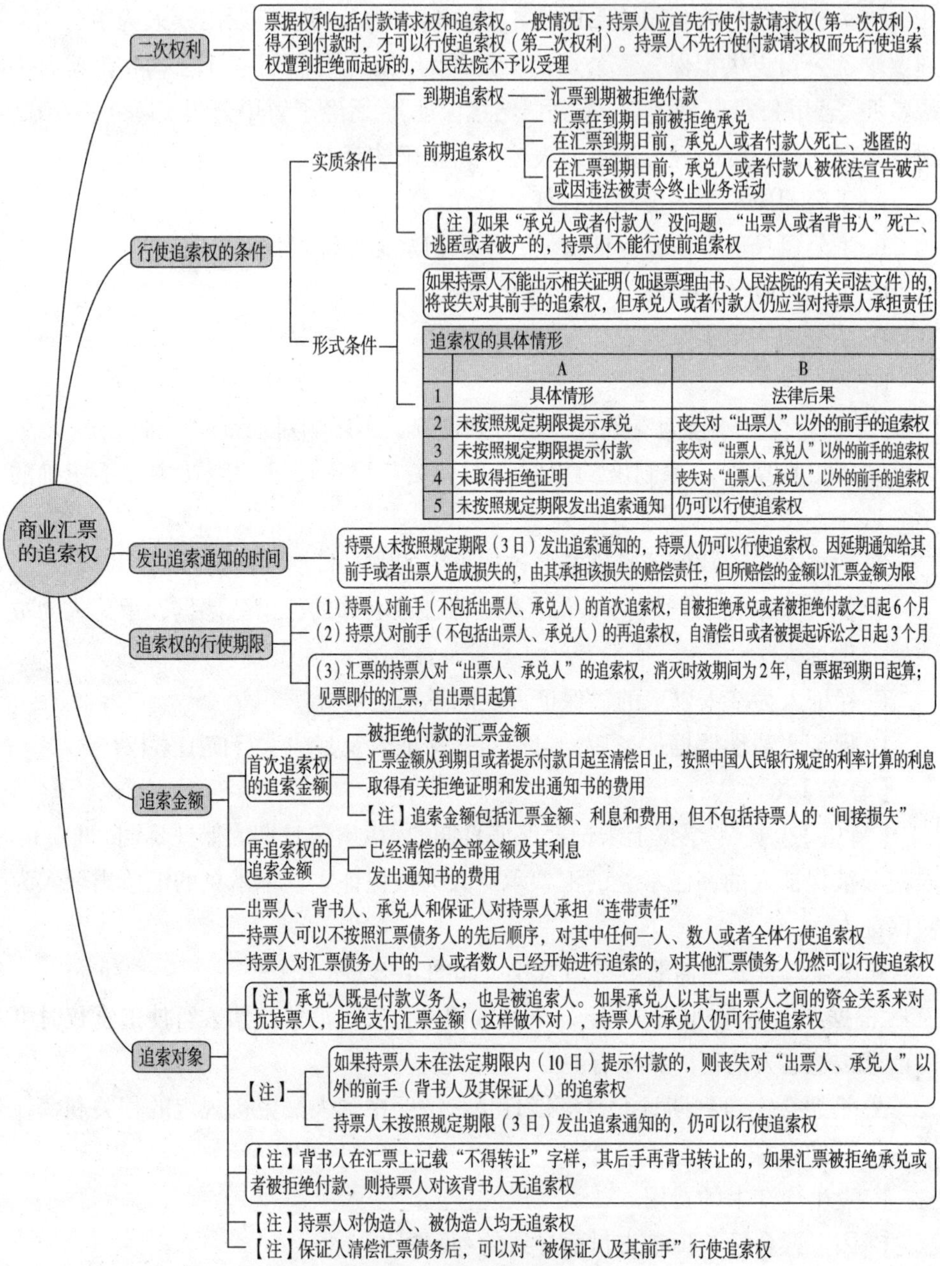

商业汇票的追索权

- 二次权利
  - 票据权利包括付款请求权和追索权。一般情况下，持票人应首先行使付款请求权（第一次权利），得不到付款时，才可以行使追索权（第二次权利）。持票人不先行使付款请求权而先行使追索权遭到拒绝而起诉的，人民法院不予以受理
- 行使追索权的条件
  - 实质条件
    - 到期追索权——汇票到期被拒绝付款
    - 前期追索权
      - 汇票在到期日前被拒绝承兑
      - 在汇票到期日前，承兑人或者付款人死亡、逃匿的
      - 在汇票到期日前，承兑人或者付款人被依法宣告破产或因违法被责令终止业务活动
    - 【注】如果“承兑人或者付款人”没问题，“出票人或者背书人”死亡、逃匿或者破产的，持票人不能行使前期追索权
  - 形式条件
    - 如果持票人不能出示相关证明（如退票理由书、人民法院的有关司法文件）的，将丧失对其前手的追索权，但承兑人或者付款人仍应当对持票人承担责任

追索权的具体情形

	A	B
1	具体情形	法律后果
2	未按照规定期限提示承兑	丧失对“出票人”以外的前手的追索权
3	未按照规定期限提示付款	丧失对“出票人、承兑人”以外的前手的追索权
4	未取得拒绝证明	丧失对“出票人、承兑人”以外的前手的追索权
5	未按照规定期限发出追索通知	仍可以行使追索权

- 发出追索通知的时间
  - 持票人未按照规定期限（3日）发出追索通知的，持票人仍可以行使追索权。因延期通知给其前手或者出票人造成损失的，由其承担该损失的赔偿责任，但所赔偿的金额以汇票金额为限
- 追索权的行使期限
  - （1）持票人对前手（不包括出票人、承兑人）的首次追索权，自被拒绝承兑或者被拒绝付款之日起6个月
  - （2）持票人对前手（不包括出票人、承兑人）的再追索权，自清偿日或者被提起诉讼之日起3个月
  - （3）汇票的持票人对“出票人、承兑人”的追索权，消灭时效期间为2年，自票据到期日起算；见票即付的汇票，自出票日起算
- 追索金额
  - 首次追索权的追索金额
    - 被拒绝付款的汇票金额
    - 汇票金额从到期日或者提示付款日起至清偿日止，按照中国人民银行规定的利率计算的利息
    - 取得有关拒绝证明和发出通知书的费用
    - 【注】追索金额包括汇票金额、利息和费用，但不包括持票人的“间接损失”
  - 再追索权的追索金额
    - 已经清偿的全部金额及其利息
    - 发出通知书的费用
- 追索对象
  - 出票人、背书人、承兑人和保证人对持票人承担“连带责任”
  - 持票人可以不按照汇票债务人的先后顺序，对其中任何一人、数人或者全体行使追索权
  - 持票人对汇票债务人中的一人或者数人已经开始进行追索的，对其他汇票债务人仍然可以行使追索权
  - 【注】承兑人既是付款义务人，也是被追索人。如果承兑人以其与出票人之间的资金关系来对抗持票人，拒绝支付汇票金额（这样做不对），持票人对承兑人仍可行使追索权
  - 【注】
    - 如果持票人未在法定期限内（10日）提示付款的，则丧失对“出票人、承兑人”以外的前手（背书人及其保证人）的追索权
    - 持票人未按照规定期限（3日）发出追索通知的，仍可以行使追索权
  - 【注】背书人在汇票上记载“不得转让”字样，其后手再背书转让的，如果汇票被拒绝承兑或者被拒绝付款，则持票人对该背书人无追索权
  - 【注】持票人对伪造人、被伪造人均无追索权
  - 【注】保证人清偿汇票债务后，可以对“被保证人及其前手”行使追索权

图 4-36　商业汇票追索权

知识点二十四：银行本票（如图 4-37 所示）

（1）根据票据法律制度的规定，下列关于本票的表述中，不正确的是（　　）。

A. 到期日是本票的绝对应记载事项

B. 本票的基本当事人只有出票人和收款人

C. 本票无须承兑

D. 本票是由出票人本人对持票人付款的票据

【答案】A

【解析】选项 A：本票限于见票即付，谈不上到期日。

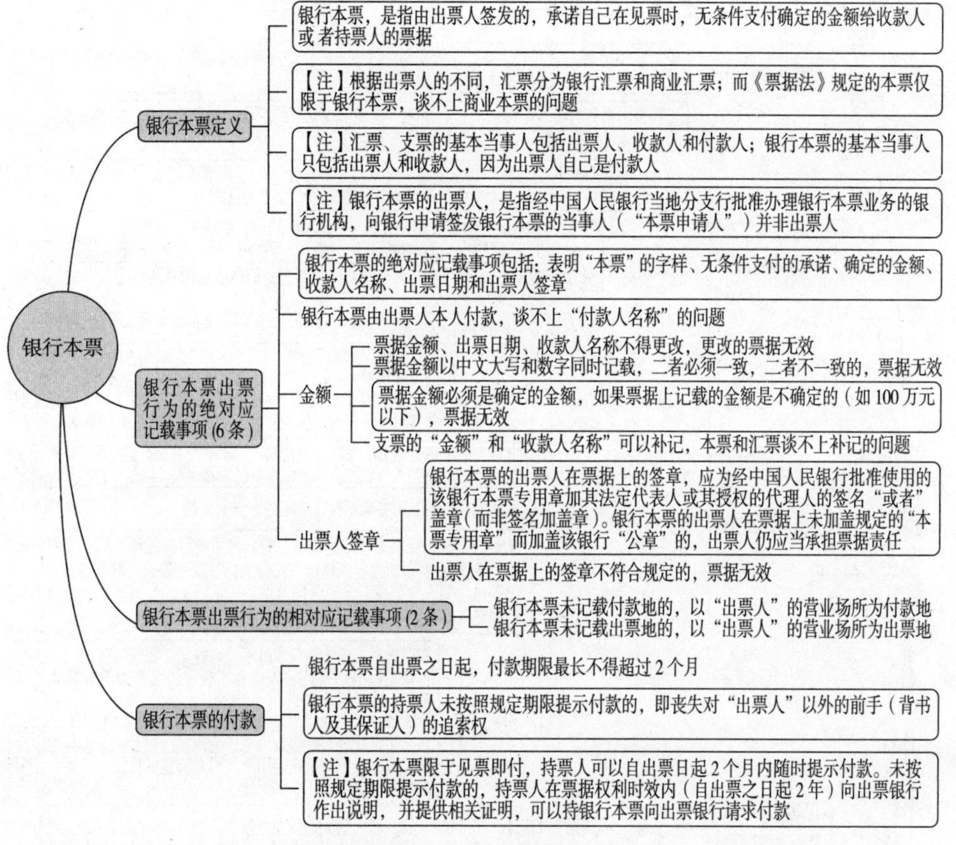

图 4-37　银行本票

（2）根据票据法律制度的规定，银行本票自出票之日起，付款期限最长为（　　）。

A. 1 个月　　　　B. 2 个月

C. 6 个月　　　　D. 9 个月

【答案】B

【解析】本票自出票之日起，付款期限最长不得超过 2 个月。

（3）根据票据法律制度的规定，如果本票的持票人未在法定付款提示期限内提示见票的，则丧失对特定票据债务人以外的其他债务人的追索权，该特定票据的债务人是（　　）。

A. 出票人　　　　B. 保证人

C. 背书人　　　　　　　　　　　D. 被背书人

【答案】A

【解析】持票人未按照规定提示付款的，丧失对“出票人以外的”前手（背书人及其保证人）的追索权。

知识点二十五：支票（如图 4–38 所示）

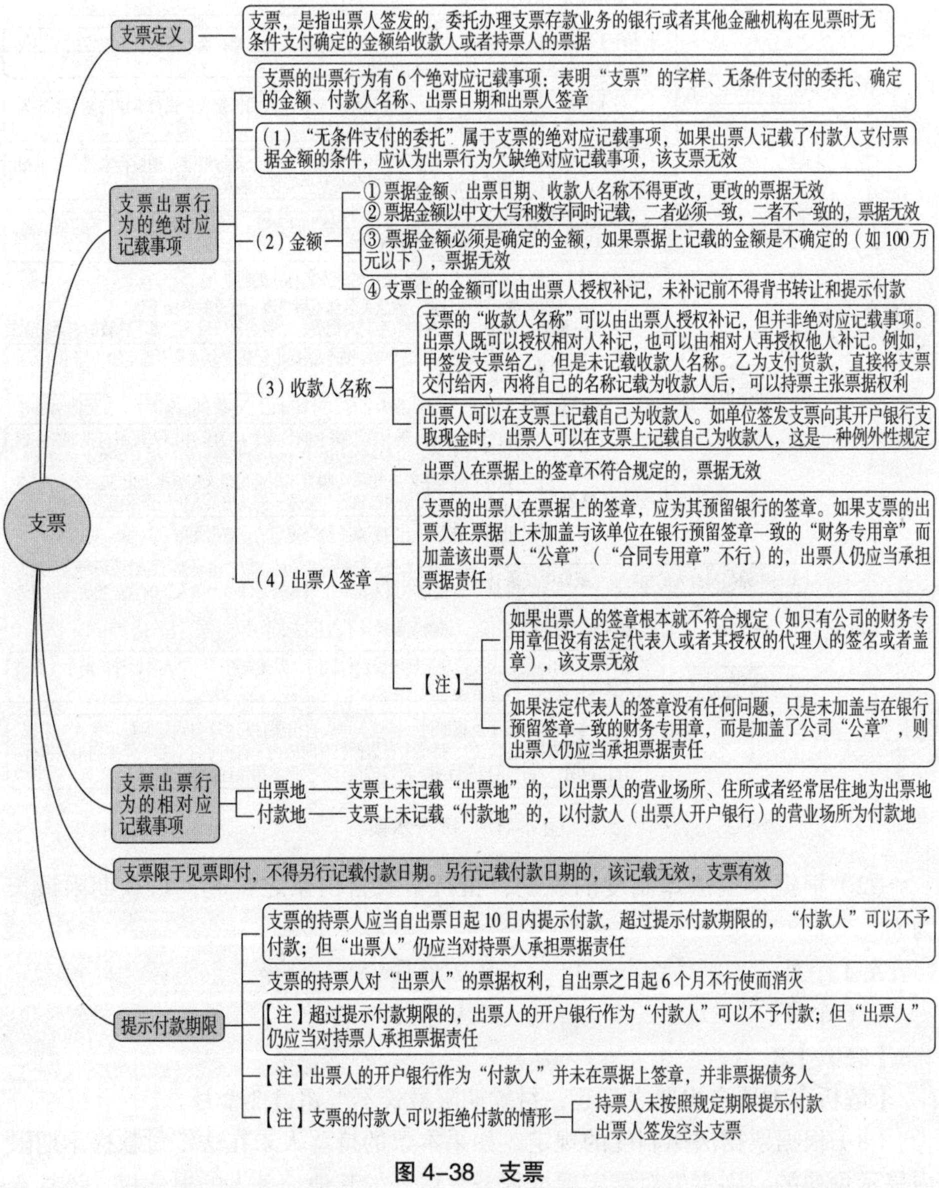

- 支票
  - 支票定义——支票，是指出票人签发的，委托办理支票存款业务的银行或者其他金融机构在见票时无条件支付确定的金额给收款人或者持票人的票据
  - 支票出票行为的绝对应记载事项
    - 支票的出票行为有 6 个绝对应记载事项：表明“支票”的字样、无条件支付的委托、确定的金额、付款人名称、出票日期和出票人签章
    - （1）“无条件支付的委托”属于支票的绝对应记载事项，如果出票人记载了付款人支付票据金额的条件，应认为出票行为欠缺绝对应记载事项，该支票无效
    - （2）金额
      - ① 票据金额、出票日期、收款人名称不得更改，更改的票据无效
      - ② 票据金额以中文大写和数字同时记载，二者必须一致，二者不一致的，票据无效
      - ③ 票据金额必须是确定的金额，如果票据上记载的金额是不确定的（如 100 万元以下），票据无效
      - ④ 支票上的金额可以由出票人授权补记，未补记前不得背书转让和提示付款
    - （3）收款人名称
      - 支票的“收款人名称”可以由出票人授权补记，但并非绝对应记载事项。出票人既可以授权相对人补记，也可以由相对人再授权他人补记。例如，甲签发支票给乙，但是未记载收款人名称。乙为支付货款，直接将支票交付给丙，丙将自己的名称记载为收款人后，可以持票主张票据权利
      - 出票人可以在支票上记载自己为收款人。如单位签发支票向其开户银行支取现金时，出票人可以在支票上记载自己为收款人，这是一种例外性规定
    - （4）出票人签章
      - 出票人在票据上的签章不符合规定的，票据无效
      - 支票的出票人在票据上的签章，应为其预留银行的签章。如果支票的出票人在票据上未加盖与该单位在银行预留签章一致的“财务专用章”而加盖该出票人“公章”（“合同专用章”不行）的，出票人仍应当承担票据责任
      - 【注】
        - 如果出票人的签章根本就不符合规定（如只有公司的财务专用章但没有法定代表人或者其授权的代理人的签名或者盖章），该支票无效
        - 如果法定代表人的签章没有任何问题，只是未加盖与在银行预留签章一致的财务专用章，而是加盖了公司“公章”，则出票人仍应当承担票据责任
  - 支票出票行为的相对应记载事项
    - 出票地——支票上未记载“出票地”的，以出票人的营业场所、住所或者经常居住地为出票地
    - 付款地——支票上未记载“付款地”的，以付款人（出票人开户银行）的营业场所为付款地
  - 支票限于见票即付，不得另行记载付款日期。另行记载付款日期的，该记载无效，支票有效
  - 提示付款期限
    - 支票的持票人应当自出票日起 10 日内提示付款，超过提示付款期限的，“付款人”可以不予付款；但“出票人”仍应当对持票人承担票据责任
    - 支票的持票人对“出票人”的票据权利，自出票之日起 6 个月不行使而消灭
    - 【注】超过提示付款期限的，出票人的开户银行作为“付款人”可以不予付款；但“出票人”仍应当对持票人承担票据责任
    - 【注】出票人的开户银行作为“付款人”并未在票据上签章，并非票据债务人
    - 【注】支票的付款人可以拒绝付款的情形
      - 持票人未按照规定期限提示付款
      - 出票人签发空头支票

图 4–38　支票

（1）根据票据法律制度的规定，下列关于支票的表述中，不正确的是（　　）。

A. 支票的基本当事人包括出票人、付款人、收款人

B. 支票的金额和收款人名称可以由出票人授权补记

C. 出票人不得在支票上记载自己为收款人

D. 支票的付款人是出票人的开户银行

【答案】C

【解析】支票的出票人可以在支票上记载自己为收款人。

（2）根据票据法律制度的规定，下列有关汇票与支票区别的表述中，正确的有（　　）。

A. 汇票可以背书转让，支票不可背书转让

B. 汇票有即期汇票与远期汇票之分，支票则均为见票即付

C. 汇票的票据权利时效为 2 年，支票的票据权利时效则为 6 个月

D. 汇票上的收款人可以由出票人授权补记，支票则不能授权补记

【答案】BC

【解析】选项 A：汇票、本票、非现金支票均可背书转让；选项 D：支票的金额、收款人名称可以由出票人授权补记，汇票和本票的金额、收款人名称不得由出票人授权补记。

知识点二十六：商业银行的设立、变更、接管和终止（如图 4–39 所示）

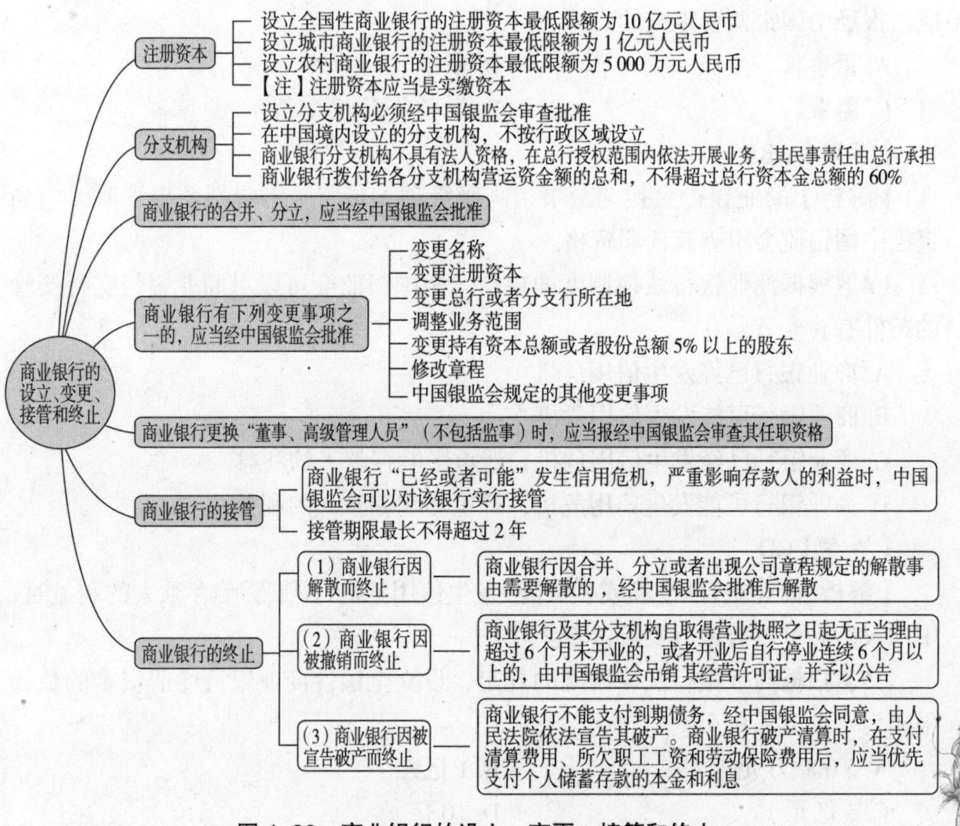

图 4–39　商业银行的设立、变更、接管和终止

小艾上班记8

（1）根据商业银行法律制度的规定，商业银行的下列事项中，应当经中国银监会批准的有（　　）。

A. 变更注册资本　　B. 调整业务范围

C. 变更分支行所在地　　D. 修改公司章程

【答案】ABCD

（2）根据商业银行法律制度的规定，商业银行的下列事项中，应当经中国银监会批准的有（　　）。

A. 设立分支机构

B. 合并、分立

C. 变更持有资本总额或者股份总额 3% 的股东

D. 修改公司章程

【答案】ABD

【解析】选项 C：变更持有资本总额或者股份总额 5% 以上的股东时，应当经中国银监会批准。

（3）根据商业银行法律制度的规定，商业银行的下列人员中，其任职资格应当报经中国银监会审查的有（　　）。

A. 董事长　　B. 董事

C. 监事　　D. 财务负责人

【答案】ABD

【解析】商业银行更换“董事、高级管理人员”（不包括监事）时，应当报经中国银监会审查其任职资格。

（4）根据商业银行法律制度的规定，中国银监会可以对商业银行实行接管的条件有（　　）。

A. 商业银行已经发生信用危机

B. 商业银行可能发生信用危机

C. 商业银行已经发生信用危机，严重影响存款人的利益

D. 商业银行可能发生信用危机，严重影响存款人的利益

【答案】CD

【解析】商业银行“已经或者可能”发生信用危机，严重影响存款人的利益时，中国银监会可以对银行实行接管。

（5）根据商业银行法律制度的规定，设立全国性商业银行注册资本的最低限额为（　　）人民币。

A. 5 000 万元　　B. 1 亿元

C. 5 亿元　　D. 10 亿元

【答案】D

【解析】设立全国性商业银行，其注册资本最低限额为10亿元人民币。

（6）根据商业银行法律制度的规定，商业银行拨付各分支机构营运资金额的总和（　　）。

A. 不得低于总行资本金总额的50%

B. 不得低于总行资本金总额的60%

C. 不得超过总行资本金总额的50%

D. 不得超过总行资本金总额的60%

【答案】D

【解析】商业银行拨付各分支机构营运资金额的总和，不得超过总行资本金总额的60%。

（7）根据商业银行法律制度的规定，下列关于商业银行分支机构的表述中，正确的是（　　）。

A. 商业银行设立分支机构必须经中国人民银行审查批准

B. 在我国境内的分支机构，应当按行政区划设立

C. 商业银行拨付给各分支机构营运资金额的总和，不得超过总行资本金总额的70%

D. 商业银行分支机构不具有法人资格，在总行授权范围内依法开展业务，其民事责任由总行承担

【答案】D

【解析】选项A：商业银行设立分支机构必须经中国银监会（而非中国人民银行）审查批准；选项B：在我国境内的分支机构，不按行政区划设立；选项C：商业银行拨付给各分支机构营运资金额的总和，不得超过总行资本金总额的60%。

（8）根据商业银行法律制度的规定，下列关于商业银行破产分配顺序的表述中，正确的是（　　）。

A. 破产财产优先支付个人储蓄存款本息

B. 破产财产在支付清算费用后，优先支付个人储蓄存款本息

C. 破产财产在支付清算费用、所欠职工工资和劳动保险费用后，优先支付个人储蓄存款本息

D. 破产财产在支付清算费用、所欠职工工资和劳动保险费用、所欠税款后，优先支付个人储蓄存款本息

【答案】C

【解析】商业银行破产清算时，在支付清算费用、所欠职工工资和劳动保

险费用后，应当优先支付个人储蓄存款的本金和利息。

知识点二十七：个人储蓄存款（如图4-40所示）

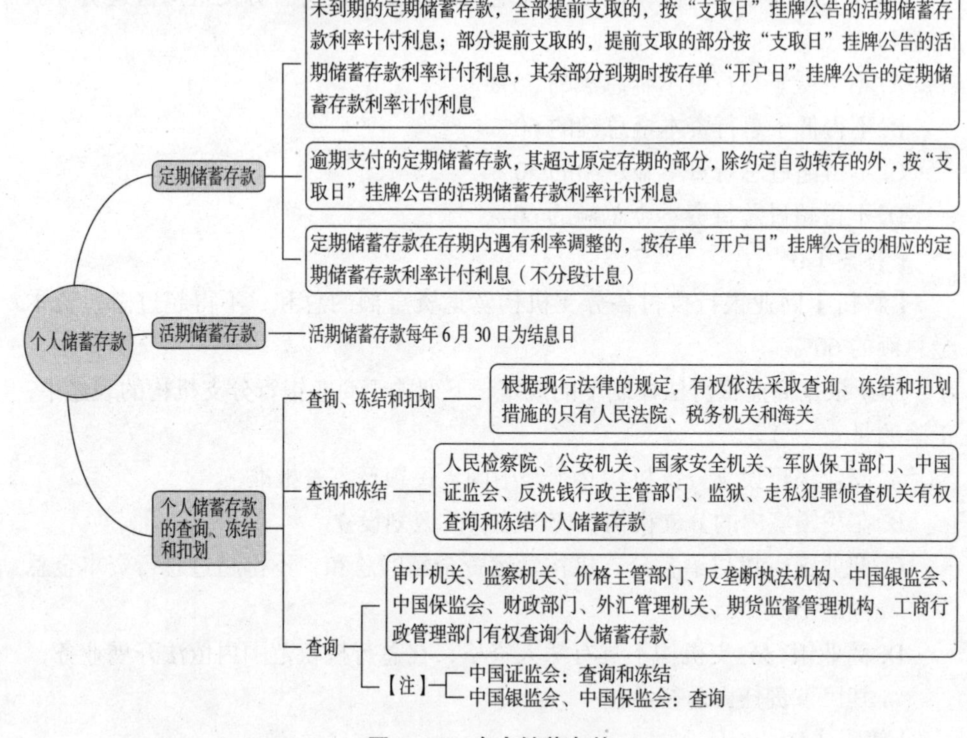

图4-40 个人储蓄存款

（1）根据商业银行法律制度的规定，对于个人储蓄存款，下列机关中，有权依法采取查询、冻结和扣划措施的有（　　）。

A. 人民法院　　B. 人民检察院

C. 公安机关　　D. 税务机关

【答案】AD

【解析】有权依法采取查询、冻结和扣划措施的只有“人民法院、税务机关和海关”。

（2）根据商业银行法律制度的规定，对于个人储蓄存款，下列机关中，有权依法采取查询、冻结措施的有（　　）。

A. 工商行政管理部门　　B. 人民检察院

C. 中国证监会　　D. 中国银监会

【答案】BC

【解析】选项AD：只能查询，不能冻结。

知识点二十八：单位存款（如图 4–41 所示）

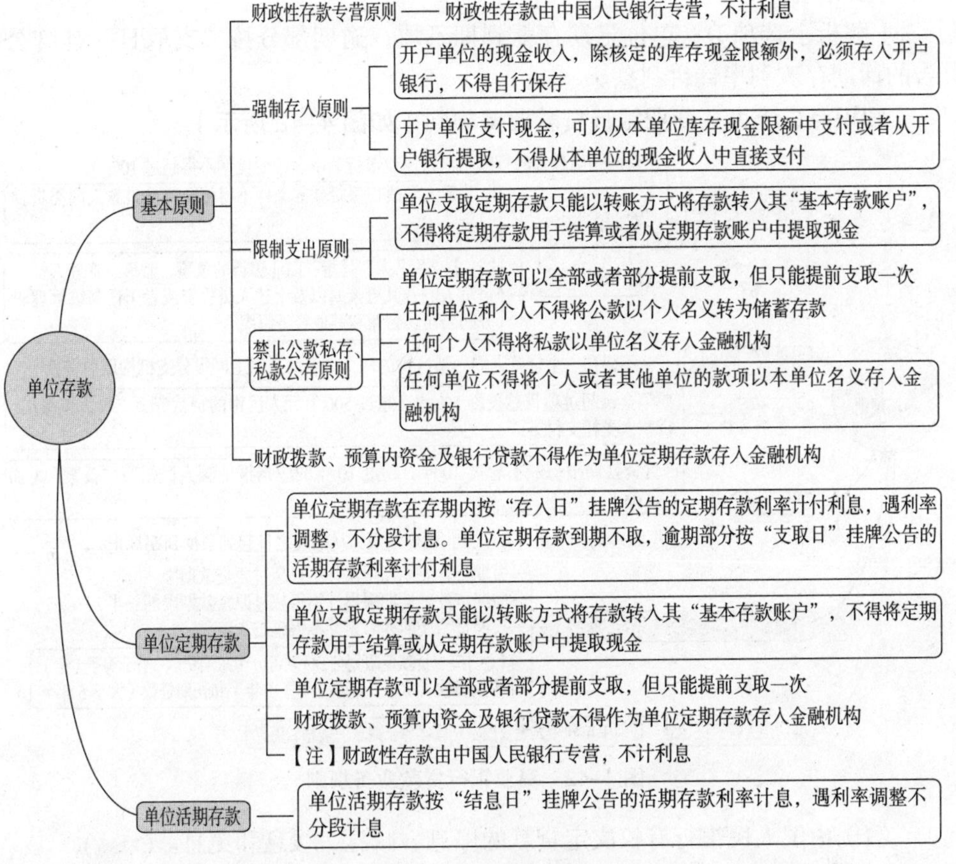

图 4–41　单位存款

（1）财政性存款由中国人民银行专营，不计利息。（　　）

【答案】√

（2）财政拨款、预算内资金及银行贷款不得作为单位定期存款存入金融机构。（　　）

【答案】√

（3）根据商业银行法律制度的规定，下列对单位存款的表述中，正确的有（　　）。

A. 单位支取定期存款只能以转账方式将存款转入其基本存款账户，不得将定期存款用于结算或者从定期存款账户中提取现金

B. 单位定期存款可以全部或部分提前支取，但只能提前支取一次

C. 财政拨款、预算内资金及银行贷款不得作为单位定期存款存入金融机构

D. 单位定期存款到期不取，逾期部分按存入日挂牌公告的活期存款利率计

付利息

【答案】ABC

【解析】选项 D：单位定期存款到期不取，逾期部分按“支取日”挂牌公告的活期存款利率计付利息。

知识点二十九：商业银行贷款业务规则（如图 4–42 所示）

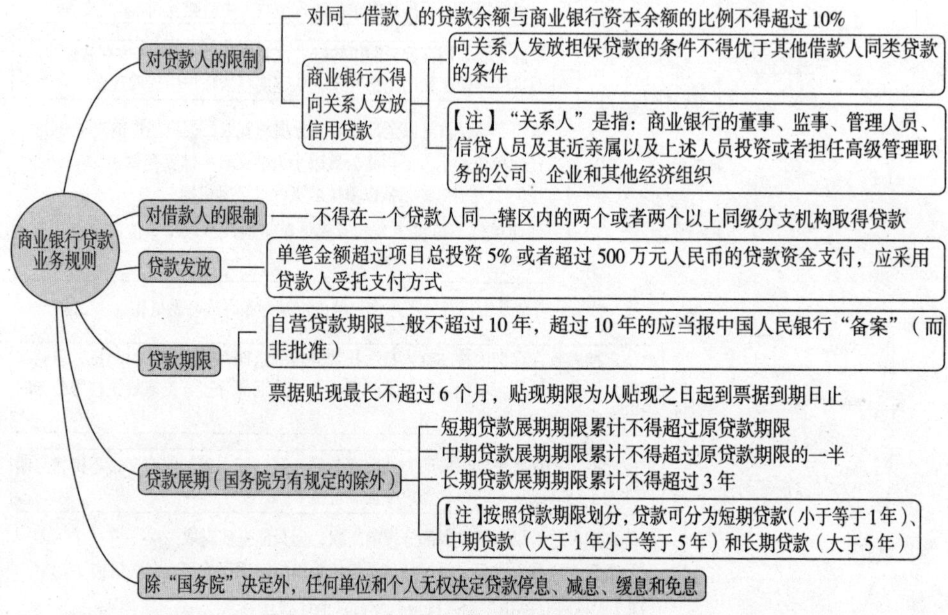

图 4–42　商业银行贷款业务规则

（1）中国人民银行有权决定贷款的停息、减息、缓息和免息。(　　)

【答案】×

【解析】除“国务院”决定外，任何单位和个人无权决定贷款停息、减息、缓息和免息。

（2）根据商业银行法律制度的规定，下列对商业银行贷款的表述中，正确的有(　　)。

A. 对同一借款人的贷款余额与商业银行资本余额的比例不得超过 5%

B. 商业银行不得向关系人发放信用贷款

C. 自营贷款期限一般不超过 10 年，超过 10 年的应当报中国人民银行批准

D. 中期贷款展期期限累计不得超过原贷款期限的一半

【答案】BD

【解析】选项 A：对同一借款人的贷款余额与商业银行资本余额的比例不得超过 10%；选项 C：自营贷款期限一般不超过 10 年，超过 10 年的应当报中国人民银行“备案”（而非批准）。

知识点三十：保险法的基本原则（如图 4–43 所示）

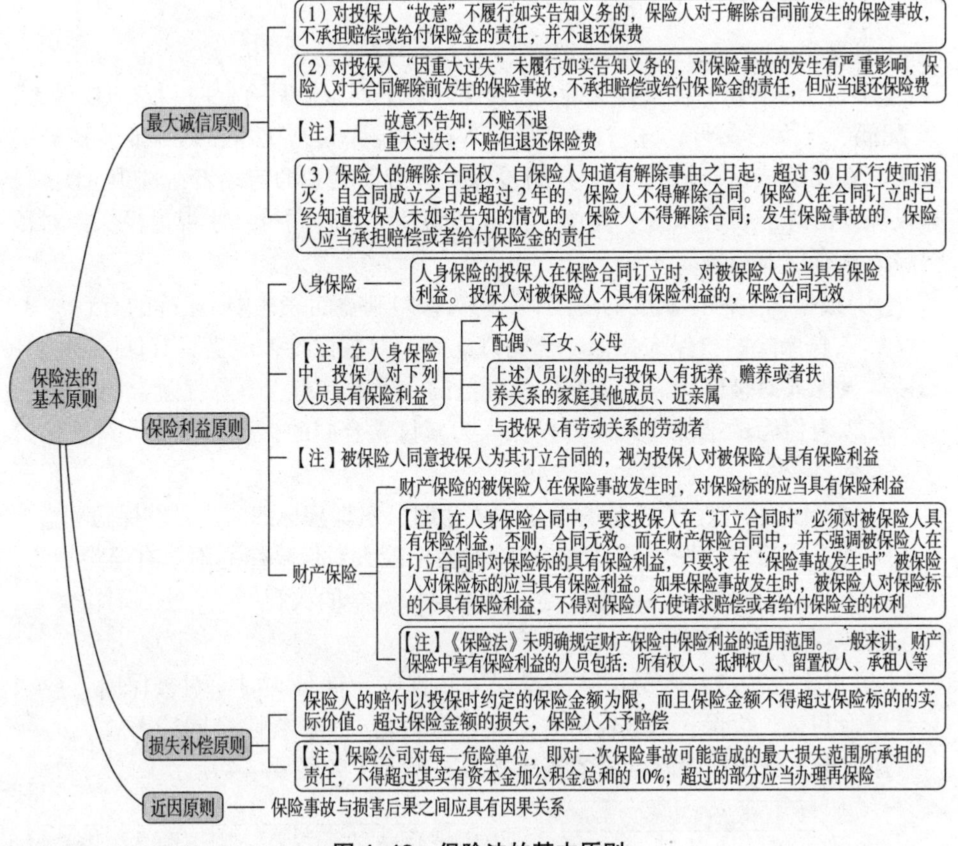

图 4–43　保险法的基本原则

（1）人身保险的投保人在保险合同订立时，对被保险人应当具有保险利益，投保人对被保险人不具有保险利益的，保险合同无效。(　　)

【答案】√

（2）财产保险的被保险人在保险合同订立时，对保险标的应当具有保险利益。(　　)

【答案】×

【解析】在财产保险合同中，并不强调被保险人在订立合同时对保险标的具有保险利益，只要求在"保险事故发生时"被保险人对保险标的应当具有保险利益。

（3）根据保险法律制度的规定，下列各项中，人身保险的投保人对其具有保险利益的是(　　)。

A. 与投保人关系密切的邻居

B. 与投保人已经离婚但仍一起生活的前妻

C. 与投保人有劳动关系的劳动者

D. 与投保人合伙经营的合伙人

【答案】C

【解析】选项BC：在人身保险中，投保人对下列人员具有保险利益：①本人，②配偶、子女、父母，③上述人员以外的与投保人有抚养、赡养或者扶养关系的家庭其他成员、近亲属，④与投保人有劳动关系的劳动者；选项AD：只有投保人的邻居、合伙人“同意”投保人为其订立合同时，才视为投保人对被保险人具有保险利益。

（4）根据保险法律制度的规定，下列对保险利益的表述中，正确的有（　　）。

A. 人身保险的投保人在保险合同订立时，对被保险人应当具有保险利益，投保人对被保险人不具有保险利益的，保险人有权解除保险合同

B. 人身保险的被保险人同意投保人为其订立合同的，视为投保人对被保险人具有保险利益

C. 财产保险的被保险人在保险事故发生时，对保险标的应当具有保险利益

D. 如果保险事故发生时，财产保险的被保险人对保险标的不具有保险利益，不得对保险人行使请求赔偿或者给付保险金的权利

【答案】BCD

【解析】选项A：人身保险的投保人在保险合同订立时，对被保险人应当具有保险利益；投保人对被保险人不具有保险利益的，保险合同“无效”。

知识点三十一：保险合同的当事人及关系人（如图4-44所示）

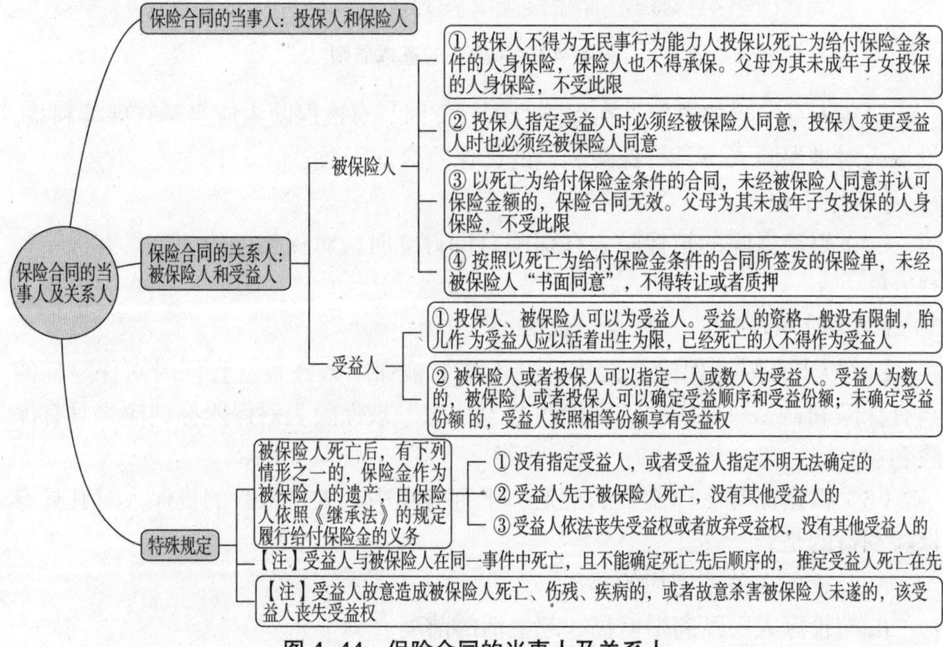

图4-44　保险合同的当事人及关系人

（1）受益人与被保险人在同一事件中死亡，且不能确定死亡先后顺序的，推定被保险人死亡在先。(　　)

【答案】×

【解析】受益人与被保险人在同一事件中死亡，且不能确定死亡先后顺序的，推定“受益人”死亡在先。

（2）根据保险法律制度的规定，下列对被保险人和受益人的表述中，正确的有(　　)。

A. 投保人指定受益人时必须经被保险人同意，投保人变更受益人时也必须经被保险人同意

B. 以死亡为给付保险金条件的合同，未经被保险人同意并认可保险金额的，保险合同无效，父母为其未成年子女投保的人身保险不受此限

C. 投保人不得为无民事行为能力人投保以死亡为给付保险金条件的人身保险，父母为其未成年子女投保的人身保险不受此限

D. 投保人、被保险人不得作为受益人

【答案】ABC

【解析】选项 D：投保人、被保险人可以为受益人。

（3）甲为其妻乙投保意外伤害保险，指定其子丙为受益人。乙、丙在同一次车祸中均意外身亡。根据保险法律制度的规定，下列表述中，正确的有(　　)。

A. 甲指定受益人时必须经乙同意

B. 甲指定受益人时无须经乙同意

C. 如果丙先于乙死亡，则出现保险事故时保险金应作为乙的遗产

D. 如果丙先于乙死亡，则出现保险事故时保险金应作为丙的遗产

【答案】AC

【解析】选项 AB：投保人指定受益人时必须经被保险人同意；选项 CD：受益人先于被保险人死亡，没有其他受益人的，保险金应作为“被保险人”（而非受益人）的遗产。

（4）根据保险法律制度的规定，投保人指定受益人时必须经(　　)同意。

A. 保险人　　　　B. 被保险人

C. 保险经纪人　　　　D. 保险代理人

【答案】B

【解析】投保人指定受益人时须经被保险人同意。

（5）根据保险法律制度的规定，下列关于人身保险的合同受益人的表述中，错误的是(　　)。

A. 受益人可由被保险人指定

B. 投保人指定受益人时须经被保险人同意

C. 受益人可以为一人或者数人

D. 受益人故意杀害被保险人未遂的，不丧失受益权

【答案】D

【解析】选项 AC：人身保险的受益人由被保险人或者投保人指定，被保险人或者投保人可以指定一人或者数人为受益人；选项 D：受益人故意造成被保险人死亡、伤残、疾病的，或者故意杀害被保险人未遂的，该受益人丧失受益权。

（6）甲向某保险公司投保人寿保险，甲为被保险人，甲指定其秘书乙为受益人。保险期间内，甲、乙因交通事故意外身亡，且不能确定死亡时间的先后，该起交通事故由丙承担全部责任。现甲的继承人和乙的继承人均要求保险公司支付保险金。根据保险法律制度的规定，下列表述中，正确的是（　　）。

A. 保险金应全部交给甲的继承人

B. 保险金应全部交给乙的继承人

C. 保险金应由甲和乙的继承人平均分配

D. 保险公司承担保险责任后有权向丙追偿

【答案】A

【解析】选项 ABC：受益人与被保险人在同一事件中死亡，且不能确定死亡先后顺序的，推定受益人死亡在先，受益人先于被保险人死亡，没有其他受益人的，保险金应作为“被保险人”（而非受益人）的遗产；选项 D：代位求偿制度仅限于财产保险，人身保险并不适用。

（7）杜某与其妻陈某经人民法院判决于 2013 年离婚，其女随陈某生活。2014 年杜某为其母购买了一份人寿保险，并经其母同意指定自己为受益人，杜某无其他亲属。一日，杜某与其母外出旅游遭遇车祸，其母当场死亡，杜某受重伤住院 7 天后亦死亡。根据保险法律制度的规定，下列对于人寿保险金的表述中，正确的是（　　）。

A. 因已无受益人，应归国家所有

B. 因已无受益人，应归保险公司所有

C. 应当支付给杜某的前妻陈某和女儿

D. 应当支付给杜某的女儿

【答案】D

【解析】受益人（杜某）后于被保险人死亡，保险人仍应向受益人支付保险金；但因受益人随后死亡，只能向受益人的继承人（杜某的女儿）支付保险金。

（8）根据保险法律制度的规定，保险公司对每一危险单位，即对一次保险事故可能造成的最大损失范围所承担的责任，不得超过其实有资本金加公积金总和的（　　），超过的部分应当办理再保险。

A. 5%　　B. 10%

C. 20%　　D. 25%

【答案】B

【解析】保险公司对每一危险单位，即对一次保险事故可能造成的最大损失范围所承担的责任，不得超过其实有资本金加公积金总和的 10%，超过的部分应当办理再保险。

知识点三十二：保险合同的订立（如图 4–45 所示）

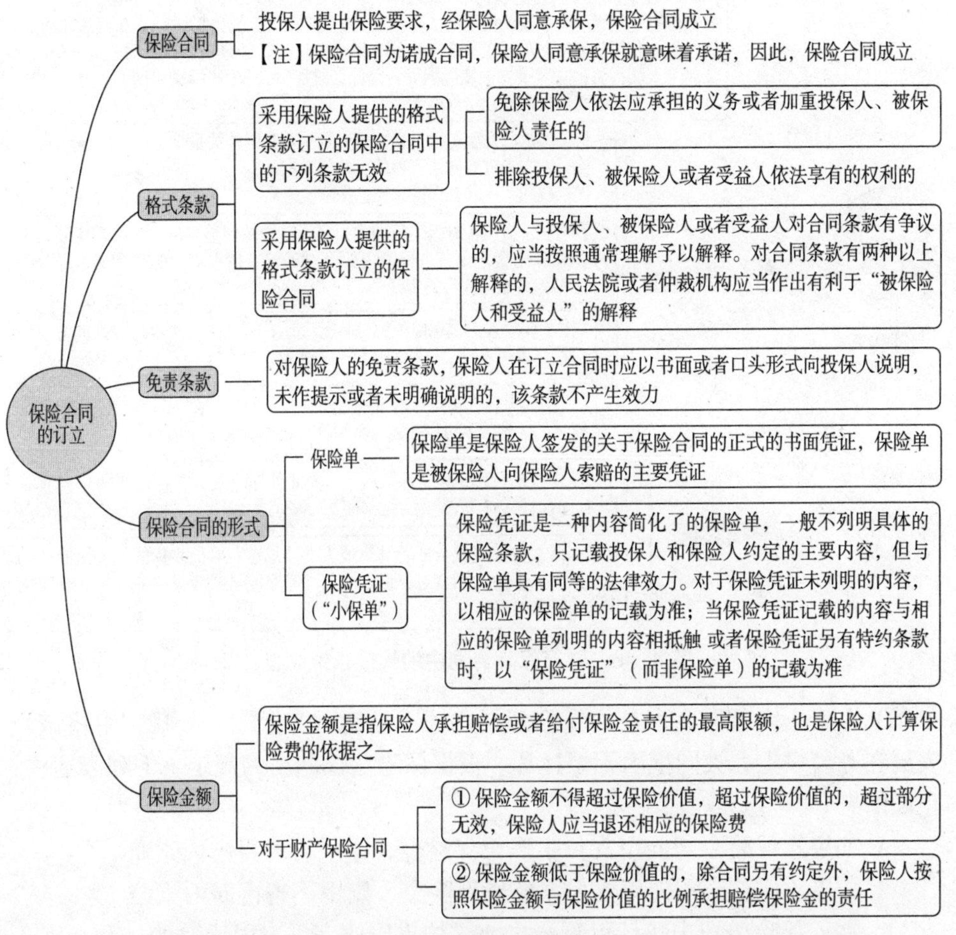

图 4–45　保险合同的订立

（1）对保险合同格式条款有两种以上解释的，人民法院或者仲裁机构应当作出有利于被保险人和受益人的解释。(　　)

【答案】√

（2）对于财产保险合同，保险金额不得超过保险价值；超过保险价值的，保险合同无效。(　　)

【答案】×

【解析】对于财产保险合同，保险金额不得超过保险价值；超过保险价值的，超过部分无效，保险人应当退还相应的保险费。

知识点三十三：财产保险合同中的代位求偿制度（如图 4–46 所示）

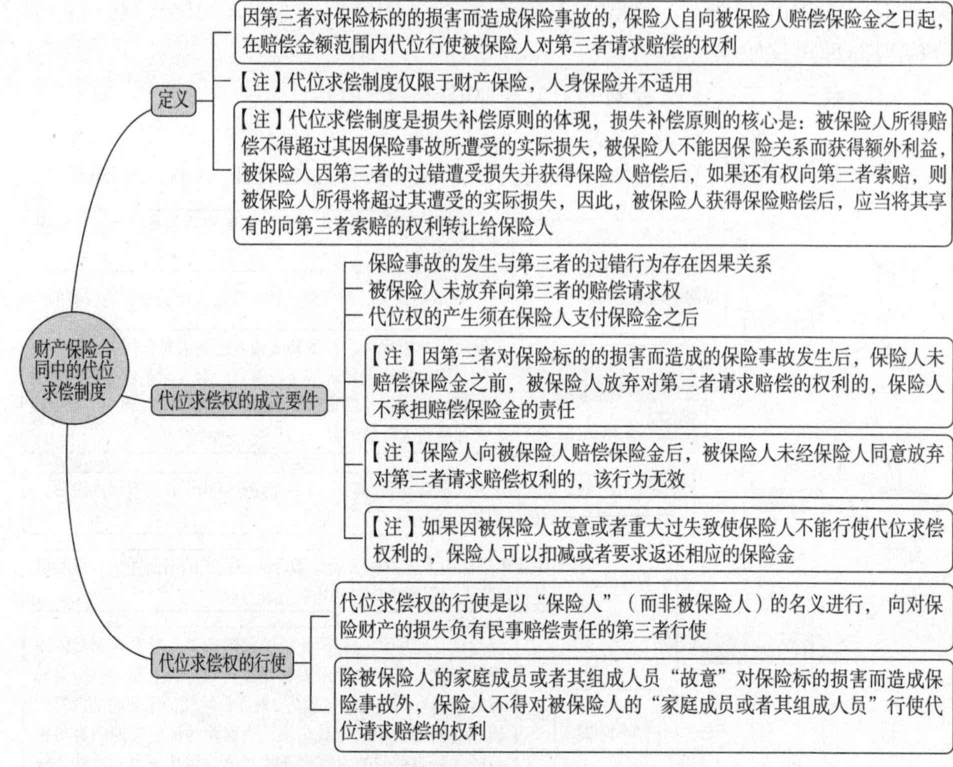

图 4–46　财产保险合同中的代位求偿制度

甲为其一块名贵金表在乙保险公司办理了足额财产保险。某日，甲将该金表放在办公桌上，被同事丙不慎摔坏。根据保险法律制度的规定，下列表述中，正确的有（　　）。

A. 如果乙保险公司向甲支付了赔偿保险金，则甲可以再向丙索赔

B. 如果乙保险公司向甲支付了赔偿保险金，则甲不得再向丙索赔

C. 在乙保险公司未赔偿保险金之前，如果甲放弃了对丙索赔的权利，则乙保险公司不再承担赔偿保险金的责任

D. 在乙保险公司向甲赔偿保险金之后，如果甲未经乙保险公司同意放弃对丙请求赔偿权利的，该行为无效

【答案】BCD

【解析】选项 AB：被保险人不能因保险关系而获得额外利益，被保险人因第三者的过错遭受损失并获得保险人赔偿后，不得向第三者索赔；选项 C：保险人未赔偿保险金之前，被保险人放弃对第三者请求赔偿权利的，保险人不承担赔偿保险金的责任；选项 D：保险人向被保险人赔偿保险金后，被保险人未经保险人同意放弃对第三者请求赔偿权利的，该行为无效。

知识点三十四：保险合同的履行（如图 4–47 所示）

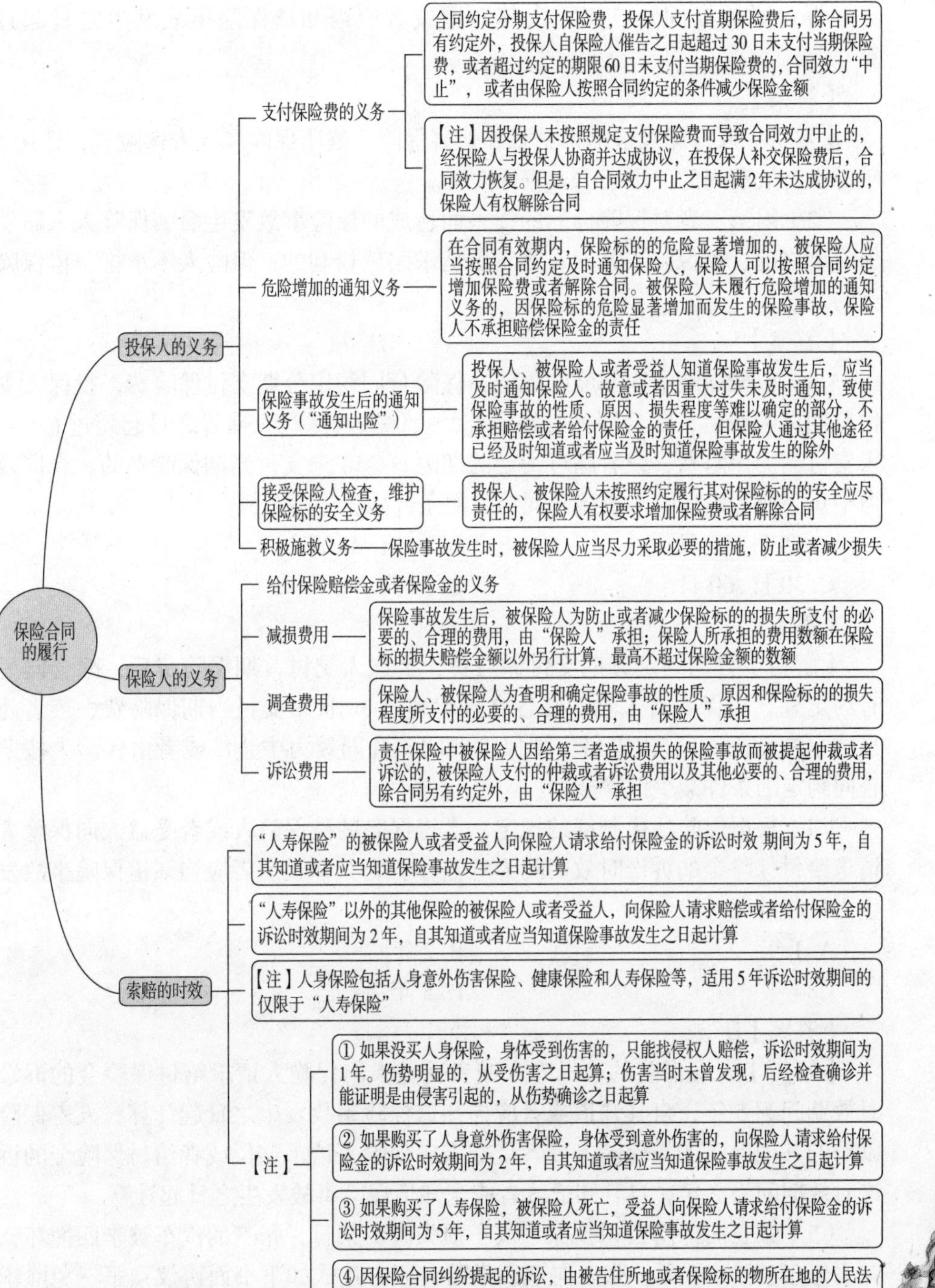

图 4–47　保险合同的履行

（1）人身意外伤害保险的被保险人或者受益人向保险人请求给付保险金的诉讼时效期间为 5 年，自其知道或者应当知道保险事故发生之日起计算。(　　)

【答案】×

【解析】人身保险包括人身意外伤害保险、健康保险和人寿保险等，适用 5 年诉讼时效期间的仅限于“人寿保险”。

（2）因第三者对保险标的的损害而造成的保险事故发生后，保险人未赔偿保险金之前，被保险人放弃对第三者请求赔偿权利的，保险人不承担赔偿保险金的责任。(　　)

【答案】√

（3）根据保险法律制度的规定，保险合同约定分期支付保险费，投保人支付首期保险费后，除合同另有约定外，投保人自保险人催告之日起超过(　　)未支付当期保险费，或者超过约定的期限(　　)未支付当期保险费的，合同效力中止，或者由保险人按照合同约定的条件减少保险金额。

A. 15 日 /30 日　　B. 30 日 /45 日

C. 30 日 /60 日　　D. 30 日 /90 日

【答案】C

【解析】合同约定分期支付保险费，投保人支付首期保险费后，除合同另有约定外，投保人自保险人催告之日起超过 30 日未支付当期保险费，或者超过约定的期限 60 日未支付当期保险费的，合同效力中止，或者由保险人按照合同约定的条件减少保险金额。

（4）根据保险法律制度的规定，人寿保险的被保险人或者受益人向保险人请求给付保险金的诉讼时效期间为(　　)，自其知道或者应当知道保险事故发生之日起计算。

A. 1 年　　B. 2 年

C. 4 年　　D. 5 年

【答案】D

【解析】人寿保险的被保险人或者受益人向保险人请求给付保险金的诉讼时效期间为 5 年，自其知道或者应当知道保险事故发生之日起计算；人寿保险以外的其他保险的被保险人或者受益人向保险人请求赔偿或者给付保险金的诉讼时效期间为 2 年，自其知道或者应当知道保险事故发生之日起计算。

（5）张三向保险公司投保了汽车损失险。某日，张三的汽车被李四撞坏，花去修理费 5 000 元。张三向李四索赔，双方达成如下书面协议：张三免除李四修理费 1 000 元，李四将为张三提供 3 次免费咨询服务，剩余的 4 000 元由张三向保险公司索赔。后张三请求保险公司按保险合同支付保险金 5 000 元。

根据保险法律制度的规定，下列表述中，正确的是（　　）。

A. 保险公司应当按保险合同全额支付保险金 5 000 元，且不得向李四求偿

B. 保险公司仅应当承担 4 000 元保险金的赔付责任，且有权向李四求偿

C. 因张三免除了李四 1 000 元的债务，保险公司不再承担保险金给付责任

D. 保险公司应当全额支付 5 000 元保险金，再向李四求偿

【答案】B

【解析】保险事故发生后，保险公司未赔偿保险金之前，张三就单方面放弃了对李四 1 000 元修理费请求赔偿的权利，那么保险公司仅应当承担剩余 4 000 元保险金的赔付责任，并且有权就这 4 000 元向李四求偿。

（6）潘某向保险公司投保了 3 年期的家庭财产保险。保险期间内，潘某一家外出，嘱托其保姆看家。某日，保姆外出忘记锁门，窃贼乘虚而入，潘某家被盗财物价值近 5 000 元。根据保险法律制度的规定，下列表述中，正确的是（　　）。

A. 应由保险公司赔偿，保险公司赔偿后无权向保姆追偿

B. 损失系因保姆过错所致，保险公司不承担赔偿责任

C. 潘某应当向保险公司索赔，不能要求保姆承担赔偿责任

D. 潘某只能要求保姆赔偿，不能向保险公司索赔

【答案】A

【解析】选项 A：因第三者（窃贼，而非保姆）对保险标的的损害而造成保险事故的，保险人自向被保险人赔偿保险金之日起，在赔偿金额范围内代位行使被保险人对第三者（窃贼）请求赔偿的权利，除被保险人的家庭成员或者其组成人员（保姆）故意对保险标的损害而造成保险事故外，保险人不得对被保险人的家庭成员或者其组成人员（保姆）行使代位请求赔偿的权利；选项 BD：保险公司的保险责任并不因保险标的的损害系他人造成而免责，保险公司应当承担赔偿责任；选项 C：被保险人可以选择基于保险合同向保险公司索赔或者基于侵权行为向有过错的保姆行使赔偿请求权。

知识点三十五：保险合同的变更（如图 4–48 所示）

保险合同的变更

- 1. 在财产保险合同中，保险标的转让的，保险标的的受让人承继被保险人的权利 和义务。保险标的转让，被保险人或者受让人应当及时通知保险人，但货物运输保险合同和另有约定的合同除外
- 【注】货物运输合同允许保险单随货物所有权的转移而转移，只须投保方背书即可转让
- 2. 一般情况下，变更保险合同的内容，需要取得保险人的同意，但是在人身保险合同中，被保险人或者投保人可以变更“受益人”并“书面通知”保险人即可

图 4–48　保险合同的变更

在人身保险合同中，被保险人或者投保人变更受益人应当经保险人书面同意。(　　)

【答案】×

【解析】在人身保险合同中，被保险人或者投保人可以变更受益人并书面通知保险人即可。

知识点三十六：人身保险合同的特殊条款（如图 4-49 所示）

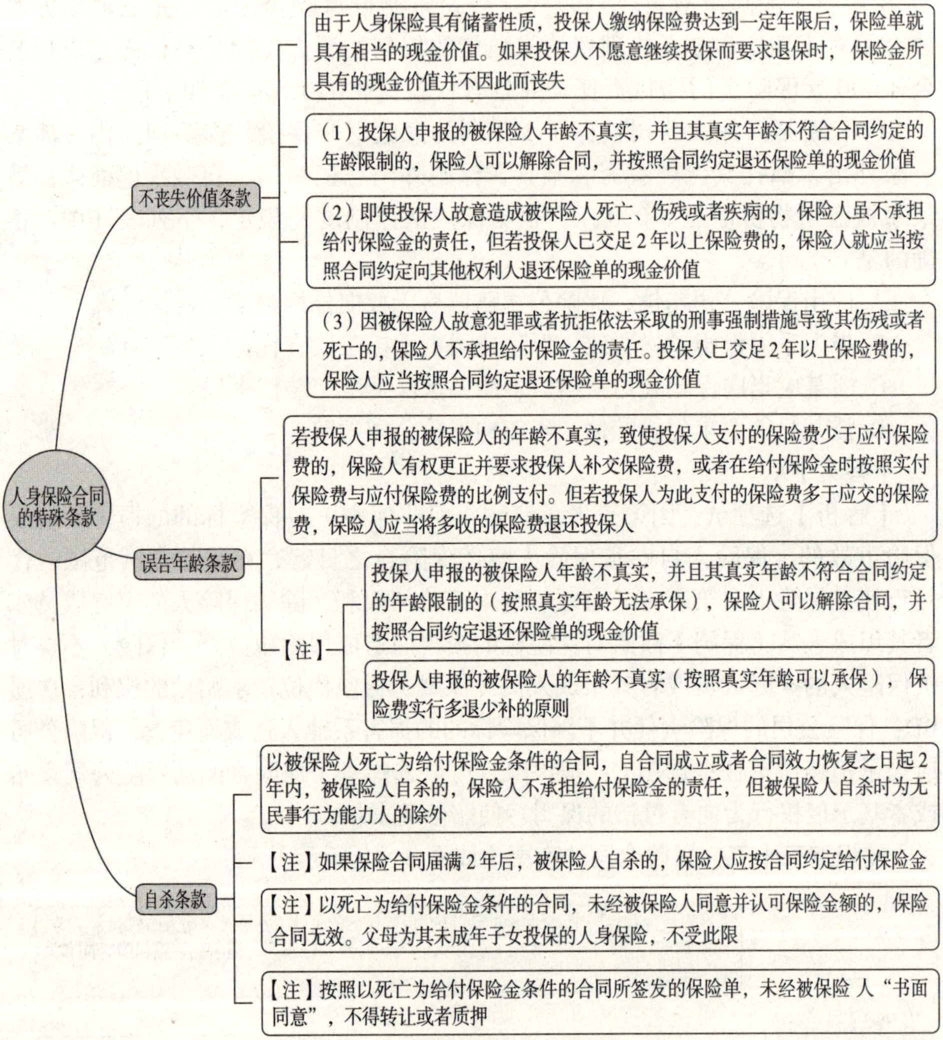

- 人身保险合同的特殊条款
  - 不丧失价值条款
    - 由于人身保险具有储蓄性质，投保人缴纳保险费达到一定年限后，保险单就具有相当的现金价值。如果投保人不愿意继续投保而要求退保时，保险金所具有的现金价值并不因此而丧失
    - (1) 投保人申报的被保险人年龄不真实，并且其真实年龄不符合合同约定的年龄限制的，保险人可以解除合同，并按照合同约定退还保险单的现金价值
    - (2) 即使投保人故意造成被保险人死亡、伤残或者疾病的，保险人虽不承担给付保险金的责任，但若投保人已交足 2 年以上保险费的，保险人就应当按照合同约定向其他权利人退还保险单的现金价值
    - (3) 因被保险人故意犯罪或者抗拒依法采取的刑事强制措施导致其伤残或者死亡的，保险人不承担给付保险金的责任。投保人已交足 2 年以上保险费的，保险人应当按照合同约定退还保险单的现金价值
  - 误告年龄条款
    - 若投保人申报的被保险人的年龄不真实，致使投保人支付的保险费少于应付保险费的，保险人有权更正并要求投保人补交保险费，或者在给付保险金时按照实付保险费与应付保险费的比例支付。但若投保人为此支付的保险费多于应交的保险费，保险人应当将多收的保险费退还投保人
    - 【注】
      - 投保人申报的被保险人年龄不真实，并且其真实年龄不符合合同约定的年龄限制的（按照真实年龄无法承保），保险人可以解除合同，并按照合同约定退还保险单的现金价值
      - 投保人申报的被保险人的年龄不真实（按照真实年龄可以承保），保险费实行多退少补的原则
  - 自杀条款
    - 以被保险人死亡为给付保险金条件的合同，自合同成立或者合同效力恢复之日起 2 年内，被保险人自杀的，保险人不承担给付保险金的责任，但被保险人自杀时为无民事行为能力人的除外
    - 【注】如果保险合同届满 2 年后，被保险人自杀的，保险人应按合同约定给付保险金
    - 【注】以死亡为给付保险金条件的合同，未经被保险人同意并认可保险金额的，保险合同无效。父母为其未成年子女投保的人身保险，不受此限
    - 【注】按照以死亡为给付保险金条件的合同所签发的保险单，未经被保险人“书面同意”，不得转让或者质押

图 4-49　人身保险合同的特殊条款

如果以被保险人死亡为给付保险金条件的人身保险合同届满 2 年后，被保险人自杀的，保险人应按合同约定给付保险金。(　　)

【答案】√

知识点三十七：保险合同的解除（如图 4–50 所示）

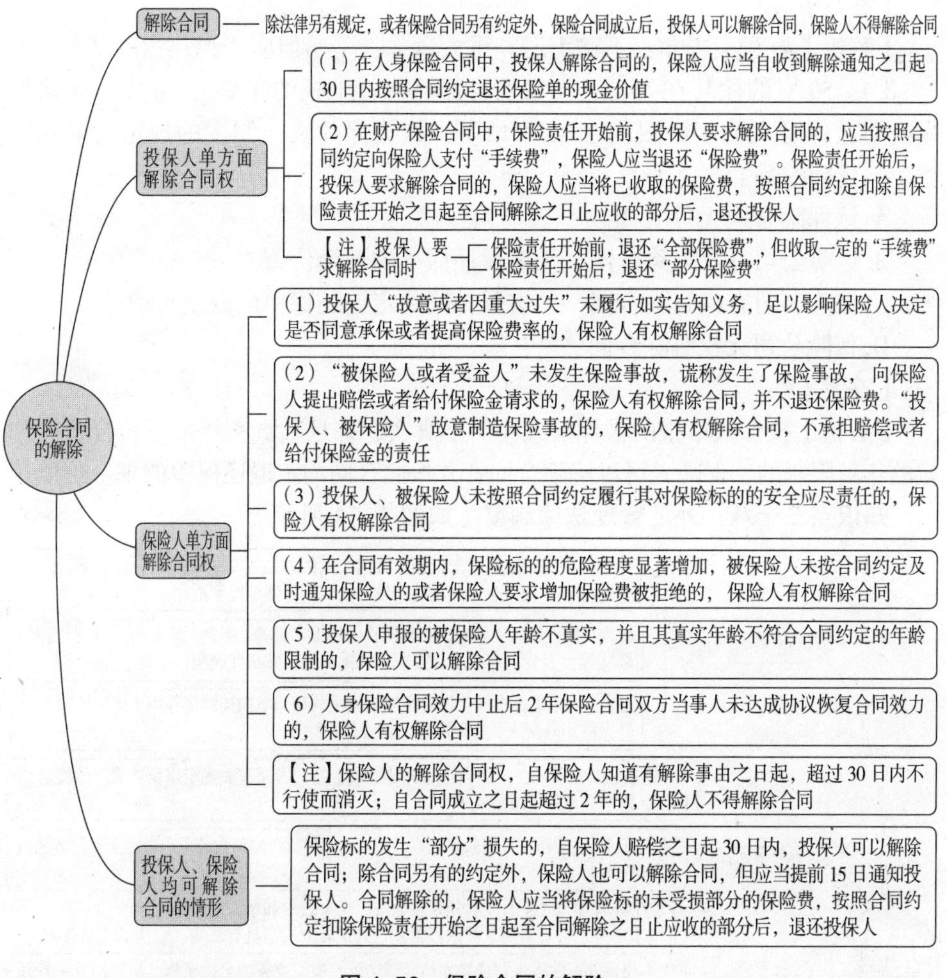

图 4–50　保险合同的解除

（1）在财产保险合同中，保险责任开始前，投保人要求解除合同的，应当按照合同约定向保险人支付手续费，保险人应当退还保险费。(　　)

【答案】√

（2）投保人故意不履行如实告知义务的，保险合同无效。(　　)

【答案】×

【解析】投保人故意或者因重大过失未履行如实告知义务，足以影响保险人决定是否同意承保或者提高保险费率的，保险人有权解除合同（并不导致保险合同的无效）。

（3）对投保人因重大过失未履行如实告知义务的，对保险事故的发生有严重影响，保险人对于合同解除前发生的保险事故，不承担赔偿或给付保险金的

小艾班上记8

责任，并不退还保险费。(　　)

【答案】×

【解析】故意不告知：不赔不退；重大过失：不赔但应当退还保险费。

（4）50 岁的徐某在为自己投保人身保险时，申报的年龄为 40 岁，而该类保险对被保险人的年龄限制在 45 岁以下。根据保险法律制度的规定，下列表述中，正确的是(　　)。

A. 该保险合同无效

B. 保险公司有权解除合同，无需退还保单的现金价值

C. 保险公司有权解除合同，并按照合同约定退还保单的现金价值

D. 保险公司无权解除合同

【答案】C

【解析】投保人申报的被保险人年龄不真实，并且其真实年龄不符合合同约定的年龄限制的，保险人可以解除合同，并按照合同约定退还保单的现金价值。

知识点三十八：外汇管理法律制度（如图 4–51 所示）

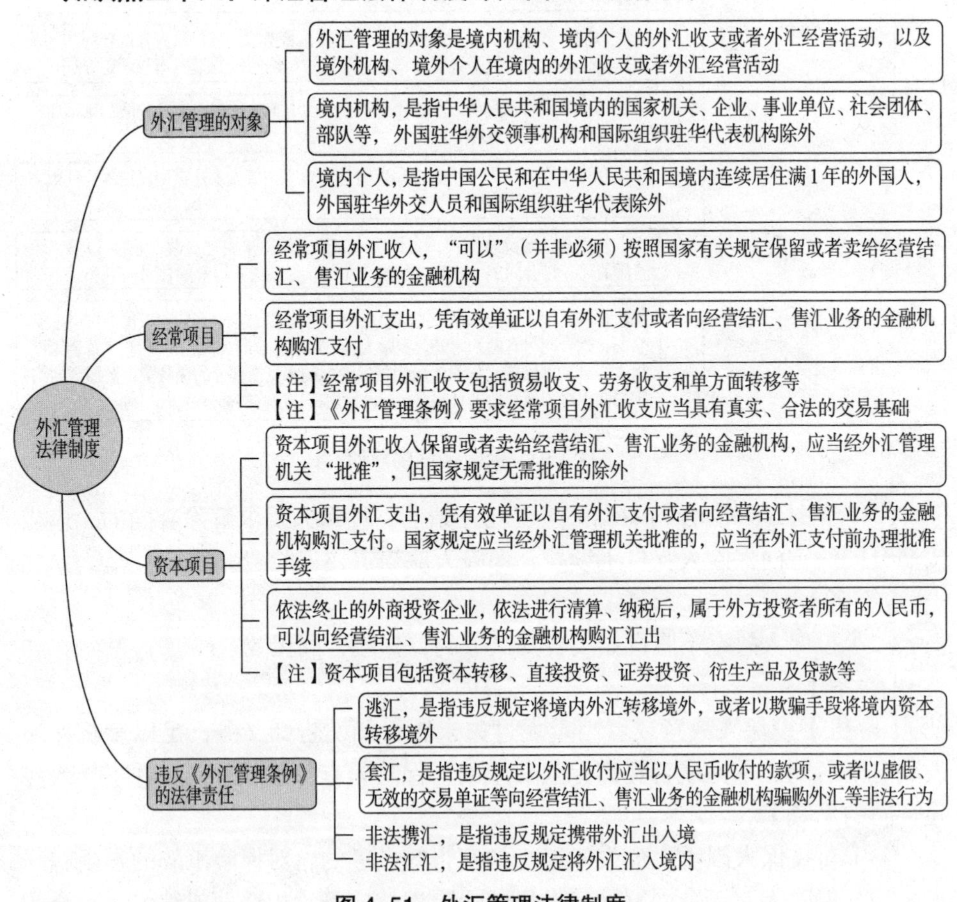

图 4–51　外汇管理法律制度

根据外汇管理法律制度的规定，下列表述中，不正确的是（　　）。

A. 经常项目外汇收入，可以按照国家有关规定保留或者卖给经营结汇、售汇业务的金融机构

B. 经常项目外汇支出，凭有效单证经审批后向经营结汇、售汇业务的金融机构购汇支付

C. 资本项目外汇收入，保留或者卖给经营结汇、售汇业务的金融机构，应当经外汇管理机关批准，但国家规定无需批准的除外

D. 资本项目外汇支出，凭有效单证以自有外汇支付或者向经营结汇、售汇业务的金融机构购汇支付；国家规定应当经外汇管理机关批准的，应当在外汇支付前办理批准手续

【答案】B

【解析】选项 B：经常项目外汇支出，凭有效单证以自有外汇支付或者向经营结汇、售汇业务的金融机构购汇支付，不需要审批。

（三）从童话中醒来

楚帆打来电话，说晚上朋友聚会，问我去不去。我问什么聚会？他说，公司几个同事出来一起聚聚，吃个饭，聊个天，晚上还有 KTV，你要不要过来一起？我一听，开始判断这个聚会对我是否重要，楚帆带我去参加聚会应该不是让我去认识他的同事，进入他的生活圈，因为我们的关系早已确定，他的同事、朋友、同学甚至亲人我都见过，他们也知道我的存在。所以，这应该就是一场他们同事之间工作之余联络感情以期后续更好合作的聚会，我去只不过是蹭顿饭。为了验证我的判断，我还是轻轻地问了一句：

“这个聚会重要吗？我一定要去吗？”

“他们说人多热闹些，你有时间就过来吧。”

那意思就是不重要，既然没什么重要的，我当然是果断地选择拒绝，因为我马上就要考试了。

婉晴在旁边，见我如此干脆利落地拒绝诱惑，对我翘起了大拇指。

我之所以能和婉晴志同道合，臭味相投，很多时候在于我们的价值观是一样的，比如我们都崇尚奋斗。我们都不会守株待兔地等待一个白马王子来拯救我们。

每次说起白马王子，我们就会想起小时候看的那个经典童话：

白雪公主就这样一直被安放在小山上，过了很久很久，她的样子看起来仍然像是在那儿安睡，皮肤仍然如雪一样的白嫩，脸色仍然透着血一般的红润，头发仍然如乌木一样又黑又亮。直到有一天，一个王子来到了小矮人的房子前，

拜访了七个小矮人。在小山上，他看到了白雪公主及棺材上的铭文，心里非常激动，一刻也不能平静。他对小矮人说要付给他们金钱，求他们让他把白雪公主和棺材带走，但小矮人说："就是用世界上所有的金子来换，我们也不会同意让她离我们而去的。"王子不停地恳求，甚至哀求。看到他如此真心诚意，小矮人终于被他的虔诚所感动，同意让他把棺材带走。但就在他叫人把棺材抬起准备回家时，棺材被撞了一下，那块毒苹果突然从白雪公主的嘴里吐了出来，她马上醒了。她茫然问道："我这是在哪儿呀？"王子回答说："你好端端地与我在一块儿。"接着，把发生的一切都告诉了她，最后说道："我爱你胜过爱世界上的一切，走吧！与我到我父亲的王宫去，我将娶你做我的妻子。"白雪公主同意了，并与王子一同回了家。在将一切准备好，将王宫装饰得富丽堂皇后，他们就要举行婚礼了，他们邀请了许多客人来参加婚礼……

然后我们就会哈哈大笑，相互揶揄，去，半死不活地躺在山上，看有没有王子来拯救你。

白雪公主之所以有白马王子来拯救，那是因为她有着跟王子一样高贵的出身和非凡的美貌，她就是白富美，而王子就是高富帅。白富美自然配高富帅，这样资产负债表两边才会相等，报表才会平衡。有人会说，也有很多夫妻感觉并不相配啊，那他们的报表会平衡吗？答案是"会"，因为有一方会拼命地对另一方好，在合并会计报表上叫商誉（商誉是企业整体价值的组成部分。在企业合并时，它是购买企业投资成本超过被合并企业净资产公允价值的差额），在谈恋爱时被称作爱情。

就像很多女人找男朋友时，经常会说"他虽然没钱没文凭没外貌 balabala，但是他真心爱我对我好啊"。废话！试问一个没钱没文凭没外貌要什么没什么的男人为了得到你，不对你好不宠着你不让着你不装乌龟王八，有戏吗？！就像一家公司账面上什么资产都没有，如果连商誉都没有的话，你会去并购吗？婚后他高跷胜利的二郎腿玩大变脸，不对你好了，你的人生报表不就失衡了？公司的商誉由市场决定，不是某个人可以左右的，各个因素会相互制衡，而你的爱情，完全由他一个人把控，风险有多高。

二十岁出头的我们，无疑是最美好最美丽的年华。但这时候的我们如果对自己的人生毫不清晰，不知道自己要的是什么，追求的是什么，怎么样才能得到幸福呢？最美丽的时候全部在恋爱中度过，每天安逸舒适，或许会有一段美好的回忆，可是美好之后呢？

如果在你身边那个二十多岁一无所有，稚气未脱的男生选择了奋斗，那么假以时日，你们的眼界层次慢慢就分开了，当爱情的炙热褪去，他对能干成熟的女同事屡屡示好，你这个时候骂他没有良心，享受了你最美好的年华后却不给你幸福的未来，有用吗？没用，毕竟人的一生不是用道德谴责和良心来维系的。

如果他选择了和你一起玩乐，那人到中年，当你回首人生，与周围不同层次的人比较时，你是该后悔自己拖累了你的爱人，还是在听到莎士比亚“真正的爱情使人向上”时怀疑你们之间不是真正的爱情？然后在以后柴米油盐经济拮据的时候，指着丈夫的脑门大骂他无能？你不觉得这样的现状你至少有一半的功劳吗？

也许你会说，女人应该示弱，太过强势，男生会敬而远之。然而，示弱的前提是你本来强大，而不是在恋爱的温室中煮青蛙，最后变得越来越依赖，要知道落后就会被动，被动就会挨打，一个在男生背后亦步亦趋的女人，三句话不离她男朋友，未来就是典型的三围女人（围着老公、围着孩子、围着灶台）。直到有一天老公厌她，孩子烦她，自己只能坐在灶台旁抹泪，感叹命运的不公。

更惨的是，年轻的时候众星捧月，最后却没能嫁一个好丈夫。青春转眼逝去后，年龄往上，自己在最黄金的时候又没有努力奋斗，接下来的人生一路往下走。婉晴有一个远房表姨，就是这样，据说年轻的时候特别漂亮，追她的人很多，然而，却在最该结婚的时候没有结婚，最该奋斗的时候没有奋斗，最该做选择的时候不做选择，现在40多岁了，在菜市场卖菜，蓬松的头发和暗黄的皮肤，埋头于讨价还价，甚至都不曾注意到身边熟人路过。曾经青春美貌又怎么样？今非昔比，情何以堪！

婉晴妈每次唠叨就拿这个远房表姨说事，说她太傻，不知道自己该找一个什么样的人，也不知道自己想过一种什么样的生活，不努力，不奋斗，没有计划，没有目标，脚踏西瓜皮，滑到哪里算哪里。

所以女人，不论什么时候，都要有自己的目标和努力。女人最幸福的一生是人生层次不断上升的一生。不管自己现在处于什么境地，只要每天都在努力，都在前进，就是幸福的。

从此，童话故事应该改写：

很久以前，有一个公主（女孩），在路上碰上了一个王子（男孩），王子问她是否愿意坐他的白马（宝马）。她说道：“我想坐你的马（宝马），但不是现在，因为我忙着得到一匹自己的马（宝马）。在太阳落山之前你自己骑吧，我晚些时候来追你。”王子目瞪口呆，他从来没有听人对他说过这样的话。他的内心受到了强烈的刺激，他浑身燃起一团扑不灭的火，因为她竟然不需要他。这时他开口说：“我的余生一定要和你在一起。”

然后，他们纵马奔向落日余晖，热恋，结婚，而且她开始折磨他……

但两人终生相爱。

第五章

合同法律制度

（一）潜意识下操作的能力

最先开始总结提炼书上的知识点总是感觉不顺手，画图也画得很慢，现在越来越熟悉了，也越来越习惯这样总结了，至少不像当初那么讨厌，发自内心地抵触了。再过一段时间，或许我也能像杜老师那样信手拈来。

杜老师说，每个人从头学习一项新的技能时，都必须经历四个阶段：

不只已不能；

知已不能之；

知已已能之；

不知已能之。

就像学开车，对于刚出生的婴儿来说，压根就不会去想自己会不会开车，不会开车既不会给他们的生活造成不便，也不会产生任何心理上的不安。这就是“不知已不能”，虽无能力，却也尚未萌生出明确的意识。

随着年龄的增长，突然有一天，他们发现：为什么别人都会开车，而我却不会呢？一旦提出了这个问题，就进入了第二个阶段“知已不能之”，意识到自己缺乏某种能力。

由于意识到了不会开车的种种不便，而且内心感到不安，理所当然就会主动采取措施，改变现状。高中刚毕业的小女孩或许会缠着爸爸带自己去空旷的地方练车，爸爸或许会给她报名去驾校学习。不管通过哪种途径，重点是已经迈出了第一步，找到机会开始学习这种新的技能了。这就是第三个阶段“知已已能之”，在这个阶段明明学会了所有的操作技能，背熟了所有的交通法规，可是每次把手放到方向盘上的时候，心里还是难免会有点紧张。必须时刻留心手部动作和脚下换挡的配合，遇到比较复杂的路况也会略微有点犯憷。总而言之，必须把自己的精力和能力全部用在开车上面，根本顾不上别的事情。

直到有一天，突然发现自己再也不用盯着倒车镜了，拐弯并线时不会老急着打开转向灯了，离合换挡、停车起步也已经习惯成自然了。大脑终于有了空间，可以放松下来，一边开车一边听听音乐。这就说明已经达到了最后一个阶段“不知已能之”，即潜意识有能力。

学习也是一种技能，自然也不例外。刚开始的时候，都没想过要去总结，拿着书就看，也不知道自己在看什么。直到自己越看越烦，才会想到自己的学习方法是不是有问题，总结后才能记得住。接着开始学习如何总结，但是总是觉得自己总结得不够好，经过训练后慢慢的，差强人意了。那什么时候才能信手沾来呢？

从某种意义上来说，我们的终生目标就是要让自己在尽可能多的领域达到最后一种潜意识下的操作能力的状态。人之所以有这种欲望，想要自己做得更好，一方面是处于某些现实的原因，但更重要的是，我们只有在潜意识的状态中才能全身心放松，尽情享受整个过程，找到乐趣。

继续努力，继续学习，也许等我考过中级会计职称，我收获的不仅仅是一张证书，我还学会了如何学习。

（二）合同法律制度精华提炼

知识点一：要约（如图 5-1 所示）

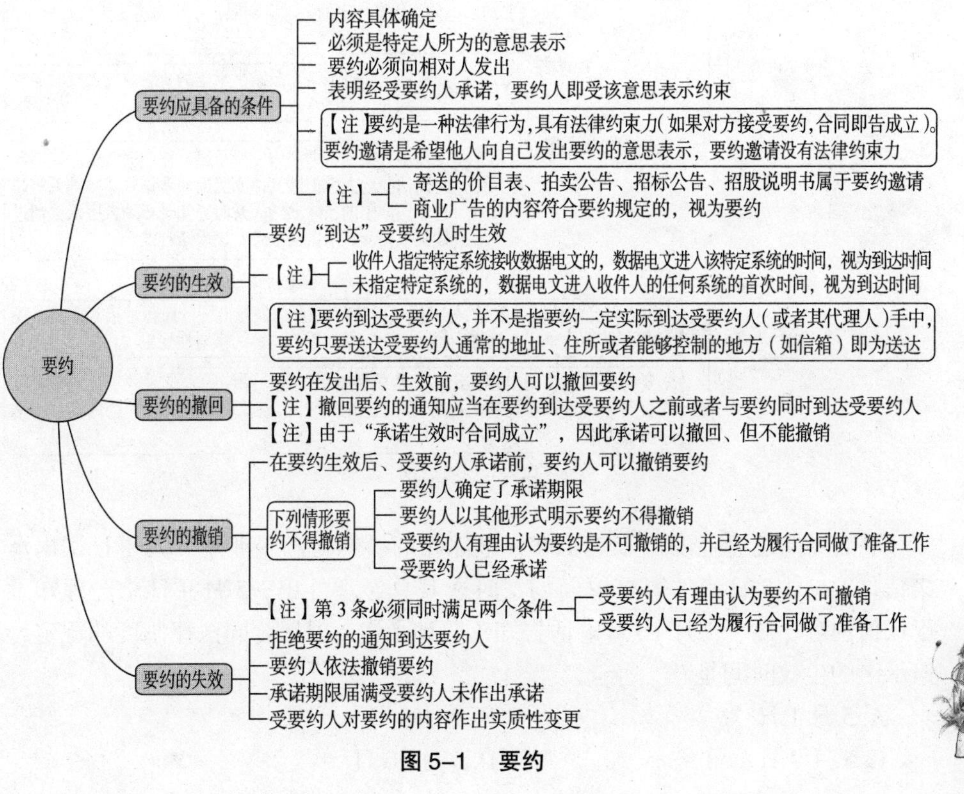

图 5-1　要约

(1)采用数据电文形式订立合同，收件人未指定特定系统的，该数据电文进入收件人的任何系统的首次时间，视为要约或者承诺到达时间。(　　)

【答案】√

(2)要约以信件作出的，承诺期限自要约到达受要约人时开始计算。(　　)

【答案】×

【解析】要约以信件作出的，承诺期限自信件载明的日期开始计算。

(3)根据合同法律制度的规定，下列各项中，属于不得撤销要约的情形有(　　)。

A. 要约人确定了承诺期限

B. 要约已经到达受要约人

C. 要约人明示要约不可撤销

D. 受要约人已发出承诺的通知

【答案】ACD

【解析】选项 B：在要约生效后、受要约人承诺前，要约人可以撤销要约。

知识点二：承诺(如图 5-2 所示)

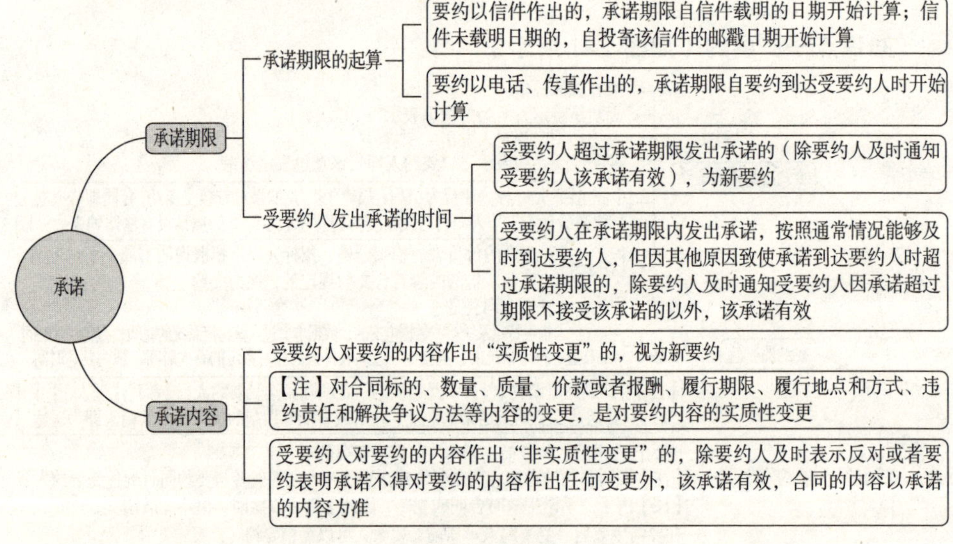

图 5-2　承诺

甲商场向乙企业发出采购 100 台电冰箱的要约，乙企业于 5 月 1 日寄出承诺信件，5 月 8 日信件寄至甲商场，时逢其总经理外出，5 月 9 日总经理知悉了该信内容，遂于 5 月 10 日电话告知乙收到承诺。根据合同法律制度的规定，该承诺的生效时间是(　　)。

A. 5 月 1 日　　B. 5 月 8 日

C. 5 月 9 日　　D. 5 月 10 日

【答案】B

【解析】承诺“到达”要约人时生效，不管其总经理是否知悉。

知识点三：合同成立的时间和地点（如图 5-3 所示）

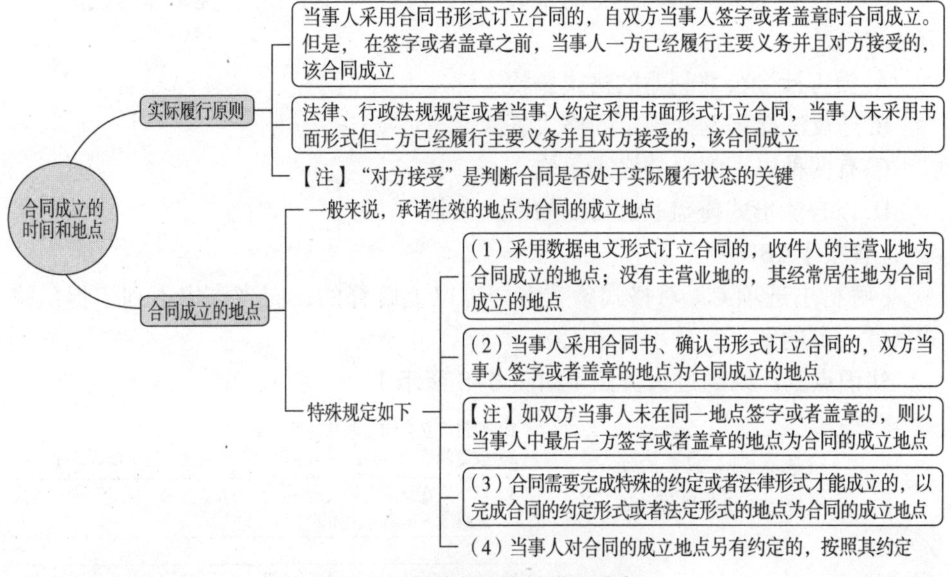

图 5-3　合同成立的时间和地点

知识点四：格式条款（如图 5-4 所示）

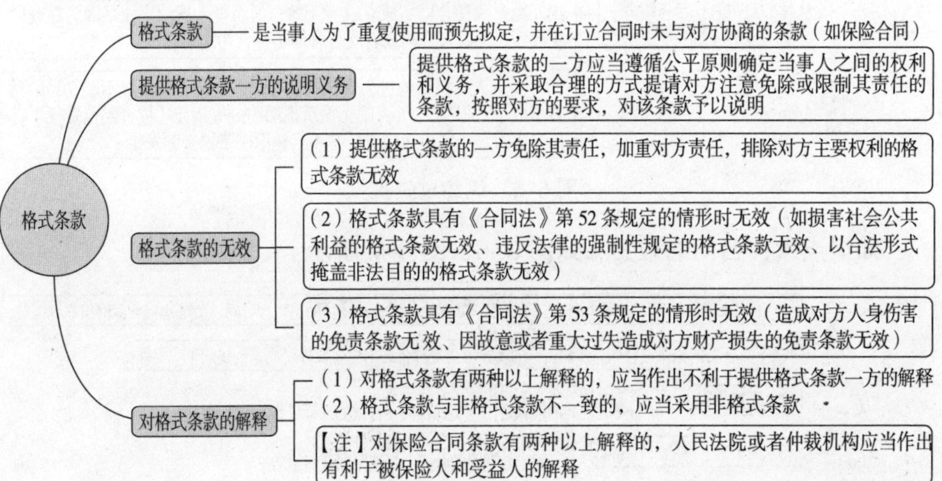

图 5-4　格式条款

（1）格式条款与非格式条款不一致的，应当采用格式条款。（　　）

【答案】×

【解析】格式条款与非格式条款不一致的，应当采用“非格式条款”。

（2）对格式条款有两种以上解释的，应当作出不利于提供格式条款一方的解释。(　　)

【答案】√

（3）根据合同法律制度的规定，下列各项中，属于无效格式条款的有(　　)。

A. 损害社会公共利益的格式条款

B. 违反法律强制性规定的格式条款

C. 有两种以上解释的格式条款

D. 以合法形式掩盖非法目的的格式条款

【答案】ABD

【解析】选项C：对格式条款有两种以上解释的，应当作出不利于提供格式条款一方的解释，并不导致无效。

知识点五：缔约过失责任（如图5-5所示）

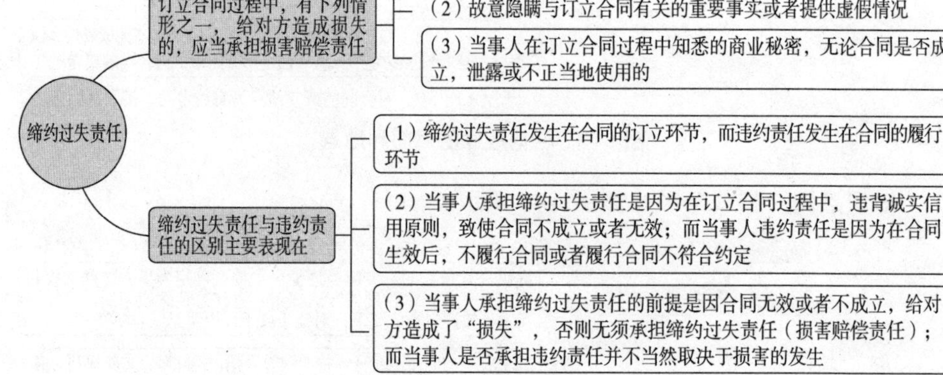

图5-5　缔约过失责任

知识点六：合同的效力（如图5-6、图5-7所示）

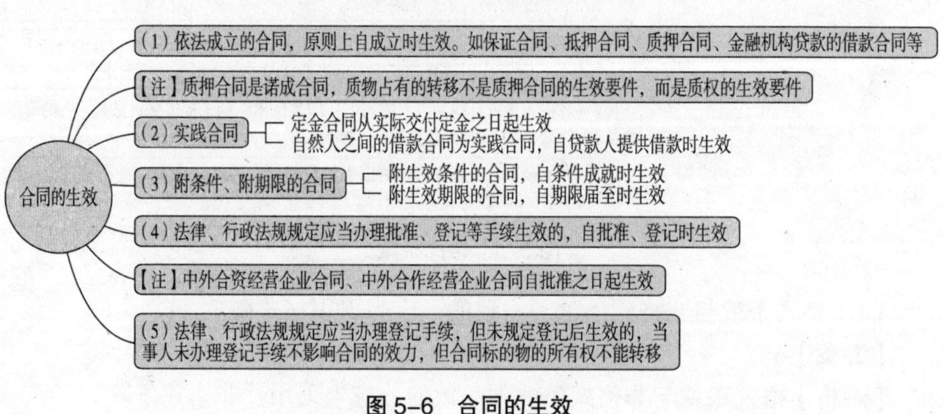

图5-6　合同的生效

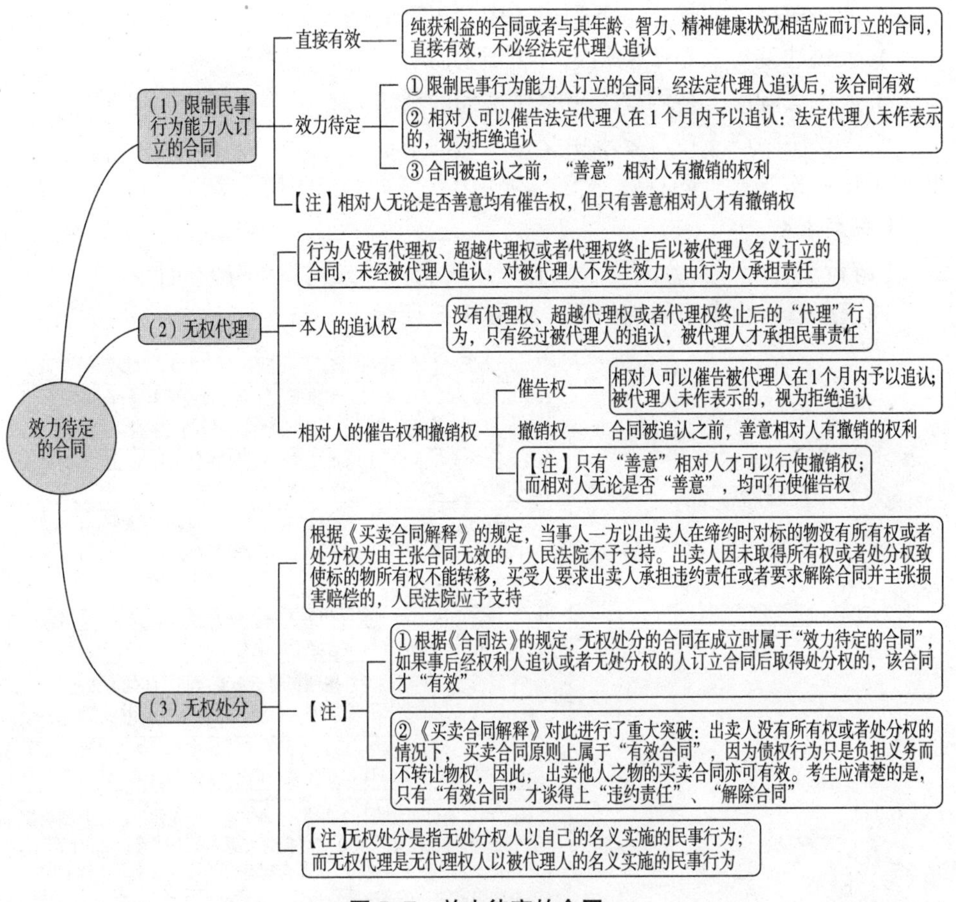

图 5–7　效力待定的合同

（1）甲委托乙前往丙厂采购男装，乙觉得丙生产的女装市场更为看好，便自作主张以甲的名义向丙订购。丙未问乙的代理权限，便与之订立了买卖合同。根据合同法律制度的规定，下列选项中，正确的有（　　）。

A. 该买卖合同无效　　　　B. 甲有追认权

C. 丙有催告权　　　　　　D. 乙有撤销权

【答案】BC

【解析】选项 A：该买卖合同属于效力待定合同（而非无效合同）；选项 B：被代理人（甲）有追认权；选项 C：相对人（丙）有催告权；选项 D：在被代理人追认之前，只有善意相对人才享有撤销权，乙作为代理人不可能享有撤销权。

（2）甲有件玉器，欲转让，与乙签订合同，约好 10 日后交货付款。第二天，丙见该玉器，愿以更高的价格购买，甲遂与丙签订合同，丙当即支付了 80% 的价款，约好 3 天后交货。第三天，甲又与丁订立合同，将该玉器卖给丁，并当场交付，但丁仅支付了 30% 的价款。后乙、丙均要求甲履行合同，诉至人民法院。

根据合同法律制度的规定，下列表述中，正确的是（　）。

A. 人民法院应认定丁取得了该玉器的所有权

B. 人民法院应支持丙要求甲交付玉器的请求

C. 人民法院应支持乙要求甲交付玉器的请求

D. 第一份买卖合同有效，第二份、第三份买卖合同均无效

【答案】A

【解析】三个买卖合同均合法有效；先交付 > 先付款 > 先订合同。

知识点七：约定不明的处理（如图 5-8 所示）

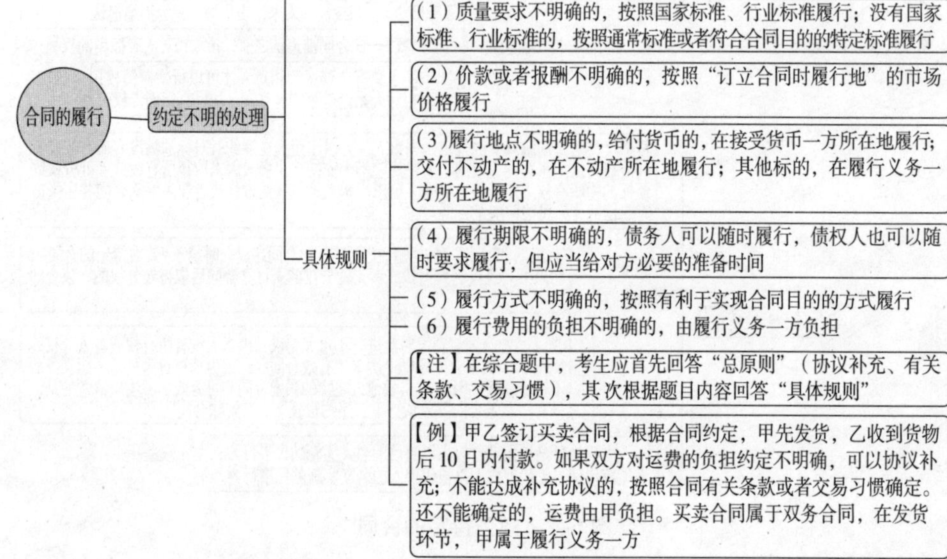

图 5-8　约定不明的处理

根据合同法律制度的规定，下列情形中，买受人应当承担标的物灭失风险的有（　）。

A. 买卖双方未约定交付地点，出卖人将标的物交由承运人运输，货物在运输途中意外灭失

B. 约定在出卖人营业地交货，买受人未按约定时间前往提货，后货物在地震中灭失

C. 出卖人依约为买受人代办托运，货交第一承运人后意外灭失

D. 买受人下落不明，出卖人将标的物提存后意外灭失

【答案】ABCD

【解析】选项 A：当事人没有约定交付地点，标的物需要运输的，出卖人将标的物交付给第一承运人后，标的物毁损、灭失的风险由“买受人”承担；

选项 B：出卖人按照约定将标的物置于交付地点，买受人违反约定没有收取的，标的物毁损、灭失的风险自违反约定之日起由“买受人”承担；选项 C：出卖人根据合同约定将标的物运送至买受人指定地点并交付给承运人后（出卖人依约代办托运），标的物毁损、灭失的风险由“买受人”负担，但当事人另有约定的除外；选项 D：出卖人将标的物依法提存后，毁损、灭失的风险由“买受人”承担。

知识点八：涉及第三人的合同（如图 5-9 所示）

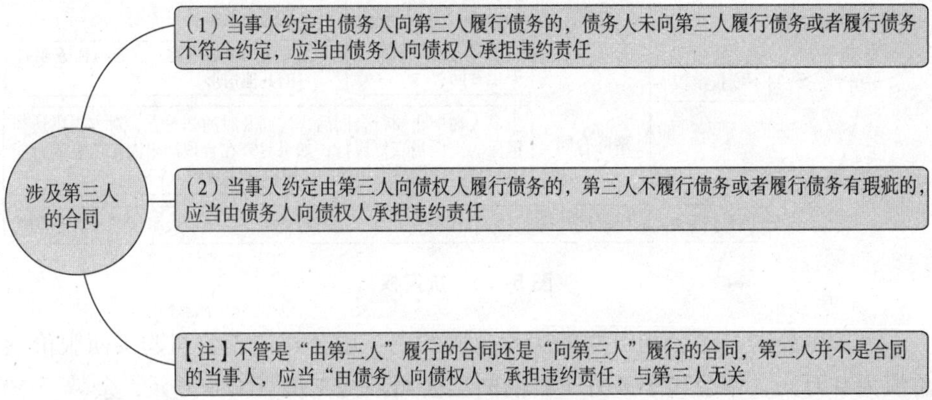

涉及第三人的合同

（1）当事人约定由债务人向第三人履行债务的，债务人未向第三人履行债务或者履行债务不符合约定，应当由债务人向债权人承担违约责任

（2）当事人约定由第三人向债权人履行债务的，第三人不履行债务或者履行债务有瑕疵的，应当由债务人向债权人承担违约责任

【注】不管是“由第三人”履行的合同还是“向第三人”履行的合同，第三人并不是合同的当事人，应当“由债务人向债权人”承担违约责任，与第三人无关

图 5-9　涉及第三人的合同

（1）甲、乙双方约定，由丙每月代乙向甲偿还债务 500 元，期限 2 年。丙履行 5 个月后，以自己并不对甲负有债务为由拒绝继续履行。甲遂向法院起诉，要求乙、丙承担违约责任。根据合同法律制度的规定，人民法院的下列判决中，符合规定的是（　　）。

A. 判决乙承担违约责任

B. 判决丙承担违约责任

C. 判决乙、丙连带承担违约责任

D. 判决乙、丙分担违约责任

【答案】A

【解析】当事人约定由第三人向债权人履行债务的，第三人不履行债务或者履行债务不符合约定，债务人（乙）应当向债权人（甲）承担违约责任。

（2）合同约定由债务人甲向第三人乙履行交货义务，甲在所交货物的质量不符合合同约定时，应当向乙承担违约责任。（　　）

【答案】×

【解析】当事人约定由债务人向第三人履行债务的，债务人未向第三人履行债务或者履行债务不符合约定，应当由债务人向“债权人”（而非第三人）承担违约责任。

知识点九：抗辩权（如图 5-10 所示）

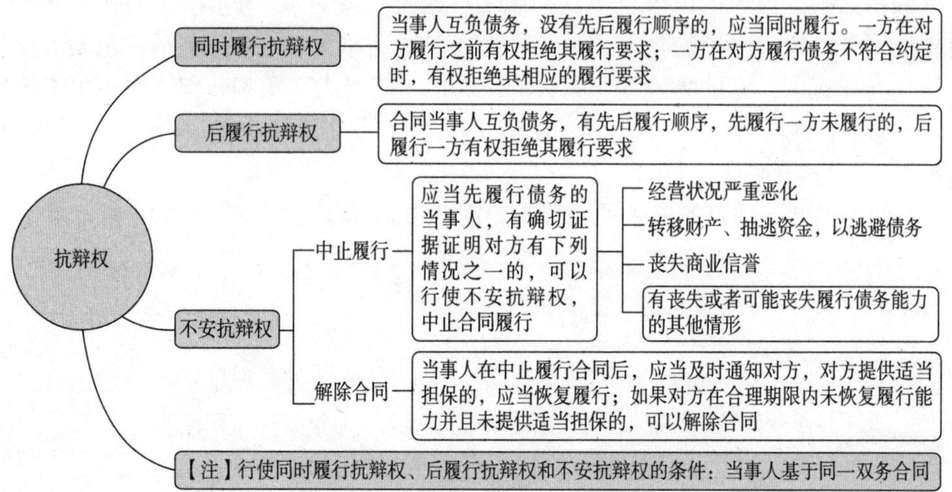

图 5-10　抗辩权

（1）甲公司与乙公司订立的买卖合同约定：甲公司向乙公司购买西服价款总值为 9 万元，甲公司于 8 月 1 日前向乙公司预先支付货款 6 万元，余款于 10 月 15 日在乙公司交付西服后 2 日内一次付清。甲公司以资金周转困难为由未按合同约定预先支付货款 6 万元。10 月 15 日，甲公司要求乙公司交付西服。根据合同法律制度的规定，乙公司可以行使的权利是（　　）。

A. 同时履行抗辩权　　B. 后履行抗辩权

C. 不安抗辩权　　D. 撤销权

【答案】B

（2）甲、乙订立一份价款为 10 万元的图书买卖合同，约定甲先支付书款，乙 2 个月后交付图书。甲由于资金周转困难只交付 5 万元，答应余款尽快支付，但乙不同意。2 个月后甲要求乙交付图书，遭乙拒绝。根据合同法律制度的规定，下列各项中，正确的是（　　）。

A. 乙对甲享有同时履行抗辩权

B. 乙对甲享有不安抗辩权

C. 乙有权拒绝交付全部图书

D. 乙有权拒绝交付与 5 万元书款价值相当的部分图书

【答案】D

【解析】如果先履行的一方当事人部分履行的，后履行的当事人有权不履行相应的合同义务。

（3）甲公司与乙公司订立货物买卖合同，约定出卖人甲公司将货物送至丙公司，经丙公司验收合格后，乙公司应付清货款。甲公司在送货前发现丙公司已濒于破产，遂未按时送货。根据合同法律制度的规定，下列各项中，正确的是（　　）。

A. 甲公司应向乙公司承担违约责任

B. 甲公司应向丙公司承担违约责任

C. 甲公司应向乙公司、丙公司分别承担违约责任

D. 甲公司不承担违约责任

【答案】A

【解析】濒于破产的是丙公司，而不是付款人乙公司，甲公司不能行使不安抗辩权；当事人约定由债务人向第三人履行债务的，债务人未向第三人履行债务或者履行债务不符合约定，债务人应当向债权人承担违约责任。在本题中，甲公司应当向乙公司（买卖合同的相对人）承担违约责任，而不是向丙公司承担违约责任。

知识点十：代位权（如图 5–11 所示）

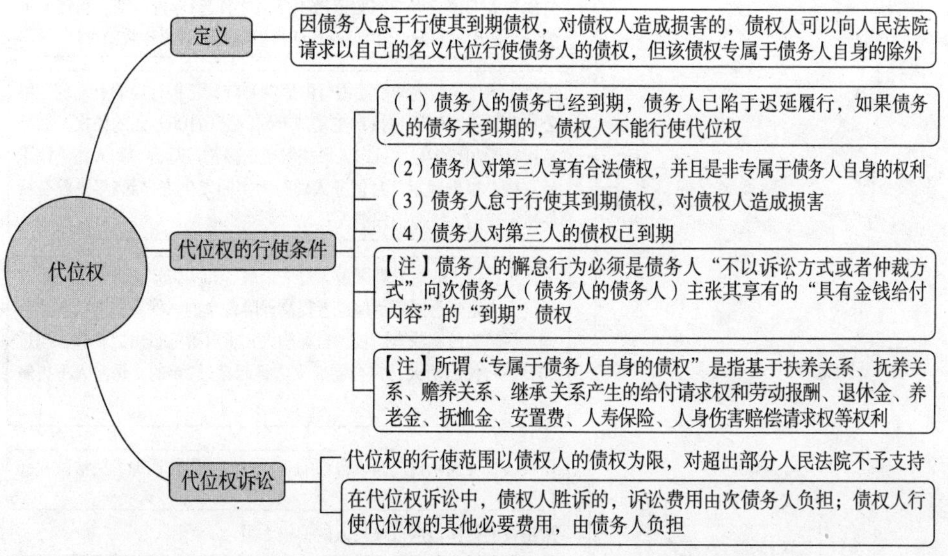

图 5–11　代位权

债权人甲认为债务人乙怠于行使其债权给自己造成损害，欲提起代位权诉讼。根据合同法律制度的规定，下列各项中，不得提起代位权诉讼的有（　　）。

A. 安置费给付请求权

B. 劳动报酬请求权

C. 人身伤害赔偿请求权

D. 因继承关系产生的给付请求权

【答案】ABCD

知识点十一：撤销权（如图5-12所示）

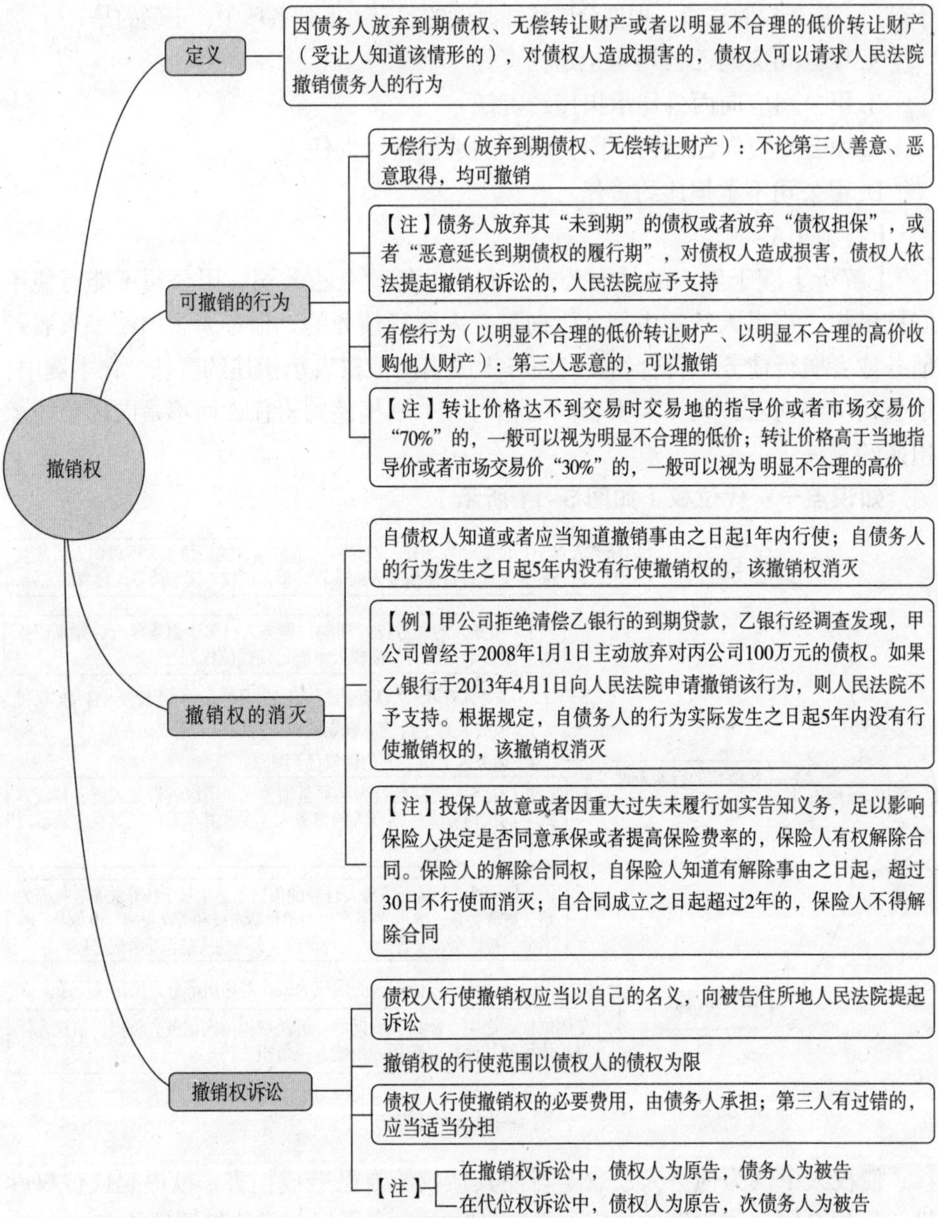

- 撤销权
  - 定义
    - 因债务人放弃到期债权、无偿转让财产或者以明显不合理的低价转让财产（受让人知道该情形的），对债权人造成损害的，债权人可以请求人民法院撤销债务人的行为
  - 可撤销的行为
    - 无偿行为（放弃到期债权、无偿转让财产）：不论第三人善意、恶意取得，均可撤销
    - 【注】债务人放弃其“未到期”的债权或者放弃“债权担保”，或者“恶意延长到期债权的履行期”，对债权人造成损害，债权人依法提起撤销权诉讼的，人民法院应予支持
    - 有偿行为（以明显不合理的低价转让财产、以明显不合理的高价收购他人财产）：第三人恶意的，可以撤销
    - 【注】转让价格达不到交易时交易地的指导价或者市场交易价“70%”的，一般可以视为明显不合理的低价；转让价格高于当地指导价或者市场交易价“30%”的，一般可以视为明显不合理的高价
  - 撤销权的消灭
    - 自债权人知道或者应当知道撤销事由之日起1年内行使；自债务人的行为发生之日起5年内没有行使撤销权的，该撤销权消灭
    - 【例】甲公司拒绝清偿乙银行的到期贷款，乙银行经调查发现，甲公司曾经于2008年1月1日主动放弃对丙公司100万元的债权。如果乙银行于2013年4月1日向人民法院申请撤销该行为，则人民法院不予支持。根据规定，自债务人的行为实际发生之日起5年内没有行使撤销权的，该撤销权消灭
    - 【注】投保人故意或者因重大过失未履行如实告知义务，足以影响保险人决定是否同意承保或者提高保险费率的，保险人有权解除合同。保险人的解除合同权，自保险人知道有解除事由之日起，超过30日不行使而消灭；自合同成立之日起超过2年的，保险人不得解除合同
  - 撤销权诉讼
    - 债权人行使撤销权应当以自己的名义，向被告住所地人民法院提起诉讼
    - 撤销权的行使范围以债权人的债权为限
    - 债权人行使撤销权的必要费用，由债务人承担；第三人有过错的，应当适当分担
    - 【注】
      - 在撤销权诉讼中，债权人为原告，债务人为被告
      - 在代位权诉讼中，债权人为原告，次债务人为被告

图5-12　撤销权

根据合同法律制度的规定，债务人的下列行为中，债权人可以请求人民法院予以撤销的有（　　）。

A. 债务人放弃其到期的债权，对债权人造成损害

B. 债务人放弃其未到期的债权，对债权人造成损害

C. 债务人放弃其债权担保，对债权人造成损害

D. 债务人恶意延长到期债权的履行期，对债权人造成损害

【答案】ABCD

知识点十二：合同的担保（如图 5-13 所示）

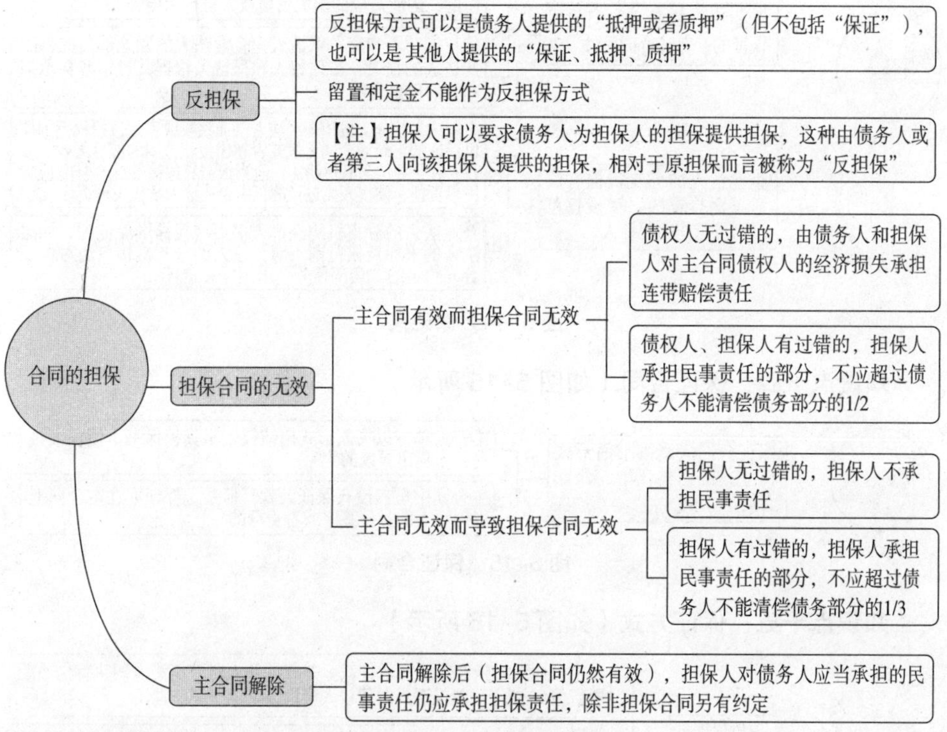

图 5-13 合同的担保

根据合同法律制度的规定，担保合同被确认无效时，债务人、担保人、债权人有过错的，应当根据其过错各自承担相应的民事责任。下列有关承担民事责任的表述中，正确的是（　　）。

A. 主合同有效而担保合同无效，债权人无过错的，债务人对主合同债权人的经济损失承担赔偿责任，担保人则不承担赔偿责任

B. 主合同有效而担保合同无效，债权人、担保人有过错的，担保人承担民事责任的部分，不应超过债务人不能清偿部分的 1/3

C. 主合同无效而导致担保合同无效，担保人无过错则不承担民事责任

D. 主合同无效而导致担保合同无效，担保人有过错的，应承担的民事责任不超过债务人不能清偿部分的 1/2

【答案】C

知识点十三：保证人（如图 5-14 所示）

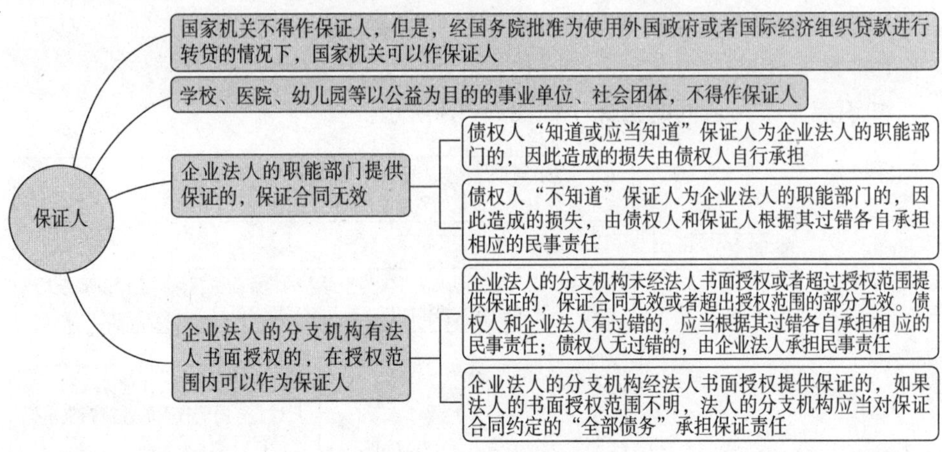

图 5-14　保证人

知识点十四：保证合同（如图 5-15 所示）

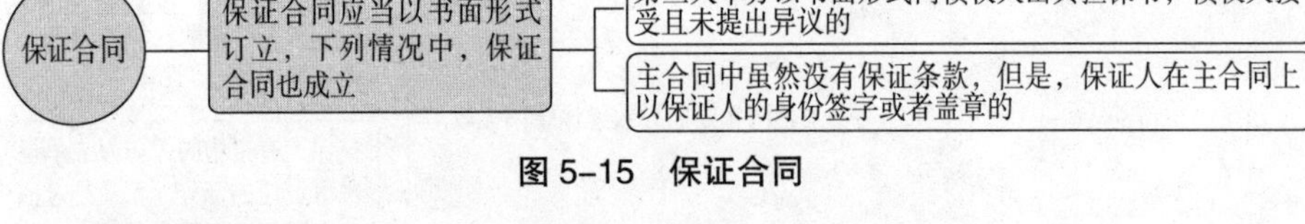

图 5-15　保证合同

知识点十五：保证方式（如图 5-16 所示）

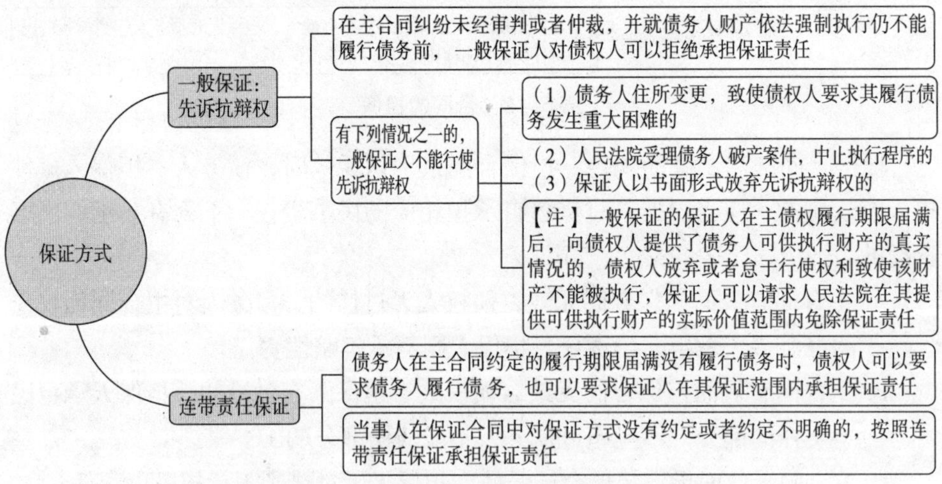

图 5-16　保证方式

在保证合同中，当事人对保证方式没有约定或者约定不明确的，按照连带责任保证承担保证责任。（　　）

【答案】√

知识点十六：保证责任（如图 5-17 所示）

- 保证责任
  - 保证担保的范围
    - 当事人对保证担保的范围没有约定或者约定不明确的，保证人应当对“全部债务”（主债权及利息、违约金、损害赔偿金和实现债权的费用）承担责任
  - 债权人转让债权
    - 在保证期间，债权人依法将主债权转让给第三人的，保证债权同时转让，保证人在原保证担保的范围内对受让人承担保证责任。但是保证人与债权人事先约定仅对特定的债权人承担保证责任或者禁止债权转让的，保证人不再承担保证责任
    - 【注】债权人转让权利的，受让人同时取得与主债权有关的从权利
    - 【例】甲公司向乙银行贷款100万元，丙公司为保证人。债权人乙银行将其100万元的主债权转让给丁银行，丙公司在原保证担保的范围内继续承担保证责任，除非在签订保证合同时双方明确约定丙公司只对乙银行承担保证责任或禁止债权转让
  - 债务人转让债务
    - 保证期间，债权人许可债务人转让债务的，应当取得保证人“书面同意”。保证人对未经其同意转让的债务部分，不再承担保证责任
    - 【注】债务人将合同的义务全部或者部分转移给第三人，应当经债权人同意
    - 【注】主债务被分割或者部分转让的，抵押人仍以其抵押物担保数个债务人履行债务。 但是，第三人提供抵押的，债权人许可“主债务人”转让债务未经抵押人“书面同意”时，抵押人对未经其同意转让的债务，不再承担担保责任
    - 【例】甲公司向乙银行贷款100万元，丙公司为保证人：(1)如果债务人甲公司将100万元的债务全部转让给丁公司，首先应经债权人乙银行的同意，还须经保证人丙公司的书面同意，未经保证人书面同意的，保证人不再承担保证责任；(2)如果债务人甲公司将40万元的债务转让给丁公司时，未经保证人丙公司的书面同意，保证人对这40万元的债务不再承担保证责任，但对尚未转让的60万元债务仍应承担保证责任
  - 主合同的变更
    - 未经保证人同意的主合同变更，保证人的保证责任并不能解除
      - （1）如果减轻债务人的债务的，保证人仍应当对变更后的合同承担保证责任
      - （2）如果加重债务人的债务的，保证人对加重的部分不承担保证责任
      - （3）变更主合同履行期限的，保证期间为原合同约定的或者法律规定的期间
      - 【注】
        - 经过保证人同意的主合同变更，保证人按照变更后的合同内容承担保证责任
        - 未经保证人同意的主合同变更，避重就轻，不加重保证人的责任：100万元变更为80万元的，按照80万元承担保证责任；100万元变更为180万元的，按照100万元承担保证责任
  - 保证责任的免除
    - 有下列情形之一的，保证人不承担保证责任
      - 主合同当事人双方串通，骗取保证人提供保证的
      - 主合同债权人采取欺诈、胁迫等手段，使保证人在违背真实意思的情况下提供保证的
      - 主合同债务人采取欺诈、胁迫等手段，使保证人在违背真实意思的情况下提供保证的，并且债权人知道或者应当知道欺诈、胁迫事实的
      - 【注】如果债务人与保证人共同欺骗债权人，订立主合同与保证合同的，债权人可以请求人民法院予以撤销。因此给债权人造成损失的，由保证人与债务人承担连带赔偿责任
  - 其他规定
    - （1）第三人向债权人保证监督支付专款专用的，未尽监督义务造成资金流失的，应当对流失的资金承担“补充赔偿责任”
    - （2）保证人对债务人的注册资金提供保证，如果债务人的实际投资与注册资金不符，或者抽逃转移注册资金的，保证人在注册资金不足或者抽逃转移注册资金的范围内承担“连带保证责任”
    - （3）不具有完全代偿能力的法人、其他组织或者自然人，以保证人身份订立保证合同后，又以自己没有代偿能力要求免除保证责任的，人民法院不予支持
    - （4）保证人对已经超过诉讼时效期间的债务承担保证责任或者提供保证的，又以超过诉讼时效为由抗辩的，人民法院不予支持
    - （5）主合同当事人双方协议以新贷偿还旧贷，除保证人知道或者应当知道的以外，保证人不承担民事责任，但是新贷与旧贷系同一保证人的除外

图 5-17　保证责任

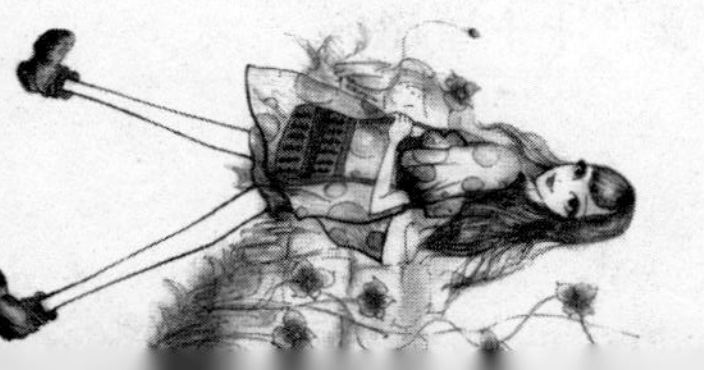

知识点十七：担保的并存（如图 5-18 所示）

- 保证责任
  - 保证+保证
    - 按份共同保证
      - 同一债务有两个以上保证人的，保证人应当按照保证合同约定的保证份额，承担保证责任
      - 【注】按份共同保证中的“按份”是指“保证人与债权人”在保证合同中约定的份额，该约定对债权人有约束力
      - 【例】甲公司向乙银行贷款100万元，丙公司、丁公司为连带保证人。根据“保证人与债权人”在保证合同中的约定，丙公司承担90%的保证责任，丁公司承担10%的保证责任（该约定对债权人有约束力）。如果甲公司到期未还本付息，债权人乙银行只能要求丙公司承担90万元的保证责任
    - 连带共同保证
      - 连带共同保证是各保证人约定均对全部主债务承担担保义务或者保证人与债权人之间没有约定所承担保证份额的共同保证
      - 连带共同保证的债务人在主合同规定的债务履行期限届满没有履行债务的，债权人可以要求债务人履行债务，也可以要求任何一个保证人承担全部保证责任。已经承担保证责任的保证人，有权向债务人追偿，或者要求承担连带责任的其他保证人清偿其应当承担的份额
      - 【注】连带共同保证的“连带”是“保证人之间”的连带
      - 【注】连带共同保证的保证人以其相互之间约定的各自承担的份额对抗债权人的，人民法院不予支持
      - 【例】甲公司向乙银行贷款100万元，丙公司、丁公司为保证人。丙公司、丁公司之间内部约定：丙公司承担60%的保证责任，丁公司承担40%的保证责任。但丙公司、丁公司在与债权人乙银行签订保证合同时，未约定各自的保证份额。在本案中：(1)各保证人与“债权人”未约定各自的保证份额，视为连带共同保证；(2)如果甲公司到期未还本付息，乙银行要求丙公司承担100万元的保证责任时，丙公司不能以丙、丁之间的内部约定对抗乙银行；(3)丙公司对外承担100万元的保证责任后，有权向债务人甲公司追偿100万元，或者向连带保证人丁公司追偿40万元（对外承担连带责任，对内承担按份责任）
  - 人保+物保
    - 物保由主债务人提供：先主后次
      - 当事人对承担担保责任的顺序没有约定或者约定不明确的，债权人应当首先执行主债务人提供的物保，保证人在物保不足清偿时承担补充清偿责任
      - 【注】主债务人以自己的财产设定抵押，抵押权人放弃该抵押权的，其他担保人在抵押权人丧失优先受偿权益的范围内免除担保责任，但其他担保人承诺仍然提供担保的除外
      - 【例】甲公司向乙银行贷款100万元，甲公司（主债务人）以其机器设备设定抵押（物保），丙公司为保证人（次债务人）。当甲公司到期不能清偿债务时：(1)如果当事人对担保责任的承担顺序事先有明确约定的，按照约定执行；(2)当事人没有约定的，先主后次，即首先执行主债务人的抵押，如果抵押物的拍卖价款只有80万元，则保证人丙公司 仅对不足的20万元承担保证责任；(3)如果乙银行放弃了该抵押权（由主债务人提供的抵押），则保证人丙公司免除80万元（在抵押权人丧失优先受偿权益的范围内）的担保责任，除非保证人丙公司承诺仍然承担100万元的担保责任
    - 物保由第三人提供：没有先后顺序
      - 当事人对承担担保责任的顺序没有约定或者约定不明确的，债权人可以执行第三人的物保，也可以首先要求保证人承担保证责任。在保证与第三人提供的物保并存的情况下，如果其中一人承担了担保责任，则只能向主债务人追偿，“不能”向另外一个担保人追偿
      - 【注】第三人提供抵押的，债权人许可“主债务人”转让债务未经抵押人“书面同意”时，抵押人对未经其同意转让的债务，不再承担担保责任
      - 【注】保证期间，债权人许可主债务人转让债务的，应当取得保证人“书面同意”。保证人对未经其同意转让的债务部分，不再承担保证责任
      - 【例】甲公司向乙银行贷款100万元，丙公司（次债务人）以其机器设备设定抵押（物保），丁公司为保证人（次债务人）。在本案中，人保、物保均由“次债务人”提供，当甲公司到期不能清偿债务时：(1)如果当事人对担保责任的承担顺序事先有明确约定的，按照约定执行；(2)当事人没有约定的，在执行顺序上没有先后之分，债权人可以首先要求丁公司承担保证责任，也可以首先要求丙公司承担担保责任；(3)如果保证人丁公司应乙银行的要求承担了100万元的保证责任后，只能向主债务人甲公司追偿，而不能向丙公司追偿

图 5-18　担保的并存

知识点十八：保证期间（如图 5-19 所示）

- 保证期间
  - 保证期间的界定
    - 当事人未约定保证期间的，保证期间为主债务履行期届满之日起6个月
    - 保证合同约定保证人承担保证责任直至主债务本息还清时为止等类似内容的，视为约定不明，保证期间为主债务履行期届满之日起2年
    - 【注】
      - (1)当事人对保证期间“根本未约定”的（只字不提），保证期间为6个月
      - (2)当事人对保证期间“约定不明”的（只是约定保证人承担保证责任直至主债务本息还清时为止），保证期间为2年
    - 【注】保证合同约定的保证期间早于或者等于主债务履行期限的，视为没有约定，保证期间为主债务履行期届满之日起6个月
    - 【注】主合同对主债务履行期限没有约定或者约定不明确的，保证期间自债权人要求债务人履行义务的宽限期届满之日起计算
  - 保证合同的诉讼时效
    - 一般保证
      - 一般保证的保证人享有先诉抗辩权，即债务人不能履行到期债务时，债权人应当首先对债务人提起诉讼或者申请仲裁。在保证期间内，如果债权人未对债务人提起诉讼或者申请仲裁的，保证人不再承担保证责任
      - 一般保证的债权人在保证期间内对债务人提起诉讼或者申请仲裁的，从判决或者仲裁裁决生效之日起，开始计算保证合同的诉讼时效
    - 连带责任保证
      - 在连带保证中，债务人不能履行到期债务时，债权人可以要求债务人履行债务，也可以直接要求保证人承担保证责任
      - 债权人在保证期间内要求连带保证人承担保证责任的，从债权人要求保证人承担保证责任之日起，开始计算保证合同的诉讼时效
      - 保证人对债务人行使追偿权的诉讼时效，自保证人向债权人承担保证责任之日起开始计算
    - 诉讼时效的中止与中断
      - 一般保证中，主债务诉讼时效中断，保证债务诉讼时效中断
      - 连带责任保证中，主债务诉讼时效中断，保证债务诉讼时效不中断
      - 一般保证和连带责任保证中，主债务诉讼时效中止的，保证债务的诉讼时效同时中止

图 5-19　保证期间

根据合同法律制度的规定，下列有关保证责任诉讼时效的表述，正确的有（　　）。

A. 一般保证中，主债务诉讼时效中断，保证债务诉讼时效中断

B. 一般保证中，主债务诉讼时效中止，保证债务诉讼时效中止

C. 连带责任保证中，主债务诉讼时效中断，保证债务诉讼时效中断

D. 连带责任保证中，主债务诉讼时效中止，保证债务诉讼时效中止

【答案】ABD

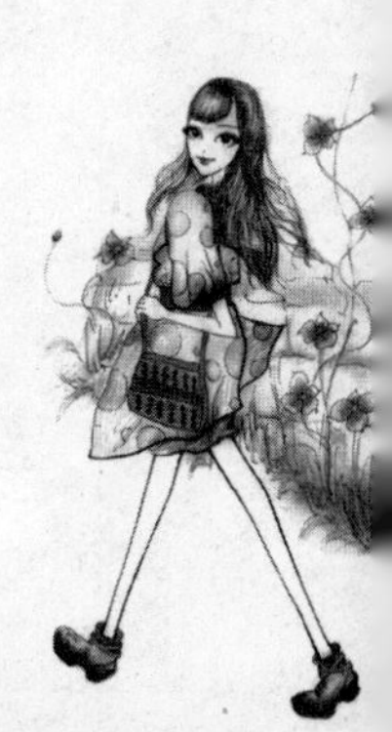

知识点十九：抵押权的设立（如图 5-20 所示）

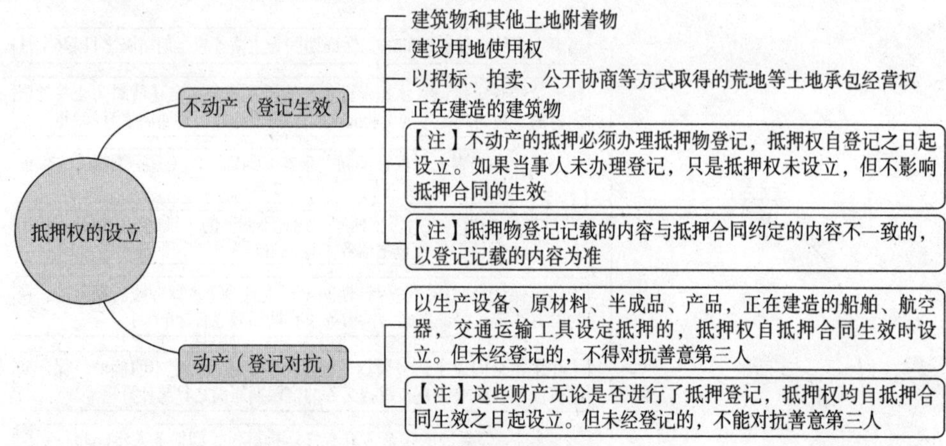

图 5-20　抵押权的设立

（1）甲以自有的一批布匹作抵押向乙借款，甲、乙签订了抵押合同，但未办理抵押登记。在抵押期间，甲擅自将该批布匹卖给了善意第三人丙，并已交货付款完毕。根据物权法律制度的规定，下列表述中，正确的有（　　）。

A. 甲与乙之间的抵押合同有效

B. 丙无权取得对该批布匹的所有权

C. 乙的抵押权可以对抗受让人丙的所有权

D. 乙的抵押权不得对抗受让人丙的所有权

【答案】AD

【解析】选项 A：抵押合同自签订之日起生效；选项 B：丙基于善意取得该货物的所有权；选项 CD：当事人以动产设定抵押的，抵押权自抵押合同生效之日起设立，未登记的，不能对抗善意第三人。

（2）甲公司向乙银行借款 500 万元，拟以其闲置的一处办公用房作担保。乙银行正好缺乏办公场所，于是与甲公司商定，由甲公司以此办公用房为乙银行设立担保物权。随后，甲公司向乙银行交付了办公用房，但未办理登记手续。借款到期后，甲公司未能偿还借款，乙银行主张对办公用房行使优先受偿的权利。根据物权法律制度的规定，下列各项中，正确的是（　　）。

A. 乙银行有权这样做，因其对标的物享有抵押权

B. 乙银行有权这样做，因其对标的物享有质权

C. 乙银行有权这样做，因其对标的物享有同时履行抗辩权

D. 乙银行无权这样做，因其对标的物不享有抵押权

【答案】D

【解析】办公用房（不动产）的抵押必须办理抵押物登记，抵押权自登记之日起设立。

知识点二十：抵押物（如图 5-21 所示）

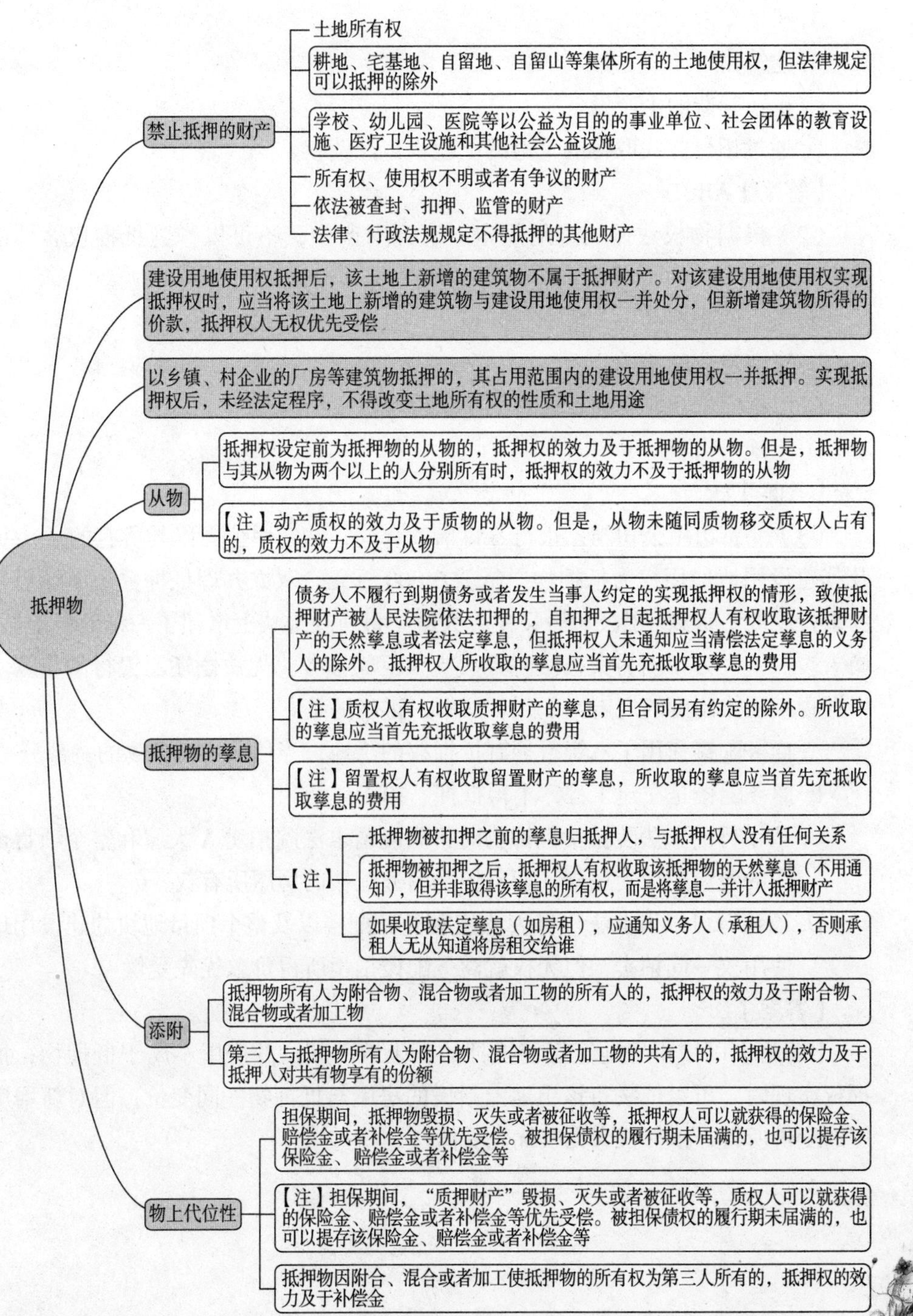

图 5-21　抵押物

（1）根据物权法律制度的规定，下列财产中，可以作为抵押物的有（　　）。

A. 机动车

B. 建筑物

C. 正在制造的生产设备

D. 通过招标方式取得的荒地的土地承包经营权

【答案】ABCD

（2）根据物权法律制度的规定，下列财产中，不可以作为抵押权客体的是（　　）。

A. 工厂的半成品

B. 正在建造的船舶

C. 以招标方式取得的荒地的土地承包经营权

D. 土地所有权

【答案】D

（3）北京市甲公司与乙银行签订借款合同，约定甲公司以其所有的 A 大厦及其建设用地使用权为抵押物，贷款 5 000 万元。双方办理抵押登记手续后，乙银行发放了贷款。甲公司后又在 A 大厦项目所在地块上增建了一幢商务配楼，尚未竣工。甲公司因另案被法院判决支付巨额债务，无法偿还乙银行的贷款。根据物权法律制度的规定，下列各项中，正确的是（　　）。

A. 商务配楼使用了乙银行拥有抵押权的土地，当然成为抵押物的一部分

B. 商务配楼是在建工程，不得抵押、拍卖、转让

C. 乙银行请求法院拍卖抵押物时，只能请求法院拍卖 A 大厦和整个项目地块的建设用地使用权，而不拍卖商务配楼的房屋所有权

D. 乙银行可以请求法院将 A 大厦和商务配楼以及整个项目地块的建设用地使用权一同拍卖，但无权就商务配楼拍卖所得价款优先受偿

【答案】D

【解析】以城市房地产设定抵押的，土地上新增的房屋不属于抵押物；抵押权实现时，可以依法将该土地上新增的房屋与抵押物一同变价，但对新增房屋的变价所得，抵押权人无权优先受偿。

知识点二十一：抵押的效力（如图 5-22 所示）

- 抵押的效力
  - 抵押担保的范围
    - 抵押担保的范围包括主债权及其利息、违约金、损害赔偿金和实现抵押权的费用。当事人另有约定的，按照约定
    - 【注】保证的担保范围包括主债权及其利息、违约金、损害赔偿金和实现债权的费用。当事人另有约定的，按照约定
    - 【注】质权的担保范围包括主债权及其利息、违约金、损害赔偿金、保管质押财产和实现质权的费用。当事人另有约定的，按照约定
    - 【注】留置担保的范围包括主债权及其利息、违约金、损害赔偿金、留置物保管费用和实现留置权的费用
    - 【注】
      - 因抵押不转移占有，谈不上"保管费用"的问题
      - 质押、留置的担保范围均涉及质物、留置物的"保管费用"
    - 【注】
      - 因抵押权、质权属于约定的担保物权，当事人在订立抵押合同、质押合同时，可以"事先约定"抵押、质押的担保范围，没有约定的，才看法定的
      - 由于留置权属于法定的担保物权，谈不上留置合同，因此，留置权的担保范围是"法定"的，谈不上事先约定的问题
  - 抵押物的出租
    - 订立抵押合同前抵押财产已出租的，原租赁关系不受该抵押权的影响，抵押权实现后，租赁合同在有效期内对抵押物的受让人继续有效
    - 抵押权设立后抵押财产出租的，该租赁关系不得对抗已登记的抵押权，抵押权实现后，租赁合同对受让人不具有约束力。抵押人将已抵押的财产出租时，如果抵押人未书面告知承租人该财产已抵押的，抵押人对出租抵押物造成承租人的损失承担赔偿责任；如果抵押人已书面告知承租人该财产已抵押的，抵押权实现造成承租人的损失，由承租人自己承担
    - 【注】抵押权设定之后，由于抵押物仍归抵押人占有，因此抵押人有权将抵押物出租。当同一物上既存在抵押权又存在租赁关系时，如同"买卖不破租赁"，我国物权法律制度亦确立了"抵押不破租赁"的规则，即"在后抵押不破在先租赁"
    - 【注】
      - 先抵押后出租的，抵押权优先
      - 先出租后抵押的，租赁合同优先
  - 抵押物的转让
    - 抵押期间，抵押人经抵押权人同意转让抵押财产的，应当将转让所得的价款向抵押权人提前清偿债务或者提存。转让的价款超过债权数额的部分归抵押人所有，不足部分由债务人清偿
    - 抵押期间，抵押人未经抵押权人同意，不得转让抵押财产，但受让人代为清偿债务消灭抵押权的除外
  - 抵押物依法被继承或者赠与的，抵押权不受影响
  - 抵押权的从属性
    - 主债权转让的，担保该债权的抵押权一并转让，但法律另有规定或者当事人另有约定的除外
    - 主债权被分割或者部分转让的，各债权人可以就其享有的债权份额行使抵押权
    - 主债务被分割或者部分转让的，抵押人仍以其抵押物担保数个债务人履行债务。但是，第三人提供抵押的，债权人许可债务人转让债务未经抵押人书面同意的，抵押人对未经其同意转让的债务，不再承担担保责任
  - 抵押权的保全
    - 抵押人的行为足以使抵押财产价值减少的，抵押权人有权要求抵押人停止其行为。抵押财产价值减少的，抵押权人有权要求恢复抵押财产的价值，或者提供与减少的价值相应的担保。抵押人不恢复抵押财产的价值也不提供担保的，抵押权人有权要求债务人提前清偿债务

图 5-22　抵押的效力

（1）甲公司向某银行贷款 100 万元，乙公司以其所有的一栋房屋作抵押担保，并完成了抵押登记。现乙公司拟将房屋出售给丙公司，通知了银行并向丙公司告知了该房屋已经抵押的事实。乙公司、丙公司订立书面买卖合同后到房

屋管理部门办理过户手续。根据物权法律制度的规定，下列说法中，正确的有（　　）。

A. 不论银行是否同意转让，房屋管理部门应当准予过户，但银行仍然对该房屋享有抵押权

B. 如丙公司代为清偿了甲公司的银行债务，则不论银行是否同意转让，房屋管理部门均应当准予过户

C. 如丙公司向银行承诺代为清偿甲公司的银行债务，则不论银行是否同意转让，房屋管理部门均应当准予过户

D. 如甲公司清偿了银行债务，则不论银行是否同意，房屋管理部门均应当准予过户

【答案】BD

【解析】抵押期间，抵押人未经抵押权人同意，不得转让抵押财产，但受让人代为清偿债务消灭抵押权的除外。

（2）甲将房屋一间作抵押向乙借款100万元，并依法办理了抵押登记手续。抵押期间，知情人丙向甲表示愿以300万元购买甲的房屋，甲也想将抵押的房屋出卖。根据物权法律制度的规定，下列各项中，正确的是（　　）。

A. 甲有权将该房屋出卖，但须事先告知抵押权人乙

B. 甲可以将该房屋出卖，不必征得抵押权人乙的同意

C. 甲可以将该房屋卖给丙，但应征得抵押权人乙的同意

D. 甲无权将该房屋出卖，因为房屋上已设置了抵押权

【答案】C

【解析】如果抵押物已经登记，抵押人转让抵押物时，应当经抵押权人"同意"，否则该转让行为无效（但受让人代为清偿全部债务消灭抵押权的除外）。

知识点二十二：抵押权的实现（如图5-23所示）

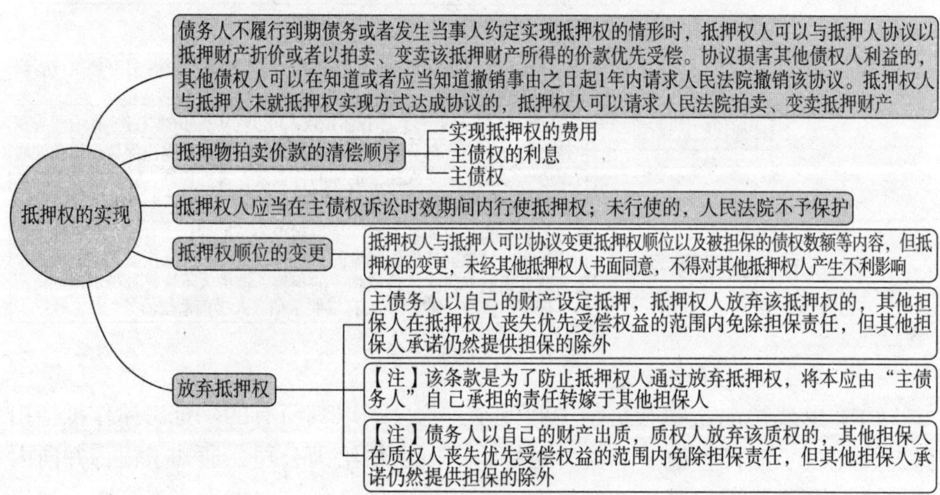

图5-23　抵押权的实现

陈某向贺某借款20万元，借期2年。张某为该借款合同提供保证担保，担保条款约定，张某在陈某不能履行债务时承担保证责任，但未约定保证期间。陈某同时以自己的房屋提供抵押担保并办理了登记。如果贺某打算放弃对陈某的抵押权，并将这一情况通知了张某，但张某表示反对。根据物权法律制度的规定，下列表述中，正确的是(　　)。

A. 贺某不得放弃抵押权，因为张某不同意

B. 若贺某放弃抵押权，张某仍应对全部债务承担保证责任

C. 若贺某放弃抵押权，则张某对全部债务免除保证责任

D. 若贺某放弃抵押权，则张某在贺某放弃权利的范围内免除保证责任

【答案】D

【解析】主债务人以自己的财产设定抵押，抵押权人放弃该抵押权的，其他担保人在抵押权人丧失优先受偿权益的范围内免除担保责任，但其他担保人承诺仍然提供担保的除外。

知识点二十三：物权重合（如图5-24所示）

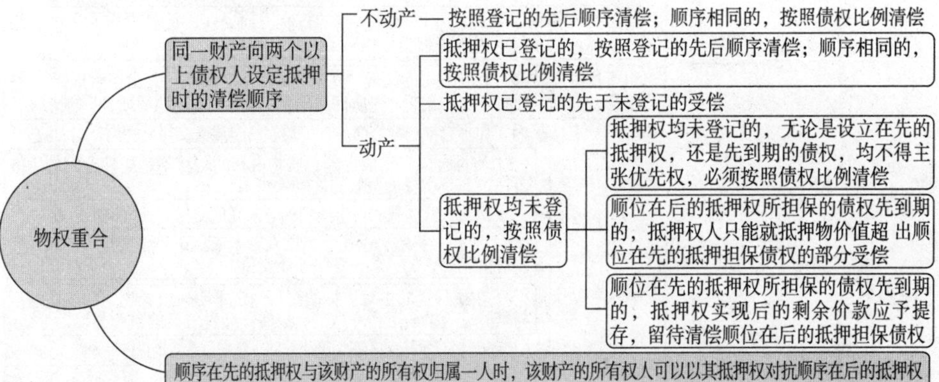

图5-24　物权重合

知识点二十四：最高抵押权（如图5-25所示）

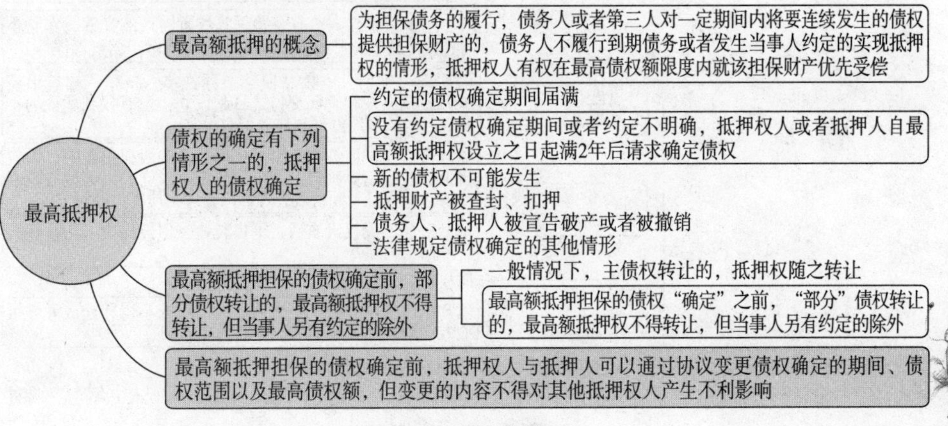

图5-25　最高抵押权

知识点二十五：动产的浮动抵押（如图 5–26 所示）

- 动产的浮动抵押
  - 动产浮动抵押
    - 经当事人书面协议，企业、个体工商户、农业生产经营者可以将现有的以及将有的生产设备、原材料、半成品、产品抵押，债务人不履行到期债务或者发生当事人约定的实现抵押权的情形，债权人有权就实现抵押权时的动产优先受偿
    - 浮动抵押是抵押权生效时“抵押财产”尚未确定；最高额抵押则是抵押权生效时所担保的“债权额”尚未确定
    - 浮动抵押仅限于特定的主体，即企业、个体工商户、农业生产经营者
    - 浮动抵押仅限于动产
  - 浮动抵押的抵押权自抵押合同生效时设立，未经登记，不得对抗善意第三人
  - 抵押权的实现只能针对“确定的财产”
  - 在下列情形发生时，应确定抵押财产
    - 债务履行期限届满，债权未实现
    - 抵押人被宣告破产或者被撤销
    - 当事人约定的实现抵押权的情形
    - 严重影响债权实现的其他情形
  - 在抵押财产确定之前，浮动抵押权不得对抗正常经营活动中“已支付合理价款”并“取得”抵押财产的买受人

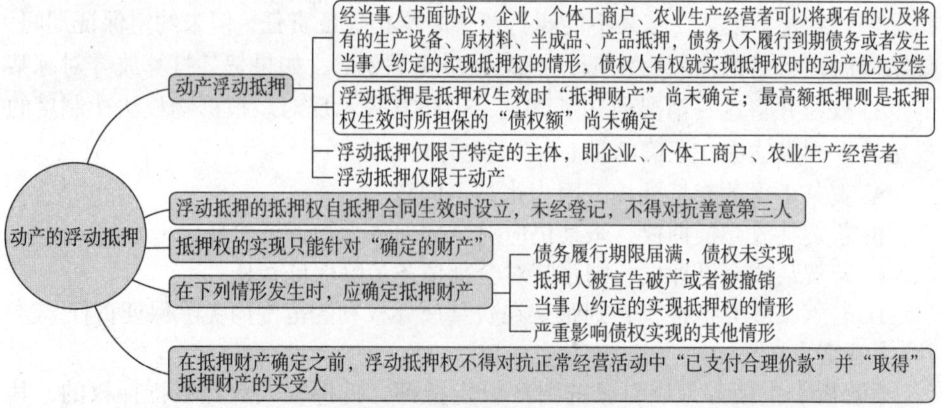

图 5–26　动产的浮动抵押

知识点二十六：质押（如图 5–27 所示）

- 质押
  - 质押定义
    - 质权包括动产质权与权利质权两类
    - 与抵押权不同，动产质权以转移质物的占有为前提。因此，出质人无法使用出质财产，质权人也不得擅自使用
    - 由于抵押不转移占有，有可能出现“先抵押后出租”或者“先出租后抵押”的情形，而动产质押不可能出现“先质押后出租”或者“先出租后质押”的情形
  - 动产质押
    - 交付生效
      - （1）质押合同自成立时生效，质权自出质人交付质押财产时设立
      - （2）质押合同是诺成合同，质物占有的转移不是质押合同的生效要件，而是质权的生效要件
      - （3）出质人代质权人占有质物的（未完成交付），质权不生效
      - （4）质权人将质物返还于出质人后（未真正完成交付），以其质权对抗第三人的，人民法院不予支持
      - （5）在质押合同中对质押的财产约定不明，或者约定的出质财产与实际交付的财产不一致的，以实际交付占有的财产为准
      - （6）出质人以间接占有的财产出质的，自书面通知送达占有人时视为移交
    - 质权人的保管义务
      - 质权人负有妥善保管质押财产的义务，因保管不善“致使”质押财产毁损、灭失的，应当承担赔偿责任
      - 质权人的行为“可能致使”质押财产毁损、灭失的，出质人可以要求质权人将质押财产提存，或者要求提前清偿债务并返还质押财产
      - 【注】留置权人负有妥善保管留置财产的义务，保管不善致使留置财产毁损、灭失的，应当承担赔偿责任
  - 权利质押
    - 有价证券：交付（登记）设立
      - 以汇票、支票、本票、债券、存款单、仓单、提单出质的，质权自权利凭证交付之日起设立；没有权利凭证的，质权自有关部门办理出质登记时设立
    - 基金份额、股权：登记设立
      - 以基金份额、证券登记结算机构登记的股权出质的，质权自证券登记结算机构办理出质登记时设立；以其他股权出质的，质权自工商行政管理部门办理出质登记时设立
      - 基金份额、股权出质后，不得转让，但经出质人与质权人协商同意的除外
    - 知识产权：登记设立
      - 质权自有关主管部门办理出质登记时设立
      - 以知识产权中的财产权出质后，出质人不得转让或者许可他人使用，但经出质人与质权人协商同意的除外
    - 应收账款：登记设立
      - 质权自信贷征信机构办理出质登记时设立
      - 应收账款出质后，不得转让，但经出质人与质权人协商同意的除外

图 5–27　质押

（1）根据物权法律制度的规定，下列权利中，不能设定权利质权的是（　　）。

A. 专利权　　B. 应收账款债权

C. 可以转让的股权　　D. 房屋所有权

【答案】D

（2）甲向乙借款，并以本人所有的一件古董花瓶设定质押担保，甲为此就该花瓶购买了一份财产意外损失险。在乙保管花瓶期间，花瓶毁于泥石流。如果甲没有按时还款，根据物权法律制度的规定，下列表述中，正确的是（　　）。

A. 乙可以就保险金优先受偿

B. 乙可以要求以保险金受偿，但是并不优先于甲的其他债权人

C. 泥石流属于不可抗力事件，甲可以不偿还乙的借款

D. 乙应当赔偿甲花瓶灭失的损失

【答案】A

【解析】在担保期间，如果担保财产毁损、灭失或者被征收的，担保物权人可以就获得的保险金、赔偿金或者补偿金优先受偿。

知识点二十七：留置（如图 5-28 所示）

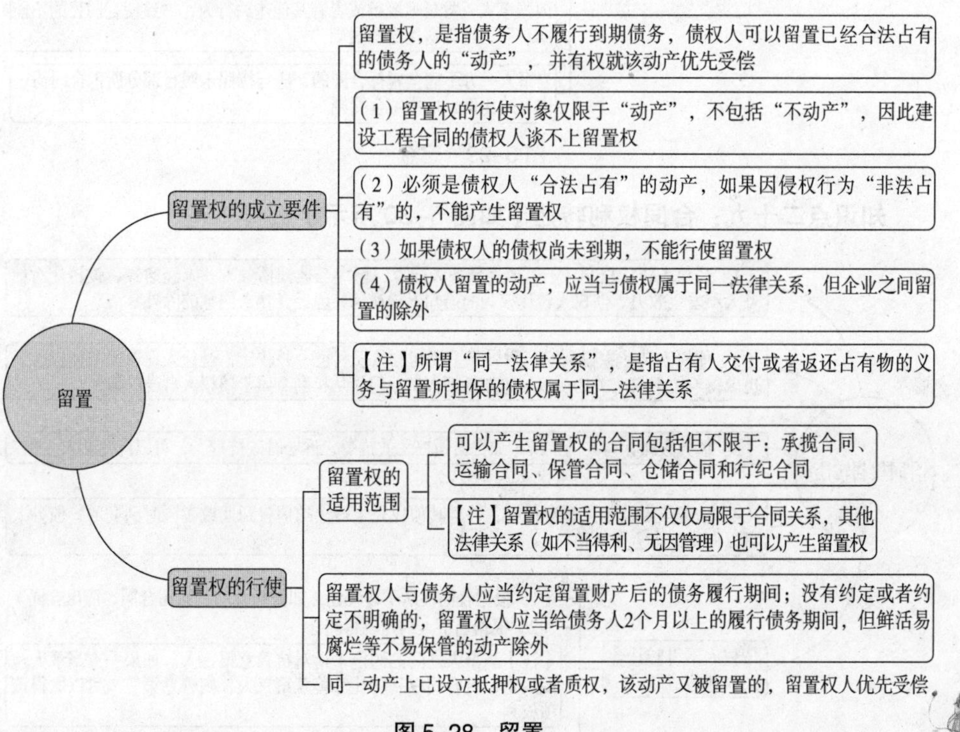

图 5-28　留置

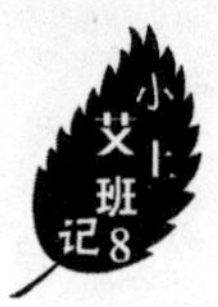

知识点二十八：定金（如图 5-29 所示）

- 定金
  - 定金合同
    - 定金数额不得超过主合同标的额的20%，超过20%的部分，人民法院不予支持
    - 定金合同从实际交付定金之日起生效
    - 【注】保证合同、抵押合同、质押合同均自签订之日起生效，定金合同从实际交付定金之日起生效
    - 实际交付的定金数额多于或者少于约定数额的，视为变更定金合同；收受定金一方提出异议并拒绝接受定金的，定金合同不生效
  - 定金的类型
    - 违约定金——给付定金的一方不履行合同的，无权要求返还定金；接受定金的一方不履行合同的，应当双倍返还定金
    - 担保定金——以交付定金作为订立主合同担保的，给付定金的一方拒绝订立合同的，无权要求返还定金；接受定金的一方拒绝订立合同的，应当双倍返还定金
    - 生效定金——当事人约定以交付定金作为主合同成立或者生效要件的，给付定金的一方未支付定金，但主合同已经履行或者已经履行主要部分的，不影响主合同的成立或者生效
    - 解约定金——定金交付后，交付定金的一方可以以丧失定金为代价而解除合同，收受定金的一方也可以以双倍返还定金为代价而解除合同
  - 定金罚则的适用
    - 因不可抗力、意外事件致使主合同不能履行的，不适用定金罚则
    - 因合同关系以外的第三人的过错，致使主合同不能履行时，适用定金罚则。受定金处罚的一方当事人，可以向第三人追偿
    - 因当事人一方延迟履行或者有其他违约行为，“致使合同目的不能实现”，可以适用定金罚则
    - 当事人一方不完全履行合同的，应当按照未履行部分所占合同约定内容的比例，适用定金罚则

图 5-29　定金

知识点二十九：合同权利转让（如图 5-30 所示）

- 合同权利转让
  - （1）债权人转让权利，不需要经债务人同意，但应当通知债务人。未经通知，该转让对债务人不发生效力。债权人转让权利的通知不得撤销，但经受让人同意的除外
  - （2）债权人转让主权利时，附属于主权利的从权利也一并转让，受让人在取得主债权时，也取得与主债权有关的从权利（如抵押权），但该从权利专属于债权人自身的除外
  - （3）债务人对让与人的抗辩（如提出债权无效抗辩、诉讼时效抗辩），可以向受让人主张
  - （4）债务人对让与人享有债权，并且其债权先于转让的债权到期或者同时到期的，债务人可以向受让人主张抵销
  - 债权人不得转让合同权利的情形
    - （1）根据合同性质不得转让（如委托合同、雇用合同、演出合同）
    - （2）根据当事人约定不得转让
    - 【注】当事人之间的约定不得对抗善意第三人。如果一方当事人违反约定，将合同权利转让给善意第三人，则善意第三人可以取得该项权利
    - （3）根据法律规定不得转让

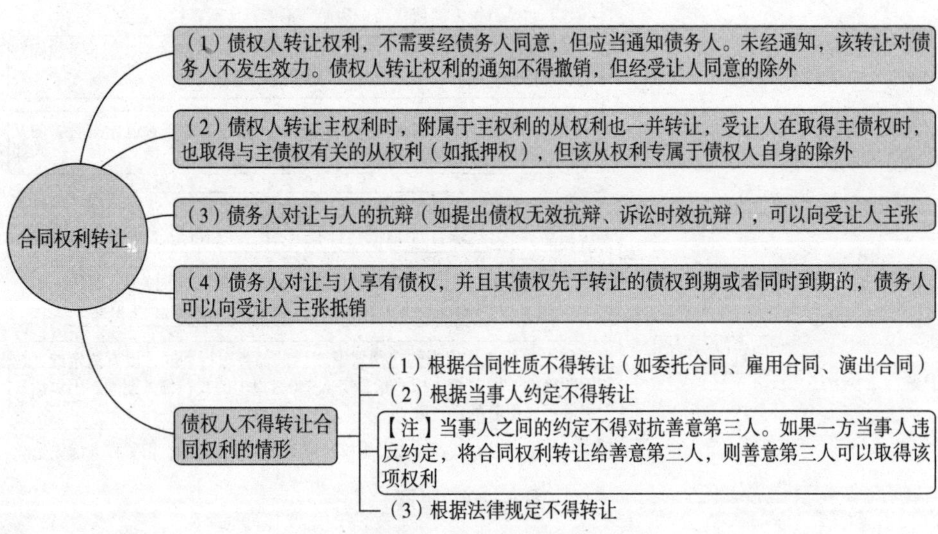

图 5-30　合同权利转让

知识点三十：合同义务转移（如图 5–31 所示）

合同义务转移

（1）债务人将合同的义务全部或者部分转移给第三人，应当经债权人同意。否则，债务人转移合同义务的行为对债权人不发生效力，债权人有权拒绝第三人向其履行，债权人有权要求债务人履行义务并承担不履行或者延迟履行合同的法律责任

（2）债权人许可债务人转让部分债务未经保证人“书面同意”的，保证人对未经其同意 转让部分的债务，不再承担保证责任

（3）主债务被分割或者部分转让的，抵押人仍以其抵押物担保数个债务人履行债务。但是，第三人提供抵押的，债权人许可债务人转让债务未经抵押人“书面同意”的，抵押人对未经其同意转让的债务，不再承担担保责任

图 5–31　合同义务转移

知识点三十一：合同合并、分立（如图 5–32 所示）

合同合并、分立

当事人订立合同后合并的，由合并后的法人或者其他组织行使合同权利，履行合同义务

当事人订立合同后分立的，除“债权人和债务人”另有约定的以外，由分立的法人或者其他组织对合同的权利和义务享有“连带”债权，承担“连带”债务

【注】

公司合并时，合并各方的债权债务，应当由合并后存续的公司或者新设的公司承继

公司分立前的债务由分立后的公司承担连带责任。但是，公司在分立前与债权人就债务清偿达成的书面协议另有约定的除外

图 5–32　合同合并、分立

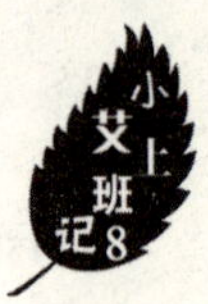

知识点三十二：合同的解除（如图 5-33 所示）

- 合同的解除
  - 约定解除（双方）
    - 事先约定解除权：双方事先约定了合同当事人一方解除合同的条件，一旦该条件成就，解除权人就可以通过行使解除权而终止合同
    - 事后协商一致
  - 法定解除（单方）
    - 因不可抗力致使“不能实现合同目的”
    - 在履行期限届满之前，当事人一方明确表示或者以自己的行为表明不履行主要债务
    - 当事人一方延迟履行“主要债务”，经“催告”后在合理期限内仍未履行
    - 当事人一方延迟履行债务或者有其他违约行为致使“不能实现合同目的”
    - 法律规定的其他情形
    - 【注】当事人行使不安抗辩权，在中止履行合同后，如果对方在合理期限内未 恢复履行能力并且未提供适当担保的，可以解除合同
    - 【注】因不可抗力、意外事件致使主合同不能履行的，不适用定金罚则
    - 【注】因当事人一方延迟履行或者有其他违约行为，致使合同目的不能实现，可以适用定金罚则
  - 随时解除
    - 在承揽合同中，“定作人”可以随时解除承揽合同，但定作人因此造成承揽人损失的，应当赔偿损失
    - 在货运合同中，在承运人将货物交付收货人之前，“托运人”可以要求承运人中止运输、返还货物、变更到达地或者将货物交给其他收货人，但应当赔偿承运人因此所受的损失
    - 在委托合同中，“委托人或者受托人”均可以随时解除委托合同，因解除合同给对方造成损失的，除不可归责于该当事人的事由以外，应当赔偿损失
    - 租赁物危及承租人的安全或者健康的，即使承租人订立合同时明知该租赁物质量不合格，承租人仍然可以随时解除合同
  - 情势变更制度
    - 合同成立以后客观情况发生了当事人在订立合同时无法预见的、非不可抗力造成的不属于商业风险的重大变化，继续履行合同对于一方当事人明显不公平或者不能实现合同目的，当事人请求人民法院变更或者解除合同的，人民法院应当根据公平原则，并结合案件的实际情况确定是否变更或者解除
  - 合同解除的效力
    - 尚未履行的，终止履行
    - 已经履行的，根据履行情况和合同性质，当事人可以要求恢复原状、采取其他补救措施，并有权要求赔偿损失
    - 合同无效、被撤销或者终止的，不影响合同中独立存在的有关解决争议方法的条款的效力
    - 【注】仲裁协议具有独立性，合同的变更、解除、终止或者无效，不影响仲裁协议的效力

图 5-33　合同的解除

知识点三十三：合同抵销（如图 5-34 所示）

- 合同抵销
  - 法定抵销
    - 当事人互负到期债务，债务标的物种类、品质相同的，任何一方均可主张抵销
    - 当事人主张抵销的，应当通知对方，通知自到达对方时生效
    - 抵销不得附条件或者附期限
  - 不能抵销的债务
    - 按合同性质不能抵销（如咨询、培训、医疗合同）
    - 按照约定应当向第三人给付的债务
    - 因故意实施侵权行为产生的债务
    - 被人民法院查封、扣押、冻结的财产，不能用来抵销债务

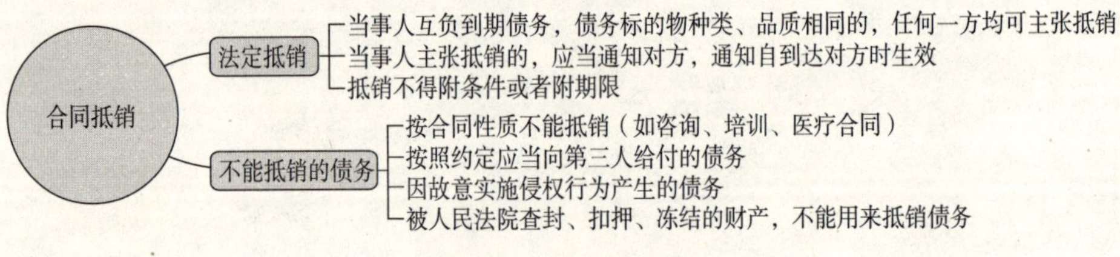

图 5-34　合同抵销

知识点三十四：提存（如图 5–35 所示）

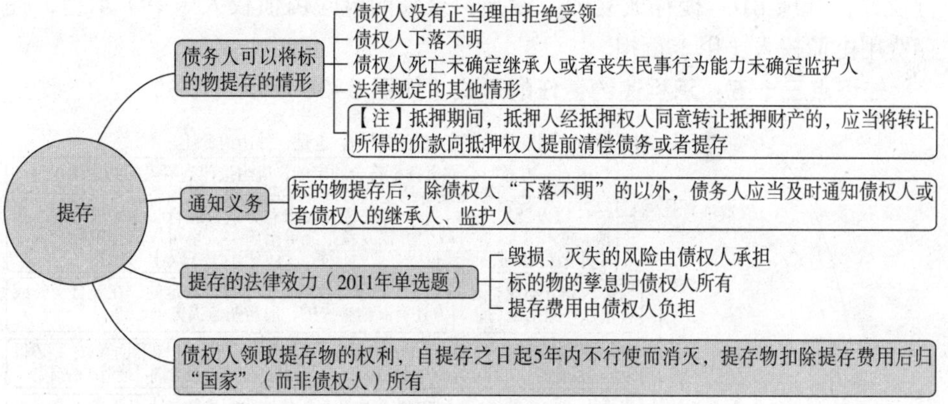

图 5–35　提存

（1）甲与乙签订销售空调 100 台的合同，但当甲向乙交付时，乙以空调市场疲软为由，拒绝受领，要求甲返还货款。根据合同法律制度的规定，下列表述中，正确的有（　　）。

A. 甲可以向有关部门提存这批空调

B. 空调在向当地公证机关提存后，因遇火灾，烧毁 5 台，其损失应由甲承担

C. 提存费用应由乙支付

D. 若自提存之日起 5 年内乙不领取空调，则归甲所有

【答案】AC

【解析】选项 A：债权人无正当理由拒绝受领，债务人可以将标的物提存；选项 BC：标的物提存后，毁损、灭失的风险由债权人（乙）承担，提存费用由债权人（乙）负担，标的物的孳息归债权人所有；选项 D：债权人领取提存物的权利，自提存之日起 5 年内不行使而消灭，提存物扣除提存费用后归“国家”所有。

（2）甲、乙双方签订一份合同，约定甲向乙购买水泥 10 吨。乙按约定日期向甲交货，但甲因躲避他人债务不知去向。乙无奈，将水泥提存。提存当晚，突降特大暴雨，库房坍塌，水泥被水浸泡，全部毁损。1 个月后，甲躲债归来，请求乙交付水泥。乙拒绝，并要求甲支付水泥价款和提存费用。根据合同法律制度的规定，下列表述中，正确的有（　　）。

A. 乙的合同义务已履行完毕，有权拒绝甲交付水泥的请求

B. 水泥毁损的损失应由甲承担

C. 乙有权要求甲支付水泥价款

D. 乙无权要求甲支付提存费用

【答案】ABC

【解析】选项 AC：提存成立的，视为债务人（乙）在其提存范围内已经履行债务；选项 BD：提存成立的，毁损、灭失的风险由债权人（甲）承担，提存费用由债权人（甲）负担。

知识点三十五：承担违约责任的形式（如图 5–36 所示）

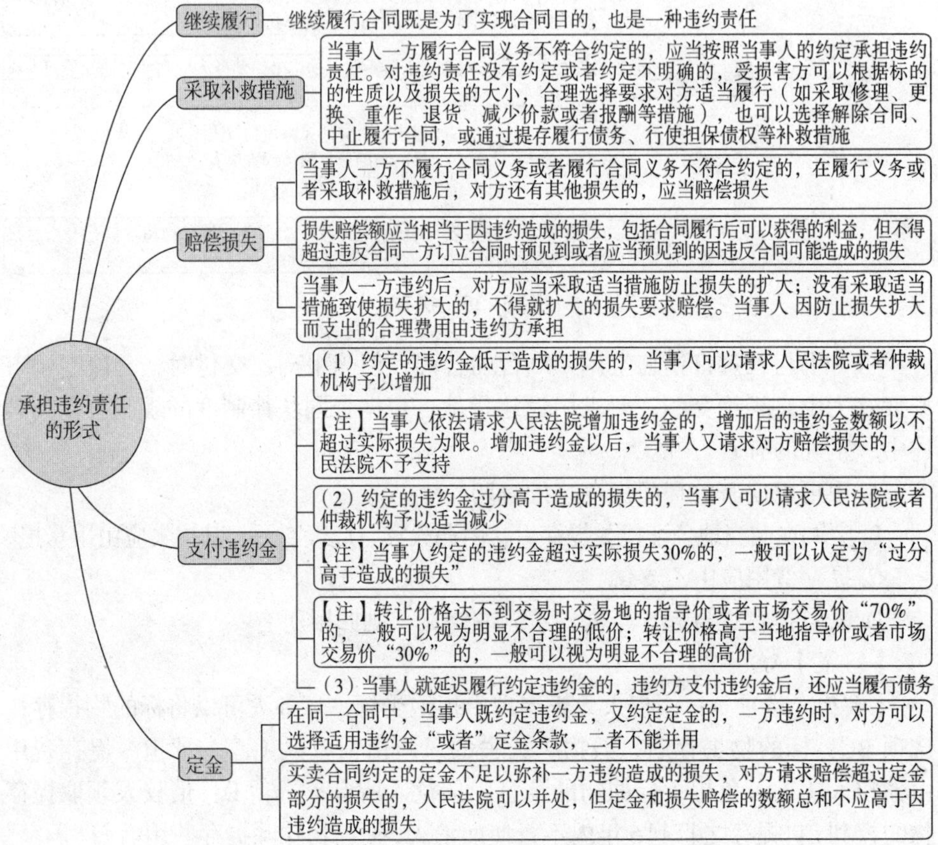

承担违约责任的形式

- 继续履行——继续履行合同既是为了实现合同目的，也是一种违约责任
- 采取补救措施
  - 当事人一方履行合同义务不符合约定的，应当按照当事人的约定承担违约责任。对违约责任没有约定或者约定不明确的，受损害方可以根据标的的性质以及损失的大小，合理选择要求对方适当履行（如采取修理、更换、重作、退货、减少价款或者报酬等措施），也可以选择解除合同、中止履行合同，或通过提存履行债务、行使担保债权等补救措施
- 赔偿损失
  - 当事人一方不履行合同义务或者履行合同义务不符合约定的，在履行义务或者采取补救措施后，对方还有其他损失的，应当赔偿损失
  - 损失赔偿额应当相当于因违约造成的损失，包括合同履行后可以获得的利益，但不得超过违反合同一方订立合同时预见到或者应当预见到的因违反合同可能造成的损失
  - 当事人一方违约后，对方应当采取适当措施防止损失的扩大；没有采取适当措施致使损失扩大的，不得就扩大的损失要求赔偿。当事人 因防止损失扩大而支出的合理费用由违约方承担
- 支付违约金
  - （1）约定的违约金低于造成的损失的，当事人可以请求人民法院或者仲裁机构予以增加
  - 【注】当事人依法请求人民法院增加违约金的，增加后的违约金数额以不超过实际损失为限。增加违约金以后，当事人又请求对方赔偿损失的，人民法院不予支持
  - （2）约定的违约金过分高于造成的损失的，当事人可以请求人民法院或者仲裁机构予以适当减少
  - 【注】当事人约定的违约金超过实际损失30%的，一般可以认定为“过分高于造成的损失”
  - 【注】转让价格达不到交易时交易地的指导价或者市场交易价“70%”的，一般可以视为明显不合理的低价；转让价格高于当地指导价或者市场交易价“30%”的，一般可以视为明显不合理的高价
  - （3）当事人就延迟履行约定违约金的，违约方支付违约金后，还应当履行债务
- 定金
  - 在同一合同中，当事人既约定违约金，又约定定金的，一方违约时，对方可以选择适用违约金“或者”定金条款，二者不能并用
  - 买卖合同约定的定金不足以弥补一方违约造成的损失，对方请求赔偿超过定金部分的损失的，人民法院可以并处，但定金和损失赔偿的数额总和不应高于因违约造成的损失

图 5–36　承担违约责任的形式

知识点三十六：免责事由（如图 5–37 所示）

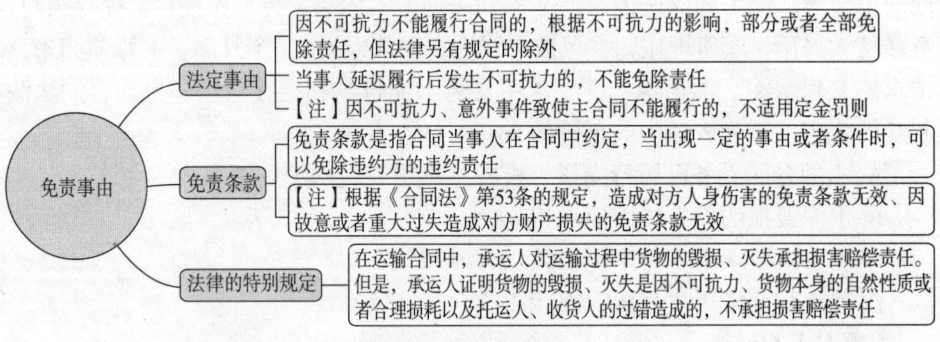

图 5–37　免责事由

合同当事人延迟履行后发生不可抗力的，不能免除责任。（ ）

【答案】√

知识点三十七：买卖合同（如图 5-38 所示）

买卖合同
买卖合同
买卖合同是诺成、双务、有偿合同，既可以是要式的，也可以是不要式的
交付的法律效力
孳息
标的物在交付之前产生的孳息，归出卖人所有；交付之后产生的孳息，归买受人所有
【注】无论不动产还是动产，孳息的归属均自“交付”时转移
风险
标的物毁损、灭失的风险，在标的物交付之前由出卖人承担，交付之后由买受人承担，但法律另有规定或者当事人另有约定的除外
【注】除法律另有规定或者当事人另有约定外，所有权转移与否不是确定风险负担转移的标准，交付才是风险负担转移的标准
所有权
动产
除法律另有规定或者当事人另有约定的以外，动产的所有权自“交付”之日起转移
不动产
除法律另有规定的以外，不动产的所有权自“登记”之日起转移
【注】如果当事人无特别约定，动产的所有权、孳息和风险均自“交付”时转移

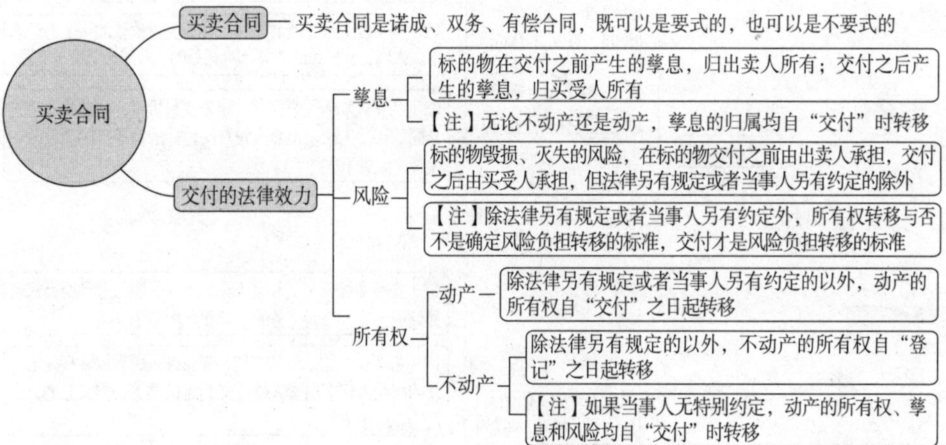

图 5-38 买卖合同

知识点三十八：买卖所有权保留条款（如图 5-39 所示）

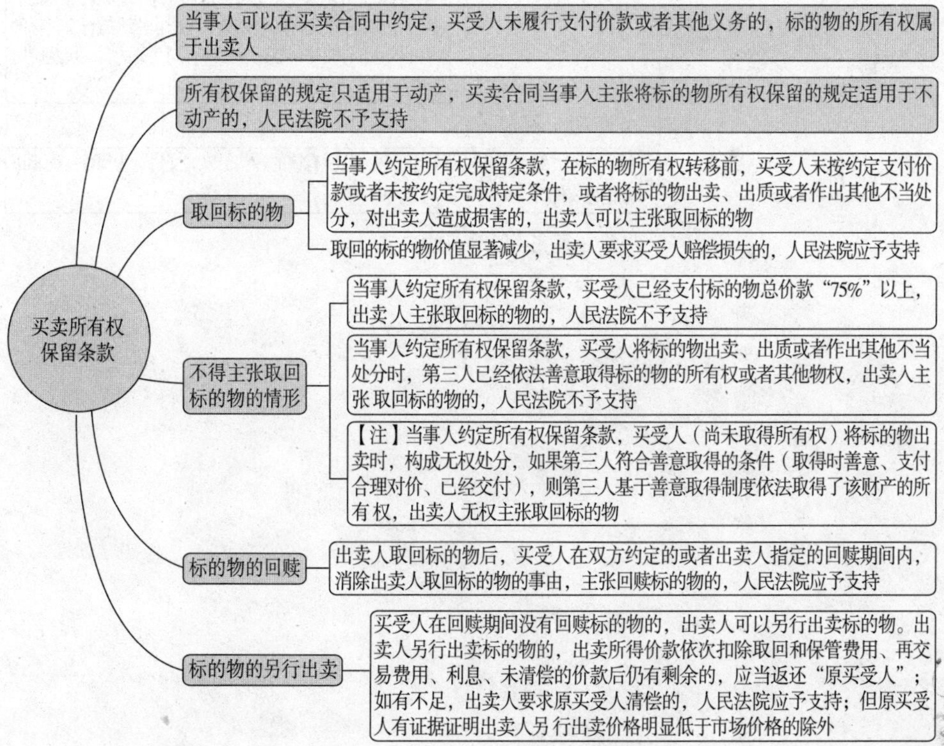

买卖所有权保留条款
当事人可以在买卖合同中约定，买受人未履行支付价款或者其他义务的，标的物的所有权属于出卖人
所有权保留的规定只适用于动产，买卖合同当事人主张将标的物所有权保留的规定适用于不动产的，人民法院不予支持
取回标的物
当事人约定所有权保留条款，在标的物所有权转移前，买受人未按约定支付价款或者未按约定完成特定条件，或者将标的物出卖、出质或者作出其他不当处分，对出卖人造成损害的，出卖人可以主张取回标的物
取回的标的物价值显著减少，出卖人要求买受人赔偿损失的，人民法院应予支持
不得主张取回标的物的情形
当事人约定所有权保留条款，买受人已经支付标的物总价款“75%”以上，出卖人主张取回标的物的，人民法院不予支持
当事人约定所有权保留条款，买受人将标的物出卖、出质或者作出其他不当处分时，第三人已经依法善意取得标的物的所有权或者其他物权，出卖人主张取回标的物的，人民法院不予支持
【注】当事人约定所有权保留条款，买受人（尚未取得所有权）将标的物出卖时，构成无权处分，如果第三人符合善意取得的条件（取得时善意、支付合理对价、已经交付），则第三人基于善意取得制度依法取得了该财产的所有权，出卖人无权主张取回标的物
标的物的回赎
出卖人取回标的物后，买受人在双方约定的或者出卖人指定的回赎期间内，消除出卖人取回标的物的事由，主张回赎标的物的，人民法院应予支持
标的物的另行出卖
买受人在回赎期间没有回赎标的物的，出卖人可以另行出卖标的物。出卖人另行出卖标的物的，出卖所得价款依次扣除取回和保管费用、再交易费用、利息、未清偿的价款后仍有剩余的，应当返还“原买受人”；如有不足，出卖人要求原买受人清偿的，人民法院应予支持；但原买受人有证据证明出卖人另行出卖价格明显低于市场价格的除外

图 5-39 买卖所有权保留条款

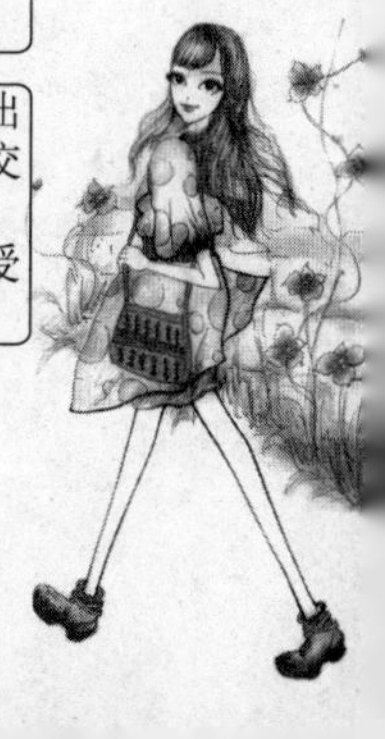

知识点三十九：一物二卖（如图 5-40 所示）

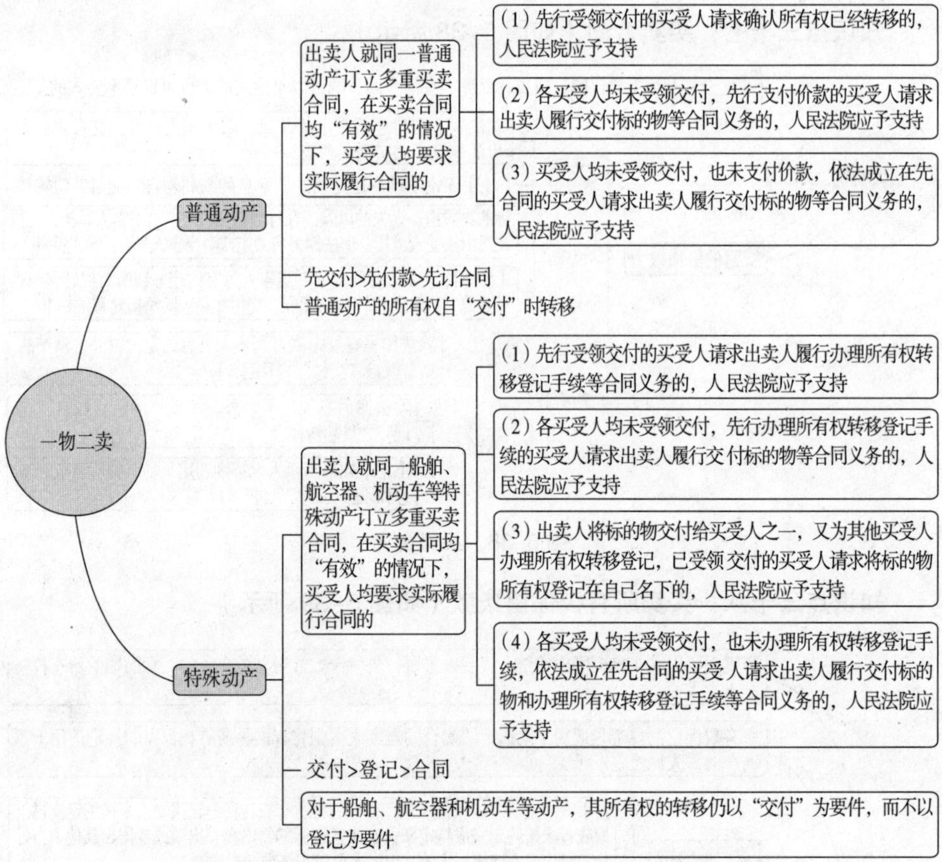

- 一物二卖
  - 普通动产
    - 出卖人就同一普通动产订立多重买卖合同，在买卖合同均“有效”的情况下，买受人均要求实际履行合同的
      - （1）先行受领交付的买受人请求确认所有权已经转移的，人民法院应予支持
      - （2）各买受人均未受领交付，先行支付价款的买受人请求出卖人履行交付标的物等合同义务的，人民法院应予支持
      - （3）买受人均未受领交付，也未支付价款，依法成立在先合同的买受人请求出卖人履行交付标的物等合同义务的，人民法院应予支持
    - 先交付>先付款>先订合同
    - 普通动产的所有权自“交付”时转移
  - 特殊动产
    - 出卖人就同一船舶、航空器、机动车等特殊动产订立多重买卖合同，在买卖合同均“有效”的情况下，买受人均要求实际履行合同的
      - （1）先行受领交付的买受人请求出卖人履行办理所有权转移登记手续等合同义务的，人民法院应予支持
      - （2）各买受人均未受领交付，先行办理所有权转移登记手续的买受人请求出卖人履行交付标的物等合同义务的，人民法院应予支持
      - （3）出卖人将标的物交付给买受人之一，又为其他买受人办理所有权转移登记，已受领交付的买受人请求将标的物所有权登记在自己名下的，人民法院应予支持
      - （4）各买受人均未受领交付，也未办理所有权转移登记手续，依法成立在先合同的买受人请求出卖人履行交付标的物和办理所有权转移登记手续等合同义务的，人民法院应予支持
    - 交付>登记>合同
    - 对于船舶、航空器和机动车等动产，其所有权的转移仍以“交付”为要件，而不以登记为要件

图 5-40　一物二卖

知识点四十：风险的承担（如图 5-41 所示）

风险的承担

标的物的风险负担，是指由于不可归责于双方当事人的事由（如不可抗力）导致标的物 发生毁损、灭失，应当由谁承担“不幸”。可归责于一方当事人的事由（如一方当事 人的过错）导致标的物毁损、灭失，不属于风险负担，应当按照违约责任或者侵权责任处理

- 基本规定
  - （1）标的物毁损、灭失的风险，在标的物交付之前由出卖人承担，交付之后由买受人承担，但法律另有规定或者当事人另有约定的除外
  - （2）因买受人的原因致使标的物不能按照约定的期限交付的，“买受人”应当自违 反约定之日起承担标的物毁损、灭失的风险
  - （3）出卖人按照约定将标的物置于交付地点，买受人违反约定没有收取的，标的物毁损、灭失的风险自违反约定之日起由“买受人”承担
  - （4）出卖人将标的物提存后，毁损、灭失的风险由“买受人”承担
  - （5）因标的物不符合质量要求，致使不能实现合同目的的，买受人可以拒绝接受标的物或者解除合同。买受人拒绝接受标的物或者解除合同的，标的物毁损、灭失的风险由“出卖人”承担
  - （6）种类物 —— 当事人对风险负担没有约定，标的物为种类物（如可口可乐），出卖人未以装运单据、加盖标记、通知买受人等可识别的方式清楚地将标的物特定于买卖合同，买受人主张不负担标的物毁损、灭失的风险的，人民法院应予支持
  - （7）单证与风险的独立性 —— 出卖人未按照约定交付有关标的物的单证和资料的，“不影响”标的物毁 损、灭失风险的转移
  - （8）违约责任与风险的独立性 —— 标的物毁损、灭失的风险由买受人承担的，“不影响”因出卖人履行债务不符合约定，买受人要求其承担违约责任的权利
- 特殊规定
  - （1）在途标的物 —— 出卖人出卖交由承运人运输的在途标的物，除当事人另有约定的以外，毁损、灭失的风险自合同成立之日起由“买受人”承担。但是，如果出卖人出卖交由承运人运输的在途标的物，在合同成立时知道或者应当知道标的物已经毁损、灭失却没有告知买受人，买受人主张“出卖人”负担标的物毁损、灭失风险的，人民法院应予支持
  - （2）未约定交付地点、出卖人不得不托运
    - 当事人没有约定交付地点或者约定不明确，标的物需要运输的，出卖人将标的物交付给第一承运人后，标的物毁损、灭失的风险由“买受人”承担
    - 【注】买卖合同的当事人“未约定”交付地点或者约定不明确，双方可以协议补充；不能协议补充的，可以按照合同的有关条款或者交易习惯确定；仍不能确定的，标的物需要运输的，出卖人应当将标的物交付给第一承运人以运交给买受人。出卖人将标的物交付给第一承运人后（视为交付），标的物毁损、灭失的风险由买受人承担。根据《买卖合同司法解释》的规定，“标的物需要运输的”是指标的物由出卖人负责办理托运，承运人系独立于买卖合同当事人之外的运输业者
  - （3）出卖人依照约定代办托运 —— 出卖人“根据合同约定”将标的物运送至买受人指定地点并交付给承运人后（出卖人依约代办托运），标的物毁损、灭失的风险由“买受人”负担，但当事人另有约定的除外

图 5-41　风险的承担

知识点四十一：标的物的检验（如图 5-42 所示）

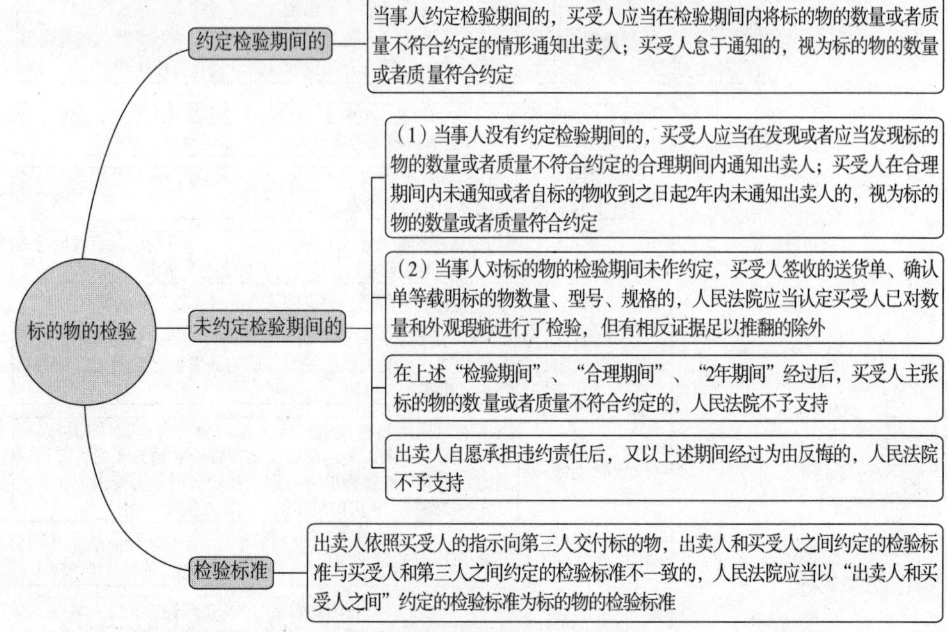

图 5-42　标的物的检验

知识点四十二：标的物的质量（如图 5-43 所示）

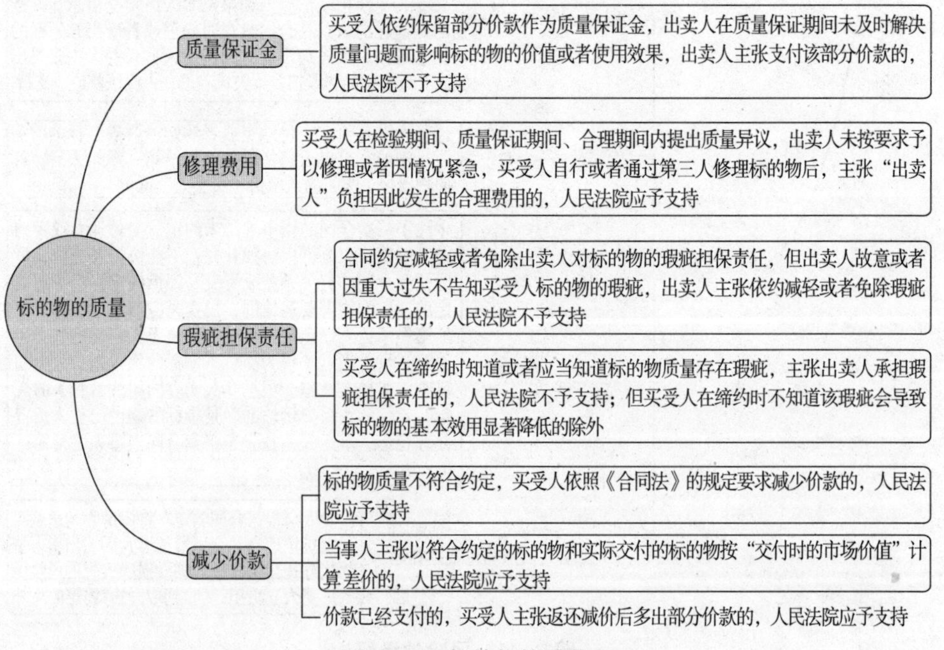

图 5-43　标的物的质量

知识点四十三：买卖合同的解除（如图 5-44 所示）

买卖合同的解除

- 因标的物的主物不符合约定而解除合同的，解除合同的效力及于从物；因标的物的从物不符合约定被解除的，解除的效力不及于主物
- 标的物为数物，其中一物不符合约定的，买受人可以就该物解除，但该物与他物分离使标的物的价值明显受损害的，当事人可以就数物解除合同
- 分期付款的买受人未支付到期价款的金额达到全部价款的20%的，出卖人可以要求买受人支付全部价款或者解除合同。出卖人解除合同的，可以向买受人要求支付该标的物的使用费
- 【注】分期付款买卖合同，是指买受人将应付的总价款在一定期间内“至少分3次”向出卖人支付的买卖合同
- 出卖人没有履行或者不当履行“从给付义务”，致使买受人“不能实现合同目的”，买受人主张解除合同的，人民法院应予支持
- 【注】当事人一方延迟履行（主）债务或者有其他违约行为致使“不能实现合同目的”，对方当事人可以主张解除合同
- 【注】所谓“从给付义务”，是指“主给付义务”之外债权人可以独立诉请履行，以完全满足给付上利益的义务。如动产买卖中交付发票、保修卡等相关证明文件的义务

图 5-44　买卖合同的解除

知识点四十四：试用买卖（如图 5-45 所示）

试用买卖

- 试用买卖的买受人在试用期内已经支付一部分价款的，人民法院应当认定买受人已经同意购买，但合同另有约定的除外
- 在试用期内，买受人对标的物实施了出卖、出租、设定担保物权等非试用行为的，人民 法院应当认定买受人同意购买
- 试用买卖的当事人没有约定使用费或者约定不明确，出卖人主张买受人支付使用费的，人民法院不予支持
- 买卖合同存在下列约定内容之一的，不属于试用买卖
  - 约定标的物经过试用或者检验符合一定要求时，买受人应当购买标的物
  - 约定第三人经试验对标的物认可时，买受人应当购买标的物
  - 约定买受人在一定期间内可以调换标的物
  - 约定买受人在一定期间内可以退还标的物

图 5-45　试用买卖

知识点四十五：多交付的标的物（如图 5-46 所示）

多交付的标的物

- 出卖人多交标的物的，买受人可以接收或者拒绝接收多交的部分
- 买受人接收多交部分的，应当按照合同的价格支付价款
- 买受人拒绝接收多交部分标的物的，应当及时通知出卖人。买受人可以代为保管多交部分标的物。买受人主张出卖人负担代为保管期间的合理费用的，人民法院应予支持。买受人主张出卖人承担代为保管期间“非因买受人故意或重大过失”造成的损失的，人民法院应予支持

图 5-46　多交付的标的物

知识点四十六：预约合同（如图 5–47 所示）

- 预约合同
  - 当事人签订认购书、订购书、预定书、意向书、备忘录等预约合同，约定在将来一定期限内订立买卖合同，一方不履行订立买卖合同的义务，对方请求其承担预约合同违约责任或者要求解除预约合同并主张损害赔偿的，人民法院应予支持

图 5–47　预约合同

知识点四十七：租赁合同（如图 5–48、图 5–49 所示）

- 经营租赁合同
  - 租赁合同的期限
    - 租赁合同的期限超过 20 年的，超过部分无效。租赁期间届满，当事人可以续订租赁合同，但约定的租赁期限自续订之日起仍不得超过 20 年
    - 定金数额不得超过主合同标的额的 20%，超过主合同标的额 20% 的部分，人民法院不予支持
    - 对于财产保险合同，保险金额不得超过保险价值。超过保险价值的，超过部分无效，保险人应当退还相应的保险费
  - 不定期租赁
    - 租赁期限 6 个月以上的，合同应当采用书面形式。当事人未采用书面形式的，视为不定期租赁
    - 当事人对租赁期限没有约定或者约定不明确的，可以协议补充；不能达成补 充协议的，按照合同有关条款或者交易习惯确定；仍不能确定的，视为不定期租赁
    - 租赁期限届满，承租人继续使用租赁物，出租人未提出异议的，原租赁合同继续有效，但租赁期限为不定期
  - 维修义务
    - 出租人应当履行租赁物的维修义务，但当事人另有约定的除外
    - 承租人在租赁物需要维修时可以要求出租人在合理期限内维修。出租人未履行维修义务的，承租人可以自行维修，维修费用由出租人负担。因维修租赁物影响承租人使用的，应当相应减少租金或者延长租期
    - 承租人经出租人同意，可以对租赁物进行改善或者增设他物，如未经出租人同意，出租人可以要求承租人恢复原状或者赔偿损失
    - 【注】在融资租赁中，承租人应当履行租赁物的维修义务
  - 转租
    - 承租人经出租人同意，可以将租赁物转租给第三人，承租人与出租人的租赁合同继续有效，第三人对租赁物造成损失的，“承租人”应当赔偿损失
    - 承租人未经出租人同意转租的，出租人可以解除合同
  - 租金的支付期限
    - 对租金的支付期限未确定的，当事人可以协议补充；不能达成补充协议的，可以根据合同的有关条款或者交易习惯确定；仍不能确定的，适用以下规则
      - （1）租赁期限不满 1 年的，应当在租赁期限届满时支付
      - （2）租赁期限 1 年以上的，应当在每届满 1 年时支付，剩余期间不满 1 年的，应当在租赁期限届满时支付
  - 因不可归责于承租人的事由，致使租赁物部分或者全部毁损、灭失的，承租人可以要求 减少租金或者不支付租金；因租赁物部分或者全部毁损、灭失，致使不能实现合同目 的的，承租人可以解除合同
  - 【例】甲将其机器设备出租给乙使用，在租赁期间，该机器设备因遭遇泥石流全部毁损（并非乙故意将其砸烂），致使承租人乙的合同目的不能实现，乙可以解除合同
  - 租赁物危及承租人的安全或者健康的，即使承租人订立合同时明知该租赁物质量不合格，承租人仍然可以随时解除合同
  - 买卖不破租赁
    - 租赁物在租赁期间发生所有权变动的，不影响租赁合同的效力
    - 出租人出卖租赁房屋的，应当在出卖之前的合理期限内通知承租人，承租人享有在同等条件下优先购买的权利
    - 【注】只有在房屋租赁中才有优先购买权，对于其他标的物的租赁，并不适用优先购买权
    - 【注】
      - 订立抵押合同前抵押财产已经出租的，原租赁关系不受该抵押权的影响
      - 抵押权设立后抵押财产出租的，该租赁关系不得对抗已登记的抵押权

图 5–48　经营租赁合同

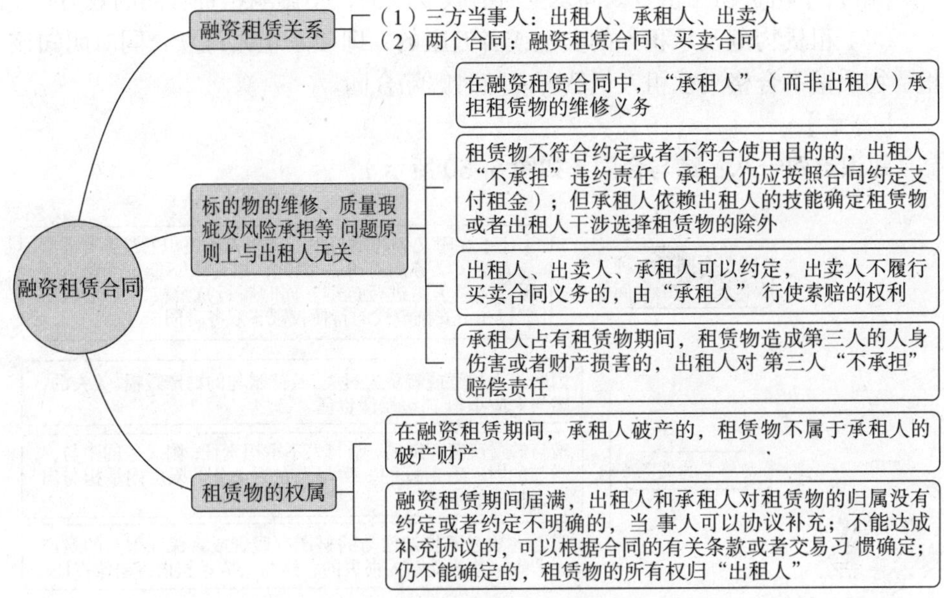

图 5–49　融资租赁合同

（1）租赁合同的期限不得超过 20 年，超过 20 年的，租赁合同无效。（　　）

【答案】×

【解析】租赁合同的期限超过 20 年的，超过部分无效。

（2）甲公司将所属设备租赁给乙公司使用。租赁期间，甲公司将用于出租的设备卖给丙公司。根据合同法律制度的规定，下列表述中，正确的是（　　）。

A. 甲公司在租赁期间不能出卖出租设备

B. 买卖合同有效，原租赁合同继续有效

C. 买卖合同有效，原租赁合同自买卖合同生效之日起终止

D. 买卖合同有效，原租赁合同须经丙公司同意后方继续有效

【答案】B

【解析】租赁物在租赁期间发生所有权变动的，不影响租赁合同的效力。

（3）甲与乙订立租赁合同，将自己所有的一栋房屋租赁给乙使用。租赁期间，甲在征得乙同意后，将房屋卖给丙，并转移了所有权。下列有关该租赁合同效力的表述中，正确的是（　　）。

A. 租赁合同在乙和丙之间继续有效

B. 租赁合同自动解除

C. 租赁合同自动解除，但是甲应当对乙承担违约责任

D. 租赁合同自动解除，但是丙应当另行与乙订立租赁合同

【答案】A

【解析】租赁物在租赁期间发生所有权变动的，不影响租赁合同的效力。

（4）租赁物危及承租人的安全或者健康的，即使承租人订立合同时明知该租赁物质量不合格，承租人仍然可以随时解除合同。（　　）

【答案】√

知识点四十八：赠与合同（如图 5–50 所示）

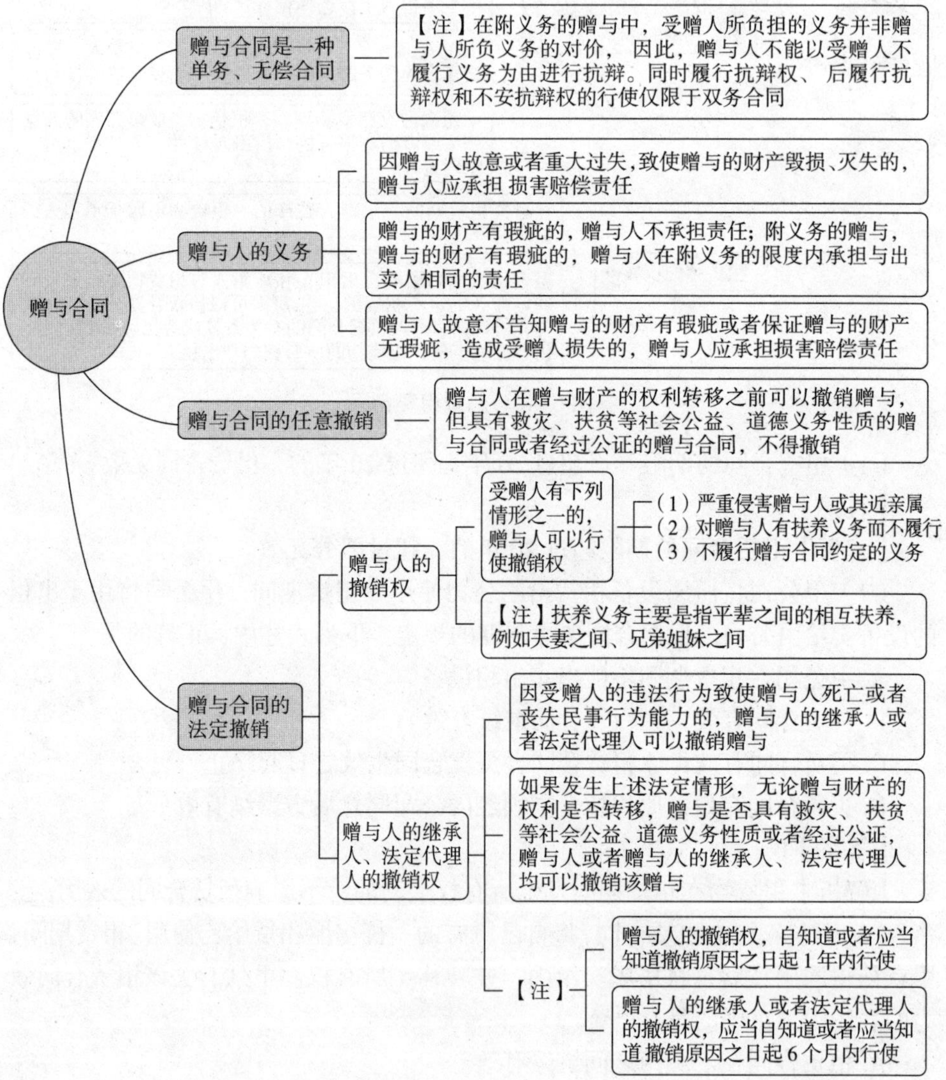

赠与合同

- 赠与合同是一种单务、无偿合同
  - 【注】在附义务的赠与中，受赠人所负担的义务并非赠与人所负义务的对价，因此，赠与人不能以受赠人不履行义务为由进行抗辩。同时履行抗辩权、后履行抗辩权和不安抗辩权的行使仅限于双务合同
- 赠与人的义务
  - 因赠与人故意或者重大过失，致使赠与的财产毁损、灭失的，赠与人应承担 损害赔偿责任
  - 赠与的财产有瑕疵的，赠与人不承担责任；附义务的赠与，赠与的财产有瑕疵的，赠与人在附义务的限度内承担与出卖人相同的责任
  - 赠与人故意不告知赠与的财产有瑕疵或者保证赠与的财产无瑕疵，造成受赠人损失的，赠与人应承担损害赔偿责任
- 赠与合同的任意撤销
  - 赠与人在赠与财产的权利转移之前可以撤销赠与，但具有救灾、扶贫等社会公益、道德义务性质的赠与合同或者经过公证的赠与合同，不得撤销
- 赠与合同的法定撤销
  - 赠与人的撤销权
    - 受赠人有下列情形之一的，赠与人可以行使撤销权
      - （1）严重侵害赠与人或其近亲属
      - （2）对赠与人有扶养义务而不履行
      - （3）不履行赠与合同约定的义务
    - 【注】扶养义务主要是指平辈之间的相互扶养，例如夫妻之间、兄弟姐妹之间
  - 赠与人的继承人、法定代理人的撤销权
    - 因受赠人的违法行为致使赠与人死亡或者丧失民事行为能力的，赠与人的继承人或者法定代理人可以撤销赠与
    - 如果发生上述法定情形，无论赠与财产的权利是否转移，赠与是否具有救灾、扶贫等社会公益、道德义务性质或者经过公证，赠与人或者赠与人的继承人、法定代理人均可以撤销该赠与
    - 【注】
      - 赠与人的撤销权，自知道或者应当知道撤销原因之日起 1 年内行使
      - 赠与人的继承人或者法定代理人的撤销权，应当自知道或者应当知道 撤销原因之日起 6 个月内行使

图 5–50　赠与合同

2014 年 10 月 8 日，甲提出将其正在使用的轿车赠送给乙，乙欣然接受。10 月 21 日，甲将车交付给乙，但未办理过户登记。交车时，乙向甲询问车况，

甲称“一切正常，放心使用”。事实上，该车5天前曾出现刹车失灵，故障原因尚未查明。乙驾车回家途中，刹车再度失灵，车毁人伤。根据合同法律制度的规定，下列表述中，正确的是（　　）。

A. 甲、乙赠与合同的成立时间是2014年10月8日

B. 甲、乙赠与合同的成立时间是2014年10月21日

C. 甲未如实向乙告知车况，构成欺诈，因此赠与合同无效

D. 赠与合同是无偿合同，因此乙无权就车毁人伤的损失要求甲赔偿

【答案】A

【解析】选项AB：赠与合同是诺成合同，自2014年10月8日双方达成赠与合意时，合同即成立；选项C：因欺诈成立的合同，不损害国家利益的，为可撤销合同，而非无效合同；选项D：赠与人故意不告知赠与财产有瑕疵或者保证无瑕疵，造成受赠人损失的，应当承担损害赔偿责任。

知识点四十九：借款合同（如图5–51所示）

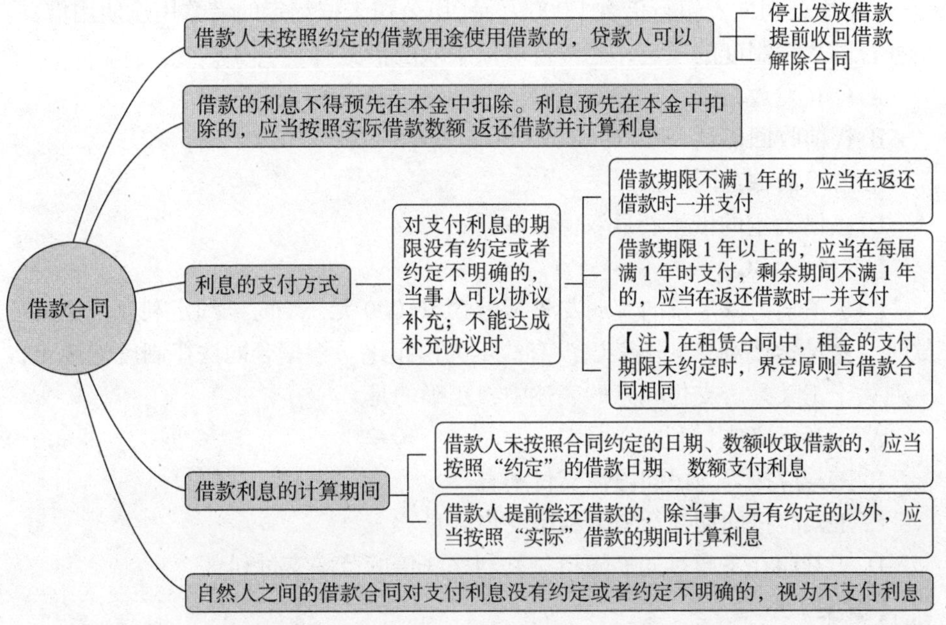

图5–51　借款合同

（1）张某向李某借款3万元，偿还期限为15个月，但未约定利息的支付期限，且事后未达成补充协议，该借款利息应在借款到期后一并支付。（　　）

【答案】×

【解析】借款期间1年以上的，应当在每届满1年时支付，剩余期间不满1年的，应当在返还借款时一并支付。

（2）自然人甲与自然人乙书面约定甲向乙借款5万元，双方未约定利息，也未约定还款期限。根据合同法律制度的规定，下列表述中，正确的有（　　）。

A. 借款合同自乙向甲提供借款时生效

B. 甲可以随时返还

C. 乙可以要求甲按银行同期贷款利率支付利息

D. 经乙催告，甲仍不还款，乙有权主张逾期利息

【答案】ABD

【解析】选项A：自然人之间的借款合同为实践合同，自出借人提供借款时生效；选项B：对借款期限没有约定或者约定不明确，借款人可以随时返还，出借人可以催告借款人在合理期限内返还；选项C：自然人之间的借款合同对支付利息没有约定或者约定不明确的，视为不支付利息；选项D：自然人之间的借款合同约定了偿还期限而借款人不按期偿还，或者未约定偿还期限但经出借人催告后借款人仍不偿还的，出借人可以要求借款人偿付逾期利息。

（3）甲公司向乙银行借款1 000万元，甲公司未按约定的借款用途使用借款。根据合同法律制度的规定，乙银行可以采取的措施有（　　）。

A. 停止发放借款

B. 提前收回借款

C. 解除借款合同

D. 按已确定的借款利息双倍收取罚息

【答案】ABC

（4）王某为做生意向其朋友张某借款10 000元，当时未约定利息。王某还款时，张某索要利息，王某以没有约定为由拒绝。根据合同法律制度的规定，下列关于王某是否支付利息的表述中，正确的是（　　）。

A. 王某不必支付利息

B. 王某应按当地民间习惯支付利息

C. 王某应按同期银行贷款利率支付利息

D. 王某应在不超过同期银行贷款利率3倍的范围支付利息

【答案】A

（5）根据合同法律制度的规定，借款人提前偿还贷款的，除当事人另有约定外，计算利息的方法是（　　）。

A. 按照借款合同约定的期间计算

B. 按照借款合同约定的期间计算，实际借款期间小于1年的，按1年计算

C. 按照实际借款的期间计算

D. 按照实际借款的期间计算，但是借款人应当承担相应的违约责任

【答案】C

知识点五十：承揽合同（如图 5-52 所示）

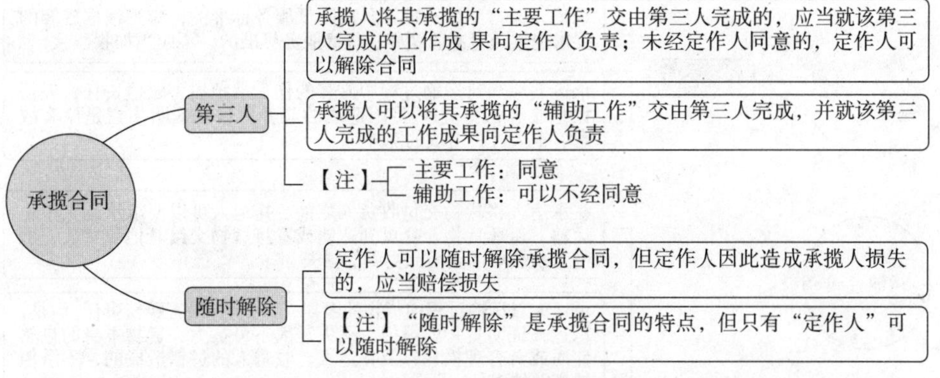

图 5-52　承揽合同

定作人可以随时解除承揽合同，造成承揽人损失的，应当赔偿损失。(　　)

【答案】√

知识点五十一：建设工程合同（如图 5-53 所示）

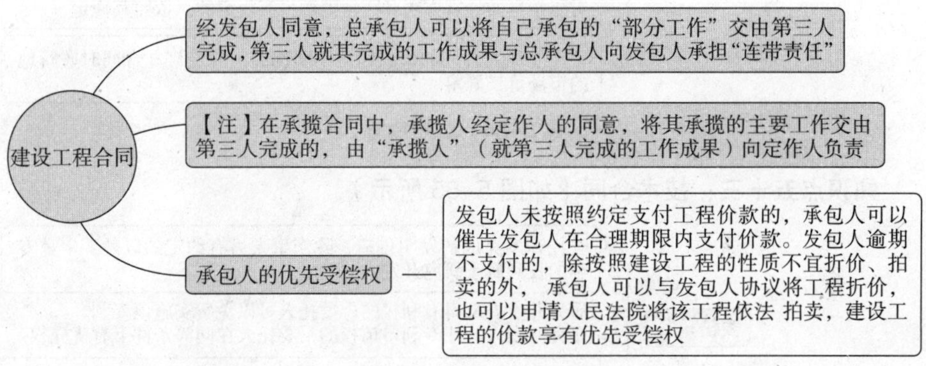

图 5-53　建设工程合同

总承包人乙公司经发包人甲公司同意，将自己承包的部分建设工程分包给丙公司。因丙公司完成的工程质量出现问题，给甲公司造成200万元的经济损失。根据合同法律制度的规定，下列选项中，正确的是(　　)。

A. 由丙公司承担赔偿责任

B. 由乙公司承担赔偿责任

C. 首先由丙公司承担赔偿责任，不足部分由乙公司承担

D. 由乙公司和丙公司承担连带赔偿责任

【答案】D

知识点五十二：运输合同（如图 5–54 所示）

- 运输合同
  - 客运合同
    - 承运人擅自变更运输工具而降低服务标准的，应当根据旅客的要求退票或者减收票款；提高服务标准的，不应当加收票款
    - 承运人应当对运输过程中旅客的伤亡承担损害赔偿责任，但伤亡是旅客自身健康原 因造成的或者承运人证明伤亡是旅客故意、重大过失造成的除外
  - 货运合同
    - 在承运人将货物交付收货人之前，托运人可以要求承运人中止运输、返还货物、变更到达地或者将货物交给其他收货人，但应当赔偿承运人因此受到的损失
    - 承运人对运输过程中货物的毁损、灭失承担损害赔偿责任。但是，承运人证明货物的毁损、灭失是因不可抗力、货物本身的自然性质或者合理损耗以及托运人、收货人的过错造成的，不承担损害赔偿责任
    - 货物在运输过程中因不可抗力灭失，未收取运费的，承运人不得要求支付运费；已经收取运费的，托运人可以要求返还
    - 货物毁损、灭失的赔偿额，当事人没有约定或者约定不明确，根据《合同法》的有关规定仍不能确定的，按照“交付或者应当交付时”货物“到达地”的市场价格 计算。法律、行政法规对赔偿额的计算方法和赔偿限额另有规定的，依照其规定
    - 【注】买卖合同的价款约定不明确的，按照订立合同时履行地的市场价格确定

图 5–54　运输合同

知识点五十三：技术合同（如图 5–55 所示）

- 技术合同
  - 委托开发
    - 委托开发完成的发明创造，除当事人另有约定的以外，申请专利的权利属于研究开发人
    - 研究开发人取得专利权的，委托人可以免费实施该专利
    - 研究开发人转让专利申请权的，委托人在同等条件下有优先权
    - 【注】法人或者其他组织订立技术合同转让职务技术成果时，职务技术成果的完成 人享有以同等条件优先受让的权利
  - 合作开发
    - 合作开发完成的发明创造，除当事人另有约定的以外，申请专利的权利属于合作开 发的当事人共有。当事人一方转让其共有的专利申请权的，其他各方享有以同等 条件优先受让的权利
    - 合作开发的当事人一方“不同意”申请专利的，另一方不得申请专利
    - 合作开发的当事人一方声明“放弃”其共有的专利申请权的，可以由另一方单独申请，申请人取得专利权的，放弃专利申请权的一方可以免费实施该专利

图 5–55　技术合同

（1）甲、乙合作开发完成了一项技术成果，若甲希望申请专利，而乙不同意，则甲有权单独申请，但将来实施该专利获得的收益应当在甲、乙之间

合理分配。(　　)

【答案】×

【解析】当事人一方不同意申请专利的，另一方不得申请专利；当事人一方放弃申请专利的，另一方可以申请专利。

(2)甲研究所与刘某签订了一份技术开发合同，约定由刘某为甲研究所开发一套软件。3个月后，刘某按约定交付了技术成果，甲研究所未按约定支付报酬。由于没有约定技术成果的归属，双方发生争执。根据合同法律制度的规定，下列选项中，正确的有(　　)。

A. 申请专利的权利属于刘某，但刘某无权获得报酬

B. 申请专利的权利属于刘某，且刘某有权获得约定的报酬

C. 如果刘某转让专利申请权，甲研究所享有以同等条件优先受让的权利

D. 如果刘某取得专利权，甲研究所可以免费实施该专利

【答案】BCD

知识点五十四：保管合同（如图5-56所示）

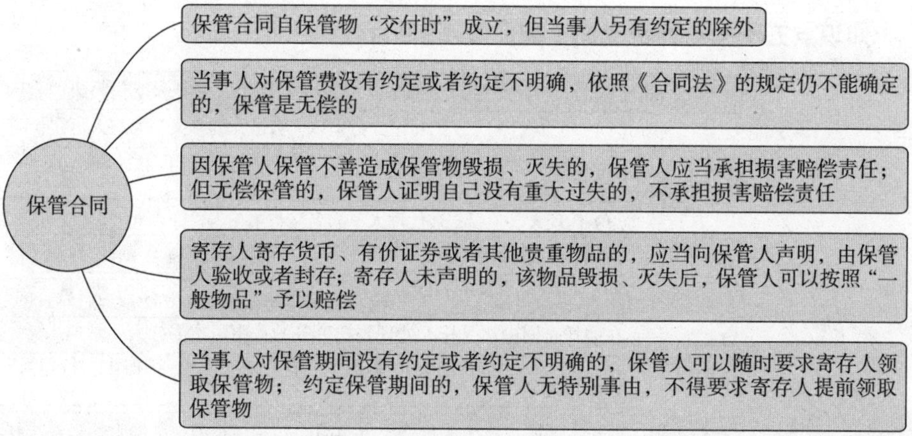

保管合同
- 保管合同自保管物“交付时”成立，但当事人另有约定的除外
- 当事人对保管费没有约定或者约定不明确，依照《合同法》的规定仍不能确定的，保管是无偿的
- 因保管人保管不善造成保管物毁损、灭失的，保管人应当承担损害赔偿责任；但无偿保管的，保管人证明自己没有重大过失的，不承担损害赔偿责任
- 寄存人寄存货币、有价证券或者其他贵重物品的，应当向保管人声明，由保管人验收或者封存；寄存人未声明的，该物品毁损、灭失后，保管人可以按照“一般物品”予以赔偿
- 当事人对保管期间没有约定或者约定不明确的，保管人可以随时要求寄存人领取保管物；约定保管期间的，保管人无特别事由，不得要求寄存人提前领取保管物

图5-56　保管合同

知识点五十五：仓储合同（如图5-57所示）

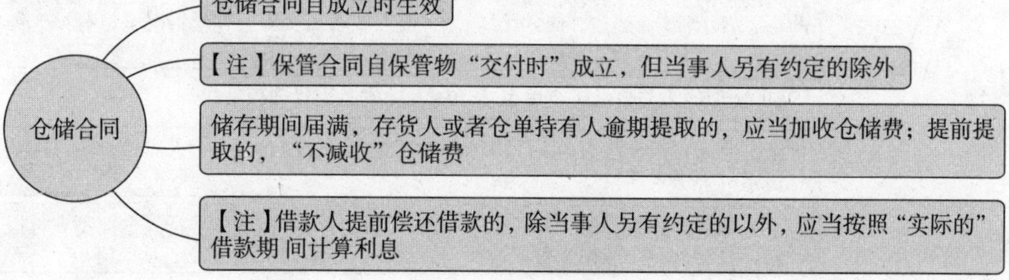

仓储合同
- 仓储合同自成立时生效
- 【注】保管合同自保管物“交付时”成立，但当事人另有约定的除外
- 储存期间届满，存货人或者仓单持有人逾期提取的，应当加收仓储费；提前提取的，“不减收”仓储费
- 【注】借款人提前偿还借款的，除当事人另有约定的以外，应当按照“实际的”借款期间计算利息

图5-57　仓储合同

知识点五十六：委托合同（如图 5–58 所示）

- 委托合同
  - 报酬
    - 委托合同可以是有偿合同，也可以是无偿合同
    - 对于有偿合同，因不可归责于受托人的事由，委托合同解除或者委托事务不能完成的，委托人应当向受托人支付相应的报酬；当事人另有约定的，从其约定
  - 费用
    - 无论是有偿合同还是无偿合同，受托人为处理委托事务垫付的必要费用，委托人应当偿还该“费用及其利息”
  - 损失赔偿
    - 有偿的委托合同，因受托人的“过错”给委托人造成损失的，委托人可以要求赔偿损失
    - 无偿的委托合同，因受托人的“故意或重大过失”给委托人造成损失的，委托人可以要求赔偿损失
  - 转委托
    - 转委托经同意的，委托人可以就委托事务直接指示第三人，受托人仅就第三人的选 任及其对第三人的指示承担责任
    - 转委托未经同意的，受托人应当对第三人的行为承担责任，但在紧急情况下，受托 人为维护委托人的利益需要转委托的除外
  - 随时解除
    - “委托人或者受托人”均可以随时解除委托合同，因解除合同给对方造成损失的，除不可归责于该当事人的事由以外，应当赔偿损失

图 5–58 委托合同

知识点五十七：行纪合同（如图 5–59 所示）

- 行纪合同
  - 行纪合同是行纪人以自己的名义为委托人从事贸易活动，委托人支付报酬的合同
  - 【注】
    - （1）“行纪合同”中的行纪人必须以“自己”的名义与第三人订立合同
    - （2）“委托合同”中的受托人可以“委托人”的名义，也可以“自己”的名义与第三人订立合同
    - （3）代理人必须以“被代理人”的名义与第三人订立合同
  - 【注】行纪合同限于“贸易活动”；而委托合同中可以委托的事项则非常宽泛
  - 【注】委托合同可以是有偿合同，也可以是无偿合同；而行纪合同均为有偿合同
  - 【注】
    - 在委托合同中，受托人处理委托事务的费用由“委托人”承担
    - 在行纪合同中，行纪人处理委托事务支出的费用，一般由“行纪人”自行承担
  - 行纪人以“低于”委托人指定的价格卖出商品的，应当经委托人同意。未经委托人同意，行纪人补偿其差额的，该买卖对委托人发生效力
  - 行纪人以“高于”委托人指定的价格卖出商品的，可以按照约定增加报酬。如果在行纪合同中没有约定或者约定不明确，依照《合同法》仍不能确定的，该利益属于“委托人”
  - 在行纪合同中，行纪人卖出或者买入具有“市场定价”的商品，除委托人有相反的意思表示外，行纪人自己可以作为买受人或者出卖人。在此情况下，行纪人仍然可以要求委托人支付报酬
  - 【注】代理他人与自己进行民事活动的，构成滥用代理权
  - 行纪人应当“以自己的名义”与第三人订立合同，因此，行纪人对该合同直接享有权利、承担义务
  - 行纪人完成委托事务的，委托人应当向其支付相应的报酬。委托人逾期不支付报酬的，行纪人对委托物享有留置权，但当事人另有约定的除外

图 5–59 行纪合同

甲委托乙寄售行以该行名义将甲的一台仪器以 3 000 元出售，除酬金外双方对其他事项未作约定。其后，乙将该仪器以 3 500 元卖给了丙，为此乙多支付费用 100 元。根据合同法律制度的规定，下列各项中，正确的有（　）。

A. 甲与乙订立的是居间合同

B. 高于约定价格卖得的 500 元属于乙

C. 如仪器出现质量问题，丙应向乙主张违约责任

D. 乙无权要求甲承担 100 元费用

【答案】CD

【解析】选项 A：甲与乙订立的是行纪合同；选项 B：行纪人以高于委托人指定的价格卖出商品的，可以按照约定增加报酬，如果在行纪合同中没有约定或者约定不明确，依照《合同法》仍不能确定的，该利益属于"委托人"；选项 C：行纪人应当以自己的名义与第三人订立合同，因此行纪人对该合同直接享有权利、承担义务（丙应向乙主张违约责任）；选项 D：行纪合同属于有偿合同，行纪人处理委托事务支付的费用，一般由行纪人自行负担。

知识点五十八：居间合同（如图 5–60 所示）

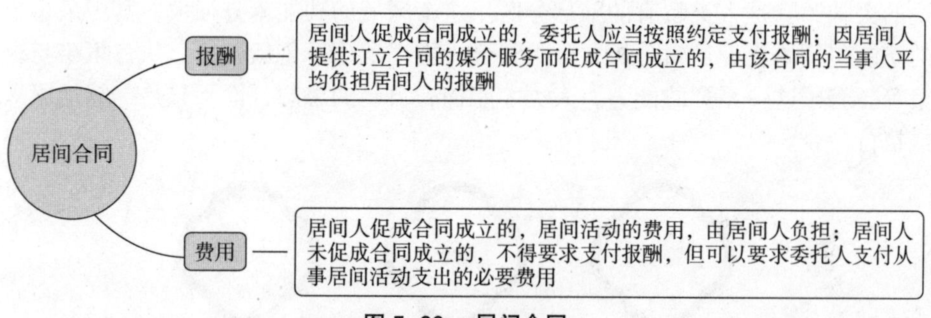

图 5–60　居间合同

（三）都是缘脑惹的祸

经过一段时间的学习，我慢慢的不是那么讨厌《经济法》了，用杜老师的话说，就是我的缘脑开始认识《经济法》了。

对于大脑，杜老师很有研究，他说"所有脑部分区中最为原始的部分叫脑干，负责指挥人体的四肢和其他器官履行最基本的功能。许多低级脊椎类动物（乌龟与蜥蜴等）、爬虫类及鱼类也有脑干，所以这个分区又被称为'爬虫类脑'。脑干这个原始的脑部分区是完全没有学习功能的，它主要辅助人类的本能冲动作出反应。我们一旦察觉到有异物向自己飞来，就会本能地抬起双手保护头部，这就是脑干发出命令的结果。此外，在日常生活中也随处可见脑干的指挥作用，例如有些人在图书馆总习惯坐在同一位置，我们在办公室或是自己的车上会有

意无意地留下一件私人物品，就好像动物划分领地一样。”

“既然脑干毫无学习功能，那对学习应该没有什么影响吧？”

“也有影响，我们之所以要了解脑干的功能，就是为了避免在无意中踏入‘雷区’，引起脑干不必要的抵抗反应。比如，如果我们在学习的时候压力过大，或是感觉到竞争威胁，我们的脑干就会本能地活跃起来。我们的大脑一旦切换到这种应激状态，血液会从大脑外部的其他分区流出，逐渐向内部聚集，最终集中于脑干部分。这时，这个毫无学习功能的脑部分区就会成为主导，我们会感到自己无法思考，也学不进新的东西，轻则学习效率下降，重则根本无法进入工作或学习状态。对于现代人来说，这种情况大多出现在考试前或是在工作上遇到新挑战时。我们的配偶或是上司有时也会成为我们压力的来源。”

“接下来就是缘脑，从进化的角度来看，比脑干稍先进一级的脑部分区是缘脑。猴子、奶牛及海豚等哺乳类动物也有缘脑。这一脑部分区主要支配人的感觉和情绪，负责保持人体内环境的动态平衡。说得通俗易懂一些，就是让我们始终处于身心健康的状态。而且，缘脑也与长期记忆息息相关。”

“在人脑的各个分区中，最晚进化形成的是大脑皮层，也就是我们平时所说的大脑，它是人类特有的脑部分区。这个区域的功能十分强大，其中最重要的功能包括语言、逻辑分析、分类整合、推理辩论、创新发明、执行策略与决策等。有了这一系列的能力，人类才能拥有自己的思想，而不只是一味地服从或执行命令。”

“那学习，主要还是跟大脑有关，因为大脑负责学习分析思考，对吗？”

“是的，但是缘脑也很重要。每当人脑接收到一条新信息时，缘脑就会首先被激活。因为它主要负责人体的生理及心理平衡，而人脑所有分区从本质上来说只有一个功能，那就是确保生命安全。因此，缘脑必须充当信息过滤器，将新的信息与既有经验进行分析比较。如果得出的结论是正面的，也就是说同类的信息曾经给我们带来积极的影响，那么缘脑就会开绿灯，允许这条信息传递到大脑皮层，等待进一步深度处理，我们也会从主观上感到愉悦，产生处理这条信息的动力。比如，你曾经成功地完成过一次产品展示，那你在今后的工作中也自然会更加乐意接受此类任务。但如果你曾经有过一次失败的经历，那么缘脑在下次接收到同类信息时，或许就会亮起红灯，试图拦截这一信息，从而保护心理不再受到同样的负面影响。毕竟，心理上的稳定对于生存的意义也是不可小觑的。最后一种情况是，如果人脑接收到的信息没有太大的倾向性，既不是特别积极的，亦非完全消极的，那么它仍然能够通过缘脑的过滤与监控，顺利进入大脑皮层，但在这种情况下，大脑皮层无法得到强烈的刺激。这就意味着，这条信息不会给我们留下很深的印象，自然也无法进入长期记忆区域。”

“那你的意思是，要想在学习中感到乐趣，首先得让我们的缘脑开绿灯是吗？”

“那是肯定，缘脑是严格依照既定的模式来完成工作的。只要成功过一次，就相当于获得了长期的通行证，因为心理上的积极反应对人类生存来说无疑是不可或缺的。但从另一个角度来说，如果我们一直墨守成规，始终遵循既定的工作与学习模式，那么我们就永远学不到新知识，无法取得进步。我相信，每个人都曾经体验过改变有多么难。因此，每个人其实都在时刻与自己的习惯作斗争，试图挣脱惯性的束缚。回到学习的话题上来，缘脑的这种工作原理会使得我们越来越抗拒学习。小时候在学校里的种种不愉快经历已经让许多人在潜意识中把学习和消极情绪联系在一起了，这使得我们的缘脑在接收到新信息时，自动屏蔽了许多至关重要的内容，加大了我们工作与学习的难度。”

“那我们应该多让自己体验学习的乐趣，让学习与自己的积极情绪建立联系，是吗？”

“是的。另外，每一种新的学习技巧从本质上来说都是一种新的行为模式，因此这些技巧对于缘脑来说无一例外都是一种挑战。不管我们至今惯用的学习方法多么低效，缘脑都会固执地认为：反正我一直都是用这种方式学习和思考的，而且我至今都活得好好的，因此自然没有必要冒险去改变。这个逻辑听上去或许有点滑稽，但却十分直观地体现了缘脑的工作模式，它并不懂得我们要尝试学习的新方法是百益而无一害的。”

“缘脑真是个固执的家伙。”

“但是，缘脑固执有它固执的道理，在面临生命危险的时候，比如遇到老虎，这种过滤机制确实是非常有益的，它能够让我们停止无谓的思考，直接作出本能的反应，要不就冲上去制伏眼前这只老虎，要不就撒腿逃跑。如果没有这种过滤机制，我们的大脑就会不由自主地胡思乱想：我是跑呢，还是不跑呢？我应该从哪个方向跑呢？有没有可能跟老虎谈谈，让它不吃我，或者我把我篮子里刚刚采的果子给它吃，以后不要吃荤了，改吃素吧……”

“哈哈，这样想下去，死定了。那怎样让缘脑给学习开绿灯呢？”

“那就是多学习，调整好心态，多重复，让缘脑熟悉这些内容，慢慢的就好了，这也叫习惯成自然。”

“确实，第一次看这破《经济法》的时候，头都大了。”

“所以，你要多复习几遍，复习《经济法》（其他科目也一样）就像让你在丛林中清出一条小路来，第一次得费一点儿劲，因为你必须清除掉一路的杂

草缠藤（相当于复习中的精华提炼）；第二次就容易多了，因为第一次走过这里时已经做了很多清障工作。你从这里经过的次数越多，存在的阻力就越小，多重复几次，这条小路变得又宽又平，基本上没有或者只有很少的东西要清除了，你就可以大迈步前进了（一天复习一遍也是有可能的）。”

学习，学习，多学习，从此以后，缘脑点亮绿灯，一路通畅。

增值税法律制度

（一）围绕某个主题学习

本章主要是增值税的计算，增值税的计算对于一个已经有一定会计实践经验的人来说，还是比较熟悉的。增值税的计算分为一般增值税纳税人和小规模纳税人。一般增值税纳税人的计算是：（当期销项税额 - 当期可以抵扣的进项税额）× 增值税税率；小规模纳税人一般采取简易征收，直接用：不含税销售额 × 对应的征收率。这是我们做过会计或学过会计的人所具备的基本常识。

于是，在这个常识上开始拓展，有哪些规定或因素会影响这两个基本公式的计算呢？如销售额该如何界定，进项税额哪些能够抵扣，哪些不能抵扣。也就是说，所有的规定基本上是围绕这个公式来的。想明白这里后，我看书的时候就有了目标，我知道我应该提取哪些重点，这就是主题学习，围绕这个主题，把教材上的相关内容全部串联起来。

有位教育专家做过这样一个实验，他给 2 个小组分配相同的学习材料、学习时间。这 2 个小组人员的年龄、教育程度、能力基本相当。

A 组被告知，他们将被测试书中所有的内容，请他们有针对性地学习。

B 组被告知，他们只被测试贯穿整本书的两三个主题，也请他们有针对性地学习。

事实上，2 组都要就学习材料的全部内容进行全面测试。我们都会觉得，这样做对 B 组学员太不公平了，他们只被告知就贯穿整本书的两三个主题进行测试。

我们也可能认为，在这种情况下，B 组在有关主题的测试上表现要强些，而 A 组则会在其他内容的测试上表现要强些，最后 2 组的得分可能是相同的。

但最后结果令人很惊讶，B 组不仅在有关主题的问题上得分高，而且在其他内容的测试上得分也高，总分比 A 组高出许多。

为什么会这样呢?

这是因为这些主题就像个巨大的钩子，将所有的其他信息拉拢在一起。换句话说，这些重要问题与目标起着联络中心的作用，使得联系其他信息变得容易了。

而A组被指示去获取全部内容，反而没有了明确的中心来连接信息，在整个学习过程中漫无目标地摸索。这种情况，就像一个人有太多的选择反倒让他没了主意，这正是想抓住一切，反而一无所获的悖论。

所以在复习本章之前，我先把本章的钩子确定，然后再把相关的信息串联起来。

（二）增值税法律制度精华提炼

知识点一：增值税范围的一般规定（如图6-1所示）

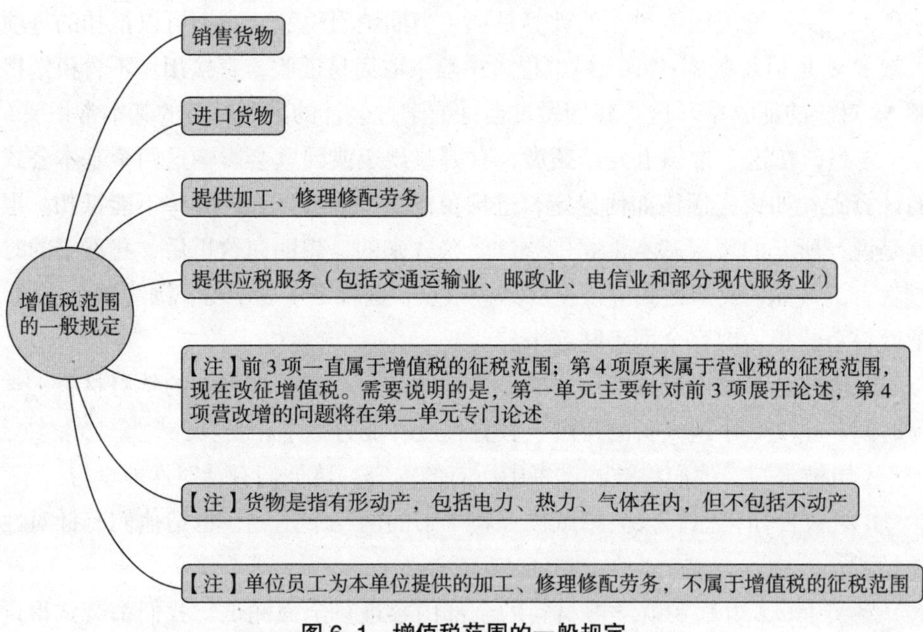

图6-1　增值税范围的一般规定

单位或者个体工商户聘用的员工为本单位或者雇主提供加工、修理修配劳务，不征收增值税。(　　)

【答案】√

知识点二：视同销售货物（如图 6-2 所示）

- 视同销售货物
  - 1. 将货物交付其他单位或者个人代销
  - 2. 销售代销货物
  - 【注】将货物交付他人代销时，委托方视同销售货物，增值税的纳税义务发生时间为委托方收到代销清单的当天或者收到全部或者部分货款的当天；未收到代销清单及货款的，为发出代销货物满 180 天的当天。受托方（销售代销货物）售出代销货物时发生增值税纳税义务，按照全部销售额计算销项税额
  - 3. 设有两个以上机构并实行统一核算的纳税人，将货物从一个机构移送其他机构“用 于销售”，但相关机构设在同一县（市）的除外
  - 4. 将自产、委托加工的货物用于非增值税应税项目
  - 【注】非增值税应税项目，是指提供非增值税应税劳务（包括但不限于建筑业）、转让无形资产（包括但不限于转让土地使用权）、销售不动产和不动产在建 工程。纳税人新建、改建、扩建、修缮、装饰不动产，均属于不动产在建工程
  - 5. 将自产、委托加工的货物用于集体福利或者个人消费
  - 【注】个人消费包括纳税人的交际应酬消费
  - 6. 将自产、委托加工或购进的货物作为投资
  - 7. 将自产、委托加工或购进的货物分配给股东或者投资者
  - 8. 将自产、委托加工或购进的货物无偿赠送他人
  - 【注】单位和个体工商户向其他单位或者个人无偿提供交通运输业、邮政业、电信 业和部分现代服务业服务的，视同提供应税服务；但以公益活动为目的或者以社 会公众为对象的除外
  - 【注】视同销售货物的情形包括三类
    - 货物的所有权发生了变化（第 2、6、7、8 条）
    - 将自产、委托加工的货物，从生产领域转移到消费领域（第 5 条）或者转移到增值税范围之外（第 4 条）
    - 虽然货物的所有权没有发生变化，但是基于堵塞管理漏洞的需要，而视同销售计征增值税（第 1、3 条）
  - 【注】对于第 3~8 条，其增值税纳税义务发生时间为货物移送的当天
  - 【注】纳税人将“自产、委托加工”的货物用于第 4~8 条时，均视同销售货物
  - 【注】
    - 纳税人将“外购”的货物用于第 6~8 条时，视同销售货物；
    - 纳税人将“外购”的货物用于第 4~5 条时，不视同销售货物
  - 【注】视同销售行为发生时，应计算销项税额，其销售额的确定按照下列顺序
    - 按照纳税人最近时期同类货物的平均销售价格确定
    - 按照其他纳税人最近时期同类货物的平均销售价格确定
    - 按照组成计税价格确定
  - 【注】视同销售行为发生时，所涉及的外购货物的进项税额，凡符合规定的，允许作为当期进项税额抵扣

图 6-2　视同销售货物

(1) 甲市的A、B两店为实行统一核算的连锁店。根据增值税法律制度的规定，A店的下列经营活动中，不属于视同销售货物行为的是(　　)。

A. 将货物交付给位于乙市的某商场代销

B. 销售丙市某商场委托代销的货物

C. 将货物移送到B店用于销售

D. 为促销将本店货物无偿赠送给消费者

【答案】C

【解析】A店将货物移送到“本市”的B店用于销售，不属于视同销售行为。

(2) 根据增值税法律制度的规定，下列各项中，不视同销售货物缴纳增值税的是(　　)。

A. 将自产货物分配给股东

B. 将外购货物用于集体福利

C. 将自产货物无偿赠送给其他单位

D. 将自产货物投资于其他单位

【答案】B

(3) 根据增值税法律制度的规定，下列各项中，不属于视同销售货物行为的是(　　)。

A. 将外购的货物分配给股东

B. 将外购的货物用于投资

C. 将外购的货物用于集体福利

D. 将外购的货物无偿赠送他人

【答案】C

【解析】选项ABD：将外购的货物用于投资、分配、赠送，视同销售；选项C：将外购的货物用于非增值税应税项目和集体福利、个人消费，不视同销售。

(4)根据增值税法律制度的规定，下列各项中，应当征收增值税的有(　　)。

A. 将自产的货物用于投资

B. 将自产的货物分配给股东

C. 将自产的货物用于集体福利

D. 将外购的货物用于非增值税应税项目

【答案】ABC

【解析】选项D：将外购的货物用于非增值税应税项目和集体福利、个人消费的，不视同销售，不征收增值税。

(5)根据增值税法律制度的规定，下列各项中，应当征收增值税的有(　　)。

A. 将外购的货物用于非增值税应税项目

B. 将外购的货物用于投资

C. 将外购的货物分配给股东

D. 将外购的货物用于集体福利

【答案】BC

【解析】将外购的货物用于非增值税应税项目和集体福利、个人消费的，不视同销售，不征收增值税。

（6）根据增值税法律制度的规定，下列各项中，属于视同销售货物行为，应计算缴纳增值税的有（　　）。

A. 某商店将外购水泥捐赠给灾区用于救灾

B. 某工厂将委托加工收回的服装用于集体福利

C. 某企业将自产的钢材用于对外投资

D. 某企业将购进的一批饮料用于职工食堂

【答案】ABC

【解析】选项 ABC：视同销售货物，应计算缴纳增值税；选项 D：将外购的货物用于集体福利，不视同销售货物，同时也不得抵扣进项税额。

（7）纳税人将自产、委托加工或者外购的货物用于集体福利或个人消费的，均视同销售，征收增值税。（　　）

【答案】×

【解析】纳税人将外购的货物用于集体福利或个人消费的，不视同销售。

知识点三：兼营及混合销售（如图 6–3 所示）

（1）销售自产货物并同时提供建筑业劳务的混合销售行为，一并征收营业税。（　　）

【答案】×

【解析】纳税人销售自产货物并同时提供建筑业劳务的，应当分别核算货物的销售额和非增值税应税劳务的营业额，并根据其销售货物的销售额计算缴纳增值税，非增值税应税劳务的营业额不缴纳增值税；未分别核算的，由主管税务机关“核定”其货物的销售额（而非一并缴纳增值税或营业税）。

（2）增值税的纳税人兼营非增值税应税劳务，未分别核算的，一并征收增值税。（　　）

【答案】×

【解析】纳税人兼营非增值税应税项目，未分别核算的，由主管税务机关核定货物的销售额和非增值税应税项目的营业额之后，分别缴纳增值税和营业税。

兼营及混合销售

- 混合销售
  - 一般规定
    - 从事货物的生产、批发或者零售的企业、企业性单位和个体工商户的混合销售行为，视同销售货物，一并征收增值税
    - 其他单位和个人的混合销售行为，一并征收营业税
    - 【注】混合销售是指针对同一个销售对象的一次销售行为中，同时涉及“增值 税”和“营业税”，但纳税人并非同时缴纳增值税和营业税，而是根据纳税人的主营业务，或者一并征收增值税，或者一并征收营业税
  - 特殊规定
    - 销售“自产货物”并同时提供“建筑业劳务”的，应当分别核算货物的销售额和非增值税应税劳务（建筑业）的营业额，货物的销售额缴纳增值税，建筑业劳务的营业额缴纳营业税（而非根据主营业务一并缴纳增值税或营业税）；未分别核算的，由主管税务机关“核定”其货物的销售额和建筑业劳务的营业额，核定后，还是分别缴纳增值税和营业税
- 兼营
  - 纳税人兼营非增值税应税项目的，应分别核算货物（或者应税劳务和应税服务）的销售额和非增值税应税项目的营业额，分别缴纳增值税和营业税；未分别核算的，由主管税务机关“核定”货物（或者应税劳务和应税服务）的销 售额和非增值税应税项目的营业额，分别缴纳增值税和营业税（而非一并征 收增值税）
  - 【注】兼营是指纳税人的多元化经营既涉及“增值税”，又涉及“营业税”。例如，某酒店既提供客房服务（营业税），又开设小卖部对外销售啤酒（增值税）。如果该酒店分别核算了客房服务的营业额和啤酒的销售额，则该酒店按照核算数据分别缴纳营业税和增值税；如果未分别核算，由主管税务机关核定啤酒的销售额和客房服务的营业额，核定后，还是分别缴纳增值税和营业税（而非一并征收增值税）
  - 【注】
    - 混合销售强调的是销售货物的“同时”发生营业税的应税劳务，销售货物 与营业税的应税劳务之间存在从属关系，而兼营中的销售货物和营业税 的应税劳务不一定同时发生，二者之间并无直接的从属关系（酒店“上午”向张某销售啤酒，“晚上”向李某提供客房服务）
    - 混合销售强调的是针对“同一个”消费者，而兼营不一定针对同一个消费 者（酒店上午向“张某”销售啤酒，晚上向“李某”提供客房服务）
    - 混合销售一般情况下只合并征收一种税（销售自产货物并同时提供建筑业 劳务的除外），而兼营，无论是否分别核算，均分别缴纳增值税和营业税
  - 【注】纳税人兼营免税、减税项目的，应当分别核算免税、减税项目的销售额；未分别核算销售额的，不得免税、减税

图 6-3　兼营及混合销售

知识点四：增值税特殊项目规定（如图 6–4 所示）

增值税特殊项目规定

- 货物期货（包括商品期货和贵金属期货），在期货的实物交割环节征收增值税
- 银行销售金银的业务，征收增值税
- 典当业的死当物品销售业务和寄售业代委托人销售寄售物品的业务，征收增值税
- 缝纫业务，征收增值税
- 预制构件
  - 基本建设单位和从事建筑安装业务的企业附设的工厂、车间生产的水泥预制构件、其他构件或建筑材料，用于本单位或本企业建筑工程的，在移送使用时，征收增值税
  - 基本建设单位和从事建筑安装业务的企业“在建筑现场”制造的预制构件，凡直接用于本单位或本企业建筑工程的，不征收增值税
- 【注】
  - 先在车间生产，后移送到工地的，征收增值税
  - 在建筑现场制造、无需移送的，不征收增值税
- 对从事热力、电力、燃气、自来水等公用事业的增值税纳税人收取的一次性费用
  - 凡与货物的销售数量有直接关系的，征收增值税
  - 凡与货物的销售数量无直接关系的，不征收增值税
- 印刷企业接受出版单位委托，自行购买纸张，印刷有统一刊号(CN)以及采用国际标准书号编序的图书、报纸和杂志，按货物销售征收增值税
- 电力公司向发电企业收取的过网费，征收增值税
- 供应或者开采未经加工的天然水，不征收增值税
- 体育彩票的发行收入，不征收增值税
- 对增值税纳税人收取的会员费收入，不征收增值税

图 6–4　增值税特殊项目规定

（1）根据增值税法律制度的规定，下列各项中，不缴纳增值税的是（　　）。

A. 电力公司销售电力　　　　B. 银行销售金银

C. 体育彩票的发行收入　　　D. 典当行销售死当物品

【答案】C

【解析】体育彩票的发行收入，不征收增值税。

（2）电力公司向发电企业收取的过网费，征收增值税。（　　）

【答案】√

（3）根据增值税法律制度的规定，下列各项中，应当征收增值税的是（　　）。

A. 供应或者开采未经加工的天然水

B. 自来水公司收取的与货物的销售数量无直接关系的一次性费用

C. 自来水公司收取的与货物的销售数量有直接关系的一次性费用

D. 从事建筑安装业务的企业在建筑现场制造的预制构件，直接用于本企业的建筑工程

【答案】C

（4）体育彩票的发行收入，不征收增值税。（　　）

【答案】√

知识点五：增值税税收优惠（如图6-5所示）

增值税税收优惠

- 增值税的免税项目
  - 农业生产者销售的自产农产品
  - 避孕药品和用具
  - 古旧图书
  - 直接用于科学研究、科学试验和教学的进口仪器、设备
  - 外国政府、国际组织无偿援助的进口物资和设备
  - 由残疾人的组织直接进口供残疾人专用的物品
  - 其他个人销售的自己使用过的物品
  - 【注】国务院财政、税务主管部门规定的免税项目还包括（但不限于）
    - 对污水处理劳务免征增值税
    - 对残疾人“个人”提供的加工、修理修配劳务免征增值税
    - 单位和个人销售再生资源，应当依法缴纳增值税，但个人（不含个体工商户）销售自己使用过的废旧物品免征增值税
    - 销售下列自产货物：再生水、以废旧轮胎为全部生产原料生产的胶粉、翻新轮胎、生产原料中掺兑废渣比例不低于30%的特定建材产品
    - 自2009年1月1日起至2013年12月31日，销售电影拷贝收入、转让电影版权收入、电影发行收入以及在农村取得的电影放映收入（经批准的）
    - 滴灌带和滴灌管产品
    - 自2009年1月1日起，单位和个人销售再生资源，应依法缴纳增值税，但个人（不含个体工商户）销售自己使用过的废旧物品免征增值税
    - 自2013年12月1日起，纳税人在资产重组过程中，通过合并、分立、出售、置换等 方式，将全部或者部分实物资产以及与其相关联的债权、负债经多次转让后，最终的受让方与劳动力接收方为同一单位和个人的，其中货物的多次转让行为均不征收增值税
- 放弃免税权
  - 锁定期——纳税人销售货物或应税劳务适用免税规定的，可以放弃免税，但36个月内不得再申请免税
  - 程序——生产和销售免征增值税货物或劳务的纳税人要求放弃免税权的，应当以书面形式提交放弃免税权声明，报主管税务机关备案
  - 要求——纳税人自提交备案资料的次月起，其生产销售的全部增值税应税货物或劳务均应按照适用税率征税
- 即征即退或先征后返
  - （1）销售自产货物：以工业废气为原料生产的高纯度二氧化碳等产品
  - （2）销售自产货物即征即退50%：以退役军用发射药为原料生产的涂料硝化棉粉等产品
  - （3）销售自产的综合利用生物柴油
  - （4）安置残疾人的单位：最高不得超过每人每年3.5万元
  - （5）纳税人销售软件产品并随同销售一并收取的软件安装费、维护费、培训费等收入
- 起征点
  - 销售货物的，为月销售额2 000 ~ 5 000元
  - 应税劳务的，为月销售额1 500 ~ 3 000元
  - 纳税的，为每次（日）销售额150 ~ 200元
  - 省、自治区、直辖市财政厅（局）和国家税务局应在规定的幅度内，根据实际情况确定本地区适用的起征点，并报财政部、国家税务总局备案。未达到起征点的，免征增值税；达到起征点的，全额计算缴纳增值税

图6-5　增值税税收优惠

（1）根据增值税法律制度的规定，下列各项中，免征增值税的有（　　）。

A. 用于对其他企业投资的自产工业产品

B. 用于单位集体福利的自产副食品

C. 农业生产者销售的自产农业产品

D. 直接用于教学的进口仪器

【答案】CD

【解析】选项 AB：属于视同销售行为，应当征收增值税。

（2）根据增值税法律制度的规定，下列项目中，免征增值税的有（　　）。

A. 个人转让著作权

B. 残疾人个人提供的应税服务

C. 航空公司提供飞机播洒农药服务

D. 会议展览地点在境外的会议展览服务

【答案】ABCD

（3）残疾人个人提供的加工、修理修配劳务，免征增值税。（　　）

【答案】√

知识点六：一般纳税人不得开具增值税专用发票的情形（如图 6-6 所示）

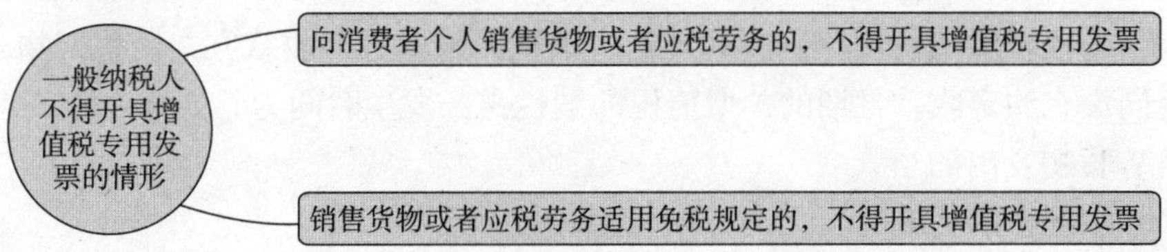

一般纳税人不得开具增值税专用发票的情形
- 向消费者个人销售货物或者应税劳务的，不得开具增值税专用发票
- 销售货物或者应税劳务适用免税规定的，不得开具增值税专用发票

图 6-6　一般纳税人不得开具增值税专用发票的情形

根据增值税法律制度的规定，下列情形中，增值税一般纳税人不得开具增值税专用发票的有（　　）。

A. 向消费者个人销售应税货物

B. 向小规模纳税人销售应税货物

C. 向一般纳税人销售应税货物

D. 销售免税货物

【答案】AD

【解析】选项 A：向消费者个人销售货物或者应税劳务的，不得开具增值税专用发票；选项 D：销售货物或者应税劳务适用免税规定的，不得开具增值税专用发票。

知识点七：增值税的纳税义务发生时间（如图 6-7 所示）

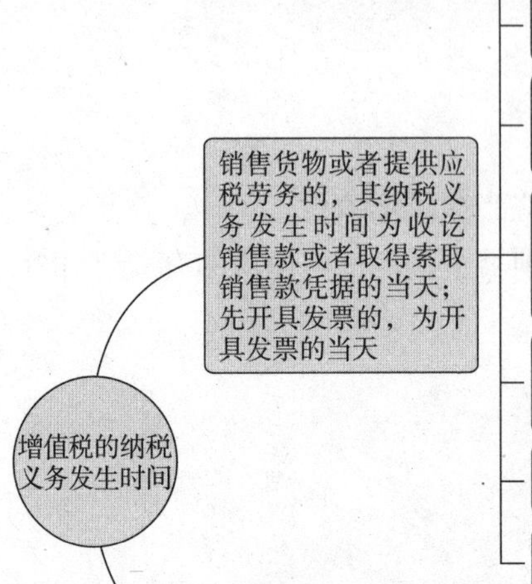

图 6-7　增值税的纳税义务发生时间

（1）根据增值税法律制度的规定，纳税人采取分期收款方式销售货物，书面合同没有约定收款日期的，增值税的纳税义务发生时间为（　　）。

A. 货物发出的当天

B. 收到全部货款的当天

C. 收到第一期货款的当天

D. 取得索取销售款凭据的当天

【答案】A

（2）根据增值税法律制度的规定，下列有关增值税纳税义务发生时间的表述中，符合规定的有（　　）。

A. 采取直接收款方式销售货物的，不论货物是否发出，均为收到销售款或者取得索取销售款凭据的当天

B. 销售应税劳务，为提供劳务同时收讫销售款或者取得索取销售款凭据的当天

C. 采取托收承付和委托银行收款方式销售货物，为发出货物并办妥托收手续的当天

D. 委托其他纳税人代销货物，为收到代销单位的代销清单或者收到全部或者部分货款的当天；未收到代销清单及货款的，为发出代销货物满 90 天的当天

【答案】ABC

【解析】选项 D：委托其他纳税人代销货物，为收到代销单位的代销清单

或者收到全部或者部分货款的当天；未收到代销清单及货款的，为发出代销货物满 180 天的当天。

（3）采取委托银行收款方式销售货物的，增值税纳税义务发生时间是银行收到货款的当天。(　　)

【答案】×

【解析】采取委托银行收款方式销售货物，其增值税纳税义务发生时间为发出货物并办妥托收手续的当天。

知识点八：价外费用（如图 6–8 所示）

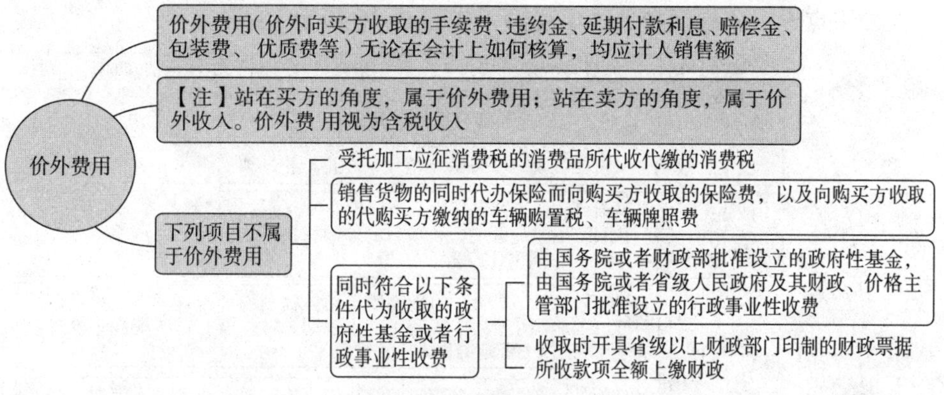

图 6–8　价外费用

（1）根据增值税法律制度的规定，某汽车销售公司（增值税一般纳税人）销售小轿车时一并向购买方收取的下列款项中，应作为价外费用计算增值税销项税额的是(　　)。

A. 小轿车改装费

B. 因代办缴税收取的车辆购置税税款

C. 因代办保险收取的保险费

D. 因代办牌照收取的车辆牌照费

【答案】A

【解析】销售货物的同时代办保险而向购买方收取的保险费，以及向购买方收取的代购买方缴纳的车辆购置税、车辆牌照费，不属于价外费用。

（2）根据增值税法律制度的规定，纳税人收取的下列款项中，应作为价外费用并入销售额计算增值税销项税额的是(　　)。

A. 受托加工应征消费税的消费品所代收代缴的消费税

B. 生产企业销售货物时收取的包装费

C. 销售货物的同时代办保险而向购买方收取的保险费

D. 向购买方收取的代购买方缴纳的车辆牌照费

【答案】B

知识点九：以旧换新（如图 6–9 所示）

以旧换新

- 纳税人采取以旧换新方式销售货物，应当按“新货物”的同期销售价格确定销售额
- 金银首饰以旧换新的，应按照销售方“实际收取”的不含增值税的全部价款和价外费用征收增值税

图 6–9　以旧换新

纳税人采用以旧换新方式销售的金银首饰，应按实际收取的不含增值税的全部价款征收增值税。（　　）

【答案】√

知识点十：不得抵扣的进项税额（如图 6–10 所示）

不得抵扣的进项税额

- 1. 用于“适用简易计税方法计税项目、非增值税应税项目、免征增值税项目、集体福利或者个人消费”的购进货物、应税劳务（加工、修理修配劳务）或者应税服务（交通运输业、邮政业、电信业和部分现代服务业），其进项税额不得抵扣
- 【注】一般纳税人按照简易办法征收增值税，不得抵扣进项税额
- 【注】免征增值税项目，是指销售货物或者提供应税劳务、应税服务时免征增值税，没有销项税额。因此，用于免征增值税项目的外购货物（或者应税劳务、应税服务），其进项税额不得抵扣（否则纳税人就占便宜了）
- 【注】
  - 如果纳税人将“外购”的货物用于集体福利或者个人消费（如卷烟厂将外购的饼干用于集体福利），不视同销售，没有销项税额，其进项税额不得抵扣（否则纳税人就占便宜了）
  - 如果纳税人将“自己生产”的货物用于集体福利或者个人消费（如饼干厂将自己生产的饼干用于集体福利），视同销售，有销项税额，为生产货物所购进原材料的进项税额就可以抵扣
- 【注】用于劳动保护方面的购进货物，其进项税额可以抵扣
- 【注】纳税人外购的固定资产，既用于增值税应税项目，也用于非增值税应税项目、免征增值税项目、集体福利或者个人消费的，其进项税额可以抵扣。例如，某饼干厂（增值税一般纳税人）外购的机器设备既用于生产饼干，又用于修缮公司办公楼，其进项税额可以抵扣
- 2. 接受的旅客运输服务，不得抵扣进项税额
  - 【例】
    - 甲企业在销售饼干时，找乙运输公司负责运输，如果取得了乙公司开具的“货物运输业增值税专用发票”，其进项税额可以抵扣
    - 甲企业在销售饼干时，其销售人员乘坐火车购买的火车票，其进项税额不得抵扣（火车票不属于“货物运输业增值税专用发票”）
- 3. 非正常损失
  - 非正常损失的购进货物及相关的应税劳务、应税服务，其进项税额不得抵扣
  - 非正常损失的在产品、产成品所耗用的购进货物、应税劳务或者应税服务，其进项税额不得抵扣
  - 【注】
    - 因“管理不善”造成的非正常损失，其进项税额不得抵扣
    - 因“不可抗力”造成的非正常损失，其进项税额可以抵扣
- 4. 运费的处理方法
  - 用于“非增值税应税项目、免征增值税项目、集体福利或者个人消费”的购进货物的运输费用和销售免税货物的运输费用，不能抵扣进项税额
  - “非正常损失”的购进货物及相关的运输费用，其进项税额不得抵扣；“非正常损失”的在产品、产成品所耗用的购进货物及相关的运输费用，其进项税额不得抵扣

图 6–10　不得抵扣的进项税额

（1）根据增值税法律制度的规定，下列进项税额中，不得从销项税额中抵扣的是（　　）。

A. 因自然灾害损失的产成品所耗用的外购货物的进项税额

B. 购进同时用于增值税应税项目和非增值税应税项目的固定资产所支付的进项税额

C. 按照简易办法征收增值税的一般纳税人购进的货物

D. 进口生产用原材料取得海关进口增值税专用缴款书上注明的增值税额

【答案】C

【解析】选项A：因管理不善造成被盗、丢失、霉烂变质的损失不能抵扣进项税额，因自然灾害损失的产品所耗用的进项税额可以抵扣；选项B：仅用于非增值税应税项目的固定资产不可以抵扣进项税额，但同时用于增值税应税项目和非增值税应税项目的固定资产可以抵扣进项税额。

（2）纳税人外购货物因管理不善丢失的，该外购货物的增值税进项税额不得从销项税额中抵扣。（　　）

【答案】√

（3）根据增值税法律制度的规定，一般纳税人购进货物发生的下列情形中，不得从销项税额中抵扣进项税额的有（　　）。

A. 将购进的货物分配给股东　　B. 将购进的货物用于修缮厂房

C. 将购进的货物无偿赠送给客户　　D. 将购进的货物用于集体福利

【答案】BD

【解析】选项AC：将外购的货物用于"投资、分配、无偿赠送"，应视同销售计算销项税额，其对应的进项税额准予抵扣；选项BD：将外购的货物用于"非增值税应税项目、集体福利和个人消费"，不视同销售，不得抵扣进项税额。

（4）根据增值税法律制度的规定，增值税一般纳税人将外购的货物用于下列项目时，不得抵扣进项税额的有（　　）。

A. 劳动保护　　B. 免税项目

C. 无偿赠送他人　　D. 个人消费

【答案】BD

【解析】选项A：将外购的货物用于劳动保护，属于正常的生产费用支出，可以抵扣进项税额；选项BD：将外购的货物用于免税项目、个人消费的，不得抵扣进项税额；选项C：将外购的货物无偿赠送他人，视同销售货物，计算其销项税额，也可以抵扣进项税额。

（5）根据增值税法律制度的规定，一般纳税人购进货物发生的下列情形中，进项税额不得从销项税额中抵扣的有（　　）。

A. 用于厂房建设　　B. 用于个人消费

C. 用于集体福利　　D. 用于对外投资

【答案】ABC

【解析】选项 ABC：将外购货物用于非增值税应税项目、集体福利和个人消费，不视同销售，其进项税额不得抵扣；选项 D：将外购货物用于投资、分配、赠送，视同销售，所涉及的外购货物的进项税额，凡符合规定的，允许作为当期进项税额予以抵扣。

知识点十一：纳税人销售自己使用过的物品或者销售旧货（如图 6–11 所示）

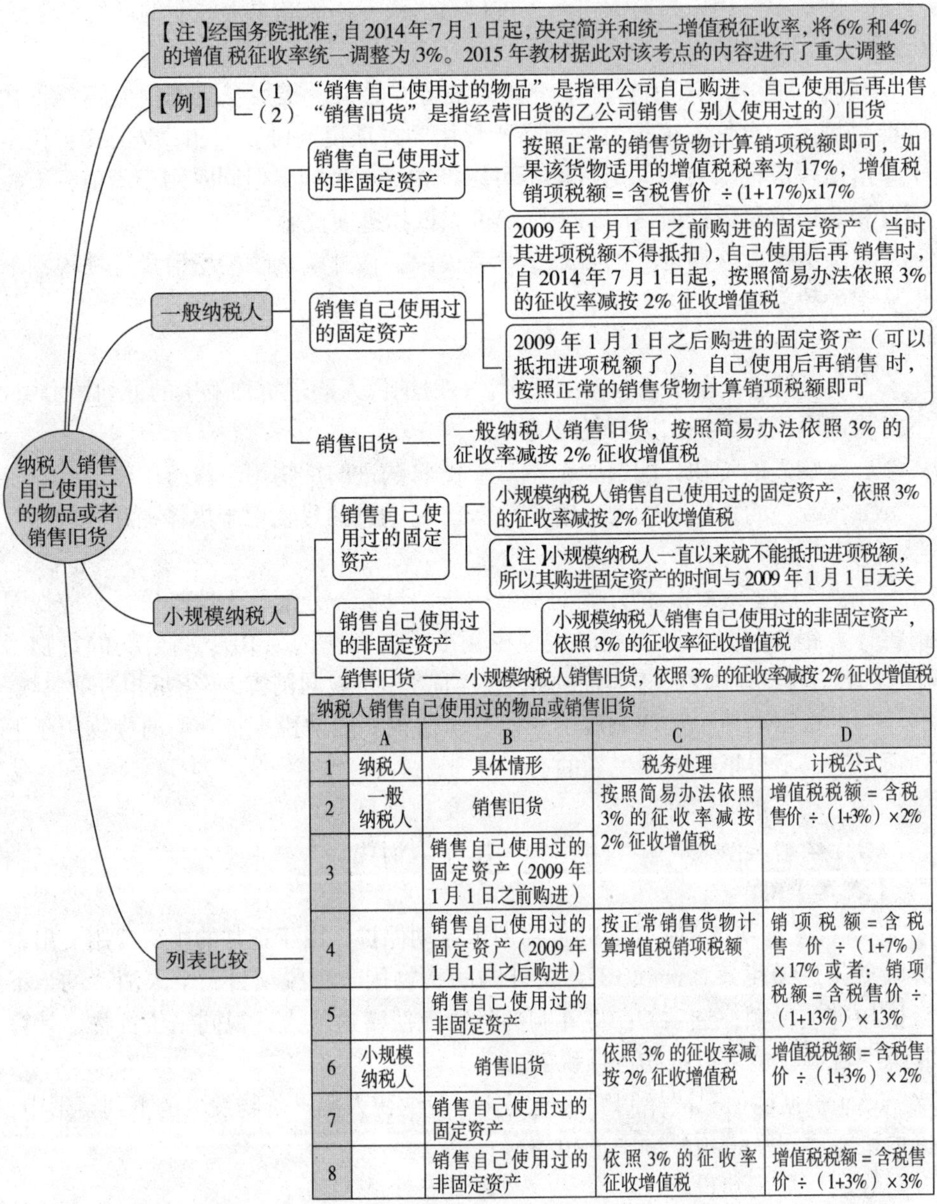

纳税人销售自己使用过的物品或者销售旧货

- 【注】经国务院批准，自 2014 年 7 月 1 日起，决定简并和统一增值税征收率，将 6% 和 4% 的增值 税征收率统一调整为 3%。2015 年教材据此对该考点的内容进行了重大调整
- 【例】
  - （1）“销售自己使用过的物品”是指甲公司自己购进、自己使用后再出售
  - （2）“销售旧货”是指经营旧货的乙公司销售（别人使用过的）旧货
- 一般纳税人
  - 销售自己使用过的非固定资产 —— 按照正常的销售货物计算销项税额即可，如果该货物适用的增值税税率为 17%，增值税销项税额 = 含税售价 ÷(1+17%)x17%
  - 销售自己使用过的固定资产
    - 2009 年 1 月 1 日之前购进的固定资产（当时其进项税额不得抵扣），自己使用后再 销售时，自 2014 年 7 月 1 日起，按照简易办法依照 3% 的征收率减按 2% 征收增值税
    - 2009 年 1 月 1 日之后购进的固定资产（可以抵扣进项税额了），自己使用后再销售 时，按照正常的销售货物计算销项税额即可
  - 销售旧货 —— 一般纳税人销售旧货，按照简易办法依照 3% 的征收率减按 2% 征收增值税
- 小规模纳税人
  - 销售自己使用过的固定资产
    - 小规模纳税人销售自己使用过的固定资产，依照 3% 的征收率减按 2% 征收增值税
    - 【注】小规模纳税人一直以来就不能抵扣进项税额，所以其购进固定资产的时间与 2009 年 1 月 1 日无关
  - 销售自己使用过的非固定资产 —— 小规模纳税人销售自己使用过的非固定资产，依照 3% 的征收率征收增值税
  - 销售旧货 —— 小规模纳税人销售旧货，依照 3% 的征收率减按 2% 征收增值税
- 列表比较

纳税人销售自己使用过的物品或销售旧货

	A	B	C	D
1	纳税人	具体情形	税务处理	计税公式
2	一般纳税人	销售旧货	按照简易办法依照 3% 的征收率减按 2% 征收增值税	增值税税额 = 含税售价 ÷（1+3%）×2%
3		销售自己使用过的固定资产（2009 年 1 月 1 日之前购进）		
4		销售自己使用过的固定资产（2009 年 1 月 1 日之后购进）	按正常销售货物计算增值税销项税额	销项税额 = 含税售价 ÷（1+7%）×17% 或者：销项税额 = 含税售价 ÷（1+13%）×13%
5		销售自己使用过的非固定资产		
6	小规模纳税人	销售旧货	依照 3% 的征收率减按 2% 征收增值税	增值税税额 = 含税售价 ÷（1+3%）×2%
7		销售自己使用过的固定资产		
8		销售自己使用过的非固定资产	依照 3% 的征收率征收增值税	增值税税额 = 含税售价 ÷（1+3%）×3%

图 6–11　纳税人销售自己使用过的物品或者销售旧货

某生产企业是增值税小规模纳税人，2014 年 4 月销售边角废料，由税务机关代开增值税专用发票，取得不含税收入 8 万元；销售自己使用过的小汽车 1 辆，取得含税收入 5.2 万元；当月购进货物支付价款 3 万元。根据增值税法律制度的规定，该企业上述业务应缴纳增值税 (　　) 万元。

A. 0.42　　B. 0.48

C. 0.40　　D. 0.34

【答案】D

【解析】企业应缴纳增值税 =8 × 3%+5.2 ÷ (1+3%) × 2%=0.34（万元）

知识点十二：增值税的计算（如图 6–12 所示）

（1）某电器商场为增值税一般纳税人，2014 年 4 月份发生如下经济业务：

① 销售空调取得含税销售收入 177 840 元，同时提供安装服务收取安装费 19 890 元。

② 销售电视机 120 台，每台含税零售价为 2 223 元。

③ 代销一批数码相机，取得含税销售收入 287 820 元（未取得委托方开具的增值税专用发票）。

④ 购进热水器 50 台，不含税单价 800 元 / 台，货款已付；购进 DVD 播放机 100 台，不含税单价 600 元 / 台，货款已付。两项业务均已取得增值税专用发票。

⑤ 当月该商场销售其他商品取得含税销售额 163 800 元。

该商场月初留抵税额为 6 110 元，增值税适用税率均为 17%。本月取得的相关票据符合税法规定并在本月认证抵扣。

要求：

① 计算该商场 4 月份可抵扣的进项税额、销项税额、应纳增值税税额。

② 该商场提供空调安装服务是否应缴纳增值税？并说明理由。

【答案】

① 当期可抵扣的进项税额 =(800 × 50+600 × 100) × 17%+6 110=23 110（元）

当期销项税额 =177 840 ÷ (1+17%) × 17%+19 890 ÷ (1+17%) × 17%+2 223 ÷ (1+17%) × 120 × 17%+287 820 ÷ (1+17%) × 17%+163 800 ÷ (1+17%) × 17%
=133 110（元）

当期应纳增值税税额 =133 110–23 110=110 000（元）

② 该商场提供空调安装服务应缴纳增值税。根据规定，从事货物的生产、批发或者零售的企业，发生混合销售行为（销售空调的同时负责安装属于混合销售行为），应当一并征收增值税。

- 增值税的计算
  - 增值税的纳税人分为一般纳税人和小规模纳税人
  - 小规模纳税人的认定
    - 生产企业——从事货物生产或者提供应税劳务的纳税人，以及以从事货物生产或者提供应税劳务为主，并兼营货物批发或者零售的纳税人，年应税销售额在50万元以下的，界定为小规模纳税人
    - 非生产企业——年应税销售额在80万元以下的，界定为小规模纳税人
    - 【注】小规模纳税人会计核算健全，能够提供准确税务资料的，可以向主管税务机关申请认定为一般纳税人，不作为小规模纳税人
    - 【注】除国家税务总局另有规定外，纳税人一经被认定为一般纳税人后，不得转为小规模纳税人
    - 【注】下列纳税人不办理一般纳税人资格认定
      - 个体工商户以外的其他个人
      - 选择按照小规模纳税人纳税的非企业性单位
      - 选择按照小规模纳税人纳税的不经常发生增值税应税行为的企业。（上述纳税人应按小规模纳税人纳税）
  - 小规模纳税人应纳税额的计算
    - 小规模纳税人采用简易办法征收增值税，征收率为3%
    - 小规模纳税人购进货物时即使取得了值税专用发票，也不能抵扣进项税额
    - 【注】小规模纳税人不得领购增值税专用发票。小规模纳税人销售货物或者提供应税劳务的，不得自行开具增值税专用发票，但可向主管税务机关申请代开。一般纳税人取得由税务机关为小规模纳税人代开的增值税专用发票，可以将增值税专用发票上填写的税额作为进项税额抵扣
    - 【注】自2014年10月1日起，增值税小规模纳税人月销售额不超过3万元（含3万元）的，免征增值税
  - 增值税一般纳税人应纳税额的计算
    - 当期应纳税额 = 当期销项税额 - 当期准予抵扣的进项税额
    - 当期销项税额 = 不含税销售额 × 税率
    - 当期销项税额小于当期进项税额不足抵扣时，其不足抵扣部分可以结转下期继续抵扣
    - 在计算当期销项税额时，考生应注意以下几个问题
      - 首先界定题目中的收入应当征收“增值税”还是“营业税”，其中应重点关注“视同销售、混合销售和兼营”的问题
      - “当期”的界定，根据增值税的纳税义务发生时间，判断该笔收入是否应 计入“当期”的销售额计征增值税
      - 销售额的界定，其中应重点关注“价外费用、包装物押金、折扣销售、以旧换新和组成计税价格”的问题
    - 在计算当期准予抵扣的进项税额时，考生应注意以下几个问题
      - 进项税额的抵扣范围，即哪些可以抵扣，哪些不得抵扣
      - “当期”的界定，即进项税额能否在当期抵扣
      - “进项税额转出”的问题
        - 纳税人发生税法规定不允许抵扣而已经抵扣进项税额的行为（如因管理不善造成的非正常损失），应将该项购进货物或者应税劳务的进项税额从当期发生的进项税额中扣减
        - 纳税人因进货退回或者折让而收回的增值税进项税额，应从发生进货退回或者折让当期的进项税额中扣减
    - 此外，一般纳税人销售自产的自来水，可以选择按简易办法依照3%的征收率计算缴 纳增值税。典当业销售死当物品、寄售商店代销寄售物品（包括居民个人寄售的物品在内），暂按简易办法依照3%的征收率计算缴纳增值税。一般纳税人按照简易办法征收增值税时，不得抵扣进项税额

图6–12 增值税的计算

（2）某电子企业为增值税一般纳税人，2014 年 4 月发生下列经济业务：

① 采取直接收款方式销售自产 A 产品 50 台，不含税单价 8 000 元 / 台。货款收到后，向购买方开具了增值税专用发票，并将提货单交给了购买方。截至月底，购买方尚未提货。

② 将 20 台新试制的 B 产品分配给投资者，单位成本为 6 000 元。该产品尚未投放市场，无同类产品的销售价格。

③ 装饰本企业办公楼领用甲材料 1 000 千克，每千克成本为 50 元。

④ 改、扩建单位幼儿园领用甲材料 200 千克，每千克成本为 50 元，同时领用自产的 A 产品 5 台。

⑤ 当月因管理不善丢失库存乙材料 800 千克，每千克成本为 20 元，作待处理财产损溢处理。

⑥ 当月购进货物取得的增值税专用发票上注明的增值税税额共计 70 000 元。

甲材料、乙材料均系上月外购取得并已抵扣进项税额，购销货物适用的增值税税率均为 17%，税务局核定的 B 产品成本利润率为 10%。本月取得的相关票据符合税法规定并在本月认证通过并抵扣。上述题干中给出的成本均不含增值税。

要求：

① 计算当月销项税额。

② 计算当月可抵扣的进项税额。

③ 计算当月应缴纳的增值税税额。

【答案】

① 当月销项税额 =[50 × 8 000+5 × 8 000+20 × 6 000 × (1+10%)] × 17%=97 240（元）

② 当月可抵扣的进项税额 =70 000–(50 × 1 000+50 × 200+20 × 800) × 17%=57 080（元）

③ 当月应纳增值税税额 =97 240–57 080=40 160（元）

【解析 1】采用直接收款方式销售货物，不论货物是否发出，增值税的纳税义务发生时间均为收到销售款或者取得索取销售款凭据的当天。因此，纳税人销售 A 产品 50 台，尽管购买方尚未提货，仍应缴纳增值税。

【解析 2】将新试制的 B 产品分配给投资者，视同销售，应缴纳增值税；但由于 B 产品没有市场价格，因此应计算其组成计税价格。

【解析 3】改、扩建幼儿园领用自产的 A 产品，视同销售，应缴纳增值税。

【解析 4】装饰本企业办公楼、改扩建幼儿园领用甲材料以及当月因管理不善丢失库存乙材料所对应的进项税额不得抵扣，其进项税额应当从当月的进项税额中扣减。

知识点十三：进口货物的增值税（如图 6–13 所示）

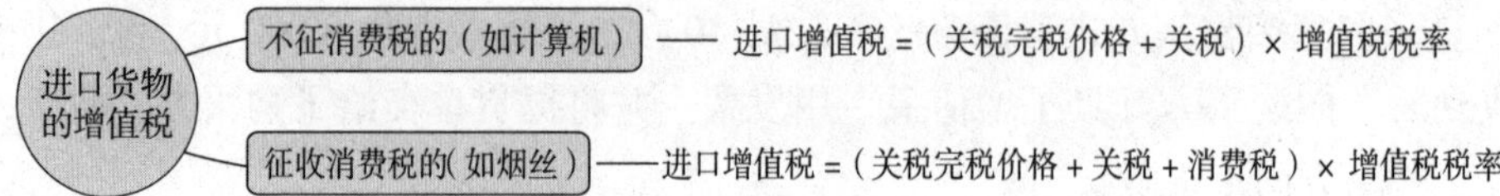

图 6–13　进口货物的增值税

知识点十四：增值税的征收管理（如图 6–14 所示）

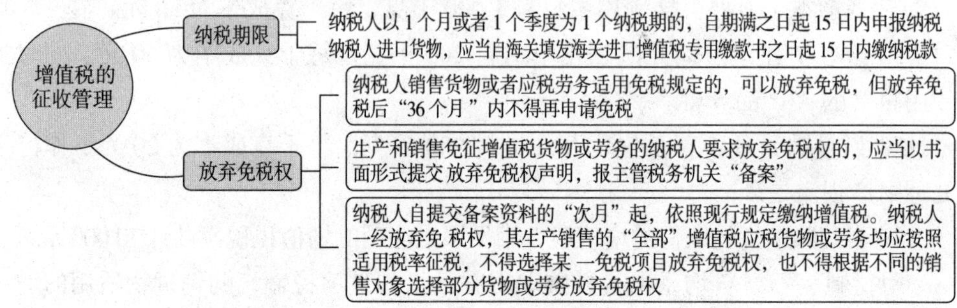

图 6–14　增值税的征收管理

知识点十五：增值税的出口退（免）税制度（如图 6–15 所示）

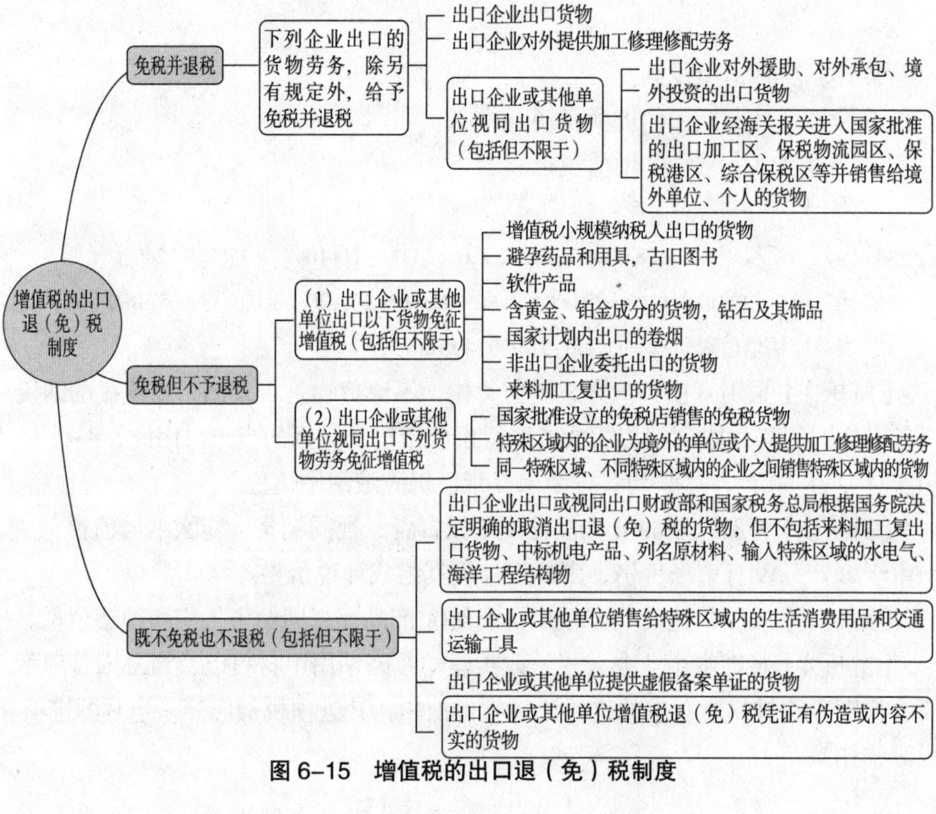

增值税的出口退（免）税制度

- 免税并退税
  - 下列企业出口的货物劳务，除另有规定外，给予免税并退税
    - 出口企业出口货物
    - 出口企业对外提供加工修理修配劳务
    - 出口企业或其他单位视同出口货物（包括但不限于）
      - 出口企业对外援助、对外承包、境外投资的出口货物
      - 出口企业经海关报关进入国家批准的出口加工区、保税物流园区、保税港区、综合保税区等并销售给境外单位、个人的货物
- 免税但不予退税
  - （1）出口企业或其他单位出口以下货物免征增值税（包括但不限于）
    - 增值税小规模纳税人出口的货物
    - 避孕药品和用具，古旧图书
    - 软件产品
    - 含黄金、铂金成分的货物，钻石及其饰品
    - 国家计划内出口的卷烟
    - 非出口企业委托出口的货物
    - 来料加工复出口的货物
  - （2）出口企业或其他单位视同出口下列货物劳务免征增值税
    - 国家批准设立的免税店销售的免税货物
    - 特殊区域内的企业为境外的单位或个人提供加工修理修配劳务
    - 同一特殊区域、不同特殊区域内的企业之间销售特殊区域内的货物
- 既不免税也不退税（包括但不限于）
  - 出口企业出口或视同出口财政部和国家税务总局根据国务院决定明确的取消出口退（免）税的货物，但不包括来料加工复出口货物、中标机电产品、列名原材料、输入特殊区域的水电气、海洋工程结构物
  - 出口企业或其他单位销售给特殊区域内的生活消费用品和交通运输工具
  - 出口企业或其他单位提供虚假备案单证的货物
  - 出口企业或其他单位增值税退（免）税凭证有伪造或内容不实的货物

图 6–15　增值税的出口退（免）税制度

知识点十六：营改增应税服务（如图 6-16 所示）

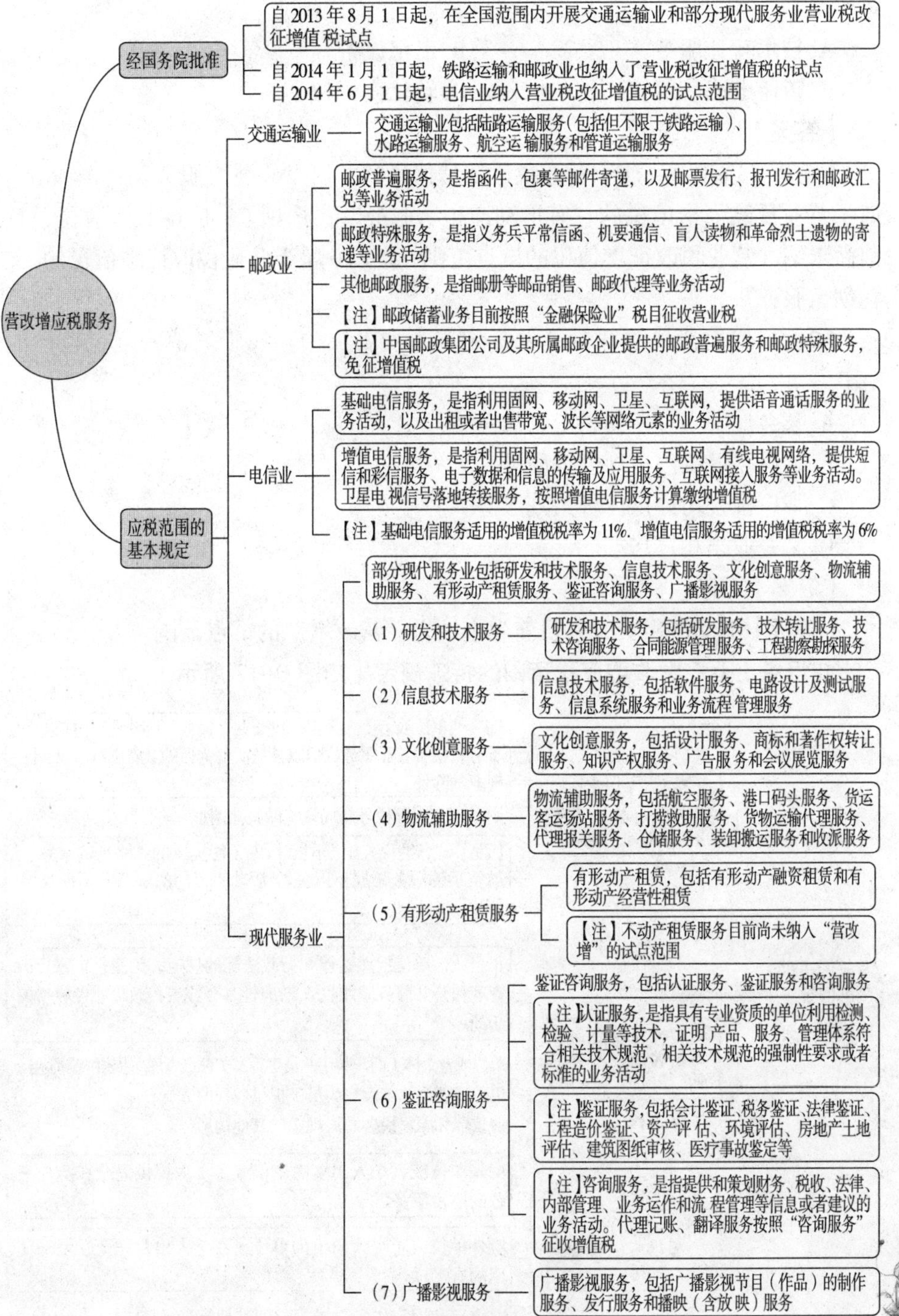

图 6-16　营改增应税服务

（1）根据增值税法律制度的规定，下列各项中，不属于“营改增”应税服务的是(　　)。

A. 技术转让服务　　　　B. 出租设备

C. 转让土地使用权　　　　D. 转让商标权

【答案】C

【解析】选项 A：属于营业税改征增值税的“研发和技术服务”；选项 B：属于营业税改征增值税的“有形动产租赁服务”；选项 C：应征收营业税，目前尚未纳入营业税改征增值税的试点范围；选项 D：属于营业税改征增值税的“文化创意服务”。

（2）根据增值税法律制度的规定，下列各项中，属于增值税征税范围的有(　　)。

A. 某会计师事务所提供鉴证服务

B. 某机场提供停机坪管理服务

C. 某广告公司提供广告策划服务

D. 某企业出租厂房

【答案】ABC

【解析】不动产租赁服务目前尚未纳入“营改增”的试点范围。

知识点十七：营改增应税范围的特殊规定（如图 6–17 所示）

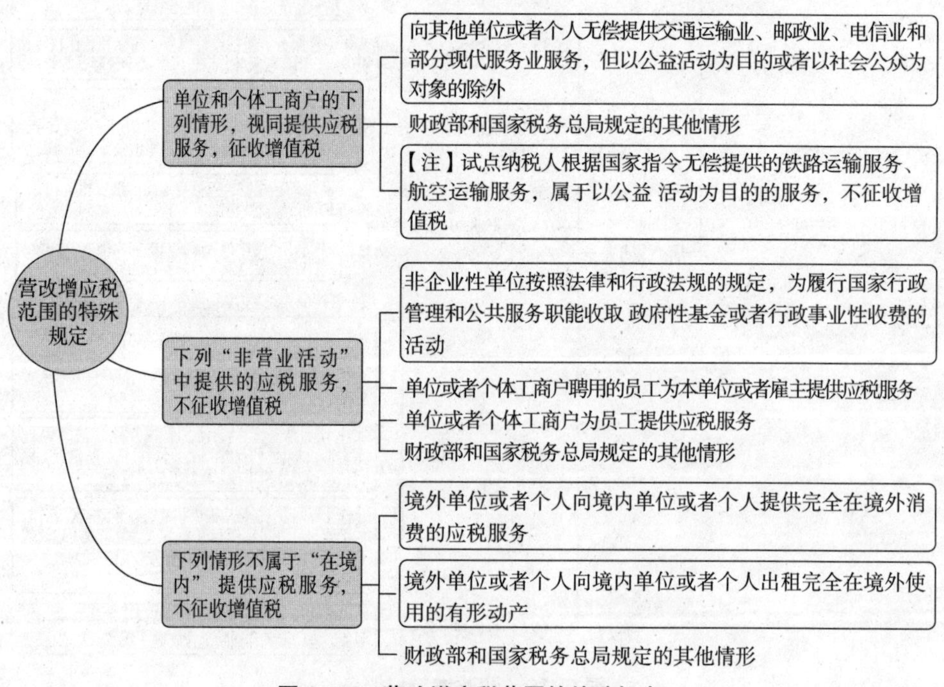

图 6–17　营改增应税范围的特殊规定

境外单位或者个人向境内单位或者个人出租完全在境外使用的有形动产，不属于在境内提供应税服务，不征收增值税。(　　)

【答案】√

知识点十八：营改增税率（如图 6–18 所示）

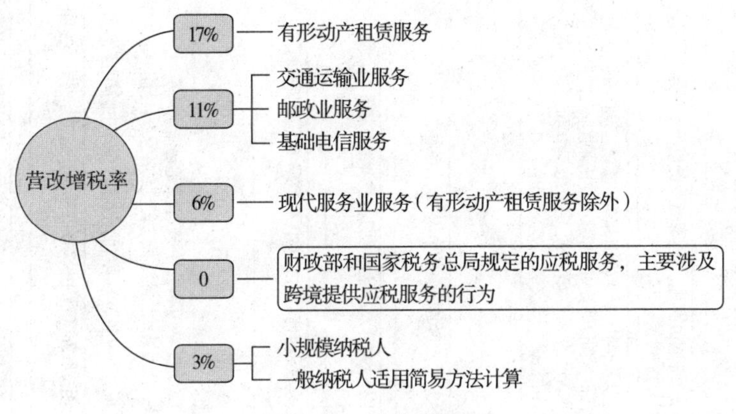

图 6–18　营改增税率

境内单位和个人向境外单位提供的研发服务，适用增值税零税率。(　　)

【答案】√

知识点十九：营改增简易计税方法（如图 6–19 所示）

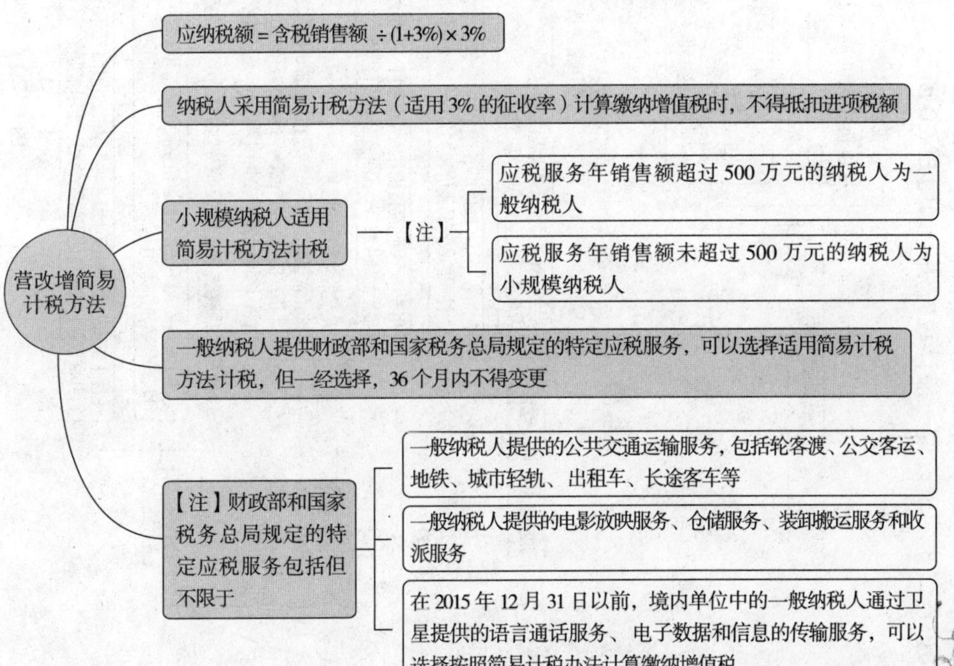

图 6–19　营改增简易计税方法

知识点二十：营改增一般计税方法（如图 6–20 所示）

- 营改增一般计税方法
  - 应纳税额 = 当期销项税额 – 当期进项税额
    - 销项税额 = 含税销售额 ÷（1+ 适用的增值税税率）× 增值税税率
    - 【注】增值税税率：（1）提供有形动产租赁服务：17%；（2）提供交通运输业服务、邮政业 服务、基础电信服务：11%；（3）提供现代服务业服务（有形动产租赁服务除外）、增值电 信服务：6%
    - 除另有规定外，计税销售额原则 上为提供应税服务取得的全部价款 和价外费用。实行差额征税的项目包括但不限于
      - 航空运输企业的销售额，不包括代收的机场建设费和代售其他航空运输企业客票而代 收转付的价款
      - 试点纳税人提供知识产权代理服务、货物运输代理服务和代理报关服务，以其取得的全部价款和价外费用，扣除向委托方收取并代为支付的政府性基金或者行政事业性收费后 的余额为销售额。向委托方收取的政府性基金或者行政事业性收费，不得开具增值税专用 发票
  - 准予抵扣的进项税额
    - 从销售方或者提供方取得的增值税专用发票上注明的增值税额
    - 从海关取得的海关进口增值税专用缴款书上注明的增值税额
    - 接受境外单位或者个人提供的应税服务，从税务机关或者境内代理人取得的解缴税款 的中华人民共和国税收缴款凭证上注明的增值税额
    - 购进农产品，除取得增值税专用发票或者海关进口增值税专用缴款书外，按照农产品 收购发票或者销售发票上注明的农产品买价和 13% 的扣除率计算的进项税额
  - 不得抵扣的进项税额
    - 用于"适用简易计税方法计税项目、非增值税应税项目、免征增值税项目、集体福利或者个人消费"的购进货物、接受的加工修理修配劳务或者应税服务
    - 接受的旅客运输服务
    - 非正常损失的购进货物及相关的加工修理修配劳务或者交通运输业服务
    - 非正常损失的在产品、产成品所耗用的购进货物（不包括固定资产）、加工修理修配 劳务或者交通运输业服务
    - 【注】非正常损失是指因管理不善造成被盗、丢失、霉烂变质的损失，以及被执法部门 依法没收或者强令自行销毁的货物
  - 混业经营
    - 纳税人应税服务混业经营的，应分别核算适用不同税率和征收率以及免税和免抵退税应 税服务项目的计税销售额和扣除项目金额
    - 【注】如纳税人既提供交通运输业服务（适用税率为 11%），也提供有形动产租赁服务（适用税率为 17%），应当分别核算各自的计税销售额和扣除项目金额
    - 【注】纳税人提供电信业服务时，附带赠送用户识别卡、电信终端等货物或者电信业服 务的，应将其取得的全部价款和价外费用进行分别核算，按各自适用的税率计算缴纳增值税

图 6–20 营改增一般计税方法

知识点二十一：“营改增”试点的税收优惠（如图 6-21 所示）

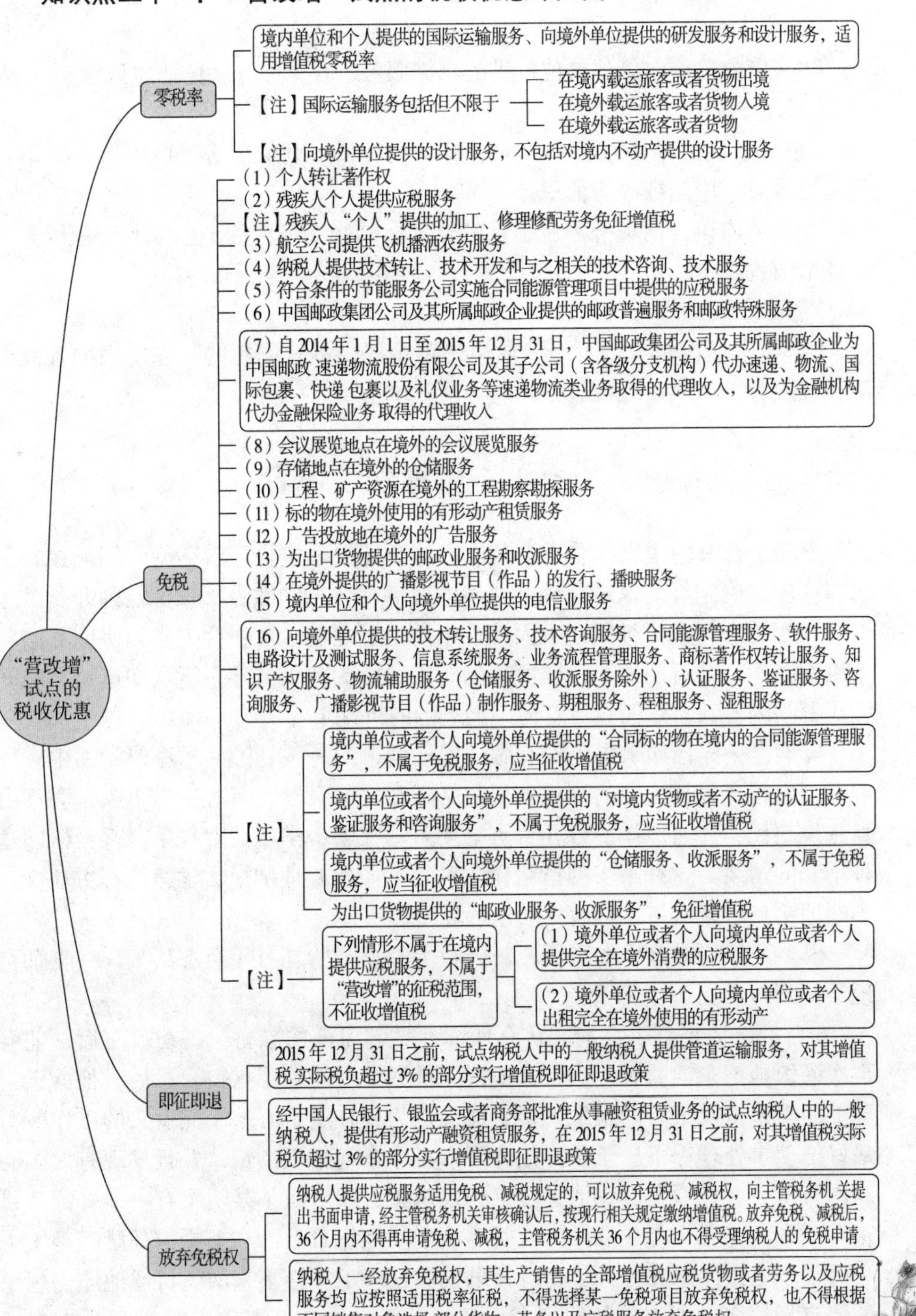

图 6-21　“营改增”试点的税收优惠

（1）境内单位为出口货物提供的邮政业服务、收派服务，免征增值税。（　　）

【答案】√

（2）境内单位向境外单位提供的仓储服务、收派服务，免征增值税。（　　）

【答案】×

【解析】境内单位或者个人向境外单位提供的仓储服务、收派服务，不属于免税服务，应当征收增值税。

（3）境内单位向境外单位提供的合同标的物在境内的合同能源管理服务，免征增值税。（　　）

【答案】×

【解析】境内单位或者个人向境外单位提供的合同标的物在境内的合同能源管理服务，不属于免税服务，应当征收增值税。

（三）不做勉强学习者

确定了看书的主题，看书的范围，同时还得确定自己看书的时间。在看书之前就应该确定好，这样目标就明确，效率高，主动性强。就像老师开始讲座一样，好的老师在详细阐述一大堆难懂的论题之前，往往会先告知讲座开始与结束的时间，并说明每个论题所需的时间。因为有了向导，听众知道什么时间完成哪些内容，自然而然更容易跟上老师的讲课节奏。

自学也一样，如果事先没有做任何计划，便一头扎进一本厚厚的书中，我们会不由得产生压力，时刻想着最后必须看完的页码。每次一坐下来，会不由自主地想到：还有厚厚的好几百页书要看。在整个学习的过程中，都会伴随这种不安的情绪。这种不安的情绪让人对复习产生心理抗拒，学习没有主动性，不断地给自己找借口，然后无限拖延。

很多人都有过这样的经历，每天晚上6点开始复习《经济法》，一直勤奋地学习到午夜。

6点钟，他走到书桌前，认真仔细地做学习前的准备。一切就绪后，他会再次谨慎地把东西整理一次，这使得为推迟学习找到了借口。过后，他会想起早上还没来得及细看的报纸。接着他会认为，在定下心来干完手头的工作前，最好把琐事处理一下。于是，他离开书桌，拿起报纸浏览，并且发现有太多的新闻值得去看。看完后，他又注意到娱乐版，娱乐版某某明星有一个好的节目正在预告，并且今晚7点马上就要播放了。他想着自己在书桌前都已经坐1个小时了，也该休息几分钟了，打开电视放松一下。接下来的节目比他原先想象的要有趣得多，所以等他回到书桌旁时，已经是7点45分了。然后他在书桌旁转来转去，想着看还有什么事情没有处理，最好在正式看书之前，把该处理的事情都处理掉。他想起了该给一个朋友回个电话。接着，电话里聊得很投机，谈话时间又比预测的长，打完电话后，这时已经是 8 点 30 分了。

到现在，他真的坐下来了，翻开书，决心好好看看。他是真的开始看书了（通常是第 1 页），可没一会儿，他突然感到又饥又渴，这真糟糕，如果花太长时间去弄吃的、喝的，就没有办法集中精力看书，太影响学习了。还是吃点儿快餐吧，一有这个念头，他头脑里立刻呈现出越来越多的围着饥饿而来的美味，选哪家餐厅好呢？于是他打开电脑，开始网上订餐，搜索浏览，看评论。最后，快餐终于送来了。快餐送来后，感觉这家餐馆不错，很丰盛，于是拍了几张照片，在朋友圈一发，朋友们纷纷来点赞，有的会评论一下，“日子过得不错啊，还吃宵夜”。于是他又回复一下，“晚上在家复习，没办法，饿了，只能吃个快餐，苦逼的命啊，何时才是个头”。

吃完饭并且互动完毕后，他又回到书桌旁，想着再没什么会干扰学习了，于是盯着第 1 页书的前 2 行。此时胃沉甸甸的，感觉昏昏欲睡，一看时间，都 11 点多了，该睡觉了。不行，得再坚持一会儿。于是又盯着第 1 页书的前 2 行开始看，可是眼皮打架打得实在厉害。不行了，坚持不下去了，我得睡觉了，明天再看吧。

临睡前，不忘拍个照，发一条朋友圈，这该死的破《经济法》，明日再战吧！朋友圈里又是一片混乱，大家纷纷点赞，“太有上进心了，加油，今年肯定能过，这么努力都考不过，有天理吗？……”

这就是一个典型的勉强学习者，我们曾经多多少少也像他一样，勉强自己在学习，对学习本身没有主动性和积极性。

这个世界上，不管做什么都需要发挥自己的主观能动性，就像有一句话这样说的，“你永远没法叫醒一个装睡的人”。

所得税法律制度

（一）会开迷箱机关的小猫

一个著名的教育学家曾做过一个有趣的实验，将一只饿猫关入笼中，笼外放一条鱼，饿猫急于冲出笼门去吃笼外的鱼。但是要想打开笼门，饿猫必须一口气完成三个分离的动作。首先要提起两个门闩，然后按压一块带有铰链的台板，最后是把横在门口的板条拨至垂直的位置。经观察，猫第一次被放入迷箱时，拼命挣扎，或咬或抓，试图逃出迷箱。在这些努力和尝试中，它可能无意中抓到门闩或踩到台板或触及横条，使门打开，逃出箱外，吃到食物。实验人员记下猫逃出迷箱所需时间后，再把猫再放回迷箱内，进行下一轮尝试。猫仍然会经过乱抓乱咬的过程，不过所需时间可能会少一些，经过如此多次连续尝试，猫逃出迷箱所需的时间越来越短，无效动作逐渐被排除，到了最后，猫一进迷箱内，就去按动踏板，跑出迷箱，获得食物。根据实验，可以画出猫的学习曲线。

教育学家把猫在迷笼中不断地尝试、不断地排除错误最终学会开门出来取食的过程称为尝试错误学习，并提出了学习的"尝试—错误"理论。

他们认为，动物在每次尝试的过程中，都建立起一种刺激—反应型联系，那些能够导致成功的反应被保留，而那些无效的反应则会逐渐被排除，所以，动物学习就是从各种刺激—反应中挑选那些导致成功的刺激反应型。教育学家又把这种刺激－反应型称作"联结"，认为学习的实质就在于形成刺激—反应联结。

所以，学习的过程很多时候就是一个重复的过程，在这个过程中，有成功，有失败，成功的经验效应就会自动保留，失败的经验，最后也会逐渐被排除。因此你学习得越多，保留的积极效应也就越多，你考试成功越多，你的成功经验就越多。我身边有的会计，见到考试就想去考一下，感觉天下没有不想考的考试似的，甚至有段时间不去考试，就不习惯了。

所得税法这一章也采用主题学习法，首先我们要了解会计上缴纳所得税的大致计算流程，一般是先计算出会计利润，然后根据税法进行相关的纳税调整，最后再乘以相关的税率。

那我们的重心就是整理出哪些地方涉及调整，这些地方在税法上有哪些规定，带着这些问题看书，把书上相关的知识点整理出来。

（二）所得税精华提炼

知识点一：企业所得税纳税人（如图 7–1 所示）

企业所得税的纳税人

- 企业所得税的纳税人包括各类企业、事业单位、社会团体、民办非企业单位和从事经营活动的其他组织，但不包括个人独资企业和合伙企业
- 【注】个人独资企业和合伙企业不具有法人资格，不缴纳企业所得税，由其自然人投资者缴纳个人所得税
- 我国企业所得税采取收入来源地管辖权和居民管辖权相结合的双重管辖权标准，把企业分为居民企业和非居民企业，分别确定其不同的纳税义务
- 纳税人比较

居民企业与非居民企业比较

	A	B	C
1	纳税人	判定标准	征税对象
2	居民企业	（1）依照中国法律、法规在我国境内成立的企业 （2）依照外国（地区）法律成立但实际管理机构在中国境内的企业	就来源于中国“境内，境外”的全部所得在我国纳税
3	非居民企业	按照外国（地区）法律成立且实际管理机构不在中国境内，但在中国境内设立机构、场所的，或者在中国境内未设立机构、场所，但是有来源于中国境内所得的企业	（1）在中国境内设立机构、场所的非居民企业，就其所设机构、场所取得的来源于境内的所得和虽来源于境外但与境内机构、场所有实际联系的所得，在我国缴纳企业所得税，适用税率为25% （2）在中国境内未设立机构、场所，或者虽设立机构、场所，但取得的所得与所设立机构，场所没有实际联系的非居民企业，应就来源于境内的所得在我国征收企业所得税纳税，法定税率为20%，但减按10%的税率

图 7–1　企业所得税纳税人

企业所得税判断条件及结果如表 7–1 所示。

表 7-1　**企业所得税判断条件及结果对照表**

判断条件			判读结果	
中国境内设立	实际管理机构在中国	中国设立机构、场所	境内所得	境外所得
√			√	√
×	√		√	√
×	×	√	√	与该机构场所有实际联系的境外所得
×	×	×	√（法定税率为 20%，但减按 10% 的税率）	×

（1）在美国设立的甲公司，实际管理机构设在美国，且未在中国境内设立机构、场所，甲公司没有来源于中国境内的所得，甲公司不属于我国企业所得税的纳税义务人。

【分析】这属于第四种情况，境内所得才纳税，但是他没有境内所得。

（2）在美国设立的乙公司，实际管理机构设在北京，乙公司属于我国的居民企业，应就来源于“境内、境外”的全部所得在我国纳税。

【分析】一看到实际管理机构在北京，就属于第二种情况。

（3）在美国设立的丙公司，实际管理机构设在美国，在我国境内未设立机构、场所，但有一笔来源于中国境内的所得（例如丙公司将位于境内的不动产转让给了境内的 A 公司），丙公司属于我国的非居民企业，应就来源于境内的所得，在我国纳税（境内 A 公司作为支付人为企业所得税的扣缴义务人，适用税率为 10%）。

【分析】这属于第四种情况，境内所得纳税，适用税率为 10%。

（4）在美国设立的丁公司，实际管理机构设在美国，在北京设立了机构、场所从事生产经营活动，丁公司属于我国的非居民企业：

① 在北京设立的机构、场所来源于中国境内的所得，应当在我国纳税；

② 在北京设立的机构、场所来源于境外但与该机构、场所有实际联系的所得，应当在我国纳税。

【分析】这属于第三种情况，境内所得纳税，境外所得与该机构场所有实际联系的纳税。

③ 如果美国的丁公司直接将位于境内的不动产转让给上海的 B 公司（该所得与在北京设立的机构、场所没有实际联系），丁公司的该项所得仍应在我国纳税（境内 B 公司作为支付人为企业所得税的扣缴义务人，适用税率为 10%）

【分析】这属于第四种情况，境内所得纳税，适用税率为 10%。

（5）根据企业所得税法律制度的规定，下列各项中，不属于企业所得税纳税人的是（　　）。

A. 事业单位　　B. 合伙企业

C. 社会团体　　D. 民办非企业单位

【答案】B

（6）根据企业所得税法律制度的规定，下列企业中，适用 25% 的企业所得税税率的是（　　）。

A. 符合条件的小型微利企业

B. 在中国境内设立机构、场所，且所得与其所设的机构、场所有联系的非居民企业

C. 在中国境内设立机构、场所，但所得与其所设的机构、场所没有实际联系的非居民企业

D. 在中国境内未设立机构、场所的非居民企业

【答案】B

【解析】选项 A：符合条件的小型微利企业适用 20% 的优惠税率；选项 B：居民企业和在中国境内设有机构、场所，且所得与其所设机构、场所有关联的非居民企业适用 25% 的所得税税率；选项 C、D：在中国境内未设立机构、场所的，或者虽设立机构、场所，但所得与其所设机构、场所没有实际联系的非居民企业减按 10% 的税率征收企业所得税。

（7）根据企业所得税法律制度的规定，判定居民企业与非居民企业的标准有（　　）。

A. 登记注册地标准

B. 所得来源地标准

C. 经营行为实际发生地标准

D. 实际管理机构所在地标准

【答案】AD

（8）根据企业所得税法律制度的规定，下列各项中，不属于企业所得税纳税人的有（　　）。

A. 有限责任公司　　B. 股份有限公司

C. 个人独资企业　　D. 合伙企业

【答案】CD

（9）企业所得税的征税对象包括居民企业来源于境内和境外的各项所得，以及非居民企业来源于境外的各项所得。（　　）

【答案】×

【解析】非居民企业应就来源于“境内”的所得和虽来源于“境外”但与境内所设立的机构、场所有实际联系的所得，在我国纳税。

（10）合伙企业的合伙人是法人和其他组织的，合伙人在计算缴纳企业所

得税时，不得用合伙企业的亏损抵减其盈利。(　　)

【答案】√

(11) 居民企业来源于境外的应税所得，已在境外缴纳的所得税税额，可以在抵免限额范围内从当期应纳税额中抵免，超过抵免限额的部分，可以在以后5个年度内，用每年度抵免限额抵免当年应抵税额之后的余额进行抵补。(　　)

【答案】√

知识点二：所得来源的确定（如图7-2所示）

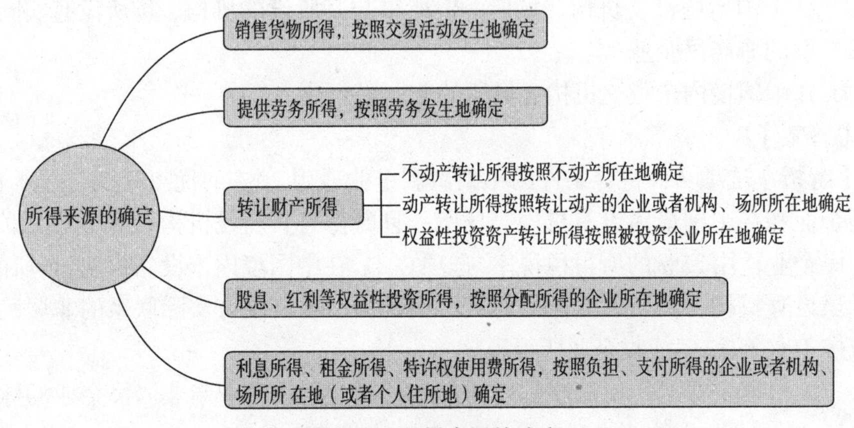

图7-2　所得来源的确定

(1) 根据企业所得税法律制度的规定，下列关于确定来源于中国境内、境外所得的表述中，不正确的是(　　)。

A. 提供劳务所得，按照劳务发生地确定

B. 销售货物所得，按照交易活动发生地确定

C. 股息、红利等权益性投资所得，按照分配所得的企业所在地确定

D. 转让不动产所得，按照转让不动产的企业或者机构、场所所在地确定

【答案】D

(2) 权益性投资资产转让所得按照被投资企业所在地确定所得来源地。(　　)

【答案】√

知识点三：应当征税的收入（如图7-3所示）

(1) 根据企业所得税法律制度的规定，下列关于收入确认的表述中，不正确的是(　　)。

A. 销售商品采用预收款方式的，在发出商品时确认收入

B. 以分期收款方式销售货物的，按照合同约定的收款日期确认收入

C. 采用售后回购方式销售商品的，符合收入确认条件的，销售的商品按售价确认收入，回购的商品作为购进商品处理

D. 销售商品涉及现金折扣的，应当按扣除现金折扣后的金额确定销售商品收入金额

【答案】D

【解析】销售商品涉及现金折扣的，应当按扣除现金折扣前的金额确定销售商品收入金额，现金折扣在实际发生时作为财务费用扣除。

（2）根据企业所得税法律制度的规定，下列关于销售货物确认收入实现时间的表述中，正确的是（　　）。

A. 销售商品采用托收承付方式的，在签订合同时确认

B. 销售商品采用支付手续费方式委托代销的，在销售时确认

C. 销售商品采用预收款方式的，在发出商品时确认

D. 销售商品需要安装的，在商品发出时确认

【答案】C

（3）根据企业所得税法律制度的规定，下列关于收入确认的表述中，不正确的是（　　）。

A. 如果安装工作是商品销售附带条件的，安装费在确认商品销售实现时确认收入

B. 长期为客户提供重复的劳务收取的劳务费，在相关劳务活动发生时确认收入

C. 企业转让股权收入，应于转让协议生效时，确认收入的实现

D. 接受捐赠收入，按照实际收到捐赠资产的日期确认收入的实现

【答案】C

【解析】企业转让股权收入，应于转让协议生效且完成股权变更手续时，确认收入的实现。

（4）根据企业所得税法律制度的规定，下列关于收入确认的表述中，不正确的是（　　）。

A. 企业发生债务重组，应在债务重组合同或协议生效时确认收入的实现

B. 企业以买一赠一方式组合销售本企业商品的，应将总的销售金额按各项商品的公允价值的比例来分摊确认各项商品的销售收入

C. 利息收入，按照合同约定的债务人应付利息的日期确认收入的实现

D. 销售商品涉及商业折扣的，应当按照扣除商业折扣前的金额确定销售商品收入金额

【答案】D

【解析】销售商品涉及商业折扣的，应当按照扣除商业折扣后的金额确定销售商品收入金额。

（5）根据企业所得税法律制度的规定，下列关于收入确认的表述中，正确的有（　　）。

A. 销售商品以旧换新的，销售的商品应当按照销售商品收入确认条件确认收入，回收的商品作为购进商品处理

B. 采用售后回购方式销售商品的，符合收入确认条件的，销售的商品按售价确认收入，回购的商品作为购进商品处理

C. 销售商品涉及商业折扣的，应当按照扣除商业折扣前的金额确定销售商品收入金额

D. 销售商品涉及现金折扣的，应当按扣除现金折扣前的金额确定销售商品收入金额，现金折扣在实际发生时作为财务费用扣除

【答案】ABD

【解析】选项C：销售商品涉及商业折扣的，应当按照扣除商业折扣后的金额确定销售商品收入金额。

（6）根据企业所得税法律制度的规定，下列关于收入确认的表述中，正确的有（　　）。

A. 企业转让股权收入，应于转让协议生效时，确认收入的实现

B. 企业发生债务重组，应在债务重组合同或协议生效时确认收入的实现

C. 特许权使用费收入，按照合同约定的特许权使用人应付特许权使用费的日期确认收入的实现

D. 接受捐赠收入，按照实际收到捐赠资产的日期确认收入的实现

【答案】BCD

【解析】选项A：企业转让股权收入，应于转让协议生效且完成股权变更手续时，确认收入的实现。

（7）销售商品涉及现金折扣的，应当按扣除现金折扣前的金额确定销售商品收入金额，现金折扣在实际发生时作为财务费用扣除。（　　）

【答案】√

（8）销售商品涉及商业折扣的，应当按照扣除商业折扣后的金额确定销售商品收入金额。（　　）

【答案】√

（9）企业在计算股权转让所得时，可以扣除被投资企业未分配利润等股东

应当征税的收入
1. 销售货物收入
（1）销售商品采用托收承付方式的，在办妥托收手续时确认收入
【注】采取托收承付方式销售货物，增值税的纳税义务发生时间为发出货物并办妥托收手续的当天
（2）销售商品采用预收款方式的，在发出商品时确认收入
【注】采取预收货款方式销售货物，增值税的纳税义务发生时间为货物发出的当天；但生产销售生产工期超过12个月的大型机械设备、船舶、飞机等货物，为收到预收款或者书面合同约定的收款日期的当天
（3）销售商品需要安装和检验的，在购买方接受商品以及安装和检验完毕时确认收入；如果安装程序比较简单，可在发出商品时确认收入
（4）销售商品采用支付手续费方式委托代销的，在收到代销清单时确认收入
【注】委托其他纳税人代销货物，增值税的纳税义务发生时间为收到代销单位的代销清单或者收到全部或者部分货款的当天；未收到代销清单及货款的，为发出代销货物满180天的当天
（5）以分期收款方式销售货物的，按照合同约定的收款日期确认收入
【注】采取赊销和分期收款方式销售货物，增值税的纳税义务发生时间为书面合同约定的收款日期的当天；无书面合同或者书面合同没有约定收款日期的，为货物发出的当天
（6）采用售后回购方式销售商品的，销售的商品按售价确认收入，回购的商品作为购进商品处理
【注】售后回购，是指销售商品的同时，销售方同意日后重新买回所售的商品
【注】有证据表明不符合销售收入确认条件的，如以销售商品方式进行融资，收到的款项应确认为负债，回购价格大于原售价的，差额应在回购期间确认为利息费用
（7）销售商品以旧换新的，销售的商品应当按照销售商品收入确认条件确认收入，回收的商品作为购进商品处理
【注】在计算增值税时，纳税人采取以旧换新方式销售货物（金银首饰除外），应当按新货物的同期销售价格确定销售额
（8）销售商品涉及商业折扣的，应当按照扣除商业折扣后的金额确定销售商品收入金额
【注】在计算增值税时，对于商业折扣，销售额和折扣额在同一张发票上的“金额”栏分别注明的，可按折扣后的销售额征收增值税；未在同一张发票上的“金额”栏注明折扣额，而仅在发票的“备注”栏注明折扣额的，或者将折扣额另开发票的，折扣额不得从销售额中减除
（9）销售商品涉及现金折扣的，应当按扣除现金折扣前的金额确定销售商品收入金额，现金折扣在实际发生时作为财务费用扣除
【注】债权人为鼓励债务人在规定的期限内付款而向债务人提供的债务扣除属于现金折扣。如双方当事人在买卖合同中约定，买方如在10日内付款给予5%的折扣，在30日内付款给予3%的折扣，即属于现金折扣
（10）企业已经确认销售收入的售出商品发生销售折让和销售退回，应当在发生当期冲减当期销售商品收入
【注】在计算增值税时，一般纳税人因销售货物退回或者折让而退还给购买方的增值税额，应从发生销售货物退回或者折让当期的销项税额中扣减
（11）企业以买一赠一等方式组合销售商品的，其赠品不属于捐赠，应按各项商品的价格比例来分摊确认各项收入，其商品价格应以公允价格计算
2. 提供劳务收入
（1）安装费应根据安装完工进度确认收入；对商品销售附带安装条件的，安装费在确认商品销售实现时确认收入
（2）为特定客户开发软件的收费，应根据开发的完工进度确认收入
（3）包含在商品售价内可区分的服务费，在提供服务的期间分期确认收入
（4）长期为客户提供重复的劳务收取的劳务费，在相关劳务活动发生时确认收入
3. 转让财产收入
（1）转让财产收入，是指企业转让固定资产、生物资产、无形资产、股权、债权等财产取得的收入
（2）企业转让股权收入，应于转让协议生效，且完成股权变更手续时，确认收入的实现；转让股权收入扣除为取得该股权所发生的成本后，为股权转让所得；企业在计算股权转让所得时，不得扣除被投资企业未分配利润等股东留存收益中按该项股权所可能分配的金额
4. 股息、红利等权益性投资收益
（1）股息、红利等权益性投资收益，除国务院财政、税务主管部门另有规定外，按照被投资方作出利润分配决定的日期确认收入的实现
（2）被投资企业将股权（票）溢价所形成的资本公积转为股本的，不作为投资方企业的股息、红利收入，投资方企业也不得增加该项长期投资的计税基础
5. 利息收入
（1）利息收入包括存款利息、贷款利息、债券利息、欠款利息等收入
（2）利息收入，按照合同约定的债务人应付利息的日期确认收入的实现
6. 租金收入
（1）租金收入，按照合同约定的承租人应付租金的日期确认收入的实现
（2）如果交易合同或协议中规定租赁期限跨年度，且租金提前一次性支付的，根据收入与费用配比原则，出租人可对上述已确认的收入，在租赁期内，分期均匀计入相关年度收入
7. 特许权使用费收入
（1）特许权使用费收入，按照合同约定的特许权使用人应付特许权使用费的日期确认收入的实现
【例】甲公司（生产企业）将其专利权作价1 000万元转让给乙公司，转让专利权的收入属于“转让财产收入”（营业外收入）
【例】丙公司（生产企业）和丁公司签订专利实施许可合同，丙公司授权丁公司使用自己的专利权，期限为3年，丁公司每年向丙公司支付100万元的专利权使用费，该收入属于“特许权使用费收入”（其他业务收入）
8. 接受捐赠收入
（1）接受捐赠收入，按照实际收到捐赠资产的日期确认收入的实现
【注】“利息收入、租金收入和特许权使用费收入”均以“合同约定的日期”确认收入的实现，但“接受捐赠收入”以“实际收到的日期”确认收入的实现
9. 其他收入
（1）包括企业资产溢余收入、逾期未退包装物押金收入、确实无法偿付的应付款项、已作坏账损失处理后又收回的应收款项、债务重组收入、补贴收入、违约金收入、汇兑收益等
【注】企业资产溢余收入包括固定资产盘盈收入和其他物资及现金的溢余收入
（2）企业发生债务重组，应在债务重组合同或协议生效时确认收入的实现

图7–3　应当征税的收入

留存收益中按该项股权可能分配的金额。(　　)

【答案】×

【解析】企业在计算股权转让所得时，“不得”扣除被投资企业未分配利润等股东留存收益中按该项股权可能分配的金额。

(10)被投资企业将股权溢价所形成的资本公积转为股本的，不作为投资方企业的股息、红利收入，投资方企业也不得增加该项长期投资的计税基础。(　　)

【答案】√

知识点四：不征税收入和免税收入(如图7-4，图7-5所示)

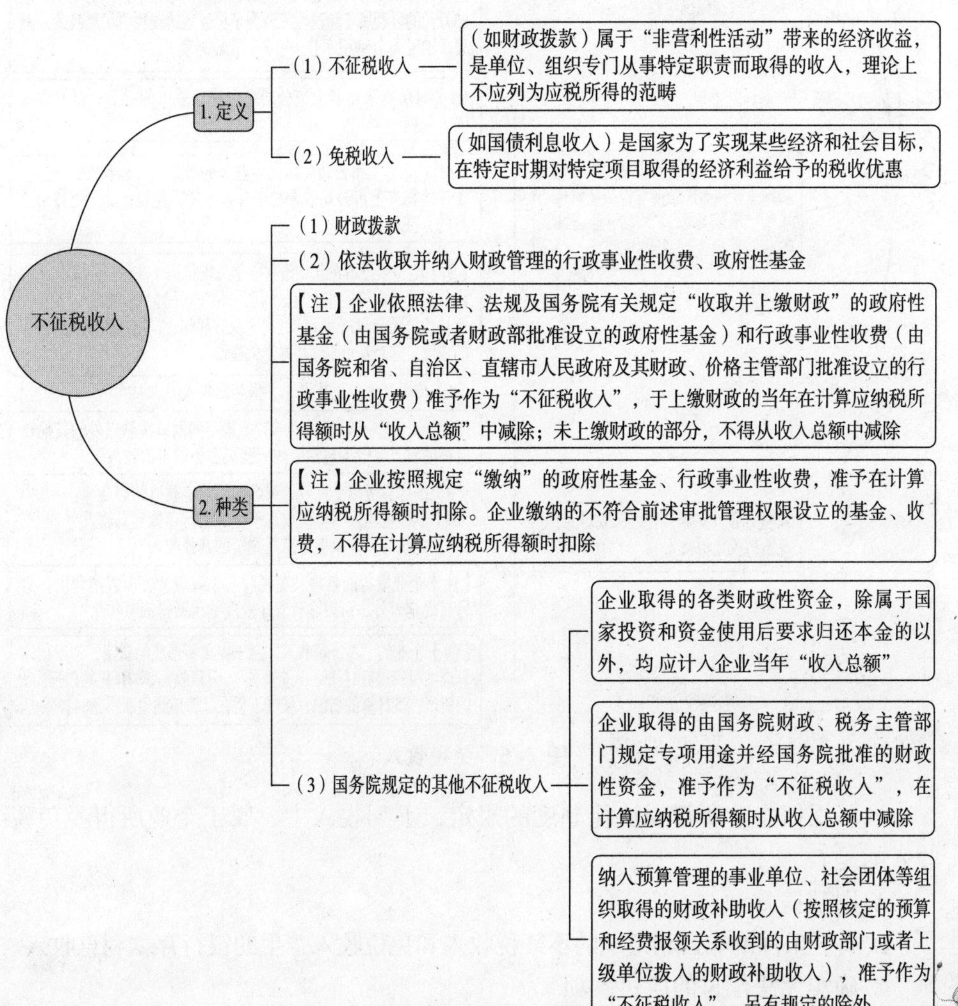

图7-4 不征税收入

- 免税收入
  - 1. 国债利息收入
    - 【例】甲汽车制造公司2014年取得国债利息收入100万元
    - (1) 在计算“年度利润总额”时，100万元的国债利息收入应计入“收入总额”，即在利润总额中包含了100万元的国债利息收入
    - (2) 在利润总额的基础上计算当年的“应纳税所得额”时，100万元的国债利息收入属于“免税收入”，应调减100万元
    - (3) 在计算业务招待费、广告费和业务宣传费的税前扣除限额时，100万元的国债利息收入作为“投资收益”不计入当年的“销售（营业）收入”
  - 2. 对企业取得的2012年及以后年度发行的地方政府债券利息收入，免征企业所得税
  - 3. 符合条件的居民企业之间的股息、红利等权益性投资收益
    - 【例】境内甲公司（居民企业，适用税率为25%）持有境内乙公司（居民企业，适用税率为15%）10%的股权，2014年甲公司从乙公司分回85万元的红利（税后利润），站在甲公司的角度，这85万元的红利属于免税收入。为了更好地体现税收优惠政策，不要求纳税人补缴税率差（甲公司无需补税）
  - 4. 在中国境内设立机构、场所的非居民企业从居民企业取得与该机构、场所“有实际联系”的股息、红利等权益性投资收益
    - (1) 对所有来自非上市公司（居民企业）的股息、红利收入，免税
    - (2) 对来自上市公司（居民企业）的股息、红利收入：①连续持有上市公司股票12个月以上的，免税；②不足12个月的，征税
    - 【例】境外甲公司在北京设立一个分支机构（非居民企业），该分支机构向境内非上市公司乙公司（居民企业）投资，2014年从乙公司分回75万元的红利（税后利润），站在该分支机构的角度，这75万元的红利属于免税收入
  - 5. 符合条件的非营利组织取得的企业所得税免税收入
    - (1) 接受其他单位或者个人捐赠的收入
    - (2) 除《企业所得税法》第7条规定的财政拨款以外的其他政府补助收入，但不包括因政府购买服务取得的收入
    - (3) 按照省级以上民政、财政部门规定收取的会费
    - (4) 不征税收入和免税收入孳生的银行存款利息收入
    - (5) 财政部、国家税务总局规定的其他收入
    - 【注】企业取得的各项“免税收入”对应的各项成本费用，除另有规定者外，可以在计算企业应纳税所得额时扣除
    - 【注】企业的“不征税收入”用于支出所形成的费用，不得在计算应纳税所得额时扣除；企业的“不征税收入”用于支出所形成的资产，其计算的折旧、摊销不得在计算应纳税所得额时扣除

图 7–5　免税收入

（1）根据企业所得税法律制度的规定，下列收入中，属于企业所得税免税收入的是（　　）。

A. 财政拨款

B. 符合条件的非营利组织的不征税收入和免税收入孳生的银行存款利息收入

C. 确实无法偿付的应付款项

D. 依法收取并纳入财政管理的政府性基金

【答案】B

【解析】选项 A、D：属于不征税收入（而非免税收入）；选项 C：属于应税收入。

（2）根据企业所得税法律制度的规定，下列收入中，不属于企业所得税免税收入的是（　　）。

A. 符合条件的居民企业之间的股息、红利等权益性投资收益

B. 在中国境内设立机构、场所的非居民企业持有中国境内非上市公司股份而取得的股息、红利等权益性投资收益

C. 在中国境内设立机构、场所的非居民企业持有中国境内上市公司股票不足 12 个月而取得的股息、红利等权益性投资收益

D. 在中国境内设立机构、场所的非居民企业连续持有中国境内上市公司股票 12 个月以上而取得的股息、红利等权益性投资收益

【答案】C

【解析】在中国境内设立机构、场所的非居民企业取得的境内上市公司股息、红利收入：① 连续持有 12 个月以上的，免税；② 不足 12 个月的，征税。

（3）根据企业所得税法律制度的规定，下列各项中，属于免税收入的是（　　）。

A. 企业接受社会捐赠收入

B. 转让企业债券取得的收入

C. 已作坏账损失处理后又收回的应收账款

D. 国债利息收入

【答案】D

【解析】选项 A、B、C：属于应税收入；选项 D：属于免税收入。

（4）根据企业所得税法律制度的规定，下列各项中，属于免税收入的是（　　）。

A. 企业购买国债取得的利息收入

B. 纳入预算管理的事业单位取得的财政拨款

C. 事业单位从事营利性活动取得的收入

D. 企业转让股权取得的收入

【答案】A

【解析】选项 A：属于免税收入；选项 B：属于不征税收入；选项 C、D：属于应税收入。

（5）根据企业所得税法律制度的规定，下列项目中，属于企业所得税不征税收入的有（　　）。

A. 财政拨款

B. 国债利息收入

C. 债务重组收入

D. 依法收取并纳入财政管理的行政事业性收费、政府性基金

【答案】AD

【解析】选项 A、D：属于不征税收入；选项 B：属于免税收入；选项 C：属于应税收入。

（6）根据企业所得税法律制度的规定，下列收入中，属于企业所得税免税收入的有（　）。

A. 符合条件的非营利组织的不征税收入和免税收入孳生的银行存款利息收入

B. 符合条件的非营利组织接受其他单位或者个体的捐赠收入

C. 在中国境内设立机构、场所的非居民企业持有中国境内上市公司股票的时间不足 12 个月取得的股息、红利收入

D. 财政拨款

【答案】AB

【解析】选项 C：属于应税收入；选项 D：属于不征税收入（而非免税收入）。

（7）根据企业所得税法律制度的规定，企业从事下列项目的所得，免征企业所得税的有（　）。

A. 中药材的种植

B. 林木种植

C. 花卉种植

D. 香料作物的种植

【答案】AB

【解析】选项 A、B：免征企业所得税；选项 C、D：减半征收企业所得税。

知识点五：禁止和准予扣除项目（如图 7–6，图 7–7 所示）

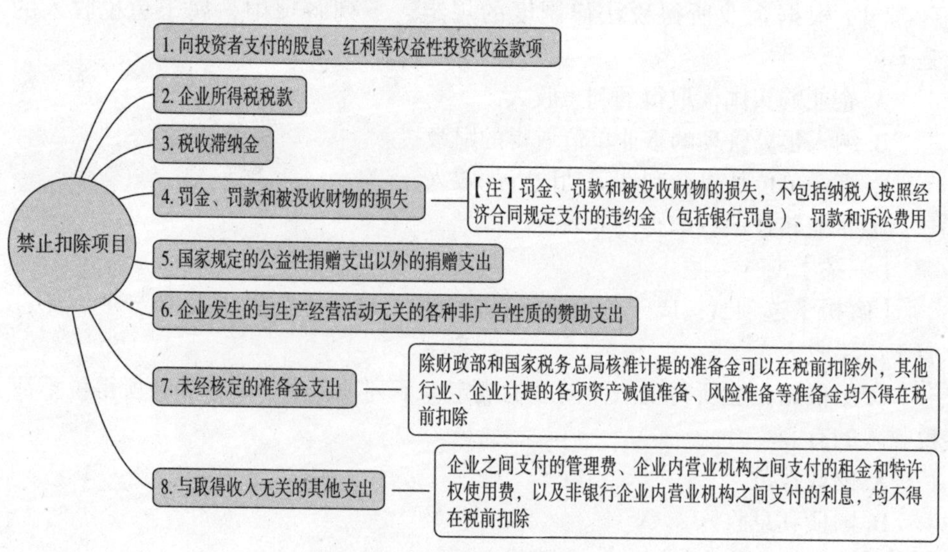

图 7–6　禁止扣除项目

准予扣除项目

- 1. 工资薪金支出
  - 企业发生的合理的工资薪金支出，准予扣除
- 2. 职工福利费、工会经费、职工教育经费
  - 企业发生的职工福利费支出，不超过工资薪金总额14%的部分，准予扣除
  - 企业拨缴的工会经费，不超过工资薪金总额2%的部分，准予扣除
  - 除国务院财政、税务主管部门另有规定外，企业发生的职工教育经费支出，不超过工资薪金总额2.5%的部分，准予扣除；超过部分，准予在以后纳税年度结转扣除
  - 【注】工资薪金总额，是指企业按照有关规定实际发放的工资薪金总额，不包括企业的职工福利费、职工教育经费、工会经费以及养老保险费、医疗保险费、失业保险费、工伤保险费、生育保险费等社会保险费和住房公积金
  - 【注】三项经费中只有“职工教育经费”可以结转以后纳税年度扣除
- 3. 社会保险费
  - 企业按照国务院有关主管部门或者省级人民政府规定的范围和标准为职工缴纳的基本养老保险费、基本医疗保险费、失业保险费、工伤保险费、生育保险费等基本社会保险费和住房公积金（五险一金），准予扣除
  - 企业为在本企业任职或者受雇的全体员工支付的补充养老保险费、补充医疗保险费，分别在不超过职工工资总额5%标准内的部分，在计算应纳税所得额时准予扣除；超过的部分，不予扣除
  - 除企业依照国家有关规定为特殊工种职工支付的人身安全保险费和国务院财政、税务主管部门规定可以扣除的其他商业保险费外，企业为投资者或者职工支付的“商业保险费”，不得扣除
  - 【注】企业参加财产保险，按照有关规定缴纳的保险费，准予扣除
- 4. 业务招待费
  - 企业发生的与生产经营活动有关的业务招待费支出，按照实际发生额的60%扣除，但最高不得超过当年销售（营业）收入的5‰
  - 【注】在计算业务招待费、广告费和业务宣传费的扣除限额时，销售（营业）收入包括 销售货物收入、提供劳务收入、租金收入、特许权使用费收入、视同销售收入等，即包括会计核算中的“主营业务收入”、“其他业务收入”和会计上不确认收入但税法上确认收入的“视同销售收入”，但不包括“营业外收入”和“投资收益”
  - 【注】销售（营业）收入应包括企业发生非货币性资产交换，以及将“货物、财产、劳务”用于捐赠、偿债、赞助、集资、广告、样品、职工福利或者利润分配等用途应当“视同销售”的收入额
  - 【注】销售收入为不含增值税的收入
  - 【注】除另有规定外，股息、红利等权益性投资收益，不作为计算业务招待费、广告费和业务宣传费扣除限额的基数
  - 【注】接受捐赠的货物，记入企业的“营业外收入”账户，不作为计算业务招待费、广告费和业务宣传费扣除限额的基数
  - 【案例】2014年某居民企业实现产品销售收入1 200万元，视同销售收入400万元，债务重组收益100万元，发生的成本费用总额1 600万元，其中业务招待费支出20万元。在本题中：①债务重组收益为营业外收入，销售（营业）收入=1 200 +400=1 600（万元）；②业务招待费扣除限额=1 600 × 5‰=8（万元）；业务招待费扣除限额= 20 × 60% =12（万元）；③业务招待费扣除限额为8万元，应调增应纳税所得额= 20 −8=12（万元）
- 5. 广告费和业务宣传费
  - 企业发生的符合条件的广告费和业务宣传费支出，除国务院财政、税务主管部门另有规定外，不超过当年销售（营业）收入15%的部分，准予扣除；超过部分，准予在以后纳税年度结转扣除
  - 【注1】广告费、业务宣传费不再区分扣除标准，按照统一口径计算扣除标准
  - 【注2】非广告性的赞助支出，企业所得税前不得扣除
  - 【注3】准予结转扣除的项目包括：
    - ①职工教育经费
    - ②广告费和业务宣传费
  - 【案例】境内甲生产企业2014年度取得产品销售收入4 000万元（不含税，下同），出租设备取得租金收入1 000万元，转让专利权取得净收益500万元，广告费支出800万元，业务宣传费支出200万元。在本题中：①出租设备取得的租金收入为“其他业务收入”，转让专利权取得的净收益为“营业外收入”；②广告费和业务宣传费的扣除限额=（4 000+1 000）x 15%=750（万元）；③超过扣除限额的250万元应调增应纳税所得额，但准予在以后纳税年度结转扣除
- 6. 公益性捐赠
  - 企业发生的公益性捐赠支出，在“年度利润总额”12%以内的部分，准予在计算应纳税所得额时扣除
  - 【注】年度利润总额，是指企业依照国家统一会计制度的规定计算的年度会计利润
  - 【注】纳税人“直接”向受赠人的捐赠不允许税前扣除
  - 【案例】境内甲公司2014年实现会计利润总额120万元，发生营业外支出100万元，其中包括通过市民政局向某灾区捐赠的20万元以及甲公司直接向某希望小学捐赠的30万元。在本题中：①甲公司直接向受赠人捐赠的30万元不允许税前扣除，应全额调增应纳税所得额；②通过市民政局向某灾区的捐赠，扣除限额= 120 × 12%=14.4（万元），应调增应纳税所得额=20−14.4=5.6（万元）
- 7. 租赁费支出
  - 以经营租赁方式租入固定资产发生的租赁费支出，按照租赁期限均匀扣除
  - 以融资租赁方式租入固定资产发生的租赁费支出，按照规定构成融资租入固定资产价值的部分应当提取折旧费用，分期扣除
  - 【案例】①甲公司以经营租赁方式将一台机器设备出租给乙公司，该机器设备仍由出租人甲公司计提折旧，承租人乙公司支付的租赁费，按照租赁期限均匀扣除；②甲公司以融资租赁方式从乙公司租入一台机器设备，由承租人甲公司对该机器设备计提折旧（甲公司支付的租赁费计入固定资产的价值），分期扣除
- 8. 利息支出
  - 非金融企业向金融企业借款的利息支出、金融企业的各项存款利息支出和同业拆借利息支出、企业经批准发行债券的利息支出，准予扣除
  - 非金融企业向非金融企业借款的利息支出，不超过按照金融企业同期同类贷款利率计算的数额的部分，准予扣除
  - 【案例】①2014年1月1日，甲公司向银行贷款100万元用于生产经营，期限为1年，支付贷款利息6万元，准予在税前全额扣除；②2014年1月1日，甲公司向非关联企业乙公司借款100万元用于生产经营，期限为1年，支付借款利息10万元，准予在税前扣除的利息支出为6万元，超标部分4万元应调增应纳税所得额；乙公司取得的10万元利息收入应计入其应税收入
- 9. 借款费用
  - 企业在生产经营活动中发生的合理的不需要资本化的借款费用，准予扣除
  - 企业为购置、建造固定资产、无形资产和经过12个月以上的建造才能达到预定可销售状态的存货发生的借款，在有关资产购置、建造期间发生的合理的借款费用，应当作为资本性支出计入有关资产的成本，并依照有关规定扣除
- 10. 税金
  - 纳税人按照规定缴纳的消费税、营业税、资源税、土地增值税、关税、城市维护建设税、教育费附加等产品销售税金及附加，以及发生的房产税、车船税、城镇土地使用税、印花税等，可以在税前扣除
  - 企业缴纳的“增值税”（价外税）、“企业所得税”不能在税前扣除
  - 企业缴纳的房产税、车船税、城镇土地使用税、印花税等，已经计入管理费用中扣除的，不再作为税金单独扣除
- 11. 损失
  - 企业发生的损失，减除责任人赔偿和保险赔款后的余额，依照国务院财政、税务主管部门的规定扣除
  - 企业已经作为损失处理的资产，在以后纳税年度又全部收回或者部分收回时，应当计入当期收入
  - 企业从事生产经营之前进行筹办活动期间发生的筹办费用支出，不得计算为当期的亏损
- 12. 其他支出
  - 企业参加财产保险，按照有关规定缴纳的保险费，准予扣除
  - 企业发生的合理的劳动保护支出，准予扣除
  - 除另有规定外，非保险企业发生与生产经营有关的手续费及佣金支出，不超过服务协议或者合同确认的收入金额的5%的部分，准予扣除；超过部分，不得扣除
  - 汇兑损失，除已经计入有关资产成本以及与向所有者进行利润分配相关的部分外，准予扣除
  - 企业依照有关规定提取的用于环境保护、生态恢复等方面的专项资金，准予扣除；上述专项资金提取后改变用途的，不得扣除

图7–7 准予扣除项目

（1）甲企业 2014 年发生合理的工资薪金支出 100 万元，发生职工福利费 18 万元，职工教育经费 1.5 万元。根据企业所得税法律制度的规定，甲企业计算 2014 年企业所得税应纳税所得额时，准予扣除的职工福利费和职工教育经费金额合计为（　　）万元。

A. 15.5　　B. 16.5

C. 19.5　　D. 20.5

【答案】A

【解析】① 职工福利费税前扣除限额 =100×14%=14（万元），实际发生 18 万元，超过扣除限额，税前准予扣除 14 万元；② 职工教育经费税前扣除限额 =100×2.5%=2.5（万元），实际发生 1.5 万元，未超过扣除限额，准予全额在税前扣除；③ 准予扣除的职工福利费和职工教育经费金额合计 =14+1.5=15.5（万元）。

（2）某境内居民企业 2014 年销售收入 3 000 万元，固定资产处置收益 30 万元，业务招待费支出 30 万元。根据企业所得税法律制度的规定，该企业在计算应纳税所得额时，准予在税前扣除的业务招待费支出是（　　）万元。

A. 30　　B. 15

C. 15.15　　D. 18

【答案】B

【解析】① 在计算业务招待费的扣除限额时，销售（营业）收入包括主营业务收入、其他业务收入、视同销售收入，但不包括营业外收入（固定资产处置收益 30 万元）；② 业务招待费实际发生额 ×60%=30×60%=18（万元）>销售（营业）收入 ×5‰=3 000×5‰=15（万元），业务招待费的扣除限额为 15 万元，该企业业务招待费的实际发生额为 30 万元，准予在税前扣除的业务招待费支出为 15 万元。

（3）2014 年甲企业取得销售收入 200 万元，广告费支出 45 万元，上年结转广告费 15 万元。根据企业所得税法律制度的规定，甲企业 2014 年准予税前扣除的广告费是（　　）万元。

A. 15　　B. 30

C. 45　　D. 60

【答案】B

【解析】2014 年甲企业广告费税前扣除限额 =200×15%=30（万元），当年实际发生额（45 万元）+ 上年结转广告费（15 万元）=60（万元），甲企业 2014 年税前准予扣除的广告费为 30 万元。

（4）根据企业所得税法律制度的规定，下列各项捐赠中，在计算应纳税所得额时准予按利润总额的一定比例计算限额扣除的是（　　）。

A. 纳税人直接向某学校的捐赠

B. 纳税人通过企业向自然灾害地区的捐赠

C. 纳税人通过电视台向灾区的捐赠

D. 纳税人通过市民政部门向贫困地区的捐赠

【答案】D

【解析】允许计算限额在税前扣除的公益性捐赠，是指企业通过公益性社会团体或者县级以上人民政府及其部门，用于《公益事业捐赠法》规定的公益事业的捐赠。

（5）某企业 2014 年度利润总额 80 万元，通过公益性社会团体向某灾区捐赠 2 万元，直接向某学校捐款 5 万元。根据企业所得税法律制度的规定，该企业在计算企业所得税应纳税所得额时，可以扣除捐赠支出（　　）万元。

A. 2　　B. 5

C. 7　　D. 9.6

【答案】A

【解析】① 该企业公益性捐赠支出税前扣除限额 =80×12%=9.6（万元），实际捐赠支出 2 万元没有超过该限额，可以全额扣除；② 该企业直接向某学校的捐款 5 万元不能在税前扣除。

（6）根据企业所得税法律制度的规定，下列各项中，准予在企业所得税税前扣除的是（　　）。

A. 支付违法经营的罚款　　B. 被没收财物的损失

C. 支付的税收滞纳金　　D. 支付银行加收的罚息

【答案】D

（7）根据企业所得税法律制度的规定，下列各项中，可以在企业所得税税前扣除的是（　　）。

A. 未经核定的准备金支出

B. 纳税人因买卖合同纠纷而支付的诉讼费用

C. 纳税人向关联企业支付的管理费

D. 企业缴纳的增值税

【答案】B

（8）根据企业所得税法律制度的规定，在计算企业所得税应纳税所得额时，可以扣除的项目是（　　）。

A. 向投资者支付的股息　　B. 税务机关的罚款

C. 人民法院的罚金　　D. 合同违约金

【答案】D

（9）根据企业所得税法律制度的规定，存货的成本计算方法，不能采用的是（　　）。

A. 先进先出法　　B. 后进先出法

C. 加权平均法　　D. 个别计价法

【答案】B

（10）根据企业所得税法律制度的规定，在计算企业所得税应纳税所得额时，下列各项中，准予全额据实扣除的有（　　）。

A. 非金融企业向金融企业借款的利息支出

B. 非金融企业向非金融企业借款的利息支出

C. 金融企业的各项存款利息支出和同业拆借利息支出

D. 企业经批准发行债券的利息支出

【答案】ACD

（11）根据企业所得税法律制度的规定，在计算企业所得税应纳税所得额时，下列各项中，不得扣除的有（　　）。

A. 企业之间支付的管理费

B. 企业内营业机构之间支付的租金

C. 企业内营业机构之间支付的特许权使用费

D. 非银行企业内营业机构之间支付的利息

【答案】ABCD

（12）根据企业所得税法律制度的规定，下列各项中，纳税人在计算企业所得税应纳税所得额时准予扣除的有（　　）。

A. 出口关税　　B. 土地增值税

C. 城镇土地使用税　　D. 城市维护建设税

【答案】ABCD

（13）根据企业所得税法律制度的规定，下列各项中，准予在企业所得税税前扣除的有（　　）。

A. 纳税人按照买卖合同约定支付的违约金

B. 纳税人缴纳的消费税

C. 企业之间支付的管理费

D. 非金融企业向金融企业借款的利息支出

【答案】ABD

（14）对从事股权投资业务的企业，其从被投资企业所分配的股息、红利以及股权转让收入，可以按规定的比例计算业务招待费扣除限额。（　　）

【答案】√

（15）企业取得的各项免税收入对应的各项成本费用，除另有规定者外，可以在计算企业应纳税所得额时扣除。(　　)

【答案】√

知识点六：企业所得税的税收优惠（如图 7–8 所示）

根据企业所得税法律制度的规定，下列所得中，免征企业所得税的是(　　)。

A. 海水养殖　　　　B. 内陆养殖

C. 花卉种植　　　　D. 家禽饲养

【答案】D

【解析】选项 A、B、C：为减半征税项目；选项 D：为免税项目。

知识点七：企业资产的税收处理（如图 7–9 所示）

（1）根据企业所得税法律制度的规定，运输货物的大卡车最低折旧年限是(　　)年。

A. 5　　　　B. 10

C. 4　　　　D. 3

【答案】C

【解析】飞机、火车、轮船以外的运输工具，最低折旧年限为 4 年。

（2）根据企业所得税法律制度的规定，下列表述中，正确的有(　　)。

A. 以融资租赁方式租出的固定资产，不得计算折旧扣除

B. 符合规定的固定资产按照直线法计算的折旧，准予扣除

C. 企业应当自固定资产投入使用的当月起计算折旧

D. 企业停止使用的固定资产，应当自停止使用的当月起停止计算折旧

【答案】AB

【解析】选项 C：企业应当自固定资产投入使用月份的次月起计算折旧；选项 D：停止使用的固定资产，应当自停止使用月份的次月起停止计算折旧。

（3）根据企业所得税法律制度的规定，下列表述中，不正确的有(　　)。

A. 生产性生物资产按照直线法计算的折旧，准予扣除

B. 企业应当自生产性生物资产投入使用的当月起计算折旧

C. 企业应当自生产性生物资产投入使用月份的次月起计算折旧

D. 停止使用的生产性生物资产，应当自停止使用的当月起停止计算折旧

【答案】BD

【解析】选项 B、C：企业应当自生产性生物资产投入使用月份的次月起计算折旧；选项 D：企业停止使用的生产性生物资产，应当自停止使用月份的次月起停止计算折旧。

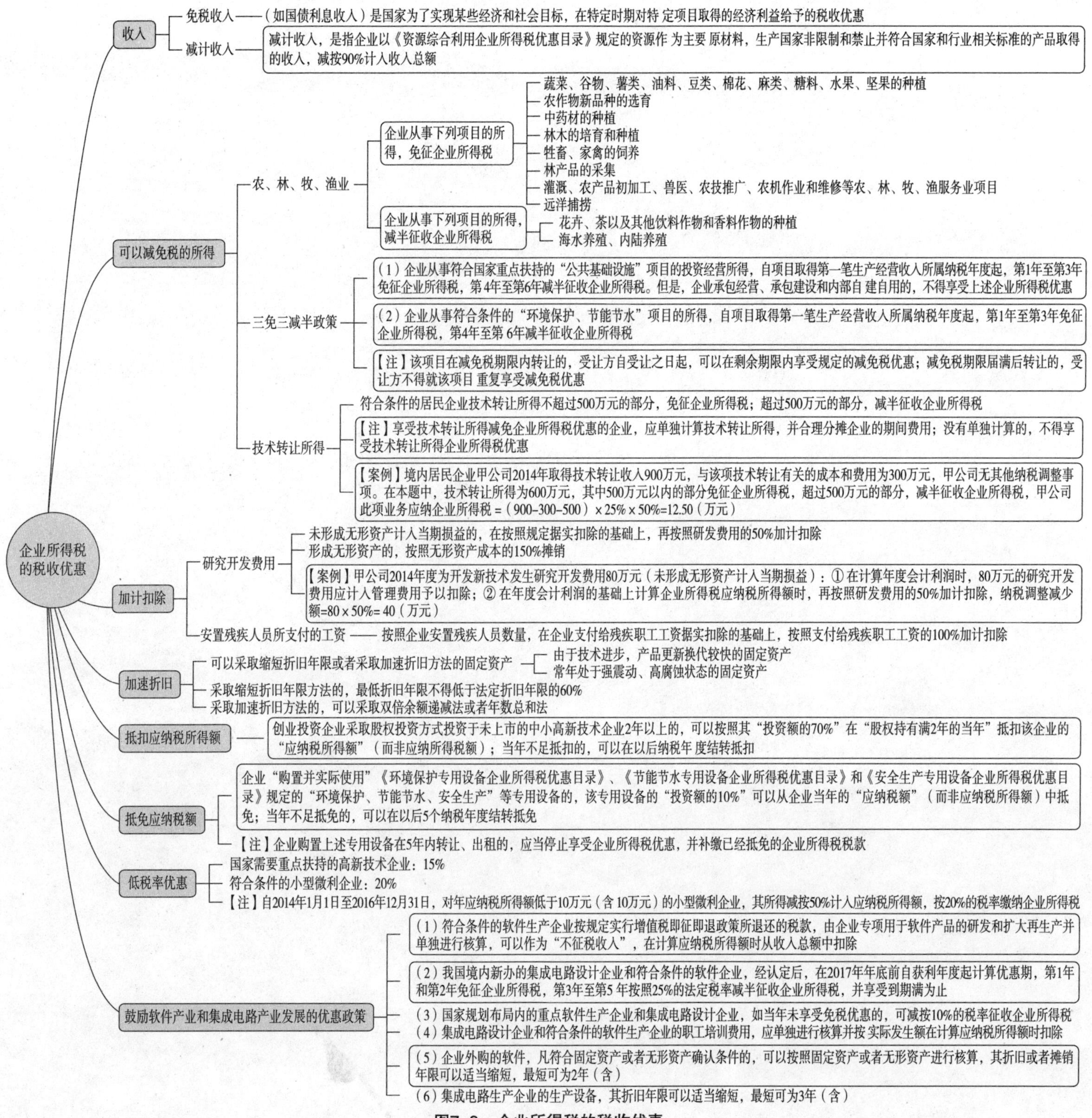

图7–8　企业所得税的税收优惠

图7–9　企业资产的税收处理

（4）根据企业所得税法律制度的规定，下列对无形资产的表述中，正确的有（　　）。

A. 自创商誉不得计算摊销费用在企业所得税税前扣除

B. 无形资产按照直线法计算的摊销费用，准予在计算应纳税所得额时扣除

C. 外购商誉的支出，在企业整体转让或者清算时，不得在税前扣除

D. 无形资产的摊销年限不得低于 5 年

【答案】AB

【解析】选项 C：外购商誉的支出，在企业整体转让或者清算时，准予扣除；选项 D：无形资产的摊销年限一般不得低于 10 年。

（5）停止使用的生产性生物资产，应当自停止使用的当月起停止计算折旧。（　　）

【答案】×

【解析】停止使用的生产性生物资产，应当自停止使用月份的次月起停止计算折旧。

知识点八：企业特殊业务所得税处理（如图 7–10 所示）

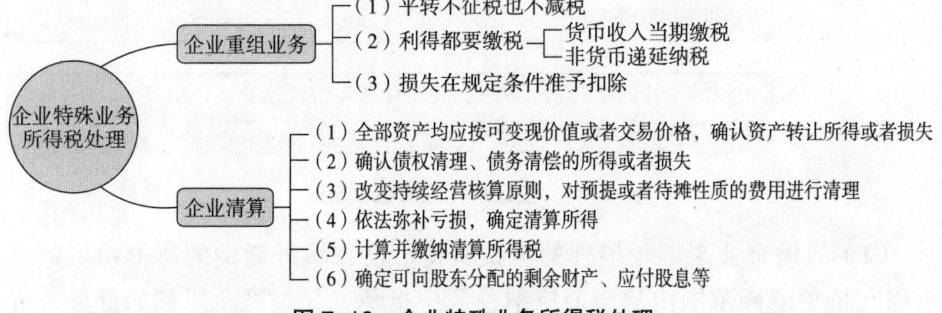

图 7–10　企业特殊业务所得税处理

根据企业所得税法律制度的规定，下列关于企业清算的所得税处理的表述中，正确的有（　　）。

A. 企业全部资产均应按可变现价值或交易价格，确认资产转让所得或损失

B. 确认债权清理、债务清偿的所得或损失

C. 依法弥补亏损，确定清算所得，计算并缴纳清算所得税

D. 企业应将整个清算期作为一个独立的纳税年度计算清算所得

【答案】ABCD

① 全部资产均应按可变现价值或者交易价格，确认资产转让所得或者损失；② 确认债权清理、债务清偿的所得或者损失；③ 改变持续经营核算原则，对预提或者待摊性质的费用进行清理；④ 依法弥补亏损，确定清算所得；⑤ 计算并缴纳清算所得税；⑥ 确定可向股东分配的剩余财产、应付股息等。

知识点九：企业所得税的征收管理（如图 7–11 所示）

企业所得税的征收管理

- 企业所得税按年计征，分月或者分季预缴，年终汇算清缴，多退少补
- 按月或者按季预缴的，企业应当自月份或者季度终了之日起 15 日内，向税务机关报送预缴企业所得税纳税申报表，预缴税款
- 企业应当自年度终了之日起 5 个月内，向税务机关报送年度企业所得税纳税申报表，并汇算清缴，结清应缴应退税款
- 除税收法律、行政法规另有规定外，居民企业以企业登记注册地为纳税地点；但登记 注册地在境外的，以实际管理机构所在地为纳税地点
- 居民企业来源于境外的应税所得，已在境外缴纳的所得税税额，可以在抵免限额范围内从当期应纳税额中抵免， 超过抵免限额的部分，可以在以后 5 个年度内，用每年度抵免限额抵免当年应抵税额之后的余额进行抵补
- 企业与其关联方之间的业务往来，不符合独立交易原则，或者企业实施其他不具有合理商业目的安排的， 税务机关有权在该业务发生的纳税年度起 10 年内，进行企业所得税纳税调整
- 企业在年度中间终止经营活动的，应当自实际经营终止之日起 60 日内，向税务机关办理当期企业所得税汇算清缴

图 7–11 企业所得税的征收管理

（1）居民企业来源于境外的应税所得，已在境外缴纳的所得税税额，可以在抵免限额范围内从当期应纳税额中抵免，超过抵免限额的部分，可以在以后 5 个年度内，用每年度抵免限额抵免当年应抵税额之后的余额进行抵补。（ ）

【答案】√

（2）企业与其关联方之间的业务往来，不符合独立交易原则，或者企业实施其他不具有合理商业目的的安排的，税务机关有权在该业务发生的纳税年度起 5 年内，进行企业所得税纳税调整。（ ）

【答案】×

【解析】税务机关有权在该业务发生的纳税年度起 10 年内，进行纳税调整。

（3）企业在年度中间终止经营活动的，应当自实际经营终止之日起 60 日内，向税务机关办理当期企业所得税汇算清缴。（ ）

【答案】√

知识点十：企业所得税的计算（如图 7–12 所示）

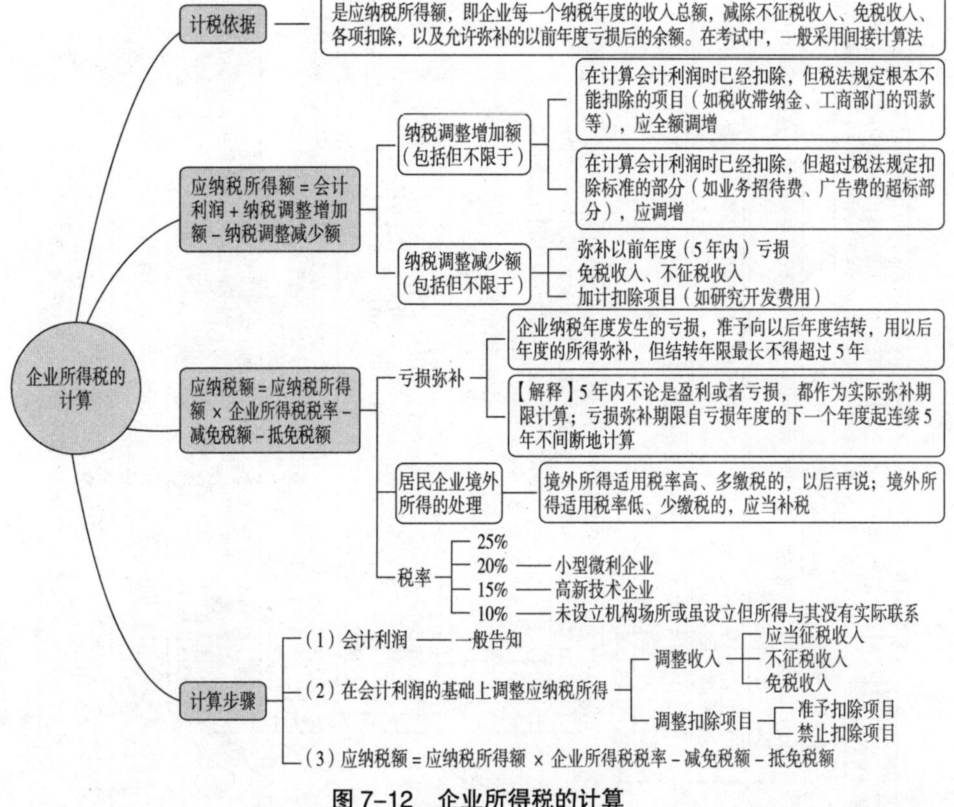

图 7–12 企业所得税的计算

（1）境内某居民企业甲公司 2014 年实现销售收入 3 000 万元，年度利润总额 1 000 万元，已预缴企业所得税 188 万元。经注册会计师审核，发现以下事项：

① 利润总额中包括从境内居民企业乙公司（适用的企业所得税税率为 15%）分回的税后投资收益 200 万元；

② 利润总额中包括甲公司转让国债取得的转让收益 25 万元；

③ 在计算利润总额时，新产品研究开发费用 80 万元已计入管理费用扣除；

④ 在计算利润总额时，业务宣传费 200 万元已计入销售费用扣除；

⑤ 在计算利润总额时，甲公司直接向某灾区捐赠的 30 万元已计入营业外支出扣除；

⑥ 在计算利润总额时，甲公司通过市民政部门向某灾区小学捐赠的 130 万元已计入营业外支出扣除。

已知：甲公司适用的企业所得税税率为 25%，乙公司为非上市公司。

根据上述资料，计算甲公司 2014 年度汇算清缴时应补缴（或应退）的企业所得税税额。

【答案】计算步骤见图 7–13。

- 计算步骤
  - 1. 会计利润 —— 一般告知 —— 1 000万
  - 2. 在会计利润的基础上调整应纳税所得
    - 调整收入
      - 应当征税收入
      - 不征税收入
      - 免税收入
        - 符合条件的居民企业之间的股息、红利等权益性投资收益 —— 【例】境内甲公司（居民企业，适用税率为25%）持有境内乙公司（居民企业，适用税率为15%）10%的股权，2014年甲公司从乙公司分回85万元的红利（税后利润），站在甲公司的角度，这85万元的红利属于免税收入。为了更好地体现税收优惠政策，不要求纳税人补缴税率差（甲公司无需补税）
        - 国债利息收入
          - 【例】甲汽车制造公司2014年取得国债利息收入100万元
          - （1）在计算“年度利润总额”时，100万元的国债利息收入应计入“收入总额”，即在利润总额中包含了100万元的国债利息收入
          - （2）在利润总额的基础上计算当年的“应纳税所得额”时，100万元的国债利息收入属于“免税收入”，应调减100万元
          - （3）在计算业务招待费、广告费和业务宣传费的税前扣除限额时，100万元的国债利息收入作为“投资收益”不计入当年的“销售（营业）收入”
          - 转让国债收益不属于免税收入
    - 调整扣除项目
      - 准予扣除项目
        - 广告费和业务宣传费
          - 企业发生的符合条件的广告费和业务宣传费支出，除国务院财政、税务主管部门另有规定外，不超过当年销售（营业）收入15%的部分，准予扣除；超过部分，准予在以后纳税年度结转扣除
          - 【注1】广告费、业务宣传费不再区分扣除标准，按照统一口径计算扣除标准
          - 【注2】非广告性的赞助支出，企业所得税前不得扣除
          - 【注3】准予结转扣除的项目包括：① 职工教育经费；② 广告费和业务宣传费
          - 【案例】境内甲生产企业2014年度取得产品销售收入4 000万元（不含税，下同），出租设备取得租金收入1 000万元，转让专利权取得净收益500万元，广告费支出800万元，业务宣传费支出200万元。在本题中：①出租设备取得的租金收入为“其他业务收入”，转让专利权取得的净收益为“营业外收入”；②广告费和业务宣传费的扣除限额=（4 000+1 000）×15%=750（万元）；③ 超过扣除限额的250万元应调增应纳税所得额，但准予在以后纳税年度结转扣除
        - 公益性捐赠
          - 企业发生的公益性捐赠支出，在“年度利润总额”12%以内的部分，准予在计算应纳税所得额时扣除
          - 【注】年度利润总额，是指企业依照国家统一会计制度的规定计算的年度会计利润
          - 【注】纳税人“直接”向受赠人的捐赠不允许税前扣除
          - 【案例】境内甲公司2014年实现会计利润总额120万元，发生营业外支出100万元，其中包括通过市民政局向某灾区捐赠的20万元以及甲公司直接向某希望小学捐赠的30万元。在本题中：① 甲公司直接向受赠人的捐赠30万元不允许税前扣除，应全额调增应纳税所 得额；② 通过市民政局向某灾区的捐赠，扣除限额=120×12%=14.4（万元），应调增应纳税所得额=20-14.4=5.6（万元）
      - 禁止扣除项目
    - 税收优惠 —— 加计扣除 —— 研究开发费用
      - 未形成无形资产计入当期损益的，在按照规定据实扣除的基础上，再按照研发费用的50%加计扣除
      - 形成无形资产的，按照无形资产成本的150%摊销
      - 【案例】甲公司2014年度为开发新技术发生研究开发费用80万元（未形成无形资产计入当期损益）：①在计算年度会计利润时，80万元的研究开发费用应计入管理费用予以扣除；②在年度会计利润的基础上计算企业所得税应纳税所 得额时，再按照研发费用的50%加计扣除，纳税调整减少额=80×50%= 40（万元）
  - 3. 应纳税额=应纳税所得额×企业所得税税率-减免税额-抵免税额

图 7-13　计算步骤列示图

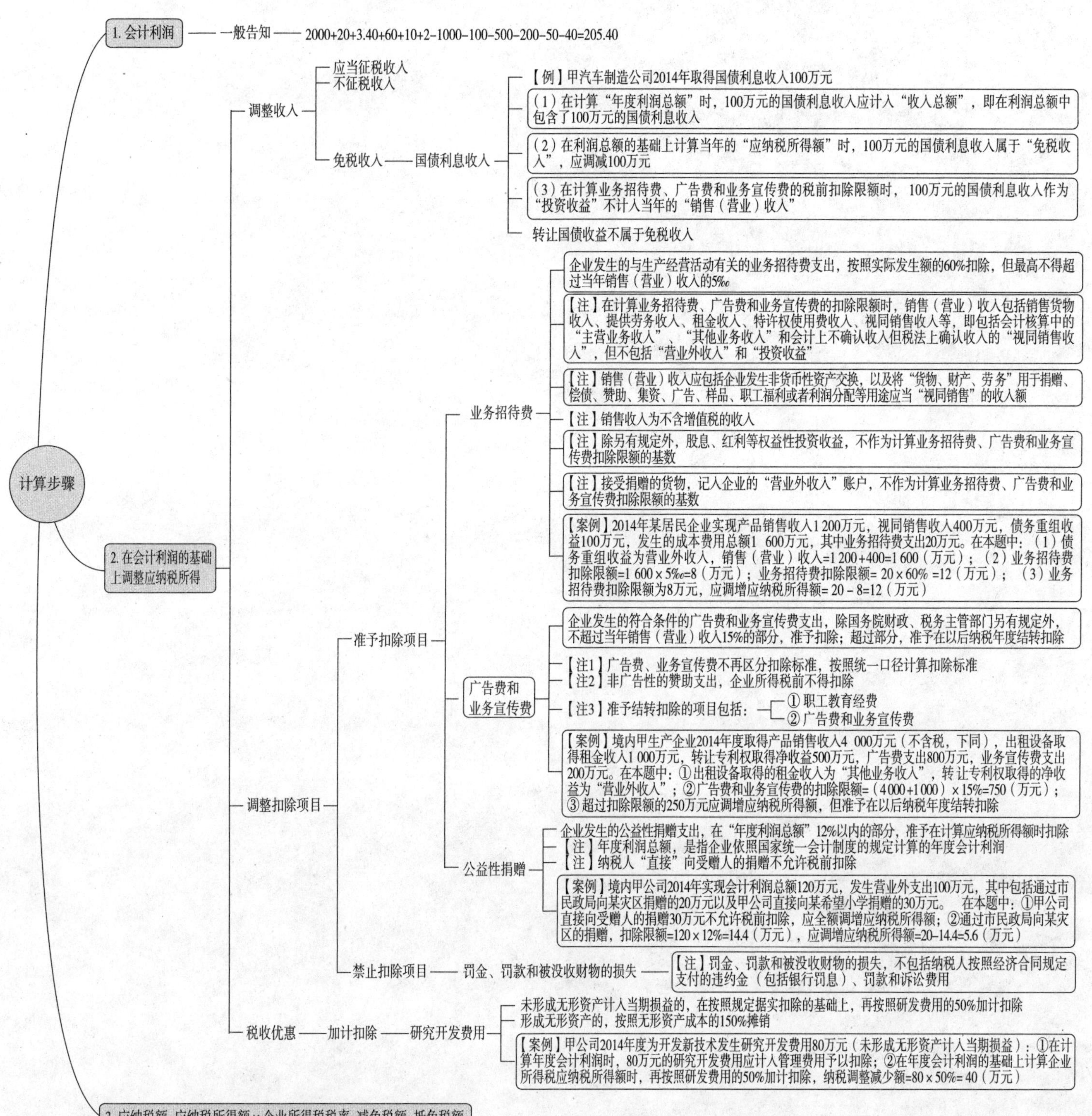

图7–14　计算步骤列示图

① 甲公司从乙公司分回的税后投资收益属于免税收入（属于符合条件的居民企业之间的股息、红利等权益性投资收益），应调减应纳税所得额 200 万元。

② 甲公司转让国债取得的转让收益 25 万元不属于免税收入，无需进行纳税调整。

③ 新产品研究开发费用在计算应纳税所得额时准予加计扣除 50%，应调减应纳税所得额 =80×50%=40（万元）。

④ 业务宣传费扣除限额 =3 000×15%=450（万元），实际发生额为 200 万元，无需进行纳税调整。

⑤ 甲公司直接向灾区捐赠的 30 万元不得扣除，应调增应纳税所得额 30 万元。

⑥ 甲公司通过市民政部门向灾区小学的捐赠，扣除限额 =1 000×12%=120（万元），应调增应纳税所得额 =130−120=10（万元）。

⑦ 甲公司 2014 年应纳所得税额 =(1 000−200−40+30+10)×25%=200（万元）。

⑧ 甲公司 2014 年度汇算清缴时应补缴企业所得税 =200−188=12（万元）。

（2）境内居民企业甲公司（增值税一般纳税人）2014 年发生下列业务：

① 销售产品收入 2 000 万元；

② 接受捐赠材料一批，取得对方开具的增值税专用发票，注明价款 20 万元，增值税 3.40 万元；

③ 转让一项专利权，取得营业外收入 60 万元；

④ 取得特许权使用费收入 10 万元；

⑤ 取得国债利息收入 2 万元；

⑥ 销售成本 1 000 万元，营业税金及附加 100 万元；

⑦ 销售费用 500 万元（其中包括广告费 400 万元），管理费用 200 万元（其中包括业务招待费 80 万元、新产品研发费用 70 万元），财务费用 50 万元；

⑧ 营业外支出 40 万元（其中包括通过市人民政府对贫困地区捐款 20 万元、直接对某小学捐款 10 万元、工商罚款 2 万元）。

计算甲公司 2014 年应缴纳的企业所得税税额。

【答案】计算步骤见图 7-14。

① 会计利润总额 =2 000+20+3.40+60+10+2−1 000−100−500−200−50−40=205.40（万元）。

② 国债利息属于免税收入，纳税调整减少额为 2 万元。

③ 广告费扣除限额 =(2 000+10)×15%=301.50（万元），纳税调整增加额 =400−301.5=98.50（万元）。

④ 业务招待费扣除限额 = 业务招待费实际发生额 ×60%=80×60%=48（万元）；业务招待费扣除限额 = 销售（营业）收入 ×5‰ =(2 000+10)×5‰ =10.05（万元），业务招待费准予税前扣除 10.05 万元，纳税调整增加额 =80−10.05=69.95（万元）。

⑤ 新产品研发费用加计扣除 50%，纳税调整减少额 =70×50%=35（万元）。

⑥ 捐赠扣除限额 =205.40×12%=24.65（万元），甲公司对贫困地区的捐款 20 万元小于扣除限额，无需进行纳税调整。

⑦ 甲公司直接对某小学的捐款不得在税前扣除，纳税调整增加额为 10 万元。

⑧ 工商罚款不得在税前扣除，纳税调整增加额为 2 万元。

⑨ 2014 年应纳税所得额 =205.40–2+98.50+69.95–35+10+2=348.85（万元）。

⑩ 2014 年应纳所得税额 =348.85×25%=87.21（万元）。

（三）让自己保持饥饿状态

在上面的饿猫实验中，猫必须处于饥饿状态。如果猫吃得很饱，把它放进迷箱后，它很可能不会显示出任何学习逃出迷箱的行为，而是蜷缩在那里睡觉。所以，对学习的解释必须包括某种动机原则。

其实，我们考试也一样，每个人处于饥饿的状态不一样，因此对学习的紧迫性也不一样。一般大城市中的生存压力很大。一个无房无车，中等生活水平的人，月薪 1 万在重庆生活的怎么样？请看数据：

保险 1 万 ×8%=800 元，医疗保险 1 万 ×2%=200 元，失业保险 1 万 ×1%=100 元，公积金 1 万 ×7%=700 元。三险一金总和：800+200+100+700=1 800 元。

个税起征：3 500 元，个税 =385 元。

实际到手 =10 000–1 800–385=7 815 元。

租房：一般地角，一般精装一室一厅，1 500 元 / 月。

剩余：7 815–1 500=6 315 元。

水电煤气宽带电视物业费 400 元。

剩余：6 315–400=5 915 元。

交通：2 元（倒车）×2 元（来回）×22 天 =88 元，还好有公交卡包月 40 元，偶尔迟到，加班打的算 100 元。

剩余：5 915–40–100=5 775 元。

早餐 5 元，午餐 15 元，晚餐 10 元，不算零食、下午茶、点心……

30 元 ×30 天 =900 元。

剩余：5 775–900=4 875 元。

生活用品：牙膏、牙刷、洗发水、手纸……不算化妆品、护肤品、不做头发！顶着成为黄脸婆的风险每月只用 100 元！

剩余：4 875–100=4 775 元。

衣裤鞋包，不买新品，直奔打折的地方，500 元怕是只能买一样……

剩余：4 775–500=4 275 元。

电话费、流量费：150 元。

剩余：4 275–150=4 125 元。

交友费用：没女朋友每月 1 000 元，有女朋友 2 000 元，折中 1 500 元。

剩余：4 125–1 500=2 625 元。

以每 2 个月出现一次朋友同学结婚、生小孩、生日等事件的频率计算，每月平摊 500 元。

剩余：2 625–500=2 125 元。

给父母 800 元，平摊每月短途旅行费用 200 元。

剩余：2 125–1 000=1 125 元。

还剩 1 125 元！当然，这是在男人不抽烟、不喝酒、不泡吧的基础上……在女人不化妆、不护肤、不做头发的基础上……月薪 1 万元的生活都不过如此，那月薪低于 1 万元的人的生活有多不堪。生活如此艰辛，怎能不学习，怎能不拼命。

可能有人会说，既然城市生活让人如此不堪，那为什么还要呆在城市呢？更何况很多专家都发表言论历数家乡的种种好处，建议打拼者回家乡发展。

但让我困惑的是，这些说要回家乡发展的人自己偏偏留在大城市。这就形成一个悖论，为什么他认为回家乡发展很好，自己却不回去？城市到底有什么好？

直到有一天看了一个美国学者写的一篇关于城市文化的文章，我才明白了一点。在文中他算了一笔账：假设一万个人中能出一个天才，城市里人多，所以出的天才多。如果是比较孤立的小群体，比如乡村，可能出现一个天才的时间就会变得很长，要多少代才出一个天才。当然，这不重要，重要的是当你处于一个孤立的小群落时，你是天才自己也没有办法知道。比如，你可能有绘画的天赋，但是你没有办法去听大画家的讲座，也没有办法在周末去美术馆参观，你根本不可能知道你有绘画的天赋，你可能像祖祖辈辈一样浑浑噩噩地活着。再比如，你对数字非常敏感，你本可以朝财务行业发展，将来就是财务界的明星，但是你整天呆在小镇上，连个像样的企业都没有，谁会要你去做会计呢，你怎么知道你对数字敏感，你有做会计的天赋呢，也许你就天天拿个小铁锹敲敲打打一辈子。

在农村，你甚至都不知道自己长得有多漂亮。我有个朋友在一所农村中学教书，她班上有一个女生长得非常漂亮，鹅蛋型的脸，精致的五官简直是万里挑一，还有一对小酒窝，笑起来特别迷人。她觉得那个女生比她见过的明星都漂亮，再说明星们都是化过妆的，而那女生每天都是素颜。而且这女生文采口才都不错，胆子也很大，让她上台讲什么或表演什么一点都不怯场，天生就是当明星或者是主持人的料。可惜这女生生在穷山沟里，家境也一般，没有条件

让她去朝这方面发展。再加上她理科不行，没考上高中，很早嫁人了，几年后就成了个典型的农村妇女。如果她不嫁人，来城市发展，说不定会碰到一个星探，再一包装，肯定是一个大明星，或者进一个文化公司打个杂，也有出路，最不济，也能去公司做个前台。只要自己继续努力，不放弃，肯定有机会的。

我笑着说，你当初怎么不把她带出来啊，你是老师啊。

她苦笑着说，我怎么带啊，你没看到我自己当时也在农村教书，但和她不同的是，我时刻都在努力拼命地往大城市跑！我可不想在那个破山村就这么过一辈子。

乡村或者小城镇并非没有天才，而是天才也许永远没有办法知道自己是天才。只有在能够提供大量机会的城市，你的才能才有可能被激活。机会越多的城市，竞争力越大，生存的压力，会迫使你不断地去学习，不断地尝试，就像那只饿猫，碰了无数次壁后，终于找到出路。

所以，不管大城市的房价有多贵，居住条件有多难，空气有多糟糕，人情有多冷漠，竞争压力有多大，我还是要勇往直前。人在饥饿的时候，才会努力地找食，才能把自己的潜能发挥到极致。因为适者生存，这是大自然法则。只有通过竞争，才能发现自己的缺点，从而去弥补，去提高。更重要的是，通过竞争才知道自己的优点，从而将其发扬光大，找到那条独属于自己的路。

人，要进化，不能退化。

第八章

其他相关法律制度

（一）像玩拼图一样去学习

杜老师最讨厌我看书从第一页看起。每次，我一拿到一本新书就打开第一章的时候，他就会说，你这毛病怎么就改不了。看书，应该就像拼图游戏一样，先看整体，再看局部。

“你玩过拼图游戏吗？”

“玩过。”

“那你说，你现在去商场买一套拼图玩具回来，你会怎么做？你的整个步骤会是什么样的？”

“先看一下包装上的图画，心中有一个轮廓，然后把外框拼好，再从外向内，这种方法拼得比较快。”

“认识一个问题从总的概貌入手，然后去了解细节，就像我们面对一个陌生的城市，用一张地图，比一条街一条街去走要快得多。”

经杜老师这么一启发，我还真的较起劲来了。跑到商场买了一副拼图。把自己拼图的每一个详细的步骤都记录下来，看怎么快速地把一副图拼完。

1. 打开包装纸；

2. 看盒子上的图案；

3. 看说明书，留意说明书上的拼图数目及尺寸；

4. 估计完成的时间；

5. 找一个大小合适的平面放拼版；

6. 打开盒子，把盒子里的东西倒在一个专门的盘子里；

7. 检查拼图数与说明书上是否一致；

8. 找出边、角板；

9. 拼入最明显的部分；

10. 再继续拼入；

11. 留下难的（因为随着整体图案越来越清晰及拼入的板块数目的增加，

那些难拼的很容易通过上下结构找到相应的位置；

12. 继续，直到完成。

学习也应该这样，如果一看书就从第一页开始，就好比你在那个拼版上拼命地寻找某个版图，因为你觉得，只有从左开始拼才是正确的，从左上角一直拼到右下角，这个图才可以拼完成。其实，这样有可能你会拼完，但是你得花很多很多时间，并且毫无乐趣可言。

我们要以拼图的心态去学习，首先是看书籍的总体架构，然后再看某章节的总体架构体系，把框架定好。比如：第八章的框架非常简单，有国有资产法、专利法、商标法等等，他们之间都是并列关系。然后再去提炼知识点，不理解也没有关系，慢慢的你会理解的，就像拼图一样，拼着拼着，你的思路就清晰了。对于不太明白的地方，你还可以精读细读，对于实在不理解的，还可以强化，多做几个对应的习题或者向他人请教。

（二）相关法律精华提炼

知识点一：企业国有资产法律制度（如图 8–1 所示）

（1）根据企业国有资产法律制度的规定，下列关于企业国有资本经营预算的表述中，不正确的是（　）。

A. 国有资产转让收入应当纳入国有资本经营预算

B. 从国家出资企业分得的利润应当纳入国有资本经营预算

C. 企业国有资本经营预算按年度单独编制，纳入本级人民政府预算，报本级人民政府批准

D. 预算支出按照当年预算收入规模安排，不列赤字

【答案】C

【解析】企业国有资本经营预算按年度单独编制，纳入本级人民政府预算，报本级人民代表大会批准。

（2）甲曾担任某国有独资公司董事，后因违反规定造成国有资产重大损失被免职。根据企业国有资产法律制度的规定，甲自被免职之日起一定期限内，不得再担任国有独资公司的董事。该期限是（　）。

A. 2 年　　B. 3 年

C. 5 年　　D. 10 年

【答案】C

（3）根据企业国有资产法律制度的规定，国有独资公司的下列人员中，由履行出资人职责的机构任免的有（　　）。

A. 董事长、副董事长　　B. 总经理

- 企业国有资产法律制度
  - 1. 企业国有资产管理与监督体制
    - 企业国有资产属于国家所有（即全民所有）
    - 国务院代表国家行使国有资产所有权
    - 国务院和各级人民政府依法代表国家对国家出资企业履行出资人职责
      - 国家出资企业包括国有独资企业、国有独资公司、国有资本控股公司和国有资本参股公司
      - 国务院所确定的关系国民经济命脉和国家安全的大型国家出资企业、重要基础设施和重要自然资源等领域的国家出资企业，由国务院代表国家履行出资人职责；其他的国家出资企业，由地方人民政府代表国家履行出资人职责
    - 国务院和地方人民政府根据需要，可以授权其他部门、机构（如国资委、财政部）代表本级人民政府对国家出资企业履行出资人职责
    - 履行出资人职责的机构（国资委、财政部）代表出资人享有出资者权利，包括依法享有资产收益权、参与重大决策权、选择管理者和出资人其他权利
  - 2. 管理者的选择
    - 国有独资企业 —“总经理、副总经理、财务负责人和其他高级管理人员”由履行出资人职责的机构任免
    - 国有独资公司
      - “董事长、副董事长、董事、监事会主席和监事”由履行出资人职责的机构任免
      - 【解释1】根据《公司法》的规定，国有独资公司的董事长、副董事长和监事会主席由国资委指定
      - 【解释2】根据《公司法》的规定，国有独资公司的董事会、监事会中必须包括 职工代表（董事会中至少包括1名职工代表，监事会中职工代表的比例不得 低于1/3），职工代表担任的董事、监事由职工民主选举产生，其他董事、监事由国资委委派
    - 国有资本控股公司、国有资本参股公司
    - 由履行出资人职责的机构向股东会、股东大会提出“董事、监事”人选。
    - 【解释】根据《公司法》的规定，除国有独资公司外，选举“非职工代表”担任的董事、监事属于股东（大）会的职权。对国有资本控股公司、国有资本参股公司而言，国资委只能向股东（大）会提出董事、监事人选，由股东（大）会选举确定
  - 3. 对管理者兼职的限制
    - 未经履行出资人职责的机构同意，国有独资企业、国有独资公司的董事、高级管理人员不得在“其他企业”兼职
    - 未经股东会、股东大会同意，国有资本控股公司、国有资本参股公司的董事、高级管 理人员不得在“经营同类业务”的其他企业兼职
    - 未经履行出资人职责的机构同意，国有独资公司的董事长不得兼任经理
    - 未经股东会、股东大会同意，国有资本控股公司的董事长不得兼任经理
    - 董事、高级管理人员不得兼任监事
  - 4. 国有独资公司重大事项的管理
    - 进行重大投资、为他人提供大额担保、转让重大财产、进行大额捐赠，由董事会决定
    - 增加或者减少注册资本、发行债券、分配利润，由履行出资人职责的机构决定
    - 合并、分立、解散、申请破产、改制（5条）
      - 一般的国有独资公司：由履行出资人职责的机构决定
      - 重要的国有独资公司：报请本级人民政府批准
  - 5. 企业改制的形式
    - 国有独资企业改为国有独资公司
    - 国有独资企业、国有独资公司改为国有资本控股公司或者非国有资本控股公司
    - 国有资本控股公司改为非国有资本控股公司
      - 【解释1】重要的国有独资企业、国有独资公司、国有资本控股公司的改制，应当将改制方案报请本级人民政府批准
      - 【解释2】企业改制涉及重新安置企业职工的，还应当制定职工安置方案，并经职工（代表）大会审议通过
  - 6. 与关联方的交易
    - 关联方的界定
      - 关联方是指本企业的董事、监事、高级管理人员及其近亲属，以及这些人员所有或者实际控制的企业
      - 【相关链接】商业银行不得向关系人发放信用贷款；向关系人发放担保贷款的条件不得优于其他借款人同类贷款的条件
      - “关系人”是指：商业银行的董事、监事、管理人员、信贷人员及其近亲属以及上述人员投资或者担任高级管理职务的公司、企业和其他经济组织
    - 国有独资企业、国有独资公司
    - 未经履行出资人职责的机构同意，国有独资企业、国有独资公司不得有下列行为：
      - 与关联方订立财产转让、借款的协议
      - 为关联方提供担保
      - 与关联方共同出资设立企业
      - 向董事、监事、高级管理人员或者其近亲属所有或者实际控制的企业投资
    - 国有资本控股公司、国有资本参股公司董事会对公司与关联方的交易作出决议时，该交易涉及的董事不得行使表决权，也不得代理其他董事行使表决权
    - 【相关链接】“上市公司”董事与董事会会议决议事项所涉及的企业有关联关系的，不得对该项决议行使表决权，也不得代理其他董事行使表决权
  - 7. 企业国有资本经营预算制度
    - 企业国有资本经营预算按年度单独编制，纳入本级人民政府预算，报本级“人民代表大会”（而非人大常委会）批准
    - 其预算支出按照当年预算收入规模安排，不列赤字
  - 8. 董事、监事、高级管理人员的法律责任
    - 国有独资企业、国有独资公司、国有资本控股公司的董事、监事、高级管理人员违 反规定，造成国有资产“重大损失”，被免职的，自免职之日起“5年内”不得担 任国有独资企业、国有独资公司、国有资本控股公司的董事、监事、高级管理人员
    - 国有独资企业、国有独资公司、国有资本控股公司的董事、监事、高级管理人员违反 规定，造成国有资产“特别重大损失”，或者因贪污、贿赂、侵占财产、挪用财产 或者破坏社会主义市场经济秩序，被判处刑罚的，“终身”不得担任国有 独资企业、国有独资公司、国有资本控股公司的董事、监事、高级管理人员
    - 【解释1】①重大损失：革职反省5年；②特别重大损失或者经济犯罪：反省一辈子
    - 【解释2】只是不能在“国有独资企业、国有独资公司、国有资本控股公司”中担 任董事、监事、高级管理人员，如果自己设立一人有限责任公司卖西瓜，自任董事长兼总经理，没问题
    - 【解释3】终身不得录用的罪过仅限于“贪污、贿赂、侵占财产、挪用财产或者破坏社会主义市场经济秩序”（黑五类）
    - 【相关链接】根据《公司法》的规定，因贪污、贿赂、侵占财产、挪用财产或者破坏 社会主义市场经济秩序，被判处刑罚，执行期满未逾5年；或者因犯罪被剥夺政 治权利，执行期满未逾5年的，不得担任（所有）公司的董事、监事、高级管理人员

图8–1　企业国有资产法律制度

C. 监事会主席　　　　　　　　D. 财务负责人

【答案】AC

【解析】国有独资公司的董事长、副董事长、董事、监事会主席和监事由履行出资人职责的机构任免。

（4）根据企业国有资产法律制度的规定，下列关于国家出资企业管理者兼职限制的表述中，正确的有（　　）。

A. 未经履行出资人职责的机构同意，国有独资企业、国有独资公司的董事、高级管理人员不得在其他企业兼职

B. 未经股东会、股东大会同意，国有资本控股公司、国有资本参股公司的董事、高级管理人员不得在其他企业兼职

C. 未经履行出资人职责的机构同意，国有独资公司的董事长不得兼任经理

D. 未经股东会、股东大会同意，国有资本控股公司的董事长不得兼任经理

【答案】ACD

【解析】选项 B：未经股东会、股东大会同意，国有资本控股公司、国有资本参股公司的董事、高级管理人员不得在经营“同类业务”的其他企业兼职。

（5）根据企业国有资产法律制度的规定，下列各项中，属于国家出资企业改制的形式的有（　　）。

A. 国有独资企业改为国有独资公司

B. 国有独资公司改为国有资本控股公司

C. 国有独资公司改为非国有资本控股公司

D. 国有资本控股公司改为非国有资本控股公司

【答案】ABCD

（6）根据企业国有资产法律制度的规定，某重要的国有资本控股公司的下列事项中，应当报请本级人民政府批准的有（　　）。

A. 发行公司债券

B. 增加注册资本

C. 申请破产

D. 改制为非国有资本控股公司

【答案】CD

【解析】重要的国有资本控股公司的合并、分立、解散、申请破产、改制，应当报请本级人民政府批准。

（7）下列关于涉及国有资产出资人权益的重大事项决策的表述中，符合企业国有资产法律制度规定的有（　　）。

A. 国有独资公司进行大额捐赠，应由企业职工代表大会讨论决定

B. 国有独资公司进行重大投资，可由董事会决定

C. 重要的国有资本控股公司分立，履行出资人职责的机构在向其委派参加公司股东会或股东大会会议的股东代表作出指示前，应当报请本级人民政府批准

D. 企业改制涉及重新安置企业职工的，还应当制定职工安置方案，并经职工（代表）大会审议通过

【答案】BCD

【解析】选项 A: 国有独资公司进行大额捐赠的，由董事会决定。

（8）根据国有资产管理法律制度的规定，除法律、行政法规另有规定外，事业单位的下列行为中，应当报同级财政部门审批的有（　　）。

A. 利用国有资产对外投资

B. 国有资产的出租

C. 国有资产的出借

D. 利用国有资产进行担保

【答案】ABCD

【解析】事业单位利用国有资产对外投资、出租、出借和担保，应当进行必要的可行性论证，并提出申请，经主管部门审核同意后，报同级财政部门审批。

（9）未经股东会、股东大会同意，国有资本控股公司的董事长不得兼任经理。（　　）

【答案】√

（10）国有资本控股公司、国有资本参股公司与关联方进行交易，董事会对该交易事项作出决议时，该交易涉及的董事不得行使表决权，也不得代理其他董事行使表决权。（　　）

【答案】√

（11）未经履行出资人职责的机构同意，国有独资公司不得为关联方提供担保。（　　）

【答案】√

（12）国有资本经营预算按年度单独编制，纳入本级人民政府预算，报本级人民政府批准。（　　）

【答案】×

【解析】国有资本经营预算按年度单独编制，纳入本级人民政府预算，报本级人民代表大会批准，而非人民政府。

（13）国有独资企业、国有独资公司、国有资本控股公司的董事、监事、高级管理人员违反规定，造成国有资产重大损失被免职的，自免职之日起10年内不得担任国有独资企业、国有独资公司、国有资本控股公司的董事、监事、高级管理人员。（　　）

【答案】×

【解析】造成国有资产重大损失被免职的，自免职之日起5年内不得担任国有独资企业、国有独资公司、国有资本控股公司的董事、监事、高级管理人员。

（14）国有独资企业、国有独资公司、国有资本控股公司的董事、监事、高级管理人员违反规定，造成国有资产特别重大损失被免职的，自免职之日起5年内不得担任国有独资企业、国有独资公司、国有资本控股公司的董事、监事、高级管理人员。（ ）

【答案】×

【解析】造成国有资产“特别重大损失”被免职的，“终身”不得担任国有独资企业、国有独资公司、国有资本控股公司的董事、监事、高级管理人员。

知识点二：事业单位国有资产法律制度（如图8–2所示）

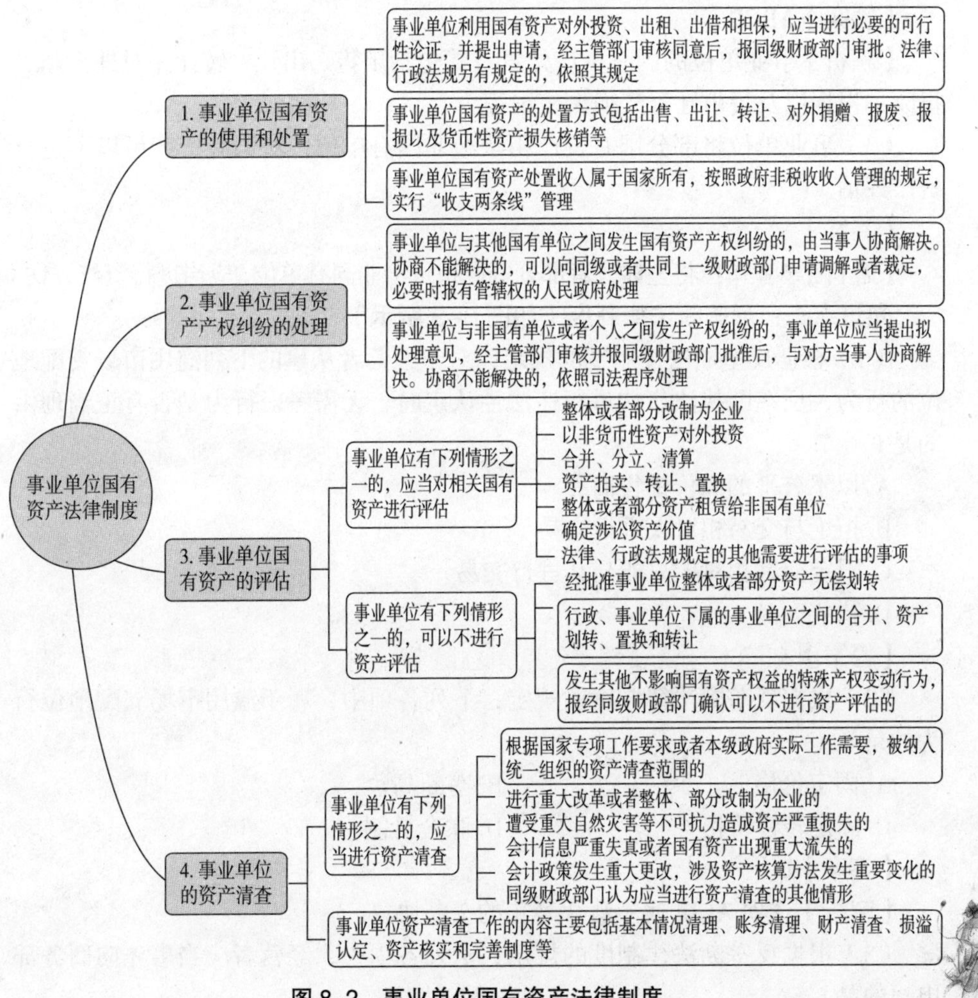

图8–2　事业单位国有资产法律制度

（1）根据事业单位国有资产管理法律制度的规定，下列情形中，事业单位可以不进行国有资产评估的是（　　）。

A. 事业单位整体改制为企业

B. 事业单位部分资产租赁给非国有单位

C. 事业单位分立

D. 事业单位整体资产经批准无偿划转

【答案】D

（2）根据国有资产管理法律制度的规定，下列各项中，属于事业单位国有资产处置方式的有（　　）。

A. 国有资产的出让　　B. 国有资产的对外捐赠

C. 国有资产的报损　　D. 国有资产的报废

【答案】ABCD

【解析】事业单位的国有资产处置方式包括出售、出让、转让、对外捐赠、报废、报损以及货币性资产损失核销等。

（3）事业单位将部分国有资产租赁给非国有单位，对国有资产可以不进行资产评估。（　　）

【答案】×

【解析】事业单位将整体或者部分资产租赁给非国有单位，应当进行资产评估。

知识点三：反垄断法律制度（如图 8–3 所示）

（1）根据反垄断法律制度的规定，对于经营者从事的下列滥用市场支配地位的行为，反垄断执法机构进行违法性认定时，无需考虑行为是否有正当理由的是（　　）。

A. 以不公平的高价销售商品

B. 拒绝与交易相对人进行交易

C. 限定交易相对人只能与其进行交易

D. 搭售商品

【答案】A

（2）根据反垄断法律制度的规定，下列各项中，属于滥用市场支配地位行为的是（　　）。

A. 固定价格　　B. 垄断高价

C. 固定转售价格　　D. 联合抵制

【答案】B

【解析】选项 ACD：属于法律禁止的垄断协议。

（3）根据反垄断法律制度的规定，下列各项中，经营者应当事先向商务部申报的是（　　）。

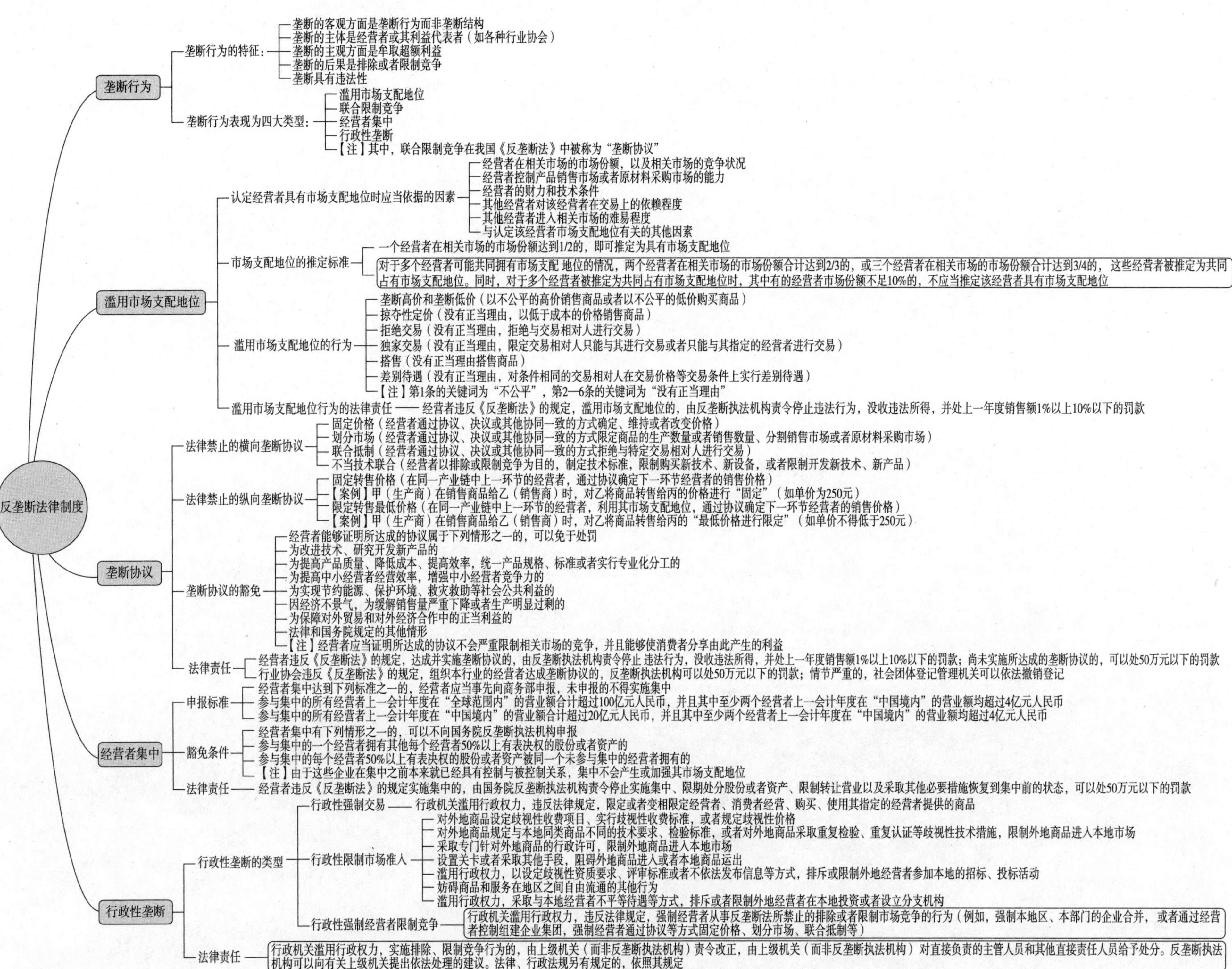
反垄断法律制度
垄断行为
垄断行为的特征：
垄断的客观方面是垄断行为而非垄断结构
垄断的主体是经营者或其利益代表者（如各种行业协会）
垄断的主观方面是牟取超额利益
垄断的后果是排除或者限制竞争
垄断具有违法性
垄断行为表现为四大类型：
滥用市场支配地位
联合限制竞争
经营者集中
行政性垄断
【注】其中，联合限制竞争在我国《反垄断法》中被称为“垄断协议”
滥用市场支配地位
认定经营者具有市场支配地位时应当依据的因素
经营者在相关市场的市场份额，以及相关市场的竞争状况
经营者控制产品销售市场或者原材料采购市场的能力
经营者的财力和技术条件
其他经营者对该经营者在交易上的依赖程度
其他经营者进入相关市场的难易程度
与认定该经营者市场支配地位有关的其他因素
市场支配地位的推定标准
一个经营者在相关市场的市场份额达到1/2的，即可推定为具有市场支配地位
对于多个经营者可能共同拥有市场支配地位的情况，两个经营者在相关市场的市场份额合计达到2/3的，或三个经营者在相关市场的市场份额合计达到3/4的，这些经营者被推定为共同占有市场支配地位。同时，对于多个经营者被推定为共同占有市场支配地位时，其中有的经营者市场份额不足10%的，不应当推定该经营者具有市场支配地位
滥用市场支配地位的行为
垄断高价和垄断低价（以不公平的高价销售商品或者以不公平的低价购买商品）
掠夺性定价（没有正当理由，以低于成本的价格销售商品）
拒绝交易（没有正当理由，拒绝与交易相对人进行交易）
独家交易（没有正当理由，限定交易相对人只能与其进行交易或者只能与其指定的经营者进行交易）
搭售（没有正当理由搭售商品）
差别待遇（没有正当理由，对条件相同的交易相对人在交易价格等交易条件上实行差别待遇）
【注】第1条的关键词为“不公平”，第2—6条的关键词为“没有正当理由”
滥用市场支配地位行为的法律责任 —— 经营者违反《反垄断法》的规定，滥用市场支配地位的，由反垄断执法机构责令停止违法行为，没收违法所得，并处上一年度销售额1%以上10%以下的罚款
垄断协议
法律禁止的横向垄断协议
固定价格（经营者通过协议、决议或其他协同一致的方式确定、维持或者改变价格）
划分市场（经营者通过协议、决议或其他协同一致的方式限定商品的生产数量或者销售数量、分割销售市场或者原材料采购市场）
联合抵制（经营者通过协议、决议或其他协同一致的方式拒绝与特定交易相对人进行交易）
不当技术联合（经营者以排除或限制竞争为目的，制定技术标准，限制购买新技术、新设备，或者限制开发新技术、新产品）
法律禁止的纵向垄断协议
固定转售价格（在同一产业链中上一环节的经营者，通过协议确定下一环节经营者的销售价格）
【案例】甲（生产商）在销售商品给乙（销售商）时，对乙将商品转售给丙的价格进行“固定”（如单价为250元）
限定转售最低价格（在同一产业链中上一环节的经营者，利用其市场支配地位，通过协议确定下一环节经营者的销售价格）
【案例】甲（生产商）在销售商品给乙（销售商）时，对乙将商品转售给丙的“最低价格进行限定”（如单价不得低于250元）
垄断协议的豁免
经营者能够证明所达成的协议属于下列情形之一的，可以免于处罚
为改进技术、研究开发新产品的
为提高产品质量、降低成本、提高效率，统一产品规格、标准或者实行专业化分工的
为提高中小经营者经营效率，增强中小经营者竞争力的
为实现节约能源、保护环境、救灾救助等社会公共利益的
因经济不景气，为缓解销售量严重下降或者生产明显过剩的
为保障对外贸易和对外经济合作中的正当利益的
法律和国务院规定的其他情形
【注】经营者应当证明所达成的协议不会严重限制相关市场的竞争，并且能够使消费者分享由此产生的利益
法律责任
经营者违反《反垄断法》的规定，达成并实施垄断协议的，由反垄断执法机构责令停止违法行为，没收违法所得，并处上一年度销售额1%以上10%以下的罚款；尚未实施所达成的垄断协议的，可以处50万元以下的罚款
行业协会违反《反垄断法》的规定，组织本行业的经营者达成垄断协议的，反垄断执法机构可以处50万元以下的罚款；情节严重的，社会团体登记管理机关可以依法撤销登记
经营者集中
申报标准
经营者集中达到下列标准之一的，经营者应当事先向商务部申报，未申报的不得实施集中
参与集中的所有经营者上一会计年度在“全球范围内”的营业额合计超过100亿元人民币，并且其中至少两个经营者上一会计年度在“中国境内”的营业额均超过4亿元人民币
参与集中的所有经营者上一会计年度在“中国境内”的营业额合计超过20亿元人民币，并且其中至少两个经营者上一会计年度在“中国境内”的营业额均超过4亿元人民币
豁免条件
经营者集中有下列情形之一的，可以不向国务院反垄断执法机构申报
参与集中的一个经营者拥有其他每个经营者50%以上有表决权的股份或者资产的
参与集中的每个经营者50%以上有表决权的股份或者资产被同一个未参与集中的经营者拥有的
【注】由于这些企业在集中之前本来就已经具有控制与被控制关系，集中不会产生或加强其市场支配地位
法律责任 —— 经营者违反《反垄断法》的规定实施集中的，由国务院反垄断执法机构责令停止实施集中、限期处分股份或者资产、限制转让营业以及采取其他必要措施恢复到集中前的状态，可以处50万元以下的罚款
行政性垄断
行政性垄断的类型
行政性强制交易 —— 行政机关滥用行政权力，违反法律规定，限定或者变相限定经营者、消费者经营、购买、使用其指定的经营者提供的商品
行政性限制市场准入
对外地商品设定歧视性收费项目、实行歧视性收费标准，或者规定歧视性价格
对外地商品规定与本地同类商品不同的技术要求、检验标准，或者对外地商品采取重复检验、重复认证等歧视性技术措施，限制外地商品进入本地市场
采取专门针对外地商品的行政许可，限制外地商品进入本地市场
设置关卡或者采取其他手段，阻碍外地商品进入或者本地商品运出
滥用行政权力，以设定歧视性资质要求、评审标准或者不依法发布信息等方式，排斥或限制外地经营者参加本地的招标、投标活动
妨碍商品和服务在地区之间自由流通的其他行为
滥用行政权力，采取与本地经营者不平等待遇等方式，排斥或者限制外地经营者在本地投资或者设立分支机构
行政性强制经营者限制竞争
行政机关滥用行政权力，违反法律规定，强制经营者从事反垄断法所禁止的排除或者限制市场竞争的行为（例如，强制本地区、本部门的企业合并，或者通过经营者控制组建企业集团，强制经营者通过协议等方式固定价格、划分市场、联合抵制等）
法律责任
行政机关滥用行政权力，实施排除、限制竞争行为的，由上级机关（而非反垄断执法机构）责令改正，由上级机关（而非反垄断执法机构）对直接负责的主管人员和其他直接责任人员给予处分。反垄断执法机构可以向有关上级机关提出依法处理的建议。法律、行政法规另有规定的，依照其规定

图8–3　反垄断法律制度

A. 参与集中的所有经营者上一会计年度在全球范围内的营业额合计超过 50 亿元人民币，并且其中至少两个经营者上一会计年度在中国境内的营业额均超过 4 亿元人民币

B. 参与集中的所有经营者上一会计年度在全球范围内的营业额合计超过 100 亿元人民币，并且其中至少两个经营者上一会计年度在中国境内的营业额均超过 2 亿元人民币

C. 参与集中的所有经营者上一会计年度在中国境内的营业额合计超过 20 亿元人民币，并且其中至少两个经营者上一会计年度在中国境内的营业额均超过 2 亿元人民币

D. 参与集中的所有经营者上一会计年度在中国境内的营业额合计超过 20 亿元人民币，并且其中至少两个经营者上一会计年度在中国境内的营业额均超过 4 亿元人民币

【答案】D

（4）根据反垄断法律制度的规定，下列各项中，属于法律禁止的纵向垄断协议的有（　）。

A. 固定转售价格　　B. 不当技术联合

C. 限定转售最低价格　　D. 联合抵制

【答案】AC

【解析】选项 BD：属于法律禁止的横向垄断协议。

（5）根据反垄断法律制度的规定，下列各项中，属于横向垄断协议的有（　）。

A. 经营者通过协议、决议或其他协同一致的方式确定、维持或者改变价格

B. 经营者通过协议、决议或其他协同一致的方式限定商品的生产数量或者销售数量

C. 经营者通过协议、决议或其他协同一致的方式拒绝与特定交易相对人进行交易

D. 在同一产业链中上一环节的经营者，利用其市场支配地位，通过协议确定下一环节经营者的销售价格

【答案】ABC

【解析】选项 D：属于法律禁止的纵向垄断协议。

（6）根据反垄断法律制度的规定，下列各项中，可被豁免的垄断协议有（　）。

A. 为改进技术、研究开发新产品的

B. 限制开发新技术、新产品的

C. 为提高产品质量、降低成本、提高效率，统一产品规格、标准或者实行

专业化分工的

D. 为实现节约能源、保护环境、救灾救助等社会公共利益的

【答案】ACD

【解析】选项 B：属于法律禁止的横向垄断协议。

（7）根据反垄断法律制度的规定，下列各项中，属于滥用市场支配地位行为的有（　　）。

A. 以不公平的高价销售商品

B. 没有正当理由，拒绝与交易相对人进行交易

C. 没有正当理由搭售商品

D. 限定向第三人转售商品的最低价格

【答案】ABC

【解析】选项 D：属于法律禁止的纵向垄断协议。

（8）根据反垄断法律制度的规定，下列各项中，经营者应当事先向商务部申报的有（　　）。

A. 参与集中的所有经营者上一会计年度在全球范围内的营业额合计为 90 亿元人民币，其中有两个经营者上一会计年度在中国境内的营业额分别为 5 亿元人民币、8 亿元人民币

B. 参与集中的所有经营者上一会计年度在全球范围内的营业额合计为 120 亿元人民币，其中有两个经营者上一会计年度在中国境内的营业额分别为 6 亿元人民币、7 亿元人民币

C. 参与集中的所有经营者上一会计年度在中国境内的营业额合计为 30 亿元人民币，其中有两个经营者上一会计年度在中国境内的营业额分别为 5 亿元人民币、8 亿元人民币

D. 参与集中的所有经营者上一会计年度在中国境内的营业额合计为 25 亿元人民币，其中有两个经营者上一会计年度在中国境内的营业额分别为 6 亿元人民币、7 亿元人民币

【答案】BCD

（9）根据反垄断法律制度的规定，下列各项中，属于行政性垄断行为的有（　　）。

A. 行政机关滥用行政权力，违反法律规定，限定或者变相限定经营者、消费者经营、购买、使用其指定的经营者提供的商品

B. 对外地商品设定歧视性收费项目、实行歧视性收费标准，或者规定歧视性价格

C. 采取专门针对外地商品的行政许可，限制外地商品进入本地市场

D. 设置关卡或者采取其他手段，阻碍外地商品进入或者本地商品运出

【答案】ABCD

【解析】选项A:属于行政性强制交易；选项BCD:属于行政性限制市场准入。

知识点四：专利法律制度（如图8–4所示）

（1）某研究所的研究员王某利用本单位的物质技术条件完成了一项发明，之前王某与研究所就该项发明有一份协议，约定了专利申请权和专利权归王某。根据专利法律制度的规定，下列关于该项发明专利申请权和专利权归属的表述中，正确的是（　　）。

A. 专利申请权和专利权归研究所

B. 专利申请权归研究所，专利权归王某

C. 专利申请权和专利权归王某

D. 专利申请权归王某，专利权归研究所

【答案】C

【解析】利用本单位的物质技术条件完成的发明创造，单位与发明人订有合同，对申请专利的权利和专利权的归属作出约定的，从其约定。

（2）根据专利法律制度的规定，下列关于外观设计专利申请及专利权的表述中，不正确的是（　　）。

A. 外观设计专利申请应当与产品结合

B. 外观设计专利申请不进行实质审查

C. 外观设计专利权可以被强制许可

D. 外观设计专利权的保护期限为10年

【答案】C

【解析】选项A:外观设计是产品的外观设计，外观设计必须以产品的外表为依托，构成产品与设计的组合；选项B:实用新型和外观设计只进行初步审查，不进行实质审查；选项C:专利实施的强制许可仅限于发明和实用新型，不包括外观设计；选项D:发明专利权的保护期限为20年，实用新型专利权和外观设计专利权的保护期限为10年，均自申请日起计算。

（3）甲公司获得一项外观设计专利，乙公司未经许可，以生产经营目的制造该专利产品。根据专利法律制度的规定，丙公司未经甲公司许可，以生产经营目的所为的下列行为中，不构成侵权行为的是（　　）。

A. 使用乙公司制造的该专利产品

B. 销售乙公司制造的该专利产品

C. 进口乙公司制造的该专利产品

D. 许诺销售乙公司制造的该专利产品

【答案】A

【解析】外观设计专利权的侵权行为包括“制造、许诺销售、销售、进口”，

不包括“使用”。

知识点五：商标法律制度（如图8-5所示）

（1）根据商标法律制度的规定，注册商标有效期满后可以续展注册，每次续展注册的有效期为（　　）。

A. 6个月　　B. 5年

C. 10年　　D. 20年

【答案】C

（2）甲公司于2003年12月10日申请注册A商标，2005年3月20日该商标被核准注册。根据商标法律制度的规定，甲公司申请商标续展注册的最迟日期是（　　）。

A. 2013年12月10日　　B. 2014年6月10日

C. 2015年3月20日　　D. 2015年9月20日

【答案】D

【解析】A商标的核准注册之日为2005年3月20日，有效期满日为2015年3月20日，加上6个月的宽展期，甲公司申请商标续展注册的最迟日期是2015年9月20日。

（3）甲公司注册了商标“霞露”，使用于日用化妆品等商品。根据商标法律制度的规定，下列表述中，正确的是（　　）。

A. 如果甲公司要将该商标改成“露霞”，应向商标局提出变更申请

B. 如果乙公司在化妆品上擅自使用“露霞”为商标，甲公司有权禁止

C. 如果甲公司因经营不善连续3年停止使用该商标，该商标可能被注销

D. 如果甲公司将该商标转让给丙公司，签订商标转让合同后，甲公司应单独向商标局提出转让申请

【答案】B

【解析】选项A: 注册商标需要改变其标志的，应当“重新”提出注册申请；选项B: 未经商标注册人的许可，在同一种商品上使用与其注册商标近似的商标，或者在类似商品上使用与其注册商标相同或者近似的商标，容易导致混淆的，构成侵权；选项C：注册商标没有正当理由连续3年不使用的，任何单位或者个人可以向商标局申请“撤销”（而非注销）该注册商标；选项D: 转让注册商标的，转让人和受让人应当签订转让协议，并“共同”向商标局提出申请。

（4）根据专利法律制度的规定，下列各项中，不授予专利权的有（　　）。

A. 甲发明了仿真伪钞机

B. 乙发明了对糖尿病特有的治疗方法

C. 丙发现了某植物新品种

D. 丁发明了某植物新品种的生产方法

【答案】ABC

【解析】选项 D: 对动植物品种的生产方法，可以授予专利权。

（5）根据专利法律制度的规定，专利申请人在外国或中国第一次提出专利申请后，在下列期限内，又在中国就相同主题提出专利申请的，可以享有优先权的有（　　）。

A. 自发明在外国第一次提出专利申请之日起 12 个月

B. 自实用新型在外国第一次提出专利申请之日起 6 个月

C. 自实用新型在中国第一次提出专利申请之日起 3 个月

D. 自外观设计在外国第一次提出专利申请之日起 6 个月

【答案】ABCD

【解析】① 发明或者实用新型：12 个月内；② 外观设计：6 个月内。

（6）根据专利法律制度的规定，下列情形中，可以导致专利权终止的有（　　）。

A. 专利权人有严重侵犯他人专利权的行为

B. 专利权人没有按照规定缴纳年费

C. 专利权人以书面声明放弃其专利权

D. 专利权人拒绝执行已经生效的专利实施强制许可决定

【答案】BC

【解析】专利权终止的情形：① 专利权的期限届满的；② 没有按照规定缴纳年费的；③ 专利权人以书面形式声明放弃专利权的。

（7）根据商标法律制度的规定，下列说法中，正确的有（　　）。

A. 注册商标的有效期为 10 年

B. 转让注册商标，受让人自转让协议签订之日起享有商标专用权

C. 注册商标的专用权，以核准注册的商标和核定使用的商品为限

D. 被撤销的注册商标自撤销之日起 1 年内，商标局对与该商标相同或者近似的商标注册申请不予核准

【答案】ACD

【解析】选项 B：转让注册商标的，受让人自公告之日起享有商标专用权。

（8）甲公司在纸手帕等纸制产品上注册了“茉莉花”文字及图形商标。根据商标法律制度的规定，下列未经许可的行为中，构成侵权的有（　　）。

A. 乙公司在其制造的纸手帕包装上突出使用“茉莉花”图案

B. 丙商场将假冒“茉莉花”牌纸手帕作为赠品进行促销活动

C. 丁公司长期制造茉莉花香型的纸手帕，并在包装上标注“茉莉花香型”

D. 戊公司购买甲公司的“茉莉花”纸手帕后，将“茉莉花”改为“山茶花”重新包装后销售

【答案】ABD

【解析】选项A：未经商标注册人的许可，在同一种商品上使用与其注册商标相同的商标的，构成侵权行为；选项B：销售侵犯注册商标专用权的商品的，构成侵权行为；选项D：未经商标注册人同意，更换其注册商标并将该更换商标的商品又投入市场的，构成侵权行为。

知识点六：政府采购法（如图8–6所示）

（1）根据政府采购法律制度的规定，对于具有特殊性，只能从有限范围内的供应商处采购的货物，其适用的政府采购方式是（　　）。

A. 公开招标方式　　B. 邀请招标方式

C. 竞争性谈判方式　　D. 单一来源方式

【答案】B

（2）根据政府采购法律制度的规定，采用单一来源方式采购，在保证原有采购项目一致性的前提下，需要继续从原供应商处添购的，添购资金总额不得超过原合同采购金额的（　　）。

A. 5%　　B. 10%

C. 20%　　D. 25%

【答案】B

（3）根据政府采购法律制度的规定，在政府采购合同履行中，采购人需追加与合同标的相同的货物、工程或者服务的，在不改变合同其他条款的前提下，可以与供应商协商签订补充合同，但所有补充合同的采购金额不得超过原合同采购金额的（　　）。

A. 5%　　B. 10%

C. 20%　　D. 25%

【答案】B

（4）根据政府采购法律制度的规定，采购文件要求中标或者成交供应商提交履约保证金的，供应商应当以支票、汇票、本票或者金融机构、担保机构出具的保函等非现金形式提交。履约保证金的数额不得超过政府采购合同金额的（　　）。

A. 5%　　B. 10%

C. 20%　　D. 25%

【答案】B

（5）根据政府采购法律制度的规定，招标文件要求投标人提交投标保证金的，投标保证金不得超过采购项目预算金额的（　　）。

A. 2%　　B. 5%

C. 10%　　D. 20%

【答案】A

（6）根据政府采购法律制度的规定，采购文件的保存期限自采购结束之日起至少保存（　　）。

A. 3 年　　B. 5 年

C. 10 年　　D. 15 年

【答案】D

（7）下列采购活动中，不适用于《政府采购法》调整的有（　　）。

A. 某事业单位使用财政性资金采购办公用品

B. 某军事机关采购军需品

C. 某省政府因严重自然灾害紧急采购救灾物资

D. 某团体组织使用财政性资金采购办公用品

【答案】BC

（8）根据政府采购法律制度的规定，下列情形中，采购人可以采用邀请招标方式采购的有（　　）。

A. 具有特殊性，只能从有限范围的供应商处采购的

B. 技术复杂或者性质特殊，不能确定详细规格或者具体要求的

C. 采用公开招标方式的费用占政府采购项目总价值的比例过大的

D. 招标后没有供应商投标或者没有合格标的或者重新招标未能成立的

【答案】AC

【解析】选项 B、D：适用竞争性谈判方式。

（9）根据政府采购法律制度的规定，下列情形中，采购人可以采用竞争性谈判方式采购的有（　　）。

A. 采用招标所需时间不能满足用户紧急需要的

B. 不能事先计算出价格总额的

C. 采用公开招标方式的费用占政府采购项目总价值的比例过大的

D. 技术复杂或者性质特殊，不能确定详细规格或者具体要求的

【答案】ABD

【解析】选项 C：适用邀请招标方式。

（10）根据政府采购法律制度的规定，采购文件要求中标或者成交供应商提交履约保证金的，供应商可以选择的支付方式有（　　）。

A. 现金　　B. 支票

C. 银行本票　　D. 担保机构出具的保函

【答案】BCD

【解析】采购文件要求中标或者成交供应商提交履约保证金的，供应商应当以支票、汇票、本票或者金融机构、担保机构出具的保函等非现金形式提交。

（11）政府采购的投诉人对政府采购监督管理部门的投诉处理决定不服或

者政府采购监督管理部门逾期未作处理的，可以采取的救济途径有（　　）。

A. 申请行政复议　　B. 申请仲裁

C. 向人民法院提起民事诉讼　　D. 向人民法院提起行政诉讼

【答案】AD

【解析】投诉人对政府采购监督管理部门的投诉处理决定不服或者政府采购监督管理部门逾期未作处理的，可以依法申请行政复议或者向人民法院提起行政诉讼。

（12）两个以上的企业可以组成一个联合体，以一个供应商的身份共同参加政府采购。联合体各方应当共同与采购人签订采购合同，就采购合同约定的事项对采购人承担连带责任。（　　）

【答案】√

（13）采用公开招标以外采购方式的，应当在采购活动开始前获得设区的市、自治州以上政府采购监督管理部门的批准。（　　）

【答案】√

（14）采购的货物技术复杂或者性质特殊，不能确定详细规格或者具体要求的，可以采用竞争性谈判方式采购。（　　）

【答案】√

（15）在政府采购中，采用单一来源方式，需要继续从原供应商处添购的，添购资金总额不得超过原合同采购金额的 20%。（　　）

【答案】×

【解析】添购资金总额不得超过原合同采购金额的 10%。

（16）在政府采购中，招标文件要求投标人提交投标保证金的，投标保证金不得超过采购项目预算金额的 1%。（　　）

【答案】×

【解析】招标文件要求投标人提交投标保证金的，投标保证金不得超过采购项目预算金额的 2%。

（17）在政府采购中，采购文件要求中标或者成交供应商提交履约保证金的，履约保证金的数额不得超过政府采购合同金额的 10%。（　　）

【答案】√

（18）在政府采购中，采购文件的保存期限自采购结束之日起至少保存 10 年。（　　）

【答案】×

【解析】采购文件的保存期限自采购结束之日起至少保存 15 年。

（19）在政府采购中，经采购人同意，中标、成交供应商可以依法采取分包方式履行合同。政府采购合同分包履行的，中标、成交供应商就采购项目和

分包项目向采购人负责，分包供应商就分包项目承担责任。(　　)

【答案】√

（20）在政府采购中，中标或者成交供应商拒绝与采购人签订合同的，采购人可以按照评审报告推荐的中标或者成交候选人名单排序，确定下一候选人为中标或者成交供应商，也可以重新开展政府采购活动。(　　)

【答案】√

知识点七：财政监督和财政违法行为处罚法律制度（如图 8–7 所示）

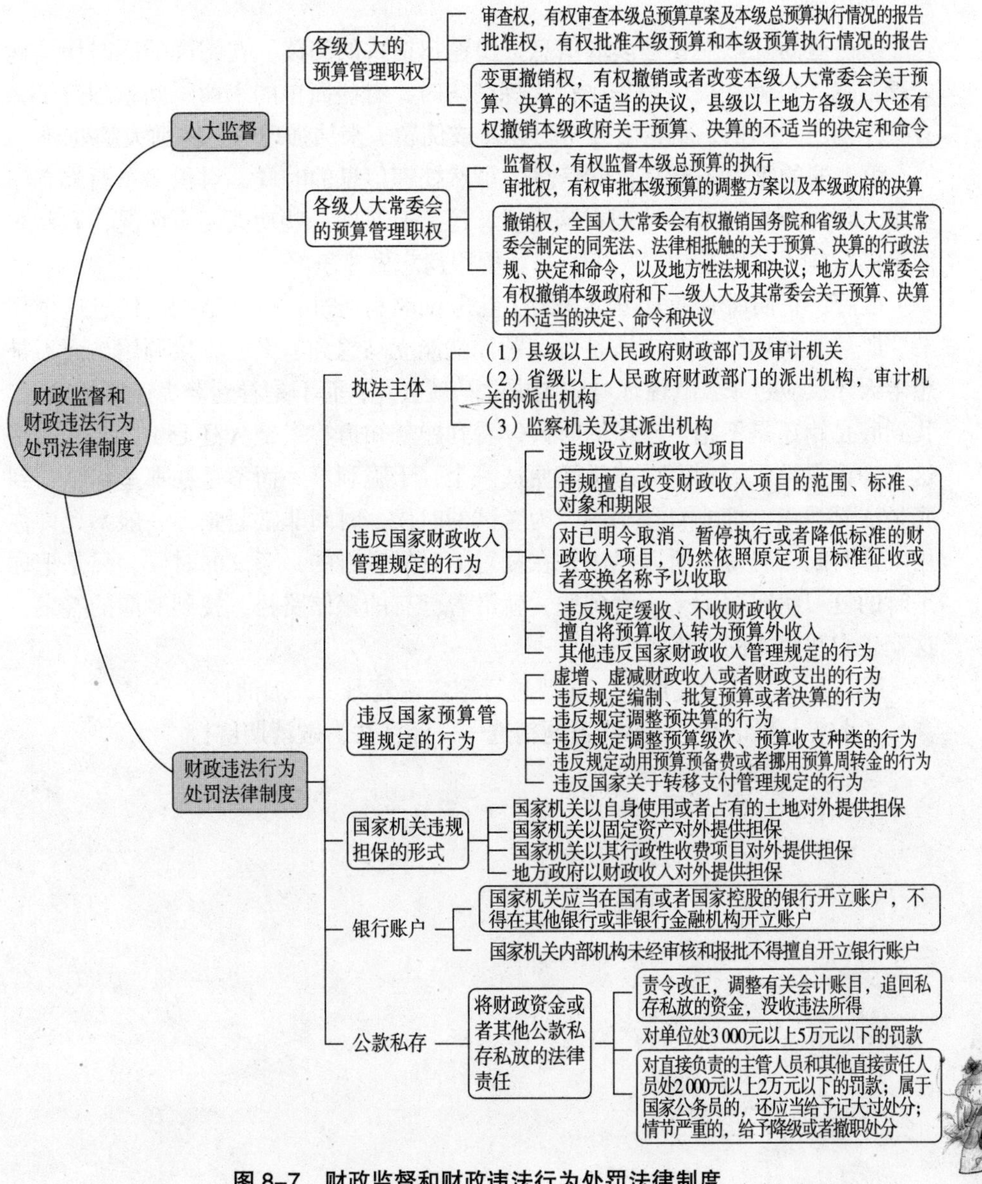

图 8–7　财政监督和财政违法行为处罚法律制度

各级人民政府财政部门对政府采购活动进行监督检查，有权查阅、复制有关文件、资料，相关单位和人员应当予以配合。(　　)

【答案】√

（三）训练自己的心智模式

杜老师跟我讲了大脑信息处理的四个步骤：读取信息—处理信息—存储信息—调用信息。

第一遍的复习主要是读取信息，快速扫描式的阅读，在阅读的同时快速地处理信息，也就是提炼精华。在提炼精华时，有些简单的东西瞬间就理解了，有些东西不太明白，就再看几个习题（或例题）来加强理解，协助大脑处理。

第二遍的复习主要是存储信息。虽然处理信息的时候，对很多东西都有印象了，但是要把它准确地记在脑海里，还是要花费一些功夫，更何况，有些东西虽然记住了，但是却遗忘了，那就要跟遗忘做斗争。

最后，我们所有的复习都是为了让考试顺利通过，也就是调用信息这个环节。既然是调用，那就应该是看到题你就能立马想到答案，直接调用，而不是想半天才反应过来。就像你看到老虎立马就会跑，而不是看到老虎还要去思考，我到底是跑还是不跑？考试的时候，看到题就知道答案是A还是B，要么就是这个知识点没复习到，凭感觉随便选一个，干脆利落。而不是在那里纠结，到底是A还是B，抑或C跟D。因为考试的时候，时间非常紧张，一般不允许你用太多时间去思考。所以思考是在复习的时候进行的，考试的时候，只是把你平时的复习状况写下来，看到题，就沿着已有的存储路径，找到对应的答案，这就是心智模式的训练。

第一遍复习终于完成了，我要进行第二遍复习了，加油！

《小艾上班记9——小艾习题精选——经济法》敬请期待！

第九章

专家与学霸的秘密武器

事务所弥漫着一种紧张的气氛，每到7、8月份的时候，正当业务淡季，大家都忙着看书听课，学习考试。

窗外正下着雨，雨滴顺着玻璃向下滑落，留下弯弯曲曲的轨迹，他们短裂、急促，破碎、缓慢，像一个脾气暴躁的人欲言又止，充满压抑。

越是着急复习，心理越是烦躁。记了忘，忘了记，如此反复。

我坐在那儿心神不宁，复习真是世界上最枯燥的一件事，斜着眼瞟了一下旁边的杜老师，只见他正在全神贯注地看书做题，准备今年的司法考试。

有时候想想，这个世界真不公平，有的人就是考什么就过什么：考中级，过；考注会，过；考注税、注评，还是过。我想，这次司法考试，看他那样子也肯定是必过无疑！如此轻松优雅，气定神闲！

正当我走神之际，杜老师突然抬起头，问道："小艾，你在看什么呢？"

"啊……"

我顿觉尴尬，慌乱之际，忙指着他桌子上的那本笔记本说道："我觉得你这笔记本挺好看的，嘻嘻。"

"怎么？你喜欢？喜欢拿去！"杜老师倒大方得很。

"不是，我只是有点奇怪，你怎么会买这种玫红色的笔记本呢？这是小女生用的，你应该买晶石黑，黑色经典款，才配你！"

"你说得对，我是很喜欢黑色，但是我去文具店买笔记本的时候，已经没有黑色的了，只能随便拿一款。"

"怎么可能？我们公司旁边那文具店就黑色笔记本最多。"

"你说的那些笔记本是普通笔记本，但是我这款是考试复习专用笔记本，我昨天去买的时候，只剩下这款了，但凡有选择，我也不会选玫红色的啊！"

"考试复习专用笔记本，还有考试复习专用的笔记本啊？我看看，是'神马'笔记本？"

我打开一看，发现这笔记本确实跟我平时买的笔记本不一样。

首先是**日历页**，一年之计在于春，一日之计在于晨，学习是需要计划的，你得每天在日历上，写上今天的复习目标，该学什么。

接着是**笔记页**（如图 9—1 所示）。

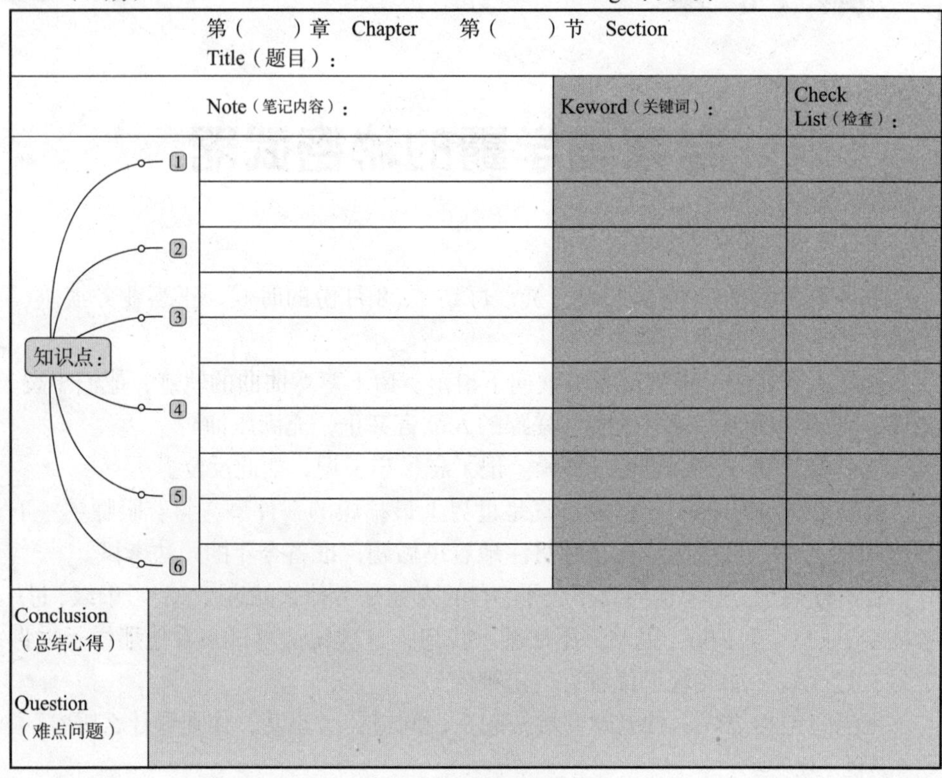

图 9–1 笔记页示例

“学习是要讲究方法的”，杜老师指着笔记页栏说道：“首先是要**记录**，在听讲或阅读过程中，尽量多记有意义的论据、概念等讲课内容；可以按照顺序 1、2、3、4、5、6 来记。”

“其次，笔记不是记完了就完了，课后，尽可能及早地将这些论据、概念简明扼要地概括（简化），也就是对每一个知识点，你得学会**用一个关键词来概括**。”

“接着，第三步就是**背诵**。把笔记内容遮住，只看关键词这一栏的提示，尽量完满地回忆叙述课堂上讲过的内容或者书上你看过的内容。”

“第四步就是将自己的听课或者阅读随感、意见、经验体会之类的内容，与讲课阅读内容区分开，写在下面的**心得体会**中，把**难点问题**也记下来，自己慢慢琢磨，琢磨不了的，再去请教他人。”

“第五步就是经常**快速复习**，每次花 10 分钟左右时间，快速复习笔记，主要是先看关键词栏，适当看笔记栏。”

“快考试的时候，需要**检查**，这个知识点过了没有，自己掌握没有，掌握了，没有问题了，就打个勾，就像我们会计做凭证过账一样，check、check。没有掌握的就有针对性地再复习，而不是到了快考试的时候，手忙脚乱，不知道自己该看哪里了。”

“最后就是**纠错**，我们不害怕犯错，就怕在同一个地方犯错，牛顿的惯性定律无处不在，无时不有。人犯错也是有惯性的，所以，要纠正这个惯性，就得采取强制措施，你得把那些错题写在后面的纠错页上（如图9—2所示），经常翻翻看看，提醒自己。”

“没想到，记个笔记还有这么多学问啊？！”我惊叹道。

“不动笔墨不读书，记笔记是学习的一个重要环节。你记了笔记没？”

“记了，不过，我是用电脑记的，而且我还下载了超多讲义。”

“电脑复制粘贴的东西，再多用处也不大，因为它是属于电脑的，不是自己的。记笔记还是要动手，否则，就很容易眼高手低。”

“看来，这笔记本还真是不错。”

“喜欢不？喜欢拿走。反正我这本还没开始用。”

“No，君子不夺人所爱。”

“呵呵，啥时候升的级，成君子了。”

“小女子也不夺人所爱。”我嬉笑着回到自己的座位。

下班后，路过文具店，赶紧去寻找这个**学习考试万能专用笔记本**。

“老板，我要买那个学习考试专用的笔记本。”

“你说的是万能考试专用笔记本吧，都在这儿了。”

我一看，真的只有玫红色的了。

“老板，你们这儿没有其他颜色的吗？”

“这款笔记本最近卖得太好，所以没货了，只剩这几本了。”

“现在学生不是都考完试放暑假了吗？还有人买这种考试专用笔记本啊？”

“暑假得上辅导班，9月份开学，稍微好点儿的学校都需要入学考试，或者是进行重点班选拔考试。”

真是恐怖，黑色7月变成黑色6月（注：高考时间），现在连9月都成黑色了。不过，玫红色就玫红色吧，反正我喜欢玫红色，只不过，跟杜老师的笔记本撞色了，感觉有点儿怪怪的，像穿件新衣服跟熟人撞衫一样。

“老板，你这儿真的只有这一种颜色了吗？”

“我这儿只有这一种颜色了。”

“那其他的文具店还有这种笔记本卖吗？”

“一般的文具店没有这个的，你要是实在不喜欢这个颜色，你可以去我们总店看看。”

Date 日期 · ·	Question 原题
Subjects 科目	
Examination 那次考试	
Important 重要程度 □□□□□□	
Review 复习情况 □□□□□□	
Key Points 重点 / 要点 • • • • •	Correct Answer 正解

Date 日期 · ·	Question 原题
Subjects 科目	
Examination 那次考试	
Important 重要程度 □□□□□□	
Review 复习情况 □□□□□□	
Key Points 重点 / 要点 • • • • •	Correct Answer 正解

图 9–2　纠错页示例

“在哪里？”

“这儿有地址，离这里稍微有点儿远。”老板指着宣传册上的总店地址跟我说道。

远就远吧，不太喜欢将就！

我搭着公交车，晃荡了 1 个小时，到达目的地。

到了店里，直奔货架，这里的颜色果真齐全些，有柠檬黄、苹果绿、天空蓝、穆斯橙，我还看到了晶石黑。一个念头突然在我脑海里闪过。

我毫不犹豫地买下了晶石黑。

店里的老板很热情地招待我："要准备考试了，是吧？"

"是的。"

"一本够吗？考试你只考一门吗？要不要多买几本？"

是噢，中级经济法只剩下这一门了，但是考注会也需要啊。于是，我又买了两本（苹果绿和天空蓝）。

付款时，老板又指着另一款笔记本对我说："这是我们店里的明星笔记本——**专家万时笔记本**，每个来我店里的人我都会推荐，其他的笔记本可以不买，但是这款笔记本不应该错过。"

"为什么？"

"如果你在我这里连续买 10 本这样的笔记本，并且把它写满了，你的人生或许就会因此改变。"

"是吗？"

"是的，曾经有一个女孩，高考落榜，无处可去，只好四处打工。那个时候她住在一个城中村，每天，她都走过高楼大厦，豪宅小区，再穿过杂乱的小巷子，经过一些暧昧的发廊，才能到达自己租的那 10 平米房子。后来，她从生产线工人升到办公室做文员，从文员做到总监助理，从总监助理做到总裁助理，最后嫁给了一个银行行长。"

"哇塞，太励志了，她很厉害，也很幸运，但是跟笔记本有什么关系呢？"

"因为她永远带着一个笔记本，每次领导带她出去见客户，她都会在跟客户见面之前，查询各种客户的资料，包括教育背景、工作履历、接受过的访谈，然后写在笔记本上，并进行详细的分析，帮老板找到话题切入点，比如，客户跟老板可能是校友或者是老乡，比如他们可能认识共同的人，比如他们可能是同一个星座。

每次交谈，她都会认真地记笔记，并在笔记本上面建立完整的客户档案，上面记录了网上查到的以及见面聊到的，每一个客户的生日、星座、家庭状况，喜欢什么，讨厌什么。这样下来，下一次见面聊天就可以事先提醒老板，从对方感兴趣的话题开始；客户生日还可以给对方发短信祝福等等。

她通过笔记本把这些再琐碎不过的事，做得非常有条理、有章法。

有时候，老板去最枯燥的行业论坛，她都会细心地记笔记，下次在老板需要相关信息的时候，及时提醒他。

老板们都说她是最好用的助理，都很喜欢她，知道她未婚，都争先帮她物色青年才俊。有个银行行长，见老板们对这个小小的助理如此赞赏有加，就对

她很好奇。很多时候，好奇就是爱情的开始。认识4个多月后，行长就向他求婚了。

很多人都会觉得是她幸运，其实真正的秘诀是，**‘世上无难事，只怕有心人’**，认真记笔记的人都是有心人。

后来她想把笔记本当成事业来做，她想通过笔记本告诉那些年轻的女孩，这个世界诱惑太多，不要浮躁，而要做一个有心之人。你看，笔记本内的图案里有一个微笑的女孩，看着这个萌萌的女孩，你的心情会非常开朗，不管遇到多么让你繁琐的事情，多么让你头痛的问题，你都可以打开笔记本，微笑着把它记下来，然后认认真真地完成，你不会抱怨，也不会生气，更不会暴跳如雷。”

“这个女孩是你吗？”我小心翼翼地问道。

“是的，这个女孩是我。”

我有点儿惊讶，行长的老婆此时应该出现在美容院、时装店、咖啡厅，没想到竟然在这里卖笔记本，让我肃然起敬！

笔记本买回来后，我突然发现自己不那么烦躁了，我有点儿想看书了，因为我想在笔记本上写点什么。

第二天上班，我骄傲地把一本黑色的笔记本放在杜老师的面前，笑着说道：“咱俩儿换一下吧！”

杜老师一愣，问道：“你在哪儿买到的啊！”

“很远很远的地方。”

“是吗？用得着跑那么远吗？”

“跟你换，把你那本玫红色的给我！”

“你喜欢我那本笔记本，直接拿去好了，干嘛还非得买个笔记本跟我换。”

“礼尚往来嘛，往而不来，非礼也。来而不往，亦非礼也。”

“看来，你真升级了，学起礼记来了。”

“人有礼则安，无礼则危，故曰：‘礼者，不可不学也’！”

杜老师把他那本玫红色的笔记本给了我，我回到座位上，开始有条不紊地工作。桌上一堆报销单据等着我处理，以前我最讨厌贴报销单了，烦躁、琐碎，浪费时间、浪费精力，毫无意义，毫无成就感，而现在我似乎没那么讨厌了。我打开那款专家万时笔记本，写上一句话，“现在开始贴报销单”，然后在笔记本上的经验一栏中把报销的数据按照时间、数额、消费场所、联系人、电话等等记录下来，看自己能有什么发现和感悟。例如：上级在商务活动中会有什么规律？哪一类的商务活动，经常在什么样的场合，费用预算大概是多少？领导的公共关系常规和非常规的处理方式是怎样的？一个简单的贴报销的事情，我一样可以积累到很多经验。**专家万时笔记本，就是不管你做什么，只要持续积累了1万小时，你就会成为专家**，当然，对于我这种资质平凡的人，也许成为不了专家，但是，只要坚持下去，我也能成为半个行家。

窗外的阳光很美好，像一缕柔风拂过人间，照耀着大地，我耐心地一张张粘好，并仔细看里面的内容。这个世界的诱惑太多，而做笔记确实能让人专注，**简单的事情重复做，你就是专家。重复的事情用心做，你就是赢家。**

做笔记是一个沉淀的过程，能让我更平和地面对一些事情。也许多做一个笔记，少做一个笔记，没有什么区别，但是坚持下去，还是会发现大有不同。那些读过的书，那些听过的课，那些感悟的心情会变成我的一部分，在我不知情的情况下变成我的信念，让我能以自己特有的节奏生活下去。